Die Schiedsrichterkündigung
im deutschen und US-amerikanischen Recht

Schriftenreihe der August Maria Berges Stiftung für Arbitrales Recht

Herausgegeben von Hubertus W. Labes

Band 32

Zur Qualitätssicherung und Peer Review der vorliegenden Publikation

Die Qualität der in dieser Reihe erscheinenden Arbeiten wird vor der Publikation durch den Herausgeber der Reihe geprüft.

Notes on the quality assurance and peer review of this publication

Prior to publication, the quality of the work published in this series is reviewed by the editor of the series.

Tim Brockmann

Die Schiedsrichterkündigung im deutschen und US-amerikanischen Recht

PETER LANG

Bibliografische Information der Deutschen Nationalbibliothek
Die Deutsche Nationalbibliothek verzeichnet diese Publikation in der Deutschen Nationalbibliografie; detaillierte bibliografische Daten sind im Internet über http://dnb.d-nb.de abrufbar.

Zugl.: Hannover, Univ., Diss., 2019

D 89
ISSN 1435-4748
ISBN 978-3-631-78091-6 (Print)
E-ISBN 978-3-631-79390-9 (E-PDF)
E-ISBN 978-3-631-79391-6 (EPUB)
E-ISBN 978-3-631-79392-3 (MOBI)
DOI 10.3726/b15849

Peter Lang – Berlin · Bern · Bruxelles · New York · Oxford · Warszawa · Wien

Diese Publikation wurde begutachtet.

www.peterlang.com

Meinen Eltern.

Vorwort

Die Juristische Fakultät der Leibniz Universität Hannover hat diese Arbeit im Dezember 2018 als Dissertation angenommen. Die Anfänge der Arbeit reichen in das Jahr 2014 zurück, das Interesse an schiedsrechtlichen Problemstellungen sogar noch weiter – letztlich ist die Arbeit Folge der Teilnahme am Willem C. Vis Moot im Jahr 2008. Rechtsprechung und Literatur befinden sich auf dem Stand von Anfang Januar 2019.

Ich danke meinem Doktorvater, Professor Dr. Christian Wolf, für die zügige Erstellung des Erstgutachtens, die Freiheit, die er mir bei der Ausarbeitung beließ und besonders und für seinen fachlichen und persönlichen Rat; die Zusammenarbeit mit ihm ist und war stets herausfordernd, inspirierend und äußerst lehrreich.

Ich bedanke mich zudem herzlich bei Professor Dr. Christian Heinze für die schnelle Erstellung des Zweitgutachtens und bei Professor Dr. Christian Becker für den reibungslosen Ablauf der Disputation und die gewissenhafte Wahrnehmung der Aufgaben als Kommissionsvorsitzender.

Sehr dankbar bin ich der Hans Soldan Stiftung, welche durch die großzügige Übernahme der Druckkosten der Arbeit die Veröffentlichung erst möglich gemacht hat.

Ich bin sehr glücklich und dankbar, dass die Arbeit in die Schriftenreihe der August Maria Berges Stiftung für arbitrales Recht aufgenommen worden ist; mein verbindlicher Dank gilt dem Beirat der Stiftung, Professor Dr. Stefan Kröll, Dr Torsten Lörcher und Dr. Hubertus W. Labes sowie der Stiftungsvorsitzenden, Dr. Iris Koch.

Mein persönlicher Dank gilt meinen Weggefährten Christoph Bauch, Nassim Eslami und Sven Hasenstab. Dagmar Feig danke ich für ihre zuverlässige Hilfe bei der Korrektur des Manuskripts. Besonders danke ich Isabell Plich, die mir während der Erstellung der Arbeit immer bestärkend und ermunternd zur Seite stand.

Vor allem danke ich meiner Familie, insbesondere meinen Eltern, für ihre andauernde, fortwährende Unterstützung, ihre Nachsicht, ihre Ermutigung und ihr Vertrauen. Ihnen ist diese Arbeit gewidmet, sie haben mir Wurzeln und Flügel gegeben.

Inhaltsübersicht

Inhaltsverzeichnis ... 13

Einleitung ... 25

§ 1. Problemaufriss ... 27

A. Ausgangsfrage ... 27

B. Praktische Relevanz ... 31

§ 2. Gang der Untersuchung ... 37

Hauptteil ... 39

§ 1. Der Schiedsrichtervertrag ... 43

A. Die Begründung des Schiedsrichtervertrages ... 44

B. Die Natur des Schiedsrichtervertrages ... 56

C. Schiedsrichterpflichten gegenüber den Parteien ... 79

D. Parteipflichten gegenüber den Schiedsrichtern ... 104

E. Einordnung des Vertragstypus nach deutschem Recht ... 124

F. Kapitelzusammenfassung: Der Schiedsrichtervertrag ... 134

§ 2. Die Möglichkeit der Kündigung des Schiedsrichtervertrages ... 135

A. Abgrenzung zum Rücktritt ... 136

B. Vorhandensein einer Kündigungsmöglichkeit ... 137

C. Kapitelzusammenfassung: Die Möglichkeit der Kündigung des Schiedsrichtervertrages ... 173

§ 3. Einschränkung des Kündigungsrechts aufgrund des Unmittelbarkeitsgrundsatzes 175

A. Der Unmittelbarkeitsgrundsatz im Zivilverfahren 176

B. Der Unmittelbarkeitsgrundsatz im Schiedsverfahren 184

C. US-Amerikanisches Recht 187

D. Kapitelzusammenfassung: Einschränkung des Kündigungsrechts aufgrund des Unmittelbarkeitsgrundsatzes 191

§ 4. Herleitung möglicher Kündigungsgründe für den Schiedsrichter unter anhand möglicher Kündigungsgründe des Schiedsvertrages 193

A. Kündigung des Schiedsrichtervertrages i.S.d. §§ 611ff. BGB 194

B. Parallelwertung aus dem Schiedsvertrag als Erkenntnisquelle 198

C. Rechtshistorie als Erkenntnisquelle 233

D. Kasuistik als Erkenntnisquelle 235

E. Kapitelzusammenfassung: Herleitung möglicher Kündigungsgründe für den Schiedsrichter 236

§ 5. Die Kündigung 239

A. Kündigungsgründe im Einzelnen 240

B. Abmahnung 266

C. Unzeitigkeit 271

D. Nachschieben von Gründen 272

E. Beweislastverteilung 272

F. Kapitelzusammenfassung: Die Kündigung 273

§ 6. Haftung des Schiedsrichters 275

A. Privilegierung der Haftung 277

B. Vergütungsanspruch 322

C. Kapitelzusammenfassung: Haftung des Schiedsrichters 326

§ 7. Abschließende Überlegungen und Bewertung 329

Schluss 333

§ 1. Schiedsrichterversicherung 335

§ 2. Thesen 337

§ 3. Kodifizierungsvorschlag zur Kündigung: Deutsch 339

§ 4. Kodifizierungsvorschlag zur Kündigung: Englisch 341

Literaturverzeichnis 343

Entscheidungsverzeichnis 359

Register 369

Inhaltsverzeichnis

Einleitung 25

§ 1. Problemaufriss 27

A. Ausgangsfrage 27

B. Praktische Relevanz 31

I. Schiedsrichterverantwortlichkeit 33

II. Verantwortlichkeit von Dritten 34

III. Keine Verantwortlichkeit 35

§ 2. Gang der Untersuchung 37

Hauptteil 39

§ 1. Der Schiedsrichtervertrag 43

A. Die Begründung des Schiedsrichtervertrages 44

I. Römisches Recht 44

II. Deutsches Recht 45

III. Amerikanisches Recht 49

1. Bundesgesetzliche Regelung 51

2. Bundesstaatlichliche Regelung 52

3. Das Verhältnis von bundesstaatlichem Recht und Bundesrecht 53

B. Die Natur des Schiedsrichtervertrages 56

I. Römisches Recht 57

II. Deutsches Recht 58

1. Amtstheorie 59

2. Prozessrechtliche Theorie 62
3. Materiell-rechtliche Theorie 62
4. Fazit 64
III. US-Amerikanisches Recht 66
1. Die Schiedsvereinbarung als Quelle des Schiedsrichter-Partei-Verhältnisses 66
2. Staatlich: Status approach und State Action 68
a) Delegationsansatz 70
b) State Action Doctrine und Lugar-Test 71
c) Fazit 72
3. Privatautonom: Der arbitrator's contract 73
a) Grundlegendes Konzept 73
b) Stellvertretertheorie (agency theory) 75
c) Dienstleistungstheorie (provision of services theory) 76
d) Sui generis 77
IV. Fazit 78
C. Schiedsrichterpflichten gegenüber den Parteien 79
I. Römisches Recht 79
1. Verfahrensförderungspflicht 80
2. Neutralität 81
3. Höchstpersönliche Leistungserbringung 82
4. Vertraulichkeit 83
5. Fazit 83
II. Deutsches Recht 83
1. Anwendung grundgesetzlicher Vorgaben auf die Schiedsgerichtsbarkeit 84
2. Verfahrensförderungspflicht 85
3. Unabhängigkeit und Unparteilichkeit 87
4. Höchstpersönliche Leistungserbringung 89
5. Sachgerechte Verfahrensdurchführung 90
6. Geheimhaltungspflicht 91
7. Fazit 92
III. US-Amerikanisches Recht 93

1. Einhalten der Schiedsvereinbarung ... 94
2. Fällen eines vollstreckbaren Schiedsspruchs ... 96
3. Unabhängigkeit und Unparteilichkeit ... 97
4. Sachverhaltserforschung ... 100
5. Gewährung rechtlichen Gehörs ... 101
6. Geheimhaltungspflicht ... 102
7. Fazit ... 104

D. Parteipflichten gegenüber den Schiedsrichtern ... 104
I. Römisches Recht ... 105
II. Deutsches Recht ... 106
1. Kostentragung und Kostenvorschusspflicht ... 107
2. Geheimhaltung ... 108
a) Grundsatz der Einzelfallabwägung ... 109
aa) Immanente Verpflichtung ... 109
bb) Vertragsauslegung ... 110
cc) Materielle Schutzpflicht i.S.d. § 241 Abs. 2 BGB ... 111
b) Beratungsgeheimnis des Schiedsrichters ... 113
c) Fazit ... 115
3. Verfahrensförderungspflicht der Parteien ... 115
a) Planungssicherheit ... 117
b) Reputation ... 117
c) Ökonomische Aspekte ... 118
d) Fazit ... 119
4. Fazit ... 120
III. US-Amerikanisches Recht ... 121
1. Zahlung des Honorars ... 121
2. Verfahrensförderungspflicht ... 122
3. Geheimhaltung ... 123
4. Fazit ... 124

E. Einordnung des Vertragstypus nach deutschem Recht ... 124
I. Werkvertrag ... 125
II. Dienstvertrag/ Auftrag ... 126

III. Sui generis 127
1. Kein Anweisungsrecht 128
2. Keine Klagbarkeit auf Durchführung des Verfahrens 129
a) Unterschriftenleistung im Mehrpersonenschiedsgericht 131
b) Unterschriftenleistung des Einzelschiedsrichters 131
IV. Ergebnis 132
F. Kapitelzusammenfassung: Der Schiedsrichtervertrag 134

§ 2. Die Möglichkeit der Kündigung des Schiedsrichtervertrages 135
A. Abgrenzung zum Rücktritt 136
B. Vorhandensein einer Kündigungsmöglichkeit 137
I. Kündigung durch die Schiedsparteien 137
II. Kündigung durch den Schiedsrichter 138
1. Römisches Recht 141
2. Deutsches Recht 142
a) Ordentliche Kündigung 143
b) Außerordentliche Kündigung 144
aa) Literatur 145
(1) § 626 Abs. 1 BGB 146
(2) § 627 BGB 146
(aa) Normgenese 147
(bb) Sinn und Zweck 149
(cc) Tatbestand 151
(aaa) Kein Arbeitsverhältnis i.S.d. § 622 BGB 152
(bbb) Andauerndes Dienstverhältnis mit festen Bezügen 153
(ccc) Dienste höherer Art 154
(ddd) Übertragung aufgrund besonderen Vertrauens 156
(3) Fazit 157
bb) Rechtsprechung 157

(1) RG, Urteil vom 29.11.1904 – VII 192/04 157
(2) RG, Urteil vom 01.03.1921 – VII 349/20 159
(3) RG, Urteil vom 20.12.1929 – VII 235/29 161
(4) LG Köln, Urteil vom 15.01.2013 – 29 O 159/12 163
(5) Zusammenfassung 165
c) Würdigung 167
3. US-Amerikanisches Recht 167
a) Grundsatz: Obligation to Conclude the Mandate 168
b) Resignation 169
c) Termination of Contract 170
aa) Die Kündigung von Dauerschuldverhältnissen nach US-amerikanischem Recht 170
bb) Kündigung des arbitrator's contract 172
C. Kapitelzusammenfassung: Die Möglichkeit der Kündigung des Schiedsrichtervertrages 173

§ 3. Einschränkung des Kündigungsrechts aufgrund des Unmittelbarkeitsgrundsatzes 175

A. Der Unmittelbarkeitsgrundsatz im Zivilverfahren 176
I. Grundsatz 176
II. Richterwechsel und Beweisaufnahme 179
III. Richterwechsel nach Abschluss der mündlichen Verhandlung .. 181
IV. Richterwechsel und Verkündung 182
V. Ausnahmen im Zivilverfahren 183
VI. Zwischenergebnis 183
B. Der Unmittelbarkeitsgrundsatz im Schiedsverfahren 184
I. Schiedsrichterwechsel und Schiedsrichterwegfall 184
II. Keine Entwertung der bisher erbrachten Leistung 184
1. Beweisaufnahme 185
2. Beratung im Mehrpersonenschiedsgericht 185
3. Schiedsspruch und Unterschriftenverweigerung 186
III. Rechtsfolge 187

C. US-Amerikanisches Recht 187
I. Unmittelbarkeit im US-amerikanischen Recht 187
II. Unmittelbarkeitserfordernisse in der Schiedsgerichtsbarkeit 188
1. Grundsatz: Wiederholung aller Schiedsverfahrensschritte 188
2. Ausnahme: Besondere Umstände 190
D. Kapitelzusammenfassung: Einschränkung des Kündigungsrechts aufgrund des Unmittelbarkeitsgrundsatzes 191

§ 4. Herleitung möglicher Kündigungsgründe für den Schiedsrichter unter anhand möglicher Kündigungsgründe des Schiedsvertrages 193
A. Kündigung des Schiedsrichtervertrages i.S.d. §§ 611ff. BGB 194
I. Dienstvertragsrechtliche Wertung 195
II. Kündigung von Dauerschuldverhältnissen eigener Art 196
III. Übertragbarkeit auf den Schiedsrichtervertrag 197
B. Parallelwertung aus dem Schiedsvertrag als Erkenntnisquelle 198
I. Terminologisches 199
II. Klassifizierung des Schiedsvertrages 199
1. Materiell-rechtliche Rechtsnatur 200
2. Prozessrechtliche Rechtsnatur 201
3. Doppelnatur des Schiedsvertrages 201
4. Gesellschaft bürgerlichen Rechts 201
a) Planwidrige Regelungslücke 202
b) Vergleichbare Interessenlage 203
aa) Haftungsmaßstab 203
bb) Mitwirkungs- und Geschäftsführungsrecht 204
cc) Gesellschaftsvermögen 205
dd) Kündigung 205
c) Kritik 206
5. Einordnung des Schiedsvertrages 208
III. Pflichten aus dem Schiedsvertrag 209
1. Allgemeine Prozessförderungs- und Loyalitätspflicht 211

2. Mitwirkung bei der Bildung des Schiedsgerichtes 212
3. Wahrheitspflicht 213
4. Wahrung der Vertraulichkeit 214
5. Vorschusszahlungspflicht 216
a) Bestehen des Anspruches auf Vorschussleistung 216
b) Durchsetzung des Anspruches auf Vorschussleistung 217
c) Fazit 219
6. Nichtanrufen staatlicher Gerichtsbarkeit 219
7. Schlussfolgerung 220
IV. Kündigungsgründe beim Schiedsvertrag 221
1. Vermögenslosigkeit 223
2. Verletzung von Verschwiegenheitsverpflichtungen 224
3. Beharrliche Hinderung 226
4. Verletzungen der Wahrheitspflicht 227
5. Undurchführbarkeit 227
6. Sonstige gravierende Pflichtverletzung 228
7. Schlussfolgerung 229
V. US-Amerikanisches Recht 229
1. Undurchführbarkeit 229
2. Nichtzahlung 230
3. Pflichtverletzung 231
4. Konkludente Aufkündigung 232
VI. Fazit 233
C. Rechtshistorie als Erkenntnisquelle 233
D. Kasuistik als Erkenntnisquelle 235
E. Kapitelzusammenfassung: Herleitung möglicher Kündigungsgründe für den Schiedsrichter 236

§ 5. Die Kündigung 239
A. Kündigungsgründe im Einzelnen 240
I. Parteiverantwortlichkeit 241
1. Nichtzahlung des Vorschusses 242

2. Persönlicher Mehraufwand 244
a) Inhaltlich 244
b) Lokal 246
3. Beleidigung 247
4. Drohung 248
5. Improper Procedure 250
6. Strafbare Handlung der Schiedsparteien 252
a) Vorliegen strafbarer Handlungen 252
b) Verdacht strafbarer Handlungen 252
7. Provokation 254
II. Keine Parteiverantwortlichkeit 255
1. Krankheit 255
2. Nichtbestehen einer Nebentätigkeitsgenehmigung 256
a) Berufsrichter 257
b) Andere Berufsgruppen 259
3. Wohn- oder Arbeitsplatzwechsel des Schiedsrichters 260
4. Andere Schiedsrichter 261
5. Gefährdung der Unparteilichkeit oder Unabhängigkeit 262
6. Undurchführbarkeit 264
a) Absehbare Zeiträume 264
b) Unabsehbare Zeiträume 265
c) Entgegenstehende Rechtskraft 265
7. Eigenes vertragswidriges Verhalten 266
B. Abmahnung 266
I. Erforderlichkeit der Abmahnung 268
II. Entbehrlichkeit der Abmahnung 268
III. Fazit 270
C. Unzeitigkeit 271
D. Nachschieben von Gründen 272
E. Beweislastverteilung 272
F. Kapitelzusammenfassung: Die Kündigung 273

§ 6. Haftung des Schiedsrichters ... 275
A. Privilegierung der Haftung ... 277
I. Deutsches Recht ... 278
1. Fehlen einer Privilegierung ... 278
2. Spruchrichterprivileg ... 278
a) Das Spruchrichterprivileg für Berufsrichter ... 279
b) Übertragbarkeit auf den Schiedsrichter ... 281
aa) Reichsgericht ... 281
bb) Analogieschluss ... 282
(1) Planwidrigkeit der Nichtregelung in § 839 Abs. 2 BGB ... 283
(2) Vergleichbarkeit der Interessenlage ... 284
(3) Ergebnis ... 285
c) Privilegierung für rechtsgrundlose Kündigung ... 285
3. Zweckmäßigkeitserwägungen ... 286
4. Vereinbarung eines vertraglichen Haftungsprivilegs ... 286
a) Rechtsprechung ... 287
b) Literatur ... 288
c) Kritik ... 290
d) Privilegierung für rechtsgrundlose Kündigung ... 291
e) Zusammenfassung ... 292
5. Gewohnheitsrechtliche Haftungsprivilegierung ... 292
a) Bestehen der Privilegierung ... 292
b) Privilegierung für rechtsgrundlose Kündigung ... 294
6. Zusammenfassung und Stellungnahme ... 295
II. US-Amerikanisches Recht ... 296
1. Haftung des Richters ... 296
a) Grundsatz: Randall v. Brigham ... 298
b) Ausweitung der Haftungsprivilegierung: Bradley v. Fisher ... 300
c) Civil Rights Act: Picking v. Pennsylvania Railroad Co. ... 302
d) Letzte Ausnahme: Pierson v. Ray ... 303

e) Andeutung der funktionalen Theorie: Butz v. Economou 305
f) Gegenwart: Stump v. Sparkman 307
g) Zusammenfassung 309
2. Haftung des Schiedsrichters 309
a) Grundsatz: Jones v. Brown 311
b) Fortführung und weitere Begründung der funktionalen Theorie 312
c) Gegenwart: Malik v. Ruttenberg und United States v. City of Hayward 313
aa) Fehlende Zuständigkeit 314
bb) Kein Rechtsprechungscharakter 315
cc) Kein freiwilliges Element bei der Wahl des Streitbeilegungsmechanismus 315
3. Zusammenfassung 316
4. Die Kündigung als Haftungsfall 318
a) Deutsches Recht 318
b) Amerikanisches Recht 318
aa) E. C. Ernst, Inc. v. Manhattan Construction Co. 319
bb) Baar v. Tigerman 320
cc) Schlussfolgerung 321
5. Fazit 322
B. Vergütungsanspruch 322
I. Veranlasste Kündigung 324
II. Unveranlasste Kündigung 324
III. Rückzahlung gezahlter Vorschussleistungen 325
IV. Amerikanisches Recht 326
C. Kapitelzusammenfassung: Haftung des Schiedsrichters 326

§ 7. Abschließende Überlegungen und Bewertung 329

Schluss 333

§ 1. Schiedsrichterversicherung 335

§ 2. Thesen 337

§ 3. Kodifizierungsvorschlag zur Kündigung: Deutsch 339

§ 4. Kodifizierungsvorschlag zur Kündigung: Englisch 341

Literaturverzeichnis 343

Entscheidungsverzeichnis 359

Register 369

Einleitung

§ 1. Problemaufriss

"Arbitration is no longer a gentlemanly and somewhat academic exercise following which all concerned shake hands and walk away with a smile" - high amounts in dispute, professional procedure and legal experts make national and international arbitration serious business. Parties to an arbitration agreement may ideally agree on the question of whether they should arbitrate, the rest of the procedure may often be characterized be disagreement, obstructive technics and all sorts of possibly unethical but legally permissible behavior. Arbitrators might suffer directly or indirectly from this, as a consequence it seems appropriate to investigate on the arbitrator's possibilities to terminate the arbitrator's contract. Naturally, questions of liability arise with the deemed possibility of an arbitrator's termination of contract. Although it is generally accepted, that the principal of judicial immunity is generally applicable to arbitration it seems more challenging to apply this privilege to acts of contract termination or acts of reassignment.

A. Ausgangsfrage

Die Schiedsgerichtsbarkeit wird häufig als konsensuale, kostengünstige, flexible und weniger zeitintensive Alternative zur ordentlichen Gerichtsbarkeit dargestellt.[1] Die vielfach wiederholten und unablässig in der Literatur hervorgehobenen Vorteile der Schiedsgerichtsbarkeit[2] mögen solange zutreffen, wie alle Verfahrensbeteiligten tatsächlich zusammenwirken und an einem Schiedsspruch, egal welcher Art, interessiert sind.[3] Gleichzeitig ist die Schiedsgerichtsbarkeit, genau wie die ordentliche Gerichtsbarkeit, gegenüber Störungen oder unvorhergesehenen Ereignissen im Verfahrensverlauf anfällig.[4] Es mag beispielsweise zwar noch der notwendige Konsens über die Auswahl des Streitentscheidungsverfahrens bei Unterzeichnung der Schiedsklausel bestanden haben, spätestens der Verfahrensablauf steht in seiner Streitigkeit dem ordentlichen

---

1 *Andrews*, Arbitration and Contract Law: Common Law Perspectives, S. 3; *Born*, International Commercial Arbitration, S. 1741f.; *Lachmann*, Rn. 155; *International Arbitration Survey: Improvements in Innovations in International Arbitration (Queen Mary International Arbitration Survey 2015)*, S. 2, abrufbar unter http://www.arbitration.qmul.ac.uk/media/arbitration/docs/2015_International_Arbitration_Survey.pdf (zuletzt abgerufen am 08.06.2019).

2 z.B. *Schwab/Walter*, Kap. 1 Rn. 7ff.

3 *Schima/Sesser*, SchiedsVZ 2016, 61 (61f.), *Wilske/Markert/Bräuninger*, SchiedsVZ 2015, 49 (50f.).

4 *Okekeifere*, 15 J. Int'l Arb. 1998, 81 (92).

Gerichtsverfahren aber in nichts nach.[5] *Martin J. Hunter* hat hierzu bereits 1987 die treffende Formulierung gefunden: „*Arbitration is no longer a gentlemanly and somewhat academic exercise following which all concerned shake hands and walk away with a smile*".[6]

Es sind aber nicht nur die Schiedsparteien, die von Hindernissen im Schiedsverfahren betroffen sind, auch Schiedsrichter[7], insbesondere im Mehrschiedsrichtertribunal, können Verursacher und Betroffener einer Störungsquelle sein.[8] Ein letztes Mittel der Verfahrensgestaltung von Seiten des Schiedsrichters bei allzu arger Störung ist das Auflösen des Schiedsrichtervertrages, also der schuldrechtlichen Beziehung zwischen Schiedsrichter und Schiedsparteien, wie sie in Deutschland angenommen wird.[9] Während prozessrechtlich der Rücktritt des Schiedsrichters vom Amt als solchem geregelt und vorgesehen ist,[10] beantwortet dieses aber nur die Frage nach der prozessualen Rechtsstellung. Das materielle Recht hingegen regelt in Abgrenzung zum Prozessrecht die Lebensbereiche, in denen sich Rechtssubjekte ohne Rechtspflegeakt oder Rechtspflegeorgan begegnen[11] und ist hier von der prozessrechtlichen Seite des schiedsrichterlichen Tätigwerdens zu unterscheiden. Gleichwohl wird mit der Erklärung des, technisch gesehen prozessrechtlichen, Rücktritts auch immer die materiell-rechtliche Kündigungserklärung einhergehen.

Unter welchen Voraussetzungen also diese Kündigung des Schiedsrichtervertrages wirksam ist, insbesondere welche Kündigungsgründe für einen Schiedsrichter in Frage kommen, ist bisher in Literatur und Praxis nur wenig thematisiert und nie systematisiert worden. *Gal*[12] erarbeitet in seinem Buch „Die Haftung des Schiedsrichters in der internationalen Handelsschiedsgerichtsbarkeit" zwar bereits wichtige Haftungsmaßstäbe. Sein Werk betrachtet aber in der Hauptsache die Folgen einer Pflichtverletzung des Schiedsrichters und

---

5 Vgl. *Horvath/Wilske*, Guerrilla Tactics in International Arbitration.

6 *Hunter*, Arb. 1987, 219 (220).

7 Aufgrund der besseren Lesbarkeit wird im Folgenden ausschließlich die männliche Form genutzt, diese umfasst jederlei Geschlecht.

8 *Ng*, 2 McGill J. Disp. Resol. 23, 23 (24).

9 MüKoBGB/*Martiny*, Vorbem. zu Art. 1 ROM-I-VO Rn. 125; MüKoZPO/*Münch*, Vorbem. zu den §§ 1034ff. Rn. 3ff.

10 BT-Drucks. 13/5274, S. 42.

11 *Wolfram Henckel*, Prozessrecht und materielles Recht, S. 24f.

12 *Jens Gal*, Die Haftung des Schiedsrichters in der internationalen Handelsschiedsgerichtsbarkeit.

der Schiedsorganisation bei der Prozessführung. Die Rechtsfolgenseite einer unberechtigten Kündigung wird in kurzer Weise beleuchtet, dieses vornehmlich vor dem Hintergrund der Durchsetzbarkeit des Schiedsrichtervertrages und der zusammenhängenden Frage, ob ein Erfüllungsanspruch der Parteien gegen den Schiedsrichter besteht.[13] Nicht ausführlich entwickelt wird hingegen, warum und unter welchen Voraussetzungen eine Kündigung begründet und wann in ihr keine Verletzung des Schiedsrichtervertrages zu sehen sein soll.[14]

Dieses ist symptomatisch für den aktuellen Aufarbeitungsstand von Literatur und Rechtsprechung zur Frage der Kündigung von Schiedsrichtern. Die Kündigung des Schiedsrichtervertrages wird zwar häufig eher oberflächlich erwähnt – sei es bei der Kategorisierung des Schiedsrichtervertrages als prozess- oder materiell-rechtlichen Vertrag, bei der Beschreibung einzelner Rechte oder Pflichten[15] der Schiedsrichter oder bei der Frage nach dem Haftungsumfang einer Schiedsorganisation. Ausführlich darüber berichtet, unter welchen Voraussetzungen ein Schiedsrichter zur Kündigung berechtigt sein soll, welche Rechte und Pflichten ihn in diesem Zusammenhang treffen und wann welche Haftungsfolge ausgelöst wird, wird jedoch in aller Regel nicht.[16] Dies hängt möglicherweise auch damit zusammen, dass wenig veröffentlichte Kasuistik besteht und so dem möglicherweise zur Kündigung geneigten Schiedsrichter von dieser Seite, aber sicher auch von Parteien und möglicherweise Schiedsinstitutionen, mehr oder weniger deutlich suggeriert wird, dass ein Kündigungsgesuch ein atypisches, verwerfliches Verhalten ist. Dieses, wie zu zeigen sein wird, nicht mehr zeitgemäße Verständnis des Schiedsrichteramtes kommt vermutlich noch aus einer Zeit, in der das schiedsrichterliche Tätigwerden weniger als Dienstleistung denn als „Ehrenaufgabe“ begriffen worden ist.[17]

---

13 *Jens Gal*, Die Haftung des Schiedsrichters in der internationalen Handelsschiedsgerichtsbarkeit, S. 129ff.

14 BT-Drucks. 13/5274, S. 42.

15 Vgl. z.B. *Lew/Mistelis/Kröll*, Comparative International Commercial Arbitration, Kapitel 12 beschreibt die Rechte und Pflichten von Parteien und Schiedsrichtern, führt aber als einzige Rechte für Schiedsrichter deren Haftungsimmunität und das Recht auf Bezahlung auf.

16 So erwähnt *Schwab/Walter*, Kap. 13 Rn. 9 bis 13 lediglich, *dass* eine Kündigung aus wichtigem Grund grundsätzlich möglich ist und auch *Patrik Schöldström*, The Arbitrator's Mandate, S. 365 stellt fest, dass die allermeisten Abhandlungen keine abschließende Klärung hinsichtlich des Kündigungsrechts herbeiführen können.

17 *Lukits*, SchiedsVZ 2013, 269 (271f.).

Ein noch fragmentierteres Bild ergibt sich, wenn man dieses Problem im US-amerikanischen Recht zu lösen sucht. Im US-amerikanischen Recht erfolgt keine, jedenfalls keine konsistente, für den Kontinentaleuropäer so vertraute, Trennung des Schiedsrichtervertrages von der Schiedsvereinbarung. Im US-amerikanischen Recht erwächst sowohl die Beziehung der Schiedsparteien untereinander als auch die Beziehung der Schiedsparteien zu ihren Schiedsrichtern wohl einzig aus dem *arbitration agreement* oder allein dem Status des Schiedsrichters.[18] Schon die Herleitung von Rechten und Pflichten der Schiedsrichter ist vielfach durch Einzelfallrechtsprechung geprägt, häufig werden auch Zusatzvereinbarungen über unterschiedliches *Softlaw* getroffen. Etwas eindeutiger und weniger differenziert wird das Bild, wenn sich im Anschluss der schiedsrichterlichen Haftung gewidmet wird. Hier ist der aktuelle amerikanische Rechtsstand fast ausschließlich durch Einflüsse des *Caselaw* geprägt, die teilweise in das Jahr 1871 zurückreichen und inzwischen einen Standard etabliert haben.[19]

Die Bewertung der schiedsrichterlichen Rechte und Pflichten stützt sich also in der Hauptsache auf Gerichtsentscheidungen, häufig wird vom Entscheidungsgericht eine Parallele zu richterlichen Pflichten gezogen. In jüngerer Vergangenheit ist die Haftung des Schiedsrichters nicht nur durch *Caselaw* geprägt, auch durch internationalen Einfluss sind immer wieder Kodifikationsversuche unternommen worden, die erst in jüngerer Vergangenheit mehrheitlich in den einzelnen Bundesstaaten umgesetzt werden.[20] Im Federal Arbitration Act (FAA)[21] und den, in den USA wohl wichtigsten, Schiedsorganisationsregeln, denen der AAA[22], werden – wenn überhaupt – grundsätzliche Maßstäbe hinsichtlich einer Schiedsrichterhaftung aufgestellt. Konkrete Haftungsvoraussetzungen oder ausformulierte Rechte und Pflichten oder gar die Reichweite einer schiedsrichterlichen Haftungsprivilegierung finden sich jedoch nicht.[23]

Die uneinheitlichen, nicht abschließenden Regelungen in Deutschland und den Vereinigten Staaten und das daraus resultierende Problem, dass es keinen „Mindeststandard" hinsichtlich der Frage gibt, ob und wenn ja, wann, ein Schiedsrichter zur Kündigung berechtigt ist, muss durch die Analyse von Rechten und Pflichten des Schiedsrichters gegenüber den Parteien gelöst werden.

---

18 vgl. § 1, A., III. Amerikanisches Recht, S. 49ff.

19 *Bradley v. Fisher*, 80 U.S. 335 (355ff.) (1871).

20 Insbesondere Section 14 der UAA (2000).

21 Federal Arbitration Act (Pub.L. 68–401, 43 Stat. 883, codified at 9 U.S.C. § 1 et seq.).

22 American Arbitration Association.

23 *Born*, International Commercial Arbitration, S. 1964f.

Diese können sich gewohnheitsrechtlich etabliert haben, in der Rechtsprechung entwickelt oder durch die Parteien, konkludent oder ausdrücklich, vereinbart worden sein. Stellt ein Verhalten der Parteien eine evidente Verkürzung der Rechte des Schiedsrichters dar, mag dieses eher zu einer Kündigung berechtigen als Gründe, die er selbst zu vertreten hat. Ziel der Arbeit ist es deswegen, eine – nicht abschließende – Aufzählung von Kündigungsgründen für Schiedsrichter hinsichtlich des Schiedsrichtervertrages durch historische Analyse und Rechtsvergleichung zu entwickeln und die Folgefrage der Haftung des Schiedsrichters bei unberechtigter Kündigung zu beantworten.

Die treffende Formulierung durch *Martin J. Hunter*, dass es sich bei der Schiedsgerichtsbarkeit nicht länger um eine akademische Übung handele, nach der jeder zufrieden nach Hause gehen könne,[24] muss auch in der Rechtswirklichkeit Berücksichtigung finden. Es wird zu untersuchen sein, ob die Vorstellung, dass, wenn ein Schiedsrichter sich unkündbar zur „Ehrenaufgabe" der Beilegung eines Streits verpflichtet hat, dieser von der materiellen Verpflichtung kaum Abstand nehmen kann, oder ob aus heutiger Sicht nicht eine Anwendung der §§ 626ff. BGB auf den Schiedsrichtervertrag sinnvoll und zeitgemäß erscheint. Stellt man aber die Frage nach den Voraussetzungen der berechtigten Kündigung, stellt sich automatisch auch die Frage nach den (Haftungs-)Folgen der unberechtigten Kündigung und einer eventuell eingreifenden Privilegierung, beispielsweise i.S.d. § 839 Abs. 2 BGB oder nach dem Grundsatz der *judicial immunity*. Diese Frage nach dem materiellen Kündigungsrecht des Schiedsrichters ist im Kern umso mehr eine Haftungsfrage, wenn man sich vor Augen führt, dass eine zwangsweise Durchsetzung eines Anspruches auf die „Schiedsrichterleistung" nicht möglich ist.

B. Praktische Relevanz

Nicht nur vor dem Hintergrund von Modernisierung, Professionalisierung und Kommerzialisierung des Schiedsverfahrens erscheint es lohnenswert, die zugrunde liegenden Vertragsverhältnisse und Regeln einer aktuellen Betrachtung zu unterziehen. Auch die immer noch steigende praktische Relevanz, welche sich in weltweit steigenden Verfahrenszahlen ausdrückt,[25] gebietet eine Untersuchung nicht abschließend geklärter Rechtsfragen.

---

24 Frei nach: *Hunter*, Arb. 1987, 219 (220).

25 *Wilske/Markert/Bräuninger*, SchiedsVZ 2017, 49 (49).

Sowohl Schiedsrichter als auch Schiedsparteien haben nicht nur ein theoretisches, sondern auch ein praktisches Interesse an einer ausdifferenzierten und rechtssicheren Kündigungsregelung für die oder den Schiedsrichter. Idealerweise steht diese nicht im Widerspruch zu den bisher gewonnenen und gefestigten Erkenntnissen der Literatur und Rechtsprechung, insbesondere ein Gleichlauf mit der bestehenden Rechtslage, in Deutschland besonders mit dem jederzeitigen Rücktrittsrecht des Schiedsrichters nach § 1038 ZPO, erscheint erstrebenswert. Verneinte man die Möglichkeit der außerordentlichen Kündigung, wäre beispielsweise denkbar, dass die dann gebotene Einhaltung von Kündigungsfristen hinsichtlich der Schiedsrichtertätigkeit in Konflikt mit verfahrensrechtlichen Notwendigkeiten (die ebenso Kündigungsgrund sind) geriete, etwa der Ersetzung eines Schiedsrichters im Fall der Befangenheit.[26] Eine allzu unnatürlich anmutende Aufspaltung von prozessualer und materieller Rechtlage sollte jedoch hinsichtlich der Tätigkeit des Schiedsrichters vermieden werden.[27]

Letztlich muss, als Gegengewicht zum jederzeitigen Rücktrittsrecht des Schiedsrichters, auch eine Rechtssicherheits- und Gerechtigkeitserwägung in die Betrachtung einbezogen werden. Die Schiedsparteien verlassen sich nicht nur darauf, dass die oder der Schiedsrichter den Rechtsstreit möglichst schnell entscheidet, sie haben deswegen unter Umständen überhaupt erst einer Schiedsklausel zugestimmt.[28]

Auch wird der Schiedsrichter, im Gegensatz zum staatlichen Richter, aus anderer Motivation tätig. Während sich der staatliche Richter wirtschaftlich nicht darauf verlassen können muss, dass er die Verfahren im festgesetzten Zeitraum abschließt, ist dieses beim Schiedsrichter anders. Wirtschaftlich hat der Schiedsrichter ein reges Interesse an einem zügigen und störungsfreien Verfahrensfortgang. Er ist meist auch als Anwalt tätig, muss über diese Tätigkeit entsprechend disponieren und will zudem Planungssicherheit hinsichtlich der Übernahme von weiteren Schiedsverfahren erlangen.

Begreift man das Schiedsverfahren richtigerweise wie *Hunter* nicht als reine akademische Übung in einer heilen Welt, sondern als streitiges, manchmal schwieriges Verfahren, wird klar, dass Schiedsrichter schon aus wirtschaftlicher Sicht ein Interesse daran haben, unter Umständen ihre Leitungs- und

---

26 *Greiner/Nießen*, ZZP(126) 2013, 447 (451).

27 *Altenkirch*, SchiedsVZ 2014, 113 (120).

28 *International Arbitration Survey: Improvements in Innovations in International Arbitration* (*Queen Mary International Arbitration Survey 2015*), S. 2, abrufbar unter http://www.arbitration.qmul.ac.uk/media/arbitration/docs/2015_International_Arbitration_Survey.pdf (zuletzt abgerufen am 08.06.2019).

Entscheidungsposition im Schiedsverfahren zu verlassen, ohne sich Schadensersatzforderungen auszusetzen. Die Frage nach einer solchen rechtmäßigen Kündigung des Schiedsrichtervertrages ist zentraler Untersuchungsgegenstand der Arbeit.

Ohne viel Fantasie sind Szenarien denkbar, entweder weil diese bereits in der Rechtsprechung aufgetaucht sind oder weil sie naheliegend erscheinen, in denen der Schiedsrichter nicht nur seine prozessuale Tätigkeit niederlegen will, sondern auch seine materiell-rechtliche Verpflichtung aus dem Schiedsrichtervertrag aufkündigt.

Die bisherige Kasuistik und die bisherige Regelung durch *Softlaw* zeigen, dass das Thema zwar einstweilen die Gerichte und Richtliniengeber beschäftigt, eine allgemeingültige Lösung, also eine generell gültige Antwort auf die Frage nach dem Kündigungsrecht des Schiedsrichters, aber nicht existiert.

Will man die Gründe für eine Kündigung nach Verantwortlichkeit aufteilen, zeigt sich, dass sowohl durch Nachlässigkeit oder sonstige Verantwortlichkeit des Schiedsrichters, durch Dritte aber auch ohne Verschulden Gründe auftauchen können, welche die Beendigung des Schiedsrichtervertrages angezeigt scheinen lassen. Denkbar ist ebenfalls, dass Schiedsrichter den Schiedsrichtervertrag im deutschen wie im amerikanischen Recht immer wirksam aufkündigen können und erst in einem zweiten Schritt nach dem Kündigungsgrund zu fragen ist. Nämlich dann, wenn es um die Haftungskonsequenz und eventuelle Teilvergütungsansprüche geht; hier kann sogar noch besser nach Verantwortlichkeit unterschieden werden. Da eine Haftung auch in Teilen, geregelt über den Ausspruch von Haftungsquoten, vorliegen kann und nicht, wie die Möglichkeit der Kündigung, eine „ja oder nein – Frage“ ist und auch der Vergütungsanspruch i.S.d. § 628 BGB teilweise entstehen kann, ist eine ausdifferenzierte Haftungslösung der wirksamen, aber untauglich begründeten Schiedsrichterkündigung gut denkbar.

I. Schiedsrichterverantwortlichkeit

Wollte man die nachfolgende Untersuchung potentieller Kündigungsgründe kategorisieren, kann eine Unterscheidung nach Verantwortlichkeit nahe liegen. Verantwortlich ist ein Schiedsrichter für das Nichtvorliegen oder Nichtmehrvorliegen einer erforderlichen Nebentätigkeitsgenehmigung. Während dieses per se nicht zur Verfahrensbeendigung führen wird und auch keine Fehlbesetzung des Tribunals bedeutet, wird zu allermeist der Schiedsrichter sein Amt nicht mehr ausüben wollen.[29]

---

29 BGH NJW-RR 2016, 892 (893).

Problematischer und einzelfallabhängiger werden Fälle zu beurteilen sein, in denen ein Schiedsrichter nach Aufnahme der Tätigkeit feststellt, dass seine Unparteilichkeit gefährdet ist, beispielsweise wegen Verstrickungen mit den Streitparteien auf nicht unmittelbarer Ebene. Zwar wird man von allen Beteiligten des Verfahrens eine gewisse Professionalität erwarten können,[30] gleichwohl sind die Neutralität, die Objektivität der Entscheidungsfindung und ein funktionierender *conflict check* essentiell für ein funktionierendes Verfahren. Der Maßstab der Schiedsrichterlichen Verantwortlichkeit, zusammen mit der Reichweite der Haftungsprivilegierung kann später dergestalt Einfluss auf die Schiedsrichterhaftung haben, dass das verschuldete Vorliegen von Kündigungsgründen aus der Sphäre des Schiedsrichters selbst weniger zur rechtmäßigen Kündigung berechtigen könnte, als solche, die der Verantwortlichkeit eines Dritten entspringen.

II. Verantwortlichkeit von Dritten

In Frage kommen hier sowohl die Beeinträchtigung monetärer Rechte der Schiedsrichter als auch Fehlverhalten der Parteien, das sich beispielsweise in obstruierendem oder kriminellem Verhalten niederschlägt.

Gerichten und der *Softlaw* Kodifikation nicht unbekannt ist der Fall der Nichtzahlung des Vorschusses durch die Schiedsparteien, bei dem in aller Regel ein Kündigungsgrund für die Schiedsrichter angenommen wird. Müssen diese zu lange oder zu ungewiss auf die Vorschusszahlung warten, wird bisher angenommen, dass sie sich vom Schiedsrichtervertrag lösen können, ohne einer Haftung ausgesetzt zu sein.[31] Gleiches wird für Fälle störenden oder kriminellen Verhaltens der Schiedsparteien gelten. Während sich Schiedsrichter nach einhelliger Meinung zwar nicht bei jedem verfehlten Parteiverhalten zurückziehen können sollen dürfen, müssen sie auch geschützt werden; beispielsweise vor Bestechung, Bedrohung oder Extremfällen der Beleidigung.[32]

Es wird zu zeigen sein, dass bloße Verstöße gegen die prozessuale Wahrheitspflicht wohl von den Beteiligten zumindest materiell hingenommen werden müssen und hieraus kein Kündigungsrecht erwächst.[33]

---

30 *Altenkirch*, SchiedsVZ 2014, 113 (117).

31 *Sink v. Aden*, 352 F. 3d 1197 (1197ff.) (2003); *Buchwitz/Schütt*, SchiedsVZ 2015, 1 (4) mit Verweis auf §§ 7, 8 und 25 DIS-SchO; z.B. R-57 der AAA Commercial Arbitration Rules and Mediation Procedures.

32 RG WarnRspr 19, 256 (258).

33 BGHZ 23, 198 (203f.).

Die Parteilichkeit von Mitschiedsrichtern wird, insbesondere aufgrund der verbreiteten Benennungsmodi, eine Rolle in der Untersuchung spielen. Schon früh hatte sich das Reichsgericht mit der Frage zu beschäftigen, ob ein Schiedsrichter berechtigt sein soll, das Amt im Falle der Voreingenommenheit eines Schiedsrichterkollegen niederzulegen; richtigerweise wird man dieses nicht ohne Weiteres bejahen können.[34] Problematisch erscheint in diesem Zusammenhang auch, dass Schiedsrichter möglicherweise erst während des laufenden Verfahrens feststellen, dass eine eigene Vorbefassung oder Befangenheit vorliegen könnte. Hier scheint nicht nur die Frage nach der haftungskonsequenzlosen Kündigung schwieriger zu beantworten, auch die Verwertbarkeit bisher erbrachter Schiedsrichterleistungen steht zur Disposition.[35]

Weniger zweifelhaft erscheint die Frage nach der Kündigungsberechtigung bei einem feststehenden strafbaren Verhalten einer oder beider Schiedsparteien, das einen Bezug zum Verfahren aufweist.[36] Nach den Grundsätzen der, von Vertrauen geprägten, konstruktiven Zusammenarbeit wird möglicherweise bereits der Verdacht strafbarer Handlungen von Beteiligten am Schiedsverfahren eine Kündigung des Schiedsrichters begründen können.[37]

Zuletzt wird noch Fällen Rechnung getragen werden müssen, in denen die Parteien ihre Rolle als Herren des Verfahrens über Gebühr wahrnehmen. Änderungen der Verfahrensordnung, Erweiterung des Prozessstoffes oder schier unendliche Dokumentenproduktion sind praktische Probleme, denen Schiedsrichter begegnen können müssen. Falls die Parteien nämlich gemeinsam das (laufende) Verfahren modifizieren, muss dem Schiedsrichter zumindest auf materieller Ebene das letzte Mittel zur Verfahrensgestaltung wegen der eigenen Betroffenheit bleiben: Die Kündigung.

III. Keine Verantwortlichkeit

Letztlich gilt es, Gründe zu untersuchen, die von niemandem zu verantworten sind. Höhere Gewalt muss nicht Naturkatastrophe oder Bürgerkrieg sein,[38] sondern kann auch in einer schwerwiegenden Erkrankung des Schiedsrichters liegen.[39] Klärungsbedürftig erscheinen hier vor allem Fälle, in denen die

34 RGZ 126, 379 (382).
35 *Florasynth v. Pickholz*, 750 F.2d 171 (1984).
36 *Lachmann*, Rn. 4379 m.w.N.
37 *Rieder/Schönemann*, NJW 2011, 1169 (1174).
38 LG Kassel NJW 1992, 3107 (3107ff.).
39 BeckOKZPO/*Wolf/Eslami*, § 1038 Rn. 5.

Fortführung des Schiedsverfahrens von den Parteien zwar noch angestrebt ist, der oder die Schiedsrichter sich aber von der materiell-rechtlichen Pflicht des Schiedsrichtervertrages lösen möchten, um sich neuen Aufgaben zuzuwenden. Es scheint einerseits berechtigt, dem Schiedsrichter Planungssicherheit und Dispositionsbefugnis über seine Kapazitäten zuzusprechen, andererseits kann nicht jede unvorhergesehene, endliche Unterbrechung der Verfahrensführung zur Kündigung berechtigen.

§ 2. Gang der Untersuchung

This thesis aims to contrive acceptable reasons for a termination of contract by the arbitrator. Methodically the thesis will compare civil and common law approaches on the question of contract termination and liability with existing softlaw and historical evidence.

Ziel der Arbeit ist es an erster Stelle, Kündigungsgründe für Schiedsrichter hinsichtlich des Schiedsrichtervertrages zu entwickeln und mögliche Haftungskonsequenzen einer Haftungsprivilegierung des Schiedsrichters gegenüberzustellen.

Hierzu wird zunächst der Schiedsrichtervertrag dargestellt werden, bevor sich der Untersuchung von möglichen Kündigungsgründen gewidmet wird. Bei der Ermittlung möglicher Kündigungsgründe ergeben sich mehrere mögliche Erkenntnisquellen. Zunächst werden aufgrund der Arbeitshypothese, dass es einer Verkürzung von Rechten des Schiedsrichters oder Verfahrensstandards zur haftungslosen Kündigung bedarf, die Rechte des Schiedsrichters aus dem Schiedsrichtervertrag untersucht. Sodann soll der Schiedsvertrag mit seinen möglichen Kündigungsgründen für übertragbare Parallelerkenntnisse erörtert werden. Ein Blick in die Rechtsgeschichte bis zu den (kodifizierten) Ursprüngen der Schiedsgerichtsbarkeit im römischen Recht soll zusammen mit bisheriger, jüngerer Kasuistik ebenfalls als Erkenntnisquelle dienen. Abschließend sollen mögliche Kündigungsgründe anhand der zuvor gewonnenen Erkenntnisse aufbereitet werden, auch um neue Kündigungsgründe für Schiedsrichter zu entwickeln oder eine Systematisierung geeigneter Gründe vorzunehmen.

Anschließend stellt sich die Frage nach der Haftung eines Schiedsrichters bei unberechtigter Kündigung, auch vor dem Hintergrund einer Diskussion um die Reichweite eines möglichen Spruchrichterprivilegs. Im jeweiligen Kapitel, also zum Schiedsrichtervertrag, zur Möglichkeit der Kündigung des Schiedsrichtervertrages, zu den möglichen Kündigungsgründen und zur Haftung des Schiedsrichters für den Fall der unberechtigten Kündigung, soll sich die Untersuchung nicht auf die deutsche Rechtslage beschränken. Nach einer kurzen rechtshistorischen Einführung soll jeweils auch der Blick auf das amerikanische Recht gerichtet werden, um zu einem internationaleren Fazit zu kommen, das insbesondere *common* und *civil law* Aspekte enthält.

Die Bearbeitung schließt mit einer Zusammenfassung, den Thesen der Arbeit und einem Vorschlag zur Kodifizierung des Kündigungsrechts des Schiedsrichters.

Hauptteil

Während im deutschen Recht eine Suche nach einem möglichen Kündigungsrecht des Schiedsrichters und entsprechenden Rechtsfolgen schon grundsätzlich in Frage kommen kann, weil es das Konstrukt[40] des sog. Schiedsrichtervertrages überhaupt gibt, stellt sich die Rechtslage in den US-amerikanischen Staaten anders dar. Das Amt des Schiedsrichters und dessen Rechtsstellung wird teilweise aus dem *arbitration agreement* direkt hergeleitet, er wird als „Kreatur des Parteivertrages" beschrieben.[41] Hinsichtlich der deutschen Herangehensweise bezüglich des Schiedsrichter-Partei-Verhältnisses kann zunächst betrachtet werden, welche Rechte und Pflichten auf beiden Seiten des Schiedsrichtervertrages entstehen, um sodann zu untersuchen, ob auch jede Pflichtverletzung ein Kündigungsgrund sein kann. Es kann auch untersucht werden, ob und wenn ja, in welchen Fällen, die Pflichten aus dem Schiedsvertrag Drittschutz hinsichtlich des Schiedsrichters entfalten. Die Natur des Schiedsvertrages kann darüber nur bedingt Auskunft erteilen, eine Untersuchung der einzelnen etablierten Parteipflichten aus dem Schiedsvertrag ist somit geboten, eine Einteilung in prozessuale Last oder echte Pflicht kann bezüglich der Reichweite der jeweiligen Parteipflicht eine erste Orientierung liefern. Sodann gilt es also festzustellen, welche Rechte und Pflichten den Schiedsrichter in beiden Rechtssystemen treffen und welche davon unabdingbar sind.

Diese haben unterschiedliche Ursprünge: Gewohnheitsrecht, Rechtsprechung, Literatur, Schiedsrichtervertrag oder *arbitration agreement.* Im Wesentlichen soll sich also eine Herleitung und Darstellung der etablierten Rechte und Pflichten

40 Die Bezeichnung als Konstrukt geht auf die Anfänge des Schiedsrichtervertrages zurück. Der Schiedsrichtervertrag wurde dort vielfach als „dogmatisches Konstrukt" bezeichnet, weil es als konstruiert angesehen worden ist, eine Einigung zwischen Schiedsrichter und Parteien anzunehmen, die allzu häufig *expressis verbis* nicht bestand. Inzwischen entspricht es der ganz herrschenden Meinung in Literatur und Rechtsprechung, dass der Schiedsrichtervertrag existiert und Rechte und Pflichten hervorbringt.

41 *E.C. Ernst, Inc. v. Manhattan Constr. Co. of Texas*, 551 F.2d 1026 (1033) (1977).

des Schiedsrichters anschließen, um eine Möglichkeit der Beendigung der Tätigkeit des Schiedsrichters durch Willenserklärung durch den Schiedsrichter selbst als „Kündigungsäquivalent" zum deutschen Recht zu untersuchen. Als mögliche Kündigungsgründe für Schiedsrichter kommen Pflichtverletzungen hinsichtlich der zuvor hergeleiteten und dargestellten Schiedsrichterrechte in Betracht, die Frage weiterer Voraussetzungen für die Wirksamkeit der Kündigung schließt sich konsequenterweise an. Während Parallelen aus dem Dienst- und Arbeitsrecht aus deutscher Sicht möglicherweise helfen können, zu beurteilen, wann eine Kündigung durch den Schiedsrichter rechtmäßig geschieht, muss aus amerikanischer Sicht nicht das Gleiche gelten. Die Rechte und Pflichten des Schiedsrichters werden hier unterschiedlich hergeleitet, die beiden großen Lager der vertretenen Auffassungen teilen sich in Vertreter des sog. *status approach* und des *arbitrator's contract*.[42] Mit jeweils unterschiedlichen Begründungsansätzen kommen die Vertreter der Auffassungen zu sehr vergleichbaren Ergebnissen, die *resignation*, oder eben die *termination of contract*, steht unter einer Begründungsvoraussetzung, die, sollte sie nicht erfüllt sein, eine Haftung nach sich zieht.

Im jeweils nächsten Schritt soll sich eingehend mit der Rechtsprechung und Gesetzgebung zum Thema einer möglichen Haftungsprivilegierung von Schiedsrichtern befasst werden. Während aus deutscher Sicht die konkludente Vereinbarung eines Haftungsprivilegs oder eine analoge Anwendung des Spruchrichterprivilegs in Rede stehen, können auf amerikanischer Seite in erster Linie die Rechtsprechung[43] der UAA (2000)[44] und der FAA[45] Anhaltspunkte für die schiedsrichterliche Haftung geben. Insbesondere die amerikanische Rechtsprechung hat ein relativ differenziertes Haftungssystem, erst für Richter, dann für Schiedsrichter, entwickelt.

Im deutschen Recht besteht begrifflich eine Trennung des Schiedsrichtervertrages vom Schiedsvertrag. Der Schiedsrichtervertrag hängt seinem Wesen nach zwar von dem Schiedsvertrag ab, jedoch sind einfache Szenarien denkbar, in denen beide Verträge ihr rechtliches Schicksal nicht teilen. Nämlich solche Fälle, in denen die Parteien weiter ein Interesse an alternativer Streitbeilegung in Form

---

42 *Mullerat/Blanch*, 1 Disp. Resol. Int'l. 2007, 99 (100f.).

43 z.B. *Antoine v. Byers & Anderson, Inc.*, 508 U.S. 429 (433) (1993); *Kabia v. Koch*, 713 N.Y.S. 2d 250 (256) (2000).

44 Revised Uniform Arbitration Act in der kommentierten Fassung vom 13.12.2000. Gelegentlich auch als RUAA bezeichnet, hier und im Folgenden als UAA (2000), vgl. http://www.uniformlaws.org/shared/docs/arbitration/arbitration_final_00.pdf (zuletzt abgerufen 28.12.2017).

45 Federal Arbitration Act.

der Schiedsgerichtsbarkeit haben, die Schiedsvereinbarung also aufrecht erhalten werden soll, einer der Schiedsrichter aber von sich aus nicht weiter Teil des Verfahrens sein kann oder will. Auch ist denkbar, dass der Schiedsrichtervertrag während des laufenden Verfahrens ein Ende findet, im Extremfall durch den Tod eines Schiedsrichters,[46] normalerweise aber wohl, wenn sich im Nachhinein herausstellt, dass der Schiedsrichter, beispielsweise wegen eines evidenten Interessenkonflikts, nicht geeignet erscheint, die Tätigkeit weiter auszuüben.

Während der Schiedsvertrag zwischen den Parteien geschlossen wird, tritt bei dem Schiedsrichtervertrag der Schiedsrichter als Vertragspartner auf. Der Schiedsrichtervertrag regelt also das Verhältnis zwischen Parteien und Schiedsrichter, ohne dass sein rechtliches Schicksal immer Ausschlag für den Schiedsvertrag hätte. In der deutschen Rechtswissenschaft werden die Existenz des Schiedsrichtervertrages und die entsprechende Trennung vom Schiedsvertrag ganz überwiegend anerkannt.[47] Die Untersuchung beginnt damit, dass die Geschichte des Schiedsrichtervertrags nachgezeichnet wird, um jeweilige Rechte und Pflichten festzuhalten. Im nächsten Schritt kann, so eine Kündigung überhaupt möglich ist, dann untersucht werden, welche Pflichtverletzungen einen tauglichen Kündigungsgrund darstellen. Hierbei kann sachlich zwischen Gründen unterschieden werden, die eine Undurchführbarkeit des Verfahrens bedeuten und deswegen eher einen Kündigungsgrund darstellen werden als bloße Erschwernisse, insbesondere, wenn diese durch den Schiedsrichter selbst zu verantworten sind.

Abschließend soll sich der Frage nach der Möglichkeit, Reichweite und Begründung einer schiedsrichterlichen Haftungsprivilegierung zugewandt werden. Die Untersuchung wird verschiedene Begründungsansätze aufzeigen und es wird festzustellen sein, dass die haftungsauslösende, unbegründete Kündigung von keinem der möglichen Privilegierungstatbestände gedeckt ist.

---

46 Z.B. in *Cia de Navegacion Omsil v. Hugo Neu Corp.*, 359 F.Supp. 898 (898f.) (1973).

47 *Manuela Schäfer*, Die Verträge zur Durchführung des Schiedsverfahrens, S. 202ff.

§ 1. Der Schiedsrichtervertrag

Basis for the rights and duties of arbitrators is the arbitrator's contract. In German law are different possibilities of categorization for the – in its general existence widely accepted contract – some refer to it as a contract of services, others see a contract sui generis. A categorization of the arbitrator's contract under German law might help to draw conclusions regarding the possibility of the termination of that contract. The thesis will reason that, except for very few exceptions, the arbitrator's contract is a contract of services and consequently and rightfully arbitrators are generally free to terminate this contract. The rights and duties of arbitrator's under American law are differently constructed, some apply the so-called status approach, some argue in favor for the existence of an arbitrator's contract. The thesis mainly focuses on the possibility of the termination of the arbitrator's contract but also proposes that nearly same reasons for a right of termination apply to the status approach, although it might then be named right of rescind or resignation. One argument to be made is, that there is no possibility to enforce any kind of award against an arbitrator in order to force him to "arbitrate" – the service of the arbitrator is of such a personal, highly specialized, objective and internal process that an arbitrator cannot be forced to serve in his or her judicial function. Consequently, a termination of contract can be simply caused by non-performance of the arbitrator, as there is no possibility to force a judicial performance act. Therefore, one "only" has to ask, whether the specific non-performance is rightfully done or not to determine an arbitrator's liability.

Grundlage dafür, dass Schiedsrichter in einem Rechtsstreit überhaupt verpflichtet sind, tätig zu werden, ist im deutschen Recht der sog. Schiedsrichtervertrag. Dieser Vertrag kommt zwischen den Parteien des Schiedsvertrages einerseits und dem oder den Schiedsrichtern andererseits zustande. Die Einordnung des Schiedsrichtervertrags entweder als Dienstvertrag,[48] Geschäftsbesorgungsvertrag,[49] Werkvertrag[50] oder Vertrag *sui generis*[51] beantwortet dabei nicht die Frage, ob es sich um einen materiell-rechtlichen Vertrag, einen Prozessvertrag oder einen Vertrag mit dahingehender Doppelnatur handelt. Diese Frage bedarf für die weitere Untersuchung eines Arbeitsergebnisses, um potenzielle Abweichungen der resultierenden Rechte und Pflichten vom bürgerlichen Recht zu erklären.

---

48 Zustimmend: Stein/Jonas/*Schlosser*, vor § 1025, Rn. 7; *Kröll*, NJW 2007, 743 (747). Ablehnend: *Schwab/Walter*, Kap. 11 Rn. 8.

49 *Diedrich*, JuS 1998, 158 (162).

50 Wohl m.M.: *Werner Kaufmann*, Schiedsrichtervertrag (receptum arbitri) nach geltendem Recht, S. 71f.

51 BGH VersR 1953, 51 (51ff.); *Schwab/Walter*, Kap. 11 Rn. 8.

Je nach Charakter des Vertrages können nämlich die Gründe, die zur Kündigung berechtigen, jeweils andere sein. Ausgangspunkt dieser Überlegungen stellt in Ermangelung von gesetzlichen Regelungen zu Kündigungsgründen der Schiedsrichtervertrag selbst dar, die Gründe müssen sich durch Vertragsauslegung und -einordnung zumindest herleiten lassen können.

A. Die Begründung des Schiedsrichtervertrages

Zur Näherung an die Rechte und Pflichten, welche aus dem Schiedsrichtervertrag hervorgehen, ist zunächst eine Untersuchung des Schiedsrichter-Partei-Verhältnisses angezeigt. Die Trennung, insbesondere die vertragliche Trennung, des Schiedsrichter-Partei-Verhältnisses unter der Annahme eines „eigenen" Vertrages ist nicht selbstverständlich. So gibt es Ansichten, sowohl im deutschen als auch im amerikanischen Recht, die in der Beziehung eine teilstaatliche, subordinative sehen, sie folgen der sog. *Amtstheorie*[52] oder, internationaler, dem *status approach.*[53] Im Folgenden soll deswegen zur Existenz des Schiedsrichtervertrages genauer erläutert werden.

I. Römisches Recht

Die Klassifizierung des Schiedsrichter-Partei-Verhältnisses als autonomer Vertrag eigener Art führt nicht bis zum Beginn der Schiedsgerichtsbarkeit zurück. Das dogmatische Konstrukt des Schiedsrichtervertrages ist heutzutage weitgehend anerkannt, Uneinigkeit über die genaue Einordnung des Schiedsrichter-Partei-Verhältnisses herrschte aber noch im römischen Recht. Der Akt des Abschlusses einer Schiedsvereinbarung wurde im römischen Recht *compromissum* genannt.[54] Mancherorts wird postuliert, dass das *receptum arbitri* immer von dem sog. *compromissum* umfasst war.[55] *Receptum* steht hierbei für „Gewähr" oder „Verpflichtung", insbesondere war die Formulierung des *receptum* üblich, wenn es um die Verpflichtung zur richterlichen Amtsübernahme ging. *Arbitri* steht hierbei für einen Dritten, genauer für den „von außen (als Zeugen) Hinzutretenden". Nach dem *receptum arbitri* wird also der Schiedsrichter als Dritter verpflichtet, das Schiedsrichteramt auszufüllen.

52 vgl. § 1, B., II. 1. Amtstheorie, S. 59f.

53 vgl. § 1, B., III. 2. Status approach, S. 68f.

54 *Lukits*, SchiedsVZ 2013, 269 (270).

55 *Calavros* in FS Habscheid, 66 (66), im Ergebnis auch: *Jens Gal*, Die Haftung des Schiedsrichters in der internationalen Handelsschiedsgerichtsbarkeit, S. 17.

Andererseits gibt es auch Stimmen, die schon damals im *receptum arbitri* ein vollständig eigenes Verhältnis sahen.[56] Unabhängig von akademischer Uneinigkeit über die völlige Teilbarkeit beider Verhältnisse bleibt festzuhalten, dass schon im römischen Recht das Verhältnis zwischen Schiedsrichter und Parteien terminologisch von dem bloßen *compromissum* differenziert worden ist. Das Verhältnis zwischen Schiedsrichter und Partei wurde gerade nicht durch die Schiedsvereinbarung, also nicht durch das *compromissum,* abschließend geregelt, dieses bezog sich in erster Linie auf die Parteien. Zur Beschreibung des Verhältnisses zu den Schiedsrichtern wurde begrifflich und hinsichtlich der rechtlichen Beurteilung differenziert. Insofern erscheint es möglich, im *receptum arbitri* ein Leistungsversprechen zu sehen, mit dem der Schiedsrichter den Schiedsparteien zusagte, den Streit durch Schiedsspruch zu entscheiden. Dieses Leistungsversprechen konnte von beiden Parteien frei angetragen, angenommen oder abgelehnt werden, sodass die Nähe zu einem Vertrag nach heutigem Verständnis der privatautonomen Vertragsgestaltung besteht.[57] Zwar sollte ein Anspruch auf Erfüllung der Pflichten aus diesem Verhältnis eigener Art nicht direkt klagbar sein, dieses liegt allerdings in der Natur des damaligen Rechts begründet, welches nur wenige, abschließend geregelte, klagbare Ansprüche kannte.[58] Das *receptum arbitri* deswegen – aus heutiger Sicht – aber nicht als vertragliches oder zumindest vertragsähnliches Verhältnis einzustufen, scheint daher verfehlt.

II. Deutsches Recht

Die Trennung von Schiedsrichtervertrag und Schiedsvertrag setzt sich in der deutschen Rechtsgeschichte fort. Zwar ist der Schiedsgerichtsbarkeit in Preußen wenig Sympathie entgegengebracht worden,[59] man wollte (und sollte) sich auf die Instrumentarien des alles regulierenden, fähigen Staates verlassen.[60] Eine Weiterentwicklung oder Ausdifferenzierung hinsichtlich der verschiedenen

56 *Gustav Müser*, Das Receptum arbitri und die Haftung des Schiedsrichters. Zugleich ein rechtshistorischer Rückblick, S. 60ff.

57 *Jens Gal*, Die Haftung des Schiedsrichters in der internationalen Handelsschiedsgerichtsbarkeit, S. 18.

58 *Kaser/Knütel*, Römisches Privatrecht, S. 42ff.

59 *Wolfgang Heinrich Puchta*, Institut der Schiedsrichter, S. 67; *Oetmann*, ZZP(47) 1916, 105 (106).

60 *Wolfgang Heinrich Puchta*, Institut der Schiedsrichter, S. 5, 44ff.

Auffassungen zum Schiedsrichter-Partei-Verhältnis ist deswegen nicht feststellbar, gleichwohl gehen Rechtsprechung[61] und Literatur[62] von einer Existenz des Schiedsrichtervertrages aus. Sächsisches BGB[63] und Dresdener Entwürfe[64] sahen ebenfalls einen Schiedsrichtervertrag vor. Gem. Art. 970 des Dresdner Entwurfes sogar ausdrücklich: „*Das Verhältnis zwischen den Vertragsschließenden und dem Schiedsrichter ist nach den Vorschriften über den Auftrag zu beurtheilen. Der Auftrag kann durch die Auftraggeber nur, wenn sie alle darüber verstanden sind, widerrufen werden.*"

Auch in der Zivilprozessordnung von 1877, nämlich in § 859 Nr. 1 Var. 4, fand der Schiedsrichtervertrag Erwähnung, es heißt:

> „*Der Schiedsvertrag tritt außer Kraft, sofern nicht für den betreffenden Fall durch eine Vereinbarung der Parteien Vorsorge getroffen ist:*
>
> 1. *wenn bestimmte Personen in dem Vertrage zu Schiedsrichtern ernannt sind und ein Schiedsrichter stirbt oder aus einem anderen Grunde wegfällt oder die Uebernahme des Schiedsrichteramts verweigert oder von* ***dem mit ihm geschlossenen Vertrage zurücktritt***[65] *oder die Erfüllung seiner Pflichten ungebührlich verzögert;*
> 2. *wenn die Schiedsrichter den Parteien anzeigen, daß unter ihnen Stimmengleichheit sich ergeben habe.*"

Hierin erschöpft sich jedoch die gesetzgeberische Erwähnung des Schiedsrichtervertrages, die Vorschrift wurde als § 800 des entsprechenden Entwurfes ohne Diskussion verabschiedet. *Gal* zieht daraus den naheliegenden Schluss, hätte der Gesetzgeber, der um das Vorhandensein des Schiedsrichtervertrages wusste, diese Rechtslage ändern wollen, hätte er es durch eine Begründung oder andere Formulierung getan.[66]

---

61 Oberamtsgericht Darmstadt, Beiträge zur oberstrichterlichen Rechtsübung (1862), S. 147.

62 *Bornhak*, ZZP(30) 1902, 1 (27f).

63 § 1421 Bürgerliches Gesetzbuch für das Königreich Sachsen: „*Das Verhältniß zwischen den Vertragschließenden und dem Schiedsmanne ist nach den Vorschriften über die Geschäftsführung vermöge Auftrages zu beurtheilen. Ein Widerruf des Auftrages durch die Auftraggeber hat nur statt, wenn sie sämmtlich darüber einverstanden sind.*"

64 Entwurf eines für die deutschen Bundesstaaten gemeinsamen Gesetzes über die Schuldverhältnisse, vgl. *Justus Wilhelm Hedemann*, Der Dresdner Entwurf von 1866, passim.

65 Hervorhebung durch Verfasser.

66 *Jens Gal*, Die Haftung des Schiedsrichters in der internationalen Handelsschiedsgerichtsbarkeit, S. 29.

Da mit der ZPO-Reform von 1998 die aktualisierte aber inhaltsgleiche Fassung des § 1033 Nr. 1 Var. 4 ZPO a.F. weggefallen ist, geht der Gesetzgeber weiterhin von einer Existenz des Schiedsrichtervertrages und zugehörigen Rechten und Pflichten aus. Mehr noch: Es wird sogar in der Gesetzesbegründung auf die Trennung zwischen Schiedsrichteramt und Schiedsrichtervertrag eingegangen, beide seien in ihrem rechtlichen Schicksal nicht identisch:

> *„Das Schiedsrichteramt endet vielmehr auch dann, wenn der Schiedsrichter „grundlos" von ihm zurücktritt oder die Parteien „grundlos" die Beendigung seines Mandats vereinbaren, unabhängig von den Rechtsfolgen aus der dann möglicherweise gegebenen Verletzung des Schiedsrichtervertrages."*[67]

Zusammenfassend hat der Schiedsrichtervertrag in seiner Existenz schon früh eine breite Akzeptanz gefunden. Dass aus ihm eigene Rechte und Pflichten erwachsen, scheint auch in der Rechtsgeschichte selbstverständlich, sieht man von den Vertretern der sog. Amtstheorie in der jüngeren Rechtsgeschichte ab.[68]

Beinahe unstrittig wird die Existenz des Schiedsrichtervertrages im deutschen Recht heute angenommen. Sowohl Rechtsprechung[69] als auch Literatur[70] setzen den Schiedsrichtervertrag in seiner Existenz voraus, auch in Gesetzgebungsmaterialien findet die Begrifflichkeit Erwähnung.[71]

Einzige deutliche und andauernde Kritik an der Annahme der Existenz des Schiedsrichtervertrages stammt von *Calavros*.[72] *Calavros* verneint die Existenz eines Schiedsrichtervertrages, Haftungserleichterungen oder Vergütungsvereinbarungen könnten ebenso gut Nebenabreden zur Schiedsvereinbarung sein. Vor allem würden die Anhänger des Schiedsrichtervertrages zu ungenau arbeiten, wenn es um die Entstehung, das exakte Zustandekommen des Schiedsrichtervertrages ginge. Der genaue Umfang der Rechte und Pflichten sei ebenfalls zu unscharf und

---

67 BT-Drucks. 13/5274, S. 42.

68 vgl. § 1, B., II. 1. Amtstheorie, S. 59f.

69 RGZ 59, 247 (247ff.).

70 *Jens Gal*, Die Haftung des Schiedsrichters in der internationalen Handelsschiedsgerichtsbarkeit, S. 17f.; *Werner Kauffmann*, Schiedsrichtervertrag (receptum arbitri) nach geltendem Recht, S. 95ff; *Lukits*, SchiedsVZ 2013, 269 (269ff.); *Bernward Machens*, Der Schiedsrichtervertrag, S. 24ff.; *Gustav Müser*, Das Receptum arbitri und die Haftung des Schiedsrichters, S. 123ff.; MüKoZPO/*Münch*, Vorbem. zu den §§ 1034ff. Rn. 3ff.; *Schwab/Walter*, Kap. 13 Rn. 9

71 BT-Drucks. 13/5274, S. 42.

72 *Calavros* in FS Habscheid, 66 (68ff.).

unterscheide sich häufig, ebenso existierten zu wenige, unsichere Ausführungen zur tatsächlichen Dauer des Schiedsrichtervertrages, nicht alle Beendigungsgründe seien geregelt.[73] *Calavros* zieht deswegen Parallelen zur Amtstheorie[74] und sieht in der Schiedsrichterposition ein Amt, ähnlich dem des Testamentsvollstreckers.[75] Diesem ist nicht zuzustimmen, schon die Bestellung eines Testamentsvollstreckers und eines Schiedsrichters ist kaum vergleichbar. Der Testamentsvollstrecker wird durch den Erblasser ernannt und hat sodann eine treuhänderische Position inne, die er selbstständig ausfüllt.[76] Der Erbfall ist mithin eingetreten und der Erblasser kann, rein tatsächlich, nicht mehr disponieren. Die Erben sind hinsichtlich des verwalteten Erbes ebenfalls nicht befugt, Verfügungen zu treffen, solange der Testamentsvollstrecker sein Amt innehat.[77]

Bei dem Schiedsrichter liegt dies indes sehr anders. Auch nach Aufnahme der schiedsrichterlichen Tätigkeit liegt ein maßgeblicher Teil der Dispositionsbefugnis bei den Schiedsparteien: Es kann, teils nur gemeinschaftlich, über den Verfahrensgegenstand, über die Person des Schiedsrichters selbst oder über die Verfahrensregeln, den Verfahrensort oder den Tagungsort disponiert werden. Es liegt eine andere Konstellation zugrunde. Für den Testamentsvollstrecker mag ein (privates) Amt einleuchtend erscheinen, für den Schiedsrichter trifft dies aber gerade nicht zu.

Auch eine weitere Kritik vermag nicht durchzudringen: Nach Auffassung *Calavros'* sei die Bestellung des Parteischiedsrichters im Mehrparteienschiedsgericht nicht von dem Willen der nicht-ernennenden Partei gedeckt, ein Schiedsrichtervertrag könne mithin nicht zwischen dieser Partei und dem „anderen" Parteischiedsrichter zustande kommen.[78] Es fehle somit an einer vertraglichen Beziehung (und damit an einer Haftungsgrundlage) zwischen nicht-ernennender Partei und dem Schiedsrichter. Schiedsvereinbarungen enthielten in aller Regel auch keine derart gerichteten Vollmachten, eine solche zu konstruieren werde dem Parteiwillen nicht gerecht.

Auch dem ist entgegenzutreten: Wird die (Schieds-)Vereinbarung derart getroffen, dass jede Partei „ihren" Schiedsrichter ernennt, ist einerseits der Wille geäußert, die gegnerische Partei nicht am Ernennungsverfahren

---

73 *Calavros* in FS Habscheid, 66 (68ff.).

74 vgl. § 1, B., II. 1. Amtstheorie, S. 59f.

75 So sollen die offenen Fragen zur Haftung und Bezahlung nach § 2219 BGB analog und § 2221 BGB analog geregelt werden.

76 BGHZ 25, 275 (275).

77 ganz h.M. Hk-BGB/*Hoeren*, § 2211 Rn. 1.

78 *Calavros* in FS Habscheid, 66 (69).

teilhaben zu lassen. Andererseits ist aber der Wille, den Streit vor einem Schiedsgericht zu lösen, hierdurch nicht beeinträchtigt, er existiert neben dem Willen zur einseitigen Ernennung. Beiden Parteien ist klar, dass sie auf die jeweils andere Partei in dieser Beziehung keinen Einfluss haben. Sie können sich deswegen gleichwohl dazu ermächtigen, eine unmittelbare Beteiligung auszuschließen, aber trotzdem über die Regeln der, formfrei erteilungsfähigen, Vollmacht in ein Vertragsverhältnis zu allen Schiedsrichtern eintreten. Auch aus (vertraglichen) Haftungsgründen, beispielsweise wegen Nicht- oder Schlechterfüllung, muss dieses gerade dem Parteiwillen entsprechen.[79]

Hinzu kommt, dass § 1034 Abs. 2 S. 1 ZPO eine gewisse Mitwirkung der anderen Schiedspartei durchaus vorsieht. Die Vorschrift soll übermäßige Benachteiligung ausschließen, auf Antrag der vermeintlich benachteiligten Partei findet eine Kontrolle durch die ordentlichen Gerichte statt. Ergo kommt der jeweils nicht-ernennenden Partei sehr wohl eine Funktion bei der Schiedsrichterernennung durch die andere Partei zu, nämlich die Kontrolle und Überwachung hinsichtlich einer eigenen Übervorteilung. Damit noch einen entgegenstehenden Willen annehmen zu wollen, wirkt konstruiert, wussten die Parteien doch durch Schiedsvereinbarung und Gesetz um die Regularien der Schiedsrichterernennung und um deren gegenseitige Berechtigung wie auch um deren gegenseitigen Ausschluss. So in analoger Anwendung der Regelungen zum Testamentsvollstrecker ein Vertragsverhältnis entgegen weiter Teile der Rechtsprechung und Literatur anzunehmen, erscheint schwierig und konstruiert, insbesondere, weil die Regelungs- und Interessenlage nicht immer vergleichbar ist.

Abschließend kann festgehalten werden, dass sowohl Gesetzgeber, Literatur und Rechtsprechung hinsichtlich der Existenz des Schiedsrichtervertrages übereinstimmen. Nach ganz herrschender Auffassung ist der häufig, aber nicht immer, konkludent geschlossene Schiedsrichtervertrag materiell-rechtliche Verbindung zwischen Parteien und Schiedsrichter.

III. Amerikanisches Recht

Während im deutschen Recht somit zwischen Schiedsvereinbarung und Schiedsrichtervertrag unterschieden wird, stellt sich die Lage in den Vereinigten Staaten von Amerika differenzierter dar. Schiedsrecht ist nicht ausschließlich

79 BVerfGE 3, 377 (381f.); 4, 331 (346); 18, 241 (255); BGHZ 54, 392 (395).

Sache der bundesgesetzlichen Regelung, auch bundesstaatliche Regeln existieren und kommen zu den etablierten *Rules* und *Guidelines* vereinzelter Institutionen, beispielsweise der AAA, hinzu.[80] Trotz der Fülle der Regeln ist die Frage nach der Einordnung des Schiedsrichter-Partei-Verhältnisses nicht abschließend geklärt.

Die Vereinigten Staaten von Amerika werden in der eigenen Rechtsprechung wiederholt als empathisch, freundlich und offen zu Gunsten der alternativen Streitbeilegung, insbesondere der Schiedsgerichtsbarkeit, bezeichnet.[81]

Diese Linie soll insbesondere gelten, wenn Schiedsvereinbarungen mit Auslandsbezug vorliegen und es um die Begründung eines Schiedsrichter-Partei-Verhältnisses geht.[82]

Das auf Schiedsgerichte und Schiedsgerichtsbarkeit anwendbare Recht setzt sich in den Vereinigten Staaten von Amerika aus *federal law* und Statuten des (bundes-)staatlichen Rechts zusammen. Darüber hinaus gibt es eine lange Liste von relevanter Rechtsprechung, welche das Recht letztlich anwendet und auslegt und damit einen wesentlichen Teil zur grundsätzlichen Rechtssetzung beiträgt.[83]

---

80 Zur Bedeutung solchen *Softlaws* für das amerikanische Schiedsrecht ausführlich: *Rogers*, 53 Stan. J Int'l L. 2005, 53 (110ff.).

81 *Quackenbush v. Allstate Ins. Co.*, 517 U.S. 706 (729) (1996) (mit Verweis auf: *Mitsubishi Motors Corp. v. Soler Chrysler-Plymouth, Inc.*, 473 U.S. 614 (631) (1985)).

82 *Mitsubishi Motors Corp. v. Soler Chrysler-Plymouth, Inc.*, 473 U.S. 614 (631) (1985); *Vimar Seguros y Reaseguros, S.A. v. M / V Sky Reefer*, 515 U.S. 528 (541) (1995); *Scherk v. Alberto-Culver Co.*, 417 U.S. 506, 515–18 (1974); *M /S Bremen v. Zapata Off-Shore Co.*, 407 U.S. 1 (13ff.) (1972).

83 Das Gerichtssystem der Vereinigten Staaten von Amerika ist in elf Bezirke (circuits) aufgeteilt, die sich jeweils durch ihre nummerierte Bezeichnung (erster Bezirk, zweiter Bezirk, usw. [First Circuit, Second Circuit, etc.], etc.) unterscheiden. Auch werden, etwas inkonsistent, die Namen „District of Columbia Circuit" und „Federal Circuit" zur Bezeichnung verwandt. In jedem Bezirk gibt es erstinstanzliche Gerichte (district courts) und Rechtsmittelgerichte, die appellate courts (auch circuit courts). Eine Entscheidung eines Rechtsmittelgerichts ist innerhalb des jeweiligen Bezirkes für die erstinstanzlichen Gerichte bindend, entfaltet diese Bindungswirkung jedoch nicht über die Grenzen des Bezirks hinaus. Haben verschiedene Bezirksgerichte verschiedene Rechtsauffassungen zur gleichen Rechtsfrage geäußert, (und ist diese von besonderem Belang für die Allgemeinheit) kann der Supreme Court eine Entscheidung nach Anrufung herbeiführen. Diese Entscheidung ist sodann für alle Gerichte verbindlich und wahrt

1. *Bundesgesetzliche Regelung*

Die bundesgesetzlichen Regelungen zur Schiedsgerichtsbarkeit finden sich hauptsächlich im FAA.[84] Das Bundesgesetz ist schon 1925 vom Kongress verabschiedet und seitdem mehrfach ergänzt und abgeändert worden, um mit der Entwicklung der Schiedsgerichtsbarkeit Schritt zu halten. Kapitel eins des FAA befasst sich hierbei ausschließlich mit nationaler Schiedsgerichtsbarkeit, während Kapitel 2 die Convention on the Recognition and Enforcement of Foreign Arbitral Awards of 1958 (New York Convention) umsetzt.[85] Kapitel 3 setzt die Inter-American Convention on International Commercial Arbitration of 1975 (Panama Convention) in nationales Recht um.[86] Der Federal Arbitration Act erfasst sowohl Streitigkeiten, deren Beilegung für die Zukunft durch Schiedsvereinbarungen an Schiedsgerichte übertragen wird, als auch solche Streitigkeiten, bei denen sich Parteien erst nach dem Auftreten eines Streits oder in Ansehung eines Streits für die Schiedsgerichtsbarkeit entschieden haben.[87] Generell steht der FAA damit in seinem Anwendungsbereich den deutschen Regelungen der §§ 1025ff. ZPO in Nichts nach, gleichwohl vereinbaren Schiedsparteien in aller Regel zusätzliche Regeln in Form von *Rules* oder *Guidelines*. Fast immer werden so die grundlegenden Maßstäbe der Bundesgesetzgebung (und auch der bundesstaatlichen Gesetzgebung in Form des umgesetzten UAA (2000)) durch *Softlaw* modifiziert, ausdifferenziert und im Rahmen des Möglichen angepasst.[88]

Wenige Einzelvorschriften zur Anrufung von Schiedsgerichten finden sich noch im Patentgesetz (Patent Act) und in Gesetzen über die Staatenimmunität (Foreign Sovereign Immunities Act).

---

die Einheitlichkeit der Rechtsprechung und der korrespondierenden Lebensumstände in den Vereinigten Staaten von Amerika.

84 9 U.S.C. Sect. 1ff.

85 Convention on the Recognition and Enforcement of Foreign Arbitral Awards, 10. Juni 1958, 21 U.S.T. 2517, 330 U.N.T.S. 38 (Für die Vereinigten Staaten von Amerika am 29. Dezember 1970 in Kraft getreten und durch den Federal Arbitration Act, 9 U.S.C. Sect. 201 umgesetzt).

86 Inter-American Convention on International Commercial Arbitration, 30. Januar 1975, O.A.S.T.S. No. 42, 14 ILM 336 (Für die Vereinigten Staaten von Amerika am 27. Oktober 1990 in Kraft getreten und durch den Federal Arbitration Act, 9 U.S.C. Sect. 301 umgesetzt).

87 9 U.S.C. Sect. 2.

88 *Brunet*, 74 Tul. L. Rev. 1999, 39 (41).

2. *Bundesstaatlichliche Regelung*

Außerdem spielt das bundesstaatliche Recht eine Rolle. Achtunddreißig Bundesstaaten und der District of Columbia haben eine Version des Uniform Arbitration Acts (dem UAA (1956)), eines Modellgesetzes, umgesetzt. Die Harmonisierungsbemühung wurde von der American Bar Association ausdrücklich zur Umsetzung empfohlen, nur neun Bundesstaaten haben Gesetze verabschiedet, die sich umfänglich an dem UAA (1956) orientieren.[89]

Der UAA stammt in seiner Originalfassung von 1955 und wurde 1956 mit weiteren Ergänzungen versehen. Ähnlich dem Federal Arbitration Act regelt die frühe Version des UAA lediglich einfache prozessuale Fragen zu den Themen Schiedsrichterbestellung, Durchsetzung von Schiedsvereinbarungen und Überprüfung von Schiedssprüchen auf bundesstaatlicher Ebene. Derzeit ist diese einfache, erste Version von einundzwanzig Bundesstaaten umgesetzt.[90] Eine grundlegende Erweiterung des UAA fand im Jahr 2000 statt: Themen wie Verfahrensauftrennung, Vertraulichkeit, Haftung von Schiedsrichtern, Strafschäden und Regelungen zur Dokumentenproduktion (*discovery*) wurden eingefügt oder präzisiert.

Bisher haben neunzehn Bundesstaaten diese Version des UAA umgesetzt.[91]

Dreizehn Bundesstaaten haben internationales Schiedsrecht umgesetzt, welches eine Differenzierung von nationalen Schiedsverfahren ermöglicht.[92] Hiervon haben acht Bundesstaaten – Kalifornien, Connecticut, Illinois, Louisiana, Florida, North Carolina, Oregon und Texas – Bundesstaatenrecht für internationale Schiedsverfahren auf Grundlage des UNCITRAL Model Laws umgesetzt. Maryland und North Carolina haben sich hier entschieden, gerade keine

89 Letztere: Kalifornien, Connecticut, Georgia, Louisiana, New Hampshire, New York, Ohio, Rhode Island und Wisconsin.

90 Delaware, Idaho, Illinois, Indiana, Iowa, Kansas, Kentucky, Maine, Maryland, Massachusetts, Missouri, Montana, Nebraska, Pennsylvania, South Carolina, South Dakota, Tennessee, Texas, Vermont, Virginia und Wyoming.

91 Alaska, Arizona, Arkansas, Colorado, District of Columbia, Florida, Hawaii, Michigan, Minnesota, Nevada, New Jersey, New Mexico, North Carolina, North Dakota, Oklahoma, Oregon, Utah, Washington und West Virginia; 2017 wurde das Gesetzgebungsverfahren in Connecticut, Kansas, Massachusetts und Pennsylvania angestoßen, ist aber bisher nicht zu einem Abschluss gekommen (Stand: 28.12.2017), vgl. http://www.uniformlaws.org/Act.aspx?title=Arbitration%20Act%20(2000) (zuletzt abgerufen am 28.12.2017).

92 Kalifornien, Colorado, Connecticut, Florida, Georgia, Hawaii, Illinois, Louisiana, Maryland, North Carolina, Ohio, Oregon und Texas.

unterschiedlichen Regelungen für nationale und internationale Schiedsverfahren bereithalten zu wollen. Beide Bundesstaaten behandeln nationale und internationale Schiedsverfahren, wenn diese im jeweiligen Bundesland durchgeführt werden, gleich.[93]

Tatsächlich kommt dieser, stellenweise unübersichtlichen, Regelungsvielfalt in der internationalen Praxis ein geringes Gewicht zu. Nur wenn sich Parteien ausdrücklich dafür entscheiden, dass ein bundesstaatliches Schiedsgesetz auf den internationalen Streit anwendbar sein soll, werden diese Regelungen im internationalen Verfahren angewandt. Ansonsten findet das Bundesgesetz Anwendung.[94] Nach dem Prinzip der „*Supremacy Clause*“ genießt Bundesrecht gegenüber dem Recht der Einzelstaaten den Vorrang, soweit die gleiche Regelungsmaterie berührt ist.[95] Die Regeln der FAA sind daher von weitaus größerer Bedeutung als einzelbundesstaatliches Recht – müssen jedoch regelmäßig aufgrund ihrer Allgemeinheit anhand der zugehörigen Gerichtsentscheidungen verstanden werden.

3. *Das Verhältnis von bundesstaatlichem Recht und Bundesrecht*

Schiedsverfahren auf Grundlage internationaler Streitigkeiten sind vom FAA aufgrund der bewusst weiten Formulierung des Artikels 2 umfasst. Hier heißt es:

> *"A written provision in any maritime transaction or a contract evidencing a transaction involving commerce to settle by arbitration a controversy thereafter arising out of such contract or transaction … or an agreement in writing to submit to arbitration an existing controversy arising out of such a contract [or] transaction … shall be valid, irrevocable, and enforceable, save upon such grounds as exist at law or in equity for the revocation of any contract."*

Diese Vorschrift hat in erster Linie den Sinn und Zweck, eine Schiedsvereinbarung rechtssicher und prognostizierbar durchsetzungsfähig zu machen.

93 Md. Code Ann., Cts. & Jud. Proc. Sect. 3-2B-03(a) (2012) (*"In all matters relating to the process and enforcement of international commercial arbitration and awards, the laws of Maryland shall be the arbitration statutes and laws of the United States."*).

94 *Rintin Corp., S.A. v. Domar, Ltd.*, 476 F.3d 1254 (1261) (2007); *Tanning Research Labs., Inc. v. Hawaiian Tropic Pty. Ltd.*, 617 So. 2d 1090 (1090f.) (1993); *Geranghadr v. Entagh*, 77 P.3d 323 (326f.) (2003).

95 United States Constitution, Article VI, Clause 2: *"This Constitution, and the Laws of the United States which shall be made in Pursuance thereof; and all Treaties made, or which shall be made, under the Authority of the United States, shall be the supreme Law of the Land; and the Judges in every State shall be bound thereby, any Thing [sic] in the Constitution or Laws of any State to the Contrary notwithstanding."*

Während bundesstaatliches, materielles Recht die Wirksamkeit von Schiedsvereinbarungen unterschiedlich beurteilt, unterstellt die Vorschrift materielle Geltung und Unwiderruflichkeit.[96] Eine bundesweite Einheitlichkeit hinsichtlich der Wirksamkeit und Durchsetzbarkeit von Schiedsvereinbarungen ist so möglich und wahrscheinlicher, die Vorschrift ist als schiedsfreundlich zu verstehen und wird auch entsprechend dieser Ansehung angewandt. Der Supreme Court hat bereits betont, dass eine Einschränkung hinsichtlich der Eigenschaft des „*commercial*", also des wirtschaftlichen Charakters der Streitigkeit, selten vorzunehmen ist. Nachfolgeentscheidungen und Autoren formulieren deswegen, dass „*virtually any commercial transaction*", also jede irgendwie denkbare Streitigkeit im Zusammenhang mit einer Wirtschaftstransaktion, unter die Regelung fällt,[97] insbesondere internationale Streitigkeiten.[98] Zudem ist der FAA auch auf alle Streitigkeiten anwendbar, die Bezug zur New York Convention oder der Panama Convention haben,[99] deswegen wird es kaum, wenn überhaupt, Schiedsgerichtsstreitigkeiten geben, die außerhalb des Anwendungsbereiches der FAA liegen.

Das Bundesgesetz mag deswegen auf die allermeisten Schiedsstreitigkeiten anwendbar sein, das bedeutet hingegen nicht, dass auch jede dieser Streitigkeiten vor einem Bundesgericht ausgetragen wird. Insbesondere gibt es keine allgemeine bundesgerichtliche Zuständigkeitszuordnung in dem FAA, Einzelfragen sind hingegen geregelt. Schiedsstreitigkeiten nach dem ersten Kapitel, also im Wesentlichen nationale Verfahren, sollen nicht vor einem Bundesgericht verhandelt werden.[100] Gründe für die bundesrichterliche Zuständigkeit sind beispielsweise Überschreitung der Bundesstaats- oder Landesgrenze des Streits[101] oder ein Zusammenhang mit Fragen der New York Convention oder der Panama Convention.[102] Mithin werden auch die allermeisten Fragen hinsichtlich

---

96 *Nitro-Lift Techs., L.L.C. v. Howard*, 133 S.Ct. 500 (504) (2012).

97 Paulsson/Bosman/*Holtzmann/Donovan/Tahbaz/Amirfar*, S. 2.

98 *Citizens Bank v. Alafabco, Inc.*, 539 U.S. 52 (58) (2003); *Allied-Bruce Terminix Cos. v. Dobson*, 513 U.S. 265 (281f.) (1995); *Perry v. Thomas*, 482 U.S. 483 (491f.) (1987); *Wickard v. Filburn*, 317 U.S. 111 (1942); *Gonzales v. Raich*, 545 U.S. 1 (1ff.) (2005).

99 9 U.S.C. Sects. 201, 301.

100 *Moses H. Cone Mem'l Hosp. v. Mercury Constr. Corp.*, 460 U.S. 1 (25) (1983).

101 *"Generally, there are three bases for subject-matter jurisdiction in federal courts in the United States: (1) the dispute presents a question of federal law ("federal question" jurisdiction); (2) there is diversity of citizenship of the parties, i.e., generally the dispute is between citizens of different states or between citizens of one state and citizens of a foreign country, and the dispute involves an amount in excess of a specified threshold (currently US$ 75,000); or (3) the dispute is one in admiralty."* Vgl. 28 U.S.C. Sects. 1331ff.

102 9 U.S.C. Sects. 203, 302.

internationaler Verfahren, die eben den Bezug zu obigen Konventionen typischerweise aufweisen, vor Bundesgerichten verhandelt.

Weil der FAA auch das Sachrecht hinsichtlich der Schiedsfähigkeit darstellt, kommt es sowohl bei bundesrechtlichen Verfahren als auch bei bundestaatlichen Verfahren zur Anwendung.[103] Regelmäßig kommt das Regelwerk auch dann zum Einsatz, wenn das Zustandekommen oder die Wirksamkeit der Schiedsvereinbarung kontrolliert werden sollen. Zwar ist dieses grundsätzlich eine vertragsrechtliche Frage, die nach bundesstaatlichem Vertragsrecht zu klären wäre,[104] der FAA schreibt jedoch vor, dass durch die Anwendung des Bundesstaatenrechts keine erhöhten Anforderungen an den Abschluss oder an die Aufrechterhaltung einer Schiedsvereinbarung gestellt werden dürfen, als es nach dem FAA selbst der Fall wäre, in solchen Fällen soll ausschließlich der FAA gelten.[105]

Wird von einer der Schiedsparteien belastbar die Behauptung vorgebracht, eine wirksame Schiedsvereinbarung bestehe, und entsprechend Schiedsklage eingereicht, so ist nach Bundesrecht jeder Zweifel hinsichtlich des Bestehens oder der Wirksamkeit zu Gunsten der Schiedsgerichtsbarkeit zu entscheiden.[106] Somit sind kaum mehr Fälle von dem bundesstaatlichen Vertragsrecht umfasst, erstens verbietet es der FAA, strengere Anforderungen an Schiedsvereinbarungen zu stellen, zweitens schreibt das Bundesrecht auch die Art und Weise der Auslegung vor, sie hat stets schiedsfreundlich zu erfolgen.[107] Grenzen der Auslegung sind auch hier erreicht, wenn die Schiedsvereinbarung die Streitsache unzweifelhaft nicht mehr umfasst,[108] jedenfalls muss der Streit der Parteien

---

103 *Moses H. Cone Mem'l Hosp. v. Mercury Constr. Corp.*, 460 U.S. 1 (25) (1983).

104 *Arthur Andersen LLP v. Carlisle*, 556 U.S. 624 (630f.) (2009); *Allied-Bruce Terminix Cos. v. Dobson*, 513 U.S. 265 (281) (1995); *Perry v. Thomas*, 482 U.S. 483 (493) (1987).

105 *AT&T Mobility LLC v. Concepcion*, 131 S. Ct. 1740 (1753) (2011); *Doctor's Assocs., Inc. v. Casarotto*, 517 U.S. 681 (688) (1996); *Mastrobuono v. Shearson Lehman Hutton*, Inc., 514 U.S. 52 (62) (1995); *Allied-Bruce Terminix Cos. v. Dobson*, 513 U.S. 265 (281f.) (1995); *Perry v. Thomas*, 482 U.S. 483, 492 (1987).

106 *Moses H. Cone Mem'l Hosp. v. Mercury Constr. Corp.*, 460 U.S. 1 (24f.) (1983); *First Options of Chicago, Inc. v. Kaplan*, 514 U.S. 938 (944) (1995).

107 *Gilmer v. Interstate/Johnson Lane Corp.*, 500 U.S. 20 (24) (1991); *Mitsubishi Motors Corp. v. Soler Chrysler-Plymouth, Inc.*, 473 U.S. 614 (626) (1985); *Dean Witter Reynolds, Inc. v. Byrd*, 470 U.S. 213 (217f.) (1985).

108 *EEOC v. Wafflehouse, Inc.*, 534 U.S. 279 (294) (2002); *Volt Info. Scis., Inc. v. Bd. of Trs. of Leland Stanford Junior Univ.*, 489 U.S. 468 (478) (1989).

genau und ausführlich untersucht werden, um mit der Reichweite der Schiedsvereinbarung abgeglichen zu werden.[109]

Grundsätzlich gilt auch im amerikanischen Recht das Prinzip der Vertragsfreiheit, deswegen steht es Schiedsparteien frei, Schiedsabreden beliebig zu formulieren.[110] Teilweise wird deswegen vertreten, dass sich das Schiedsrichter-Partei-Verhältnis auch aus dem *arbitration agreement* selbst ableiten lässt, eine vereinheitlichte Sichtweise auf die Existenz eines Schiedsrichtervertrages lässt sich jedoch nicht konstatieren, wenngleich der *arbitrator's contract* in jüngerer Vergangenheit immer mehr Erwähnung und Gewicht in der Literatur findet.[111]

B. Die Natur des Schiedsrichtervertrages

Besonders im Geltungsbereich des *civil law* wird seit langem versucht, das Schiedsrichter-Partei-Verhältnis als Vertrag zu fassen.[112] Während damit zum Beispiel in Deutschland die Folgefrage der Kategorisierung dieses Vertrages auftaucht, wird dieser Frage im amerikanischen Rechtsraum kaum eine Bedeutung beigemessen. Einerseits wird versucht, den Vertrag prozessrechtlich einzuordnen, andererseits wird der Schiedsrichtervertrag materiell-rechtlich gesehen.

Bei der Bestimmung der geltenden Rechte und Pflichten kann es jedoch aufschlussreich sein, die Natur des Schiedsrichtervertrages festgelegt zu haben. Während in vielen Untersuchungen damit begonnen wird, den Schiedsrichtervertrag in eine prozessrechtliche oder materiell-rechtliche und sodann in eine dienstvertragliche, werkvertragliche oder in eine Kategorie eigener Art einzuordnen,[113] erscheint es doch angezeigt, zuerst die resultierenden Rechte und Pflichten zu betrachten und anhand dieses Arbeitsergebnisses eine Einordnung vorzunehmen. Hier kann zunächst eine rechtshistorische Umschau gehalten werden. Zusammen mit dem heutigen Verständnis des Schiedsrichtervertrages

---

109 *Louis Dreyfus Negoce S.A. v. Blystad Shipping & Trading Inc.*, 252 F.3d 218 (223f.) (2000); *Fleet Tire Serv. v. Oliver Rubber Co.*, 118 F.3d 619 (621) (1997); *Tracer Research Corp. v. Nat'l Envtl. Servs. Co.*, 42 F.3d 1292 (1294) (1994); *Battaglia v. McKendry*, 233 F.3d 720, 727 (2000).

110 *Volt Info. Scis., Inc. v. Bd. of Trs. of Leland Stanford Junior Univ.*, 489 U.S. 468 (479) (1989); *Stolt-Nielsen S.A. v. AnimalFeeds Int'l Corp.*, 130 S.Ct. 1758 (1773) (2010); *Rent-A-Center, W., Inc. v. Jackson*, 130 S. Ct. 2772 (2776) (2010).

111 vgl. § 1, A., III. Amerikanisches Recht, S. 49ff.

112 *Torsten Oetting*, Der Schiedsrichtervertrag nach dem UNCITRAL-Modellgesetz, S. 6f.

113 *Jens Gal*, Die Haftung des Schiedsrichters in der internationalen Handelsschiedsgerichtsbarkeit, S. 44ff.; *Joachim Strieder*, Rechtliche Einordnung und Behandlung des Schiedsrichtervertrages, S. 21ff.

können so möglichst die Rechte und Pflichten der Schiedsrichter aus dem Schiedsrichtervertrag erarbeitet werden, die Verletzung der erkannten Rechte kann später in den möglichen Kündigungsgründen resultieren.

I. Römisches Recht

Im römischen Recht ist zwar der Schiedsrichtervertrag terminologisch bereits von der Schiedsvereinbarung differenziert worden,[114] hinsichtlich der rechtlichen Würdigung ergeben sich jedoch Charakteristika, die auf eine fehlende Anerkennung der Schiedsgerichtsbarkeit als Streitschlichtungsmechanismus schließen lassen.

Diese fehlende Anerkennung äußerte sich beispielweise darin, dass die Parteien eines Schiedsverfahrens trotz des Abschlusses einer Schiedsvereinbarung ein Zivilverfahren vor den damaligen ordentlichen Gerichten einleiten konnten.[115] Lediglich in das Schiedsverfahren selbst sollte der Staat nicht unmittelbar eingreifen können, ohne angerufen zu sein.[116] Dieses ist heute einleuchtenderweise anders: Eine gültige Schiedsvereinbarung wird den Prozess vor ordentlichen Gerichten in der gleichen Sache verhindern, etwa kann der Einwand der Unzuständigkeit geltend gemacht werden.[117] Bedeutender für die Positionierung des Schiedsrichters und das Verständnis des Schiedsrichtervertrages zur damaligen Zeit ist, dass der *Arbiter*, einmal bestimmt, dazu verpflichtet gewesen ist, dass Schiedsrichteramt auszuführen. Kam er dieser Pflicht nicht nach, so konnte er durch den zuständigen *Prätor*[118] dazu gezwungen werden.[119] Die Ausübung eines solchen prätorischen Zwanges fand aber ausschließlich auf Antrag der Parteien stand, es ist kein Fall des Tätigwerdens von Amts wegen bekannt.[120] Hierdurch mag der Eindruck erweckt werden, dass nach dem römischen Recht das vertragliche Schiedsrichter-Partei-Verhältnis im Vordergrund stand und der Schiedsrichter nicht, jedenfalls nicht überwiegend, als öffentlicher Amtsträger gesehen worden ist, der allein aufgrund einer Amts- bzw. Dienstpflicht tätig

---

114 vgl. § 1, A., I. Römisches Recht, S. 44ff.

115 Paulus 13 – Digeste 4.8.30.

116 Paulus 13 – Digeste 4.8.32.3; *Lukits*, SchiedsVZ 2013, 269 (270).

117 z.B. § 1032 ZPO auf Grundlage des Art. 8 UNICTRAL Model Law.

118 Der *Prätor* hatte in der Provinz die oberste militärische und jurisdiktionelle Gewalt. Er vertrat die römische Herrschermacht und war demokratisch legitimierter Staatsdiener im Römischen Reich.

119 So auch: *Lukits*, SchiedsVZ 2013, 269 (272).

120 *Jens Gal*, Die Haftung des Schiedsrichters in der internationalen Handelsschiedsgerichtsbarkeit, S. 17f.

wird. Vielmehr muss der Schiedsrichter erst tätig werden, wenn die Parteien, zunächst noch gemeinsam, darüber entschieden haben. Ab diesem Zeitpunkt ist er ihnen aber aufgrund seines Leistungsversprechens auch dazu verpflichtet gewesen, tätig zu werden.[121] Es bleibt damit ganz grundsätzlich festzuhalten, dass eine eindeutige Kategorisierung des Schiedsrichtervertrages im römischen Recht mangels Vergleichbarkeit zu derzeitigen Rechtsfiguren schwerlich möglich ist, die nächste Nähe allerdings zu einer durchsetzbaren, schuldrechtlichen Beziehung eigener Art mit besonderer Nähe zum Dienst(leistungs)vertrag besteht.[122] Hierbei schuldete der Schiedsrichter am ehesten ein Tätigwerden, konnte er doch nicht zum Erlass eines Schiedsspruches, wohl aber zur Ausübung seines Amtes gezwungen werden, wenn diese aufgrund gültiger Schiedsvereinbarung geschuldet war.[123] Dieser Vertrag ist nach damaligem Verständnis nicht eindeutig einem materiellen Recht oder einem Prozessrecht zuzuordnen, eine derart scharfe, durchgängige Trennung wie heute gab es im römischen Recht nicht. Das römische Prozessrecht war eher ergebnisorientiert, die Grenzen zwischen Zivil- und Strafrecht sind nicht mit den heutigen vergleichbar. Der Prozessablauf war zudem, anders als heute, wesentlich von materiellen Fragen abhängig.

II. Deutsches Recht

Schon die kurze Einordnung des Schiedsrichtervertrages im römischen Recht zeigt, dass eine Vergleichbarkeit mit einem Vertrag besteht, der dem heutigen Dienstvertrag am nächsten kommt. Eine Erkenntnis über die materiell-rechtliche oder prozessuale Einordnung des Schiedsrichtervertrages konnte nicht gewonnen werden. Hierbei kann der Blick in die jüngere Vergangenheit helfen. Mitte des 19. Jahrhunderts begann wohl die steigende Anerkennung von Schiedsgerichten als Konfliktlösungsmechanismus. Grund wird das steigende Bedürfnis nach Konfliktlösungsmöglichkeiten im Handelsverkehr sein, das mit der Industrialisierung aufgekommen ist. Die Aufnahme und Erwähnung der Schiedsgerichtsbarkeit im preußischen HGB-Entwurf von 1857 ist insoweit zeitlich treffend.[124] Der eigentliche Durchbruch erfolgte ca. zwei Jahrzehnte

---

121 *Lukits*, SchiedsVZ 2013, 269 (270).

122 *Bucher*, 20 ASA-Bulletin 2002, S. 415 spricht bei dem Versuch, das *receptum arbitri* einem der Verträge des Besonderen Teils (des Schuldrechts) zuzuordnen, sogar von einer „Vergewaltigung“.

123 *Lukits*, SchiedsVZ 2013, 269 (272) m.w.N.

124 Entwurf eines Handelsgesetzbuches für die preußischen Staaten nebst Motiven (1857), S. XVII; *Adolph von Staff*, Das Schiedsgerichtsverfahren, S. 3f.

später, 1879 trat die Zivilprozessordnung als eines der vier Reichsjustizgesetze[125] in Kraft.

Die mögliche Zuständigkeit von Schiedsgerichten wurde erweitert. Es wurden mehr Regelungen über das Schiedsverfahren selbst in das Gesetz eingefügt, auch tatsächlich fand die Schiedsgerichtsbarkeit mehr Akzeptanz in der Rechtsprechung. Repräsentativ ist insoweit, dass schon 1892 ein Reichsgericht die Gleichheit schiedsgerichtlicher und gerichtlicher Urteile feststellte, so heißt es beispielsweise: „[...] *die Schiedsrichter sollten Recht machen zwischen den Parteien, gerade wie die Urteile der staatlichen Gericht* [...]".[126] Über die materielle Einordnung des Vertrages zwischen Schiedsrichter und Partei(en) und die resultierenden Rechte und Pflichten herrscht Uneinigkeit, dieses macht die Figur des Schiedsrichtervertrages selbst angreifbar. Bis heute werden, zwar manche nur vereinzelt, verschiedene Theorien vertreten: Einerseits wird in dem Schiedsrichtervertrag ein Auftrag gesehen,[127] Andere vertreten die Amtstheorie und sind damit der Auffassung, der Schiedsrichtervertrag sei allenfalls bis zur Ernennung des Schiedsrichters in ein (privates) Amt relevant, dann stünden Schiedsrichter und Parteien in keinem vertraglichen Verhältnis (mehr).[128] Mit dieser Auffassung teilen die Vertreter der prozessrechtlichen Theorie einige Argumente, welche dem Schiedsrichtervertrag eine reine oder weit überwiegende prozessrechtliche Relevanz zusprechen.[129] Letztlich wird den Vertretern der materiellrechtlichen Theorie vorgeworfen, eine weitere Kategorisierung des Vertrages nach seinem Vertragstypus führe zu weiterer Uneinigkeit innerhalb dieser Auffassung, eine Einordnung *sui generis* biete kaum einen nennenswerten Mehrwert.[130] Dieses gilt es möglicherweise in einem zweiten Schritt zu untersuchen, wenn das Arbeitsergebnis hinsichtlich der Einordnung des Schiedsrichtervertrages tatsächlich zeigt, dass eine materiell-rechtliche Natur geboten erscheint.

1. Amtstheorie

Zunächst wird vertreten, dass der Schiedsrichter im deutschen Recht ein Amt innehabe. Gemeint ist damit ein öffentliches Amt, welches ein gleichzeitiges

---

125 ZPO, StPO, GVG und heutige InSO.
126 RGZ 30, 219 (224).
127 Für die Zeit um 1900, *Gruchot*, Gruchots Beiträge 16 (1872), S. 36.
128 *Otto Averdieck*, Die Haftung des Schiedsrichters, S. 16, 58ff.; *Bornhak*, ZZP(30) 1902, 1 (passim).
129 Erstmals in diese Richtung: *Bülow*, ZZP(31) 1903, 191 (219f.).
130 *Bucher* in FS Schlosser, S. 97 (108).

Vorhandensein eines Schiedsrichtervertrages ausschließt. Diese 1902 entwickelte[131] und auch in jüngerer Vergangenheit aufgegriffene[132] Theorie sieht in der Beziehung zwischen Schiedsrichter und Partei eine offizielle. Der Schiedsrichter stehe nicht direkt in vertraglichem Verhältnis zu den Parteien, sondern sei Amtsinhaber eines – privatrechtlich begründeten, jedoch per se öffentlichen – Amtes.[133] Bei der rechtlichen Bewertung des Schiedsrichter-Partei-Verhältnisses bedeutet ein Anschließen an die Amtstheorie in erster Linie, dass kein Schiedsrichtervertrag zwischen den Parteien bestehen soll, lediglich die Ernennung zum Schiedsrichter ist privatrechtlich herbeigeführte Rechtsfolge. Mithin kommt nach dieser Auffassung beispielsweise eine Regulierung von Pflichtverletzungen nach den §§ 280ff. BGB nicht in Betracht. Auch fällt es schwer, den Anspruch auf Bezahlung zu erklären: Nimmt man an, der Schiedsrichter habe ein lediglich durch Gesetz geregeltes Amt inne, fehlt es an der obligatorischen Seite des Schiedsrichter-Partei-Verhältnisses, die ZPO schweigt zu Haftung und Vergütungsanspruch des Schiedsrichters. Zwar ist es möglich, die Entscheidungskompetenz in § 1035 ZPO zu verorten, weitergehende Haupt- und Nebenpflichten lassen sich aber nur schwierig konstruieren.

Zum Beispiel will *Calavros* den Schiedsrichter durch eine Analogie zum Testamentsvollstrecker haften lassen und ihm einen Vergütungsanspruch zugestehen.[134] Zwar ist richtig, dass dem Testamentsvollstrecker, und damit dem Schiedsrichter in potentiell analoger Anwendung, ein Vergütungsanspruch gem. § 2221 BGB zusteht und er gem. § 2219 BGB für Pflichtverletzungen haftbar gemacht werden kann, im Ergebnis scheint es jedoch nicht geboten, eine Analogie anzunehmen. Die Planwidrigkeit der Nichtregelung kann dem Gesetzgeber nicht unterstellt werden: Zwar ist zur Haftung und Vergütung (auch zur Kündigung) keine Regelung in der ZPO getroffen worden, dieses ist aber der Fall, weil dem Gesetzgeber der Schiedsrichtervertrag seiner Konzeption nach bekannt ist. Der Gesetzgeber formulierte schon in den Motiven zum Bürgerlichen Gesetzbuch, dass ein Schiedsrichtervertrag existiere, allerdings einer ausführlichen Regelung (im BGB) nicht bedürfe.[135] Das Konstrukt des Schiedsrichtervertrages, seine Existenz und die Idee der vertraglichen Regelungen des

---

131 *Bornhak*, ZZP(30) 1902, 1 (38).

132 *Bucher*, 20 ASA-Bulletin 2002 S. 414f.; *Calavros* in FS Habscheid, S. 65 (65f.).

133 *Bornhak*, ZZP(30) 1902, 1 (38f.).

134 *Calavros* in FS Habscheid, 66 (76).

135 Protokoll No. 657 in Mugdan II, S. 367.

Schiedsrichter-Partei-Verhältnisses war dem Gesetzgeber mithin nicht nur bekannt, es wurde auch in seinem Bestehen akzeptiert. Es heißt, so wörtlich:

> *„Es bedarf auch rücksichtlich des Vertrages, welcher die Uebernahme der schiedsrichterlichen Verpflichtungen zum Gegenstand hat (sog. Receptum), besonderer Bestimmung nicht. Nach dem Prinzipe des Entwurfes (§ 91) sind beide Verträge [Schiedsvertrag und Schiedsrichtervertrag]*[136] *formfrei."*[137]

Schon damit scheidet eine Planwidrigkeit hinsichtlich der Nichtregelung aus. Auch die Umsetzung des UNCITRAL Model Laws 1998 ändert daran nichts: Zwar enthält die ZPO mit der Streichung des § 1033 Nr. 1 Var. 4 a.F. keine ausdrücklichen Hinweise auf das Vorhandensein des Schiedsrichtervertrages im Gesetzestext selbst, jedoch ist dieses auch nicht zwingend erforderlich. Nach Auffassung des Gesetzgebers gibt es den Schiedsrichtervertrag, er wird in seiner Existenz vorausgesetzt.[138]

Letztlich spricht auch die Wortfassung des § 339 StGB (Rechtsbeugung) für die Annahme, dass Schiedsrichter keine Amtsträger im heutigen Gesetzessinn oder gar (ordentliche) Richter sind, sondern dem Gesetzgeber ein Unterschied durchaus geläufig ist.[139] Hier heißt es: *„Ein Richter, ein anderer Amtsträger oder ein Schiedsrichter, welcher sich bei der Leitung oder Entscheidung einer Rechtssache zugunsten oder zum Nachteil einer Partei einer Beugung des Rechts schuldig macht, wird mit Freiheitsstrafe von einem Jahr bis zu fünf Jahren bestraft."* Aus der Wortwahl wird deutlich, dass Schiedsrichter eben nicht Richter oder andere Amtsträger im Sinne der Vorschrift sind, sondern, nach Auffassung des Gesetzgebers, einer eigenen Erwähnung in der Aufzählung bedürfen.

Oetmann geht auf diese Art der Differenzierung schon 1916 ein, nämlich bei der Beantwortung der Frage, ob sich Schiedsrichter dem materiellen Recht (wie Richter oder Beamte) gänzlich zu unterwerfen haben:

> *„Daß der Schiedsrichter dem geltenden Recht unterworfen sei, wird durch § 336 StGB in einer m.E. zweifelsfreien Weise anerkannt: Ein Beamter oder Schiedsrichter, welcher sich bei der Leitung oder Ent-scheidung einer Rechtssache vorsätzlich zugunsten oder zum Nachtei-le einer Partei einer Beugung des Rechtes schuldig macht, wird mit Zuchthaus bis zu fünf Jahren bestraft. […] Er ist zur Entscheidung beru-fen an Stelle des sonst berufenen staatlichen Gerichts.".*[140]

136 Anmerkung durch Verfasser.
137 Protokoll No. 657 in Mugdan II, S. 367.
138 BT-Drucks. 13–5274, S. 42.
139 *Ceffinato/Schlüter*, SchiedsVZ 2016, 145 (147f.).
140 *Oetmann*, ZZP(47) 1916, 105 (118).

2. *Prozessrechtliche Theorie*

Nach anderer, auf *Schiedermair* zurückgehende, Theorie ist der Schiedsrichtervertrag als rein oder weit überwiegend prozessrechtlich zu qualifizieren.[141] Die Wirkung des Schiedsrichtervertrages sei weit überwiegend prozessual zu beurteilen, in der Hauptsache habe der Vertrag die Übertragung der Entscheidungskompetenz zur Folge, dieses entspräche auch dem vordringlichsten Parteiwillen.[142] Auch die Rechtsstellung des Schiedsrichters im Amt spreche für ein prozessuales Verständnis des Schiedsrichtervertrages: Dadurch, dass es einer einzelnen Partei nicht möglich sei, den Schiedsrichter aus seinem Amt zu entfernen, sondern lediglich die Möglichkeit der Verfahrenseinleitung i.S.d. § 1037 ZPO offenstehe, zeige sich der Charakter des Schiedsrichtervertrages besonders deutlich, die Ernennung des Schiedsrichters sei eine prozessuale Hauptfolge des Vertrages. Die Willenserklärungen der Parteien seien ganz wesentlich darauf gerichtet, prozessuale Rechtsfolgen herbeizuführen, dieses müsse bei der Typisierung des Vertrages berücksichtigt werden. Neben der Ernennung seien der Ausschluss anderer Gerichte und die Herstellung der Entscheidungskompetenz des Schiedsgerichts maßgebliche, prozessuale, Aspekte.[143] Demgegenüber seien die materiell-rechtlichen Rechtsfolgen reine Nebenfolgen, die nicht zur Einordnung des Vertrages beitragen können.

3. *Materiell-rechtliche Theorie*

Nach anderer Auffassung, gerade in der jüngeren deutschen Geschichte durch die Rechtsprechung vertreten, soll der Schiedsrichtervertrag materiell-rechtlicher Natur sein, entsprechend soll er auch wesentliche materiell-rechtliche Rechte und Pflichten begründen. Schon 1872 schreibt *Gruchot* in seinen Beiträgen zum deutschen Recht:

> *„Das Schiedsrichter-Institut beruht einerseits auf dem zwischen den streitenden Theilen abgeschlossenen Schiedsvertrage (compromissum), andererseits auf dem zwischen den Parteien und dem erwählten Schiedsrichter über die Annahme des Schiedsrichteramtes getroffenen Übereinkommen (receptum arbitri). Dasselbe hat daher insoweit eine materiellrechtliche Seite und findet seine Grundlage im Obligationenrechte.“*[144]

---

141 *Gerhard Schiedermair*, Vereinbarungen im Zivilprozess, passim.

142 *Gustav Real*, Der Schiedsrichtervertrag, S. 59ff.

143 *Gustav Real*, Der Schiedsrichtervertrag, S. 59ff; 75.

144 *Gruchot*, Gruchots Beiträge 16 (1872), S. 5.

Schon bei dieser frühen Einordnung des Schiedsrichtervertrages als materiell-rechtlich wird hieraus gefolgert, dass der Schiedsrichter für schuldhaftes Verhalten deswegen haften könne,[145] die Aufkündigung des Schiedsrichtervertrages seitens des Schiedsrichters nicht zur Unzeit geschehen dürfe und eines Grundes bedürfe[146] und die Streitparteien jederzeit zur übereinstimmenden Kündigung berechtigt sein sollten.[147] Der Schiedsrichter hat somit nicht nur prozessuale, sondern auch materiell-rechtliche Pflichten.

Ein Vergleichstext wurde nach damaliger Auffassung durch den Schiedsrichter nach eigenem Ermessen vorgegeben, der Schiedsrichter stellt sich als gütlicher Vermittler des Streits dar.[148] Misslingt dieser Vorschlag, wurde damals schon verstanden, dass ein Schiedsrichter unter Einhaltung der geltenden Regeln und Gesetze den Rechtsstreit entscheiden solle.[149] Gegen ein ausschließlich vermittelndes Verständnis spricht die heutige Umsetzung der Schiedsgerichtsbarkeit, der Schiedsspruch selbst entsteht gerade nicht durch gegenseitiges Nachgeben, vielmehr wird er unparteilich und unabhängig von der Rechtsauffassung der Schiedsparteien von den Schiedsrichtern gefällt und unterliegt eigenen Kontrollmechanismen. 1904 stellte der VII. Senat des Reichsgerichts fest, dass das Schiedsgericht einen Rechtsstreit zu entscheiden habe und der Schiedsrichtervertrag, der ihm diese Entscheidungsposition einräume und als Leistung lediglich das Fällen des Schiedsurteiles verlange, weder Dienst- noch Werkvertrag noch Auftrag sei.[150] 1907 entschied sodann das Reichsgericht, dass der Abschluss des Vertrages, welcher den Schiedsrichter in seine Rechtsstellung als *Schiedsrichter, nicht als Richter,*[151] versetze, materiell-rechtlicher Natur sei und deswegen dem BGB untergeordnet werden müsse.[152] Parallel hierzu bildete sich hinsichtlich des Charakters des Vertrages die Auffassung heraus, es könne sich bei dem Schiedsrichtervertrag um einen Vertrag *sui generis* handeln. Das Reichsgericht konnte so den Schiedsrichtervertrag materiell-rechtlich einordnen und der bisherigen Rechtsprechung treu bleiben, gleichwohl aber dem Schiedsrichter besondere Pflichten beimessen, wie es Dienst- oder Werkvertrag

---

145 *Gruchot*, Gruchots Beiträge 16 (1872), S. 36.
146 *Gruchot*, Gruchots Beiträge 16 (1872), S. 34f.
147 *Gruchot*, Gruchots Beiträge 16 (1872), S. 38, lit. e.
148 *Gustav Real*, Der Schiedsrichtervertrag, S. 26f.
149 *Gruchot*, Gruchots Beiträge 16 (1872), S. 38.
150 RGZ 59, 247 (248).
151 Hervorhebung durch Verfasser.
152 RGZ 65, 175 (176).

oder Auftrag nicht erlaubt hätten.[153] Dieser Linie schlossen sich relativ schnell weitere Senate an.[154] Später wurde die Theorie insoweit fortentwickelt, dass in der Literatur einige Argumente für die Betrachtung als materiell-rechtliche Vereinbarung gefunden worden sind. So stellt beispielsweise *Lorenz* darauf ab, dass es dem Schiedsgericht gerade nicht möglich sei, hoheitliche Zwänge auszuüben und dass eine Vergleichbarkeit mit der ordentlichen Gerichtsbarkeit, auch dem Grunde nach, kaum herzustellen sei, weil es auch an der Kontrollmöglichkeit des Aufhebungsverfahrens fehle.[155] Mithin könne der Schiedsrichtervertrag als materiell-rechtlich qualifiziert werden, prozessuale Aspekte könnten nicht konstruiert werden.

4. Fazit

Obwohl also keine ausnahmslose Übereinstimmung hinsichtlich der rechtlichen Einordnung des Schiedsrichtervertrages besteht, sind die Stimmen der meisten Vertreter der unterschiedlichen Auffassungen gemäßigter als noch vor einigen Jahren. Es wird zwar weiterhin auf die Richtigkeit der einen oder der anderen Theorie hingewiesen, dass aber möglicherweise auch andere Auffassungen zutreffenden Inhalt haben, wird zugestanden. Insbesondere *Schwab* und *Walter* sehen im Schiedsrichtervertrag einen Vertrag mit Doppelwirkung[156] und billigen dem Schiedsrichtervertrag auch materiell-rechtliche Rechtsfolgen zu, gleichviel würde die prozessrechtliche Seite überwiegen.[157]

Ein konsequentes Festhalten an der prozessrechtliche Theorie, unter dem Ausschluss jeder anderen Auffassung, würde bedeuten, dass weder die §§ 280ff. BGB bezüglich der Schiedsrichterhaftung noch ein Anspruch auf Bezahlung aus dem, strikt prozessrechtlichen, Schiedsrichtervertrag erwachsen könnten.[158] Diese Lücke zu schließen und gleichzeitig nicht der materiell-rechtlichen Theorie zu folgen, funktioniert nur, wenn man annehmen möchte, dass Haftung und Anspruch auf Bezahlung aus dem Amt des Schiedsrichters selbst erwachsen würden, welches allenfalls durch den Schiedsrichtervertrag begründet würde. Die Abgrenzung zur Amtstheorie verschwimmt damit. Diese Lücken durch die

153 RGZ 74, 321 (322f.).
154 RGZ 87, 190 (192f.); 94, 210 (212).
155 *Lorenz*, AcP(157) 1958, 265 (274ff.).
156 *Schwab/Walter*, Kap. 11 Rn. 9.
157 *Schwab/Walter*, Kap. 11 Rn. 10.
158 *Jens Gal*, Die Haftung des Schiedsrichters in der internationalen Handelsschiedsgerichtsbarkeit, S. 44.

Anwendung von Gewohnheitsrecht füllen zu wollen, erscheint zu sehr vom Ergebnis gedacht, gerade weil die kostenlose Übernahme eines Schiedsrichteramtes theoretisch möglich ist, an der grundsätzlichen Einordnung des Schiedsrichtervertrages auf dieser Ebene aber nichts ändern kann. Um die Rechtsfolgen der materiell-rechtlichen Theorie zu erreichen, müssen Amts- und prozessrechtliche Theorie kombiniert werden, eine trennscharfe Unterscheidung beider Theorien ist in manchen Punkten nicht mehr möglich und führt zu Rechtsunsicherheit bei der Einordnung des Schiedsrichtervertrages.

Diese Unsicherheit kann vermieden werden, wenn man sich den Vertretern der materiell-rechtlichen Theorie anschließt, trotzdem aber nicht jedes prozessrechtliche Element verneint. Problemlos scheint die Einordnung als Vertrag materiell-rechtlicher Natur, der auch prozessrechtliche Elemente enthält, seinen Schwerpunkt aber im materiellen Recht hat, möglich.[159] Beachtenswert in diesem Zusammenhang erscheint auch die Wiederholung des längst Etablierten: Die Unterscheidung von Prozessrecht und materiellem Recht trennt nicht die Wertungen, die beiden Rechtsbereichen zugrunde liegen. Sie lässt die Möglichkeit offen, dass der Inhalt von Prozessrechtsverhältnissen durch materielles Recht bestimmt oder mitbestimmt oder umgekehrt der Inhalt materieller Rechtssätze durch prozessrechtliche Wertung bedingt wird. Auch ist es möglich, dass grundlegende und übergreifende Regelungen Einfluss auf beide Materien haben.[160] *Wolfram Henckel* formulierte schon 1970 treffend:

> *„Prozessrecht und materielles Recht sind keine „Rechtsmaterien" oder „Rechtsgebiete". Eine solche Auffassung würde die falsche Vorstellung wecken, als schlössen beide einander völlig aus, als verdrängten sie sich wie zwei Körper, die nicht gleichzeitig denselben Raum einnehmen können, oder als wären sie abgegrenzt wie zwei Flächen, die sich nicht überlagern dürfen, ohne einander aufzuheben."*[161]

Gleichzeitig ist es aber gerade aufgrund der oben getroffenen Entscheidung für die materiell-rechtliche Einordnung angezeigt, Kündigungsgründe für den Schiedsrichtervertrag auch aus dieser Warte zu entwickeln. Materiell-rechtliche Aspekte, insbesondere unter der Beachtung der materiellen Verpflichtungslage der beteiligten Parteien, sollen zur Entwicklung der Kündigungsgründe die wesentliche Rolle spielen. Nicht ausgeschlossen ist hierbei zwar, dass prozessrechtliche Einflüsse der Schiedsrichtertätigkeit den materiellen Pflichtenkanon spezifizieren. Da aber auch der Konnex zwischen materieller Kündigungssituation, tauglicher

159 *Christian Wolf*, Die institutionelle Handelsschiedsgerichtsbarkeit, S. 77ff.
160 *Wolfram Henckel*, Prozessrecht und materielles Recht, S. 25.
161 ebenda.

Kündigungsbegründung und der Schadensersatzverpflichtung des Schiedsrichters nach den §§ 280ff. BGB ein materieller ist, erscheint der Blick auf die §§ 626ff. BGB und die §§ 280ff. BGB naheliegend.

III. US-Amerikanisches Recht

Das Verhältnis von Schiedsrichter und Schiedsparteien lässt sich im US-amerikanischen Recht nicht auf nur eine Herleitung reduzieren. Es gibt Autoren, die Rechte und Pflichten von Schiedsrichtern aus der Schiedsvereinbarung, dem *arbitration agreement*, ableiten, und solche Stimmen, die dem Schiedsrichter einen gewissen Status zu eigen sehen, der ihn mit Rechten und Pflichten ausstattet. Eher zurückhaltend wird die Auffassung vertreten, dass ein Schiedsrichtervertrag, der *arbitrator's contract*, das Rechtsverhältnis von Schiedsrichter und Parteien bestimmt.[162]

1. Die Schiedsvereinbarung als Quelle des Schiedsrichter-Partei-Verhältnisses

Zunächst gilt es, der Frage nachzugehen, ob die schiedsrichterlichen Rechte und Pflichten ausschließlich aus dem *arbitration agreement* selbst entstehen[163] oder ob der bloße Klageantrag vor dem Schiedsgericht bereits möglicherweise schiedsrichterliche Rechte begründet, weil sich in diesem das Amt des Schiedsrichters als frühestmöglicher Zeitpunkt manifestiert.[164] Während in den Anfängen der Schiedsgerichtsbarkeit der *arbitrator's contract* noch keine Rolle spielte und sich das Verständnis des *status approach* ausschließlich auf die Haftung eines Schiedsrichters beschränkte, wurden die Rechte und Pflichten des Schiedsrichters ausschließlich auf die Schiedsvereinbarung zurückgeführt, in einer der Leitentscheidungen heißt es:

> *"[The arbitrator] is a creature of contract, paid by the parties to perform a duty [...]."*[165]

Eine Konkretisierung der Rechte und Pflichten aus dem *arbitration agreement* wird in der amerikanischen Rechtsprechungs- und Schiedspraxis dann von sog. *Rules* und *Guidelines* vorgenommen. Während diese Regelwerke lediglich *Softlaw*

---

162 Fouchard/Gaillard/Goldman, Rn. 1103.

163 Wohl h.M. *Cremin v. Merril Lynch Pierce Fenner & Smith, Inc.*, 957 F. Supp. 1460 (1460ff.) (1997); *E.C. Ernst, Inc. v. Manhattan Constr. Co. of Texas*, F.2d 551, S. 1026 (1033) (1977).

164 *Hayford*, 30 Ga. L. Rev. 1996, 731 (731ff.).

165 *E.C. Ernst, Inc. v. Manhattan Constr. Co. of Texas*, F.2d 551, S. 1026 (1033) (1977).

sind, also nur im Vereinbarungsfall gelten, bedienen sich zahlreiche Schiedsinstitutionen und -parteien dieser Regeln, um den Pflichtenkanon der Beteiligten zu konkretisieren. Wegen der häufigen Mitvereinbarung von verschiedenen Regelwerken und der daraus folgenden Relevanz für die Ausgestaltung des Schiedsrichter-Partei-Verhältnisses sei im Folgenden auf die wichtigsten Regeln kurz eingegangen.

Dem Schiedsrichter als Verfahrensbeteiligten ist unter anderem der Code of Ethics for Arbitrators on Commercial Disputes an die Seite gestellt worden. 1977 entwickelte eine Arbeitsgruppe aus American Arbitration Association (AAA) und American Bar Association (ABA) den ersten Code of Ethics for Arbitrators.[166] 2004 ist eine aktualisierte Fassung durch AAA und ABA für wirksam erklärt worden, die allerdings ausdrücklich nicht neues Regelwerk, sondern lediglich Aktualisierung der bereits verabschiedeten Regeln sein soll; bewusst sind Inhalt, Stil und Sprache der Ausgangsfassung beibehalten worden.[167] Der Code of Ethics der AAA und ABA ist nationaler Prägung, die Mitarbeit ausschließlich nationaler Gremien führte dazu, dass maßgeblich inländische Schiedsgerichtspraxis, Rechtsprechung und Gesetzgebung in die Regeln Eingang fanden.[168] Vor diesem Hintergrund stellt das Regelwerk ein vornehmlich amerikanisch geprägtes Berufsbild an den Ausgangspunkt und ist selten an international anerkannten Maßstäben ausgerichtet.[169]

Parallel dazu sind die IBA-Guidelines on Conflicts of Interest in International Arbitration von einer Arbeitsgruppe entworfen worden. Diese Rules of Ethics, später in speziellen Bereichen ergänzt durch die Guidelines on Conflicts of Interest, sind 1987 in London von der International Bar Association (IBA) verabschiedet worden.[170] Anders als bisherige Kodifizierungsversuche begreifen sich die IBA Rules of Ethics for International Arbitrators schon ihrer Urheberschaft wegen als ausgewogen, übernational und multikulturell; die International Bar Association ist mit über 80.000 Mitgliedern, davon rund 190 Anwaltskammern- und -verbände aus ca. 160 Ländern überregional und überparteilich aufgestellt.[171] Dieses Verständnis setzt sich in den International Guidelines on

---

166 Vgl. *Gunnar Sachs*, Verhaltensstandards für Schiedsrichter, S. 12.

167 *Meyerson/Townsend*, DisResJ (1) 2004, 10 (11).

168 *Meyerson/Townsend*, DisResJ (1) 2004, 10 (16).

169 *Meyerson/Townsend*, DisResJ (1) 2004, 10 (16); *Gunnar Sachs*, Verhaltensstandards für Schiedsrichter, S. 13.

170 YCA XIII (1987), 199 (199ff.).

171 Website der International Bar Association: https://www.ibanet.org/About_the_IBA/About_the_IBA.aspx (zuletzt abgerufen am: 08.06.2019).

Conflicts of Interest fort, die Regelungen treten neben die Rules of Ethics und sind stetigerer Aktualisierung unterworfen (zuletzt 2014).[172]

Zusätzlich gibt es andere Verhaltenskodizes, zum Beispiel, speziell für arbeitsrechtliche Streitigkeiten, den Code of Professional Responsibility for Arbitrators of Labor-Management Disputes[173] oder Regelwerke von einzelnen Schiedsinstitutionen, wie beispielsweise den CIArb Code of Professional and Ethic Conduct oder die Ethical Rules for Arbitrators of the CIETAC.[174]

Diese Regelwerke führen teilweise genau aus, was zu den Pflichten der Verfahrensbeteiligten, insbesondere der Schiedsrichter, gehört und sind so in dieser Hinsicht ein Stück weit an die Stelle der kontinentaleuropäischen Entwicklung des Schiedsrichtervertrages getreten. Eine Vergleichbarkeit besteht jedoch nicht bis in jedes Detail. Ein entscheidender Unterschied liegt darin, dass sich die Beteiligten jeweils auf die Anwendung eines Regelwerkes einigen können, aber auch müssen.[175] Es handelt sich mithin zwar um anerkannte Standards, nach herrschender Auffassung haben diese, selbst im Vereinbarungsfall, jedoch eher die Rechtsnatur von Richtlinien, sodass Abweichungen im Einzelfall keine Sanktion oder ein Vollstreckungshindernis nach sich ziehen können:

> *"Although we have great respect for the Code of Ethics for Arbitrators, they are not the proper starting point for an inquiry into an award's validity [...]. The arbitration Rules and code do not have the force of law."*[176]

2. *Staatlich: Status approach und State Action*

Der sog. *status approach*, seltener auch die *status school*,[177] sieht das Schiedsrichter-Partei-Verhältnis durch die Tätigkeit und das Amt des Schiedsrichters ausreichend beschrieben und ist in vielen Punkten mit der Amtstheorie vergleichbar. Hiernach wird dem Schiedsrichter in erster Linie durch seine gerichtliche oder quasigerichtliche Funktion ein Status zuteil, der ihn wie einen Richter berechtigt und verpflichtet. Die Rechte und Pflichten werden dem Schiedsrichter

---

172 IBA Guidelines on Conflicts of Interest in International Arbitration 2014, Introduction No. 4.

173 Folgte 1985 dem weniger beachteten Code of Ethics and Procedural Standards for Labor-Management Arbitration nach.

174 Vgl. überblicksweise *Gunnar Sachs*, Verhaltensstandards für Schiedsrichter.

175 *Kaufmann-Kohler*, JIDS 2010, 1 (1f.).

176 *Merit Ins. Co. v. Leatherby Ins. Co.*, 714 F.2d 673 (690) (1983).

177 *Blackaby/Partasides/Redfern/Hunter*, International Arbitration, Rn. 5.51.

durch die Tatsache zuteil, dass er das Amt des Schiedsrichters angenommen hat, einem weiteren Begründungsakt bedarf es nicht.

Insbesondere im Zusammenhang mit Fragen der Schiedsrichterhaftung bzw. der Immunität oder Haftungsprivilegierung, wird der *status approach* zur Begründung dieser jeweiligen Privilegierung häufig herangezogen. Der *status approach* gilt allgemein als auf die Arbeit von *Mustill* und *Boyd*[178] oder die US-amerikanische Rechtsprechung zurückzuführen.[179] Der *status approach* gliedert sich in zwei Begründungsansätze, einerseits wird vertreten, dass der Status des Schiedsrichters aus der Parteivereinbarung, dem *arbitration agreement*, erwachse und entsprechende Rechte und Pflichten hieraus abzuleiten seien.[180]

Andererseits wird auch die Auffassung vertreten, dass, aufgrund ihrer zumindest quasi-rechtsprechenden Funktion, Schiedsrichter analog dem staatlichen Richter zu behandeln seien.

Gemein ist beiden Begründungsansätzen, dass der Schiedsrichter als Privatrichter begriffen wird, der zumindest einer moralischen Verpflichtung unterliegt, seinen Pflichten nachzukommen,[181] hierbei aber umfänglich vor einer gerichtlichen Inanspruchnahme wegen seiner Tätigkeit als Privatrichter geschützt werden muss.[182] Unabhängig von der Begründung des *status approach* geht es in der amerikanischen Literatur und Rechtsprechung weniger um die dogmatische Herleitung von Rechten und Pflichten aus Vertrag oder Amt, sondern beinahe ausschließlich um die Beantwortung der Frage der Haftung. Da an dieser Stelle aber dem Schiedsrichter eine, ebenfalls sporadisch und unterschiedlich begründete, umfassende Haftungsimmunität zugestanden wird,[183] scheint es, als sei eine abschließende Entscheidung hinsichtlich der Qualifizierung des Schiedsrichter-Partei-Verhältnisses bisher entbehrlich gewesen. *Gal* scheint es sogar so, als würden amerikanische Lehre und Rechtsprechung eine Begründung des *status approach* und eine Abgrenzung zum *arbitrator's contract* als überflüssig erachten, solange nur die Haftungsprivilegierung feststünde.[184] Aus den gleichen Gründen, aus denen die Amtstheorie in der jüngeren deutschen Rechtsgeschichte kritisiert

---

178 *Mustill/Boyd*, The Law and Practice of Commercial Arbitration, S. 223ff.

179 *Bradley v. Fischer*, 80 U.S. 335 (346f.) (1871).

180 *Alessi*, 31 J. Int'l Arb. 2014, 735 (741f.).

181 *Mustill/Boyd*, The Law and Practice of Commercial Arbitration, S. 224.

182 *Bradley v. Fisher*, 80 U.S. 335 (355ff.) (1871).

183 vgl. § 6 Haftung des Schiedsrichters, S. 275.

184 *Jens Gal*, Die Haftung des Schiedsrichters in der internationalen Handelsschiedsgerichtsbarkeit, S. 70.

worden ist, wird auch der *status approach* kritisiert. Vor allem werde nicht ausreichend zwischen der Tätigkeit des Schiedsrichters auf prozessualer und der Verpflichtung des Schiedsrichters auf materieller Seite unterschieden, ebenso sei ein ungeschriebenes Kündigungs- bzw. Rücktrittsrecht für die Rechtsuchenden wenig vorteilhaft.[185] In der internationalen Handelsschiedsgerichtsbarkeit hätte sich zudem die Existenz des Schiedsrichtervertrages etabliert.[186] Dieser Kritik ist noch hinzuzufügen, dass der Status des ernannten Schiedsrichters selbst seinen Ursprung und seine Legitimation finden muss. Zu der Begründung dieser Frage hat sich die Delegationstheorie innerhalb der Statusschule entwickelt.[187]

a) Delegationsansatz

Der Delegationsansatz sieht die Befugnisse und die Immunität des Schiedsrichters als öffentliches Zugeständnis an die Schiedsgerichtsbarkeit. Die Gleichberechtigung von Schiedsrichtern und Richtern beruht hiernach auf der Idee, dass ein Schiedsgericht zwar aufgrund der freien Entscheidung der Streitparteien entsteht, seine Befugnisse aber aus einem Sonderverhältnis zum Staat erhält, sei es dadurch, dass die Schiedsgerichtsbarkeit in die Gesetzgebung aufgenommen worden ist, oder dadurch, dass der Staat Schiedsvereinbarungen und Schiedssprüche durchsetzt.[188] Der Status als Schiedsrichter ginge mit derart viel Verantwortung und Befugnissen einher, dass nicht nur eine staatliche Kontrolle der schiedsrichterlichen Entscheidung, sondern auch ein Goutieren des Schiedsrichterstatus durch den Staat erforderlich sei.[189] Unter Berücksichtigung der Entscheidung der Parteien gestünde der Staat dem einzelnen Schiedsrichter seinen Sonderstatus zu, Recht zwischen zwei Privaten zu sprechen und sieht den Schiedsrichter wie einen Richter, inklusive zugehöriger Rechte, Pflichten und Immunität.[190] Alternative Streitbeilegung sei auch aufgrund der Gleichwertigkeit zur Justiz als staatlich zu begreifen,[191] in seiner Verantwortung dürfe der Staat diesen zusätzlichen Rechts(findungs)- oder Konfliktbeilegungsmechanismus

---

185 *Lionnet*, 15 Arb. Int'l 1999, 161 (163).

186 *Lionnet*, 15 Arb. Int'l 1999, 161 (163f.), der auf die Ergebnisse der 1992 ins Leben gerufenen ICC Commission on Arbitration abstellt (Final Report der ICC Commission on Arbitration, Doc. N. 420/13/25, Seite 3ff.).

187 *Emilia Onyema*, International Commercial Arbitration and the Arbitrator's Contract, S 42f.

188 *Reuben*, 85 Cal. L. Rev. 1997, 577 (579ff.).

189 *Alessi*, 31 J. Int'l Arb. 2014, 735 (746f.); *Ginsburg*, 77 U. Chi. L. Rev 2010, 1013 (1018f.).

190 *Alessi*, 31 J. Int'l Arb. 2014, 735 (746f.).

191 *Reuben*, 85 Cal. L. Rev. 1997, 577 (579ff.).

nicht sich selbst überlassen[192] und müsse die Entwicklung in Richtung „Prozesspluralismus“[193] mitgehen.

b) State Action Doctrine und Lugar-Test

Aus diesen Erwägungen, gerade hinsichtlich der Einordnung der Schiedsgerichtsbarkeit selbst, wird Schiedsgerichtsbarkeit auch als *state action* benannt. Die Doktrin, ursprünglich vom Supreme Court entwickelt, dient dazu, staatliches und privates Handeln voneinander abzugrenzen. Die *State Action* – Doktrin wird gebraucht, um zu ermitteln, ob und wie weit ein Verhalten den verfassungsrechtlichen Grundsätzen unterworfen ist.[194]

Die Doktrin findet ihre historischen Wurzeln in der Segregation in den 1960er Jahren Amerikas. Privatautonomes Handeln, nämlich die Diskriminierung von Afroamerikanern, wurde durch Gerichte verfassungsrechtlich bewertet, um eine zivilrechtliche Verantwortlichkeit, vor allem zur Einhaltung des Gleichbehandlungsgrundsatzes, zu schaffen.[195] Nach den Anfängen des Grundsatzes zur Anwendung von verfassungsrechtlichem Schutz wurde lediglich danach gefragt, ob eine private Einrichtung eine solche Funktion oder Macht ausübe, die gewöhnlicherweise dem Staat zufällt.[196] War dieses der Fall, so konnte auch verfassungsrechtlicher Schutz gegen dieses Handeln erlangt werden. Nach der Klarstellung, dass dieses auch bei durch den Staat delegierten Handlungen der Fall ist,[197] ist der sog. *Lugar-Test* etabliert worden. Nach dem *Lugar-Test*[198] sind Kriterien entwickelt worden, ein Handeln als staatlich und damit verfassungsrechtlich relevant oder rein privat einzustufen. Erstens muss die beklagte Verletzung verfassungsrechtlicher Pflichten in der Ausübung eines Rechts bestehen, das in staatlicher Autorität begründet liegt.[199] Zweitens muss die verfassungsrechtlich zu kontrollierende Rechtsverletzung durch einen Akteur begangen werden, der

---

192 *Resnik*, 10 Ohio St. J. on Disp. Resol. 1995, 211 (235) formuliert: *“[Arbitration has] become a part of the judicial process and no longer stands apart from it, […]”.*

193 *Galanter/Lande*, 12 Stud. In L. Pol. & Soc’y 1992, 393 (393f.).

194 *Reuben*, 85 Cal. L. Rev. 1997, 577 (608f.).

195 *Heart of Atlanta Motel v. United States*, 379 U.S. 241 (241ff.) (1964); *Peterson v. City of Greenville*, 373 U.S. 244 (244ff.) (1963); *Burton v. Wilmington Parking Auth.*, 365 U.S. 715 (715ff.) (1961).

196 *Blum v. Yaretsky*, 457 U.S. 991 (1004f.) (1982).

197 *Bush v. Vera*, 517 U.S. 952 (952ff.) (1996); *Georgia v. McCollum*, 505 U.S. 42 (52f.) (1992); *Edmonson v. Leesville Concrete Co.*, 500 U.S. 614 (621) (1991).

198 Geht zurück auf *Lugar v. Edmonson Oil Co.*, 457 U.S. 922 (922ff.) (1982).

199 *Rossum/Tarr*, American Constitutional Law II, S. 559.

in gewissem Maße staatliche Hilfe und Zuwendung erfährt und eine traditionell staatliche Aufgabe wahrnimmt.[200] Letztlich muss die verursachte Verletzung nicht ohnehin vorliegen, sondern muss durch die staatliche Autorität(-sübertragung) verschlimmert oder ermöglicht worden sein.[201] Liegen die einzelnen Prüfungsvoraussetzungen auch nach einer wertenden Betrachtung des Einzelfalles vor, ist staatliches Handeln und damit verfassungsrechtlicher Schutz gegeben.

c) Fazit

Aufgrund der Verflechtung staatlicher Handlungen und privatautonomer Schiedsgerichte, beispielsweise bei Vollstreckungshandlungen oder der Durchsetzung von Schiedseinreden, sehen einige in der Schiedsgerichtsbarkeit eine *state action*.[202] Auch eine Subsumtion unter den *Lugar-Test* führe zu keinem anderen Ergebnis.[203] Richtig ist zwar, dass die Schiedsgerichtsbarkeit durch staatliche Maßnahmen gefördert wird, deswegen das Amt des Schiedsrichters mit dem des Richters gleichzusetzen, scheint aber der privatautonomen Entscheidung zur Schiedsgerichtsbarkeit der Parteien zu wenig Raum bei der Charakterisierung einzuräumen; der Schiedsrichter ist kein Beliehener.[204]

Weiterhin ist der Gleichsetzung von staatlichem Richter und Schiedsrichter entgegenzuhalten, dass der Schiedsrichter in seiner Funktion als solcher allein von dem Willen der Parteien abhängt. Anders als bei einem staatlichen Richter steht es den Parteien frei, den Schiedsrichtervertrag gemeinschaftlich zu kündigen und die Schiedsvereinbarung aufzulösen und damit den Schiedsrichter prozessual wie materiell zu entmachten. Der Staat delegiert richterliche Tätigkeit nicht auf Dritte, um sie dann ausschließlich von dem Willen der Parteien abhängig zu machen. Auch nach mehrheitlicher Auffassung der Gerichte können schiedsrichterliche Handlungen nicht durch eine Verfassungsbeschwerde kontrolliert werden und sind nicht ausschließlich als staatliches Handeln qualifizierbar.[205] Gleichwohl handelt es sich bei dem *status approach* hinsichtlich der Position des Schiedsrichters in Bezug auf seine Rechte und Pflichten wohl

---

200 *Reuben*, 85 Cal. L. Rev. 1997, 577 (609ff.).

201 *Reuben*, 85 Cal. L. Rev. 1997, 577 (609ff.).

202 *Reuben*, 85 Cal. L. Rev. 1997, 577 (577ff.).

203 Ausführlich: *Manuela Schäfer*, Die Verträge zur Durchführung des Schiedsverfahrens, S. 814ff.

204 *Manuela Schäfer*, Die Verträge zur Durchführung des Schiedsverfahrens, S. 737.

205 *Perpetual Sec., Inc. V. Tang*, 290 F.3d 132 (136ff.) (2002); *Smith v. Am. Arbitration Ass'n, Inc.*, 233 F.3d 502 (507) (2000); *Davis v. Davis v. Prudential Securities Inc.*, 59 F. 3d 1186 (1189f) (1995).

um die derzeit herrschende Auffassung im amerikanischen Rechtsraum. Wie die nachfolgende Untersuchung zeigen wird, ist der Schiedsrichtervertrag zwar im amerikanischen Recht bekannt, eine konsistente richterliche Anwendung bzw. eine Weiterentwicklung durch Systematisierung in der Literatur erfährt er jedoch nicht.[206]

3. *Privatautonom: Der arbitrator's contract*

Der Schiedsrichtervertrag scheint amerikanischen Gerichten zwar grundsätzlich bekannt,[207] ein konsistentes Rekurrieren auf die Existenz des Vertrages findet jedoch nicht statt. Auch innerhalb der Auffassung derer, die einen *arbitrator's contract* annehmen, herrscht Uneinigkeit über das genaue Zustandekommen des Vertrages.[208]

a) Grundlegendes Konzept

Vielfach, wenn auch nicht unbestritten, wird vertreten, dass zwischen den jeweiligen Schiedsrichtern und den Streitparteien ein *arbitrator's contract* zustande kommt.[209] Von den Vertretern dieser Auffassung wird die nicht vertraglich geregelte Schiedsgerichtsbarkeit oft als sog. *folklore arbitration*[210] beschrieben. Die zunehmende Globalisierung, hohe Streitwerte, internationale Vollstreckungsabkommen und gesteigerter Bedarf nach Rechtssicherheit und nach Konkurrenzfähigkeit mit der staatlichen Rechtsprechung führten zu einer Professionalisierung der Schiedsgerichtsbarkeit, die sich auch in der vertraglichen Festschreibung der Pflichten der Beteiligten widerspiegeln müsse.[211] Zur Begründung der Auffassung wird oft auf internationale Werke Bezug genommen,[212] während der *arbitrator's*

---

206 *Rogers*, 53 Stan. J Int'l L. 2005, 53 (111f.; 121).

207 Zum Beispiel: *Sun Ship Inc. v. Matson Navigation*, F.2d 785, 59 (61ff.) (1986); *Baar v. Tigerman*, 140 Cal. App.3d 979 (981ff.) (1983).

208 *Alessi*, 31 J. Int'l Arb. 2014, 735 (750ff.); *Hwang*, 31 Arb. Int'l 2015, 559 (559ff.); ähnlich auch in Kanada, vgl. hierzu: *Brode/Ontario*, 1 W.R.L.S.I. 17 (1989), 17 (27ff.).

209 *Brunet*, 74 Tul. L. Rev. 1999, 39 (40ff.); *Byrnes/Pollman*, 8 Harv. Negot. L. Rev. 2003, 289 (298ff.); *Franck*, 20 N.Y.L.Sch.J. Int'l & Comp. Law 2000, 1 (6).

210 Frei übersetzt: Völkische, unprofessionelle Schiedsgerichtsbarkeit. Die Bezeichnung nimmt Bezug auf die Zeit der branchentypischen Schiedsgerichtsbarkeit, insbesondere der Textilbranche vor 1930, in der häufig ohne feste Prozessregeln und mit großem schiedsrichterlichem Ermessen agiert wurde.

211 *Brunet*, 74 Tul. L. Rev. 1999, 39 (40ff.).

212 Z.B. Fouchard/Gaillard/Goldman, Rn. 598 und 1103.

contract in den amerikanischen Standardwerken meist unerwähnt bleibt.[213] Gleichwohl hat an vereinzelten Stellen die Ansicht, dass ein solcher Vertrag existiere, Eingang in die amerikanische Rechtswissenschaft gefunden.[214] Bis heute befindet sich die Auffassung, es gäbe den *arbitrator's contract* im Vordringen, der europäische Ansatz wird häufiger vertreten und findet öfter Niederschlag in der Literatur, von einer einheitlichen Ansicht hinsichtlich des Bestehens oder Nichtbestehens dieses Vertragsverhältnisses kann indes nicht die Rede sein.[215]

Nach dieser Vertragstheorie ruht die Beziehung zwischen den Schiedsrichtern und den Parteien auf dem Vertragsverhältnis ebendieser. Die Schiedsvereinbarung stellt hiernach zwar die Grundlage für den Schiedsrichtervertrag dar, sie teilen ihr rechtliches Schicksal jedoch nicht.[216] Sobald der Schiedsrichtervertrag zustande gekommen ist, wird er durch konkludenten oder ausdrücklichen Verweis in die Vereinbarung aufgenommen und gestaltet so die Rechte und Pflichten des Schiedsrichters aus.[217] Ein in der Literatur in Praxis stark diverses Feld lassen auch hier keine Bestimmung einer herrschenden Meinung zu: Gelegentlich werden Schiedsrichterverträge geschlossen und in der Schiedsvereinbarung erwähnt, häufig nicht. Auch fehlt es oft am dezidierten Abschluss des *arbitrator's contract*, ist doch eine nicht unbeachtliche Anzahl von Praktikern der Auffassung, eines solchen Vertragskonstruktes bedürfe es gar nicht: Rechte und Pflichten des Schiedsrichters würden sich allein aus dessen Status herleiten.[218] Häufig wird sich in der Rechtsprechung nicht festgelegt, wie der *arbitrator's contract* einzuordnen ist, gleichwohl gehört er im Zusammenhang mit Haftungsfragen seit 1977 zu den Erwägungsgründen der Gerichte, wenn es um das Bestehen oder Nichtbestehen einer schiedsrichterlichen Pflichtverletzung geht:

> *"Where his action, or inaction, can fairly be characterized as delay or failure to decide rather than timely decisionmaking (good or bad), he loses his claim to immunity because*

---

213 Z.B. nicht in: *Coe*, International Commercial Arbitration: American Principles and Practice in a Global Context; *Domke*, On Commercial Arbitration; *Oehmke*, Commercial Arbitration.

214 Z.B. *Domke*, 3 U. Tol. L. Rev. 1971, 99 (100f.).

215 *Domke*, 3 U. Tol. L. Rev. 1971, 99 (100f.); *Guzman*, 49 Duke L. J. 2000, 1279 (1316ff.); *Lionnet*, 15 Arb. Int'l 1999, 161 (161ff.); *Nolan/Abrams*, 11 Berkeley J. Emp. & Lab. L. 1989, 228 (232); *Rasmussen*, 26 Fordham Int'l LJ 2003, 1824 (1867); *Rutledge*, 39 Ga. L. Rev. 2004, 151 (151ff.).

216 *Alessi*, 31 J. Int'l Arb. 2014, 735 (750ff.).

217 *Alessi*, 31 J. Int'l Arb. 2014, 735 (750ff.); *Jarvin*, 2 Arb. Int'l 1986, 140 (142); Fouchard/Gaillard/Goldman, Rn. 1101ff.

218 vgl. § 1, B., III. 2. Status approach, S. 68f.

he loses his resemblance to a judge. He has simply defaulted on a contractual duty to both parties."[219]

In Bezug auf die Natur des Schiedsrichtervertrages werden im Wesentlichen drei Theorien vertreten. Die Stellvertretertheorie (*agency theory*), die Dienstleistungstheorie (*provision of services theory*) und die *sui generis* Theorie.[220]

b) Stellvertretertheorie (agency theory)

Die Stellvertretertheorie beruht auf der Idee, dass Schiedsrichter als Bevollmächtigte der Parteien ernannt werden, um den Streit in ihrem Namen und mit Wirkung für und gegen die Ernennenden zu lösen.[221] Die Stellvertretertheorie basiert auch auf einem wörtlichen Begründungsansatz der gesetzgeberischen Ausgestaltung der Schiedsgerichtsbarkeit, hier werden Schiedsrichter allgemein als „ernannt" bezeichnet oder ein „Mandat" wird erteilt.

Zweifellos gibt es, beispielsweise in Form treuhänderischer Pflichten des Schiedsrichters, Elemente der Schiedsgerichtsbarkeit, die der Stellvertretung zumindest ähneln. Beispielsweise erhält der Schiedsrichter eine Position, die ihm übertragenen Aufgaben wahrzunehmen und die versprochenen Leistungen im Sinne der jeweiligen Partei zu erbringen. Solange und soweit die Parteien selbst Entscheidungsgewalt über den Streit und dessen Beilegung haben, können sie diese Befugnis an Dritte (Schiedsrichter) übertragen, die einen Schiedsspruch fällen; die Schiedsrichter seien dabei stellvertretend für die Parteien tätig und kämen deren Willen zur Streitbeilegung nach.[222] Insbesondere wird von Vertretern der Auffassung angeführt, dass das Ernennen des Vorsitzenden durch die parteiernannten Schiedsrichter eine Delegation von Befugnissen wäre, die typisch für einen Vertretenen und dessen Vertreter wären.[223] Dieser Auffassung gehören auch in aktuellerer Rechtsprechung und Literatur einige Vertreter an,[224] wenngleich, vor dem Hintergrund der existierenden Kritik, aus anderer Warte auf den *arbitrator's contract* und dessen Zustandekommen geblickt werden muss. Die Stellvertretertheorie verkennt den, in Deutschland wie Amerika anerkannten, rechtsprechenden Charakter der Schiedsgerichtsbarkeit zu sehr.[225]

---

219 *E.C. Ernst, Inc. v. Manhattan Constr. Co.*, 551 F.2d 1026 (1031f.) (1977).
220 Fouchard/Gaillard/Goldman, Rn. 1114.
221 Fouchard/Gaillard/Goldman, Rn. 1115; *Yu*, 12 Int. A.L.R. 2009, 3 (3ff.).
222 *Ginsburg*, 77 U. Chi. L. Rev 2010, 1013 (1018).
223 *Hwang*, 31 Arb. Int'l 2015, 559 (559ff.).
224 *George Watts & Son, Inc v. Tiffany and Co.*, 248 F.3d 577 (577ff.); *Hwang*, 31 Arb. Int'l 2015, 559 (559ff.).
225 *Hwang*, 31 Arb. Int'l 2015, 559 (561f.).

Die Schiedsrichter sind ihrem Wesen nach nicht ausschließlich dem Parteiwillen unterworfen, repräsentieren diesen nicht und Weisungsgebundenheit und Willkür bilden in allen anerkannten Rechtsordnungen Vollstreckungshindernisse im Rahmen des *ordre public*, auch in Amerika. So erscheint es beispielsweise zumindest theoretisch möglich, dass Parteien ihren Streit durch Münzwurf beilegen, solange sich die Streitenden nur darauf einigen. Einen derartigen Willen auf Schiedsrichter zu verlängern und diese als Stellvertreter den Streit auf gleiche Weise beilegen zu lassen, ist hingegen nicht denkbar, die Entscheidung würde aufgehoben. Schon hieran kann man erkennen, dass es einen qualitativen Unterschied zwischen einem bloßen Stellvertreter und einem Schiedsrichter gibt. Dadurch, dass der Schiedsrichter eine rechtsprechende Tätigkeit ausübt, ist er gerade nicht bloßer Stellvertreter, sondern muss mehrere Interessen in Ausgleich bringen,[226] anders als es die *agency theory* meint.

c) Dienstleistungstheorie (provision of services theory)

Neben der Stellvertretertheorie haben sich noch weitere Begründungansätze entwickelt. Die Dienstleistungstheorie beruht auf der Idee, dass der Schiedsrichter durch einen Vertrag zur Dienstleistung verpflichtet wird.[227] Der Ansatz wird vereinzelt im *common law* vertreten,[228] begegnet aber auch dort weitgehend Ablehnung und Kritik.[229]

Es handelt sich um ein Modell, das der deutschen Einordnung des Schiedsrichtervertrages sehr nahesteht. Gleich dem deutschen Recht wird auch hier für das amerikanische und internationale Recht richtigerweise Kritik an dem Verständnis des Schiedsrichters als Dienstleister geübt. So formuliert *Born* deutlich:

> *"Equally, regarding the arbitrator as a service provider, like an accountant, investment banker, lawyer, or other professional, ignores the essential adjudicative character of his or her mandate. Arbitrators do not merely provide the parties with a service, but also serve a public, adjudicatory function, possessing binding adjudicatory powers and immunities from suit and liability, that cannot be equated with the provision of service in a commercial relationship."*[230]

---

226 *Born*, International Commercial Arbitration, S. 1977.

227 Fouchard/Gaillard/Goldman, Rn. 1119.

228 *Jivraj v. Hashwani* [2011] UKSC 40 (U.K. S.Ct.)

229 *Alessi*, 31 J. Int'l Arb. 2014, 735 (750f.); *Born*, International Commercial Arbitration, S. 1976.

230 *Born*, International Commercial Arbitration, S. 1977.

Maßgeblicher Kritikpunkt ist mithin, dass der Rechtsprechungsfunktion der Schiedsgerichtsbarkeit nicht ausreichend Rechnung getragen wird. Das Verständnis von der Schiedsrichterdienstleistung greift insoweit zu kurz, als dass die objektive, rechtsprechende Komponente keine Berücksichtigung findet. Weder sind die Schiedsrichter nach amerikanischem Recht weisungsgebunden noch ausschließlich den Schiedsparteien verpflichtet.[231] So kann allenfalls ein Schwerpunkt hinsichtlich des Charakters der Tätigkeit hier verortet werden, den Schiedsrichter aber exklusiv als Dienstleister zu begreifen, ist nicht richtig.

d) Sui generis

Als letzte Auffassung zum *arbitrator's contract* hat sich, mit der deutschen Entwicklung der Vertragstheorie vergleichbar, eine bisher wenig dominante Strömung entwickelt, die den *arbitrator's contract* als Vertrag eigener Art sieht.[232] Hierbei wird in Rechnung gestellt, dass der Dienstvertrag den Schiedsrichter nicht frei genug agieren lässt,[233] gleichwohl ein vertragliches Verhältnis zwischen den Parteien besteht, welches eigene materielle Rechte und Pflichten mit sich bringen soll, aber nicht abschließend als *agency* oder *service contract* eingeordnet werden kann.[234]

Bemerkenswert erscheint, dass zur Begründung der Auffassung von ihren wenigen Vertretern stets auf internationale Ansichten und Autoritäten Bezug genommen wird,[235] eine ausdrückliche Ablehnung des amerikanischen *status approach* für das amerikanische Recht zu Gunsten einer Vertragstheorie findet sich kaum und nie deutlich formuliert, insbesondere nicht in der Rechtsprechung. Insgesamt wird man den *contract-theories*, insbesondere der Einordnung des *arbitrator's contract* als Vertrag eigener Art, derzeit im amerikanischen Rechtsraum keinen breiten Konsens einräumen können.

---

231 *Alessi*, 31 J. Int'l Arb. 2014, 735 (752f.).

232 *Born*, International Commercial Arbitration, S. 1975ff.; *Waincymer*, Procedure and Evidence in International Arbitration, S. 57f.

233 *Alessi*, 31 J. Int'l Arb. 2014, 735 (753f.), der sich auf *Jivraj v. Hashwani*, [2011] UKSC 40 bezieht und damit zu seiner Begründung nicht auf das amerikanische Recht verweist.

234 Vgl. *Baar v. Tigerman*, 140 Cal. App.3d 979 (1983); *Hausmaninger*, 7 J. Int'l Arb. 1990, 7 (7ff.); *Born*, International Commercial Arbitration, S. 1975ff.

235 Fouchard/Gaillard/Goldman, Rn. 1122ff.; *Domke*, 3 U. Tol. L. Rev. 1971, 99 (100).

IV. Fazit

Der Streit um die Einordnung des Schiedsrichtervertrages nach deutschem Recht ist nur dann nicht rein akademischer Natur, wenn die Herleitung einzelner materieller Pflichten und deren Verletzung in Rede stehen und man an das Verletzen dieser Pflichten Haftungsfolgen knüpfen will.[236] Dass Schiedsrichter generell für ein vorwerfbares Fehlverhalten haften, unabhängig von einem eventuell erleichterten Haftungsmaßstab, scheint es, zumindest aufgrund der häufig hohen wirtschaftlichen Bedeutsamkeit der Streitigkeiten, für die Schiedsparteien evident interessengerecht.[237] Inwieweit sich diese Haftung auch auf Pflichtverletzungen bezüglich der rechtsprechenden Tätigkeit selbst bezieht oder hier eine Haftungsprivilegierung vorliegt, wird im Verlaufe der Untersuchung zu klären sein. Auch die Perspektive der Schiedsrichter spricht für die Annahme eines materiell-rechtlichen Vertrages: Einen Anspruch auf Bezahlung (und Vorschusszahlung) direkt aus dem Schiedsrichtervertrag ableiten zu können, ohne ein gewohnheitsrechtliches Vehikel beanspruchen zu müssen, wird im Interesse jedes Schiedsrichters sein.

In den Vereinigten Staaten von Amerika stellt sich die Lage zwar in Ansätzen genauso wie in Deutschland dar, die Begründungsansätze sind jedoch weit weniger verbreitet und vertieft. Vereinzelt wird zur Position des Schiedsrichters Stellung bezogen, noch seltener wird das Schiedsrichter-Partei-Verhältnis als vertraglich bezeichnet. Eher ergebnisorientiert wird sich oft auf die Feststellung beschränkt, dass Schiedsrichter Rechte und Pflichten hätten und aufgrund ihrer Funktion oder Stellung Haftungsimmunität genießen würden. Aufgrund dieser geringeren Ausdifferenzierung und Begründung haben sich früh *Rules* und *Guidelines*, *Softlaw*, entwickelt, die an deren Stelle treten und Rechte, Pflichten und Verhaltensrichtlinien in Katalogen zusammenfassen. Ein abschließendes Ergebnis hinsichtlich der Einordnung des Schiedsrichter-Partei-Verhältnisses für den US-amerikanischen Rechtsraum kann deswegen nicht gefunden werden, wenngleich auffällig ist, dass Vertreter des *arbitrator's contract* immer auch internationalen Argumentationsbezug haben und der *status approach* zumindest in der US-amerikanischen Rechtsprechung einigermaßen etabliert erscheint.

---

236 Vgl. *Schütze/Tscherning/Wais*, Handbuch des Schiedsverfahrens, Rn. 219ff.

237 *Lachmann*, Rn. 4309; *Risse/Reiser* NJW 2015, 2839 (2842).

C. Schiedsrichterpflichten gegenüber den Parteien

Welche Pflichten der Schiedsrichter gegenüber den Parteien hat, soll an dieser Stelle nur kurz beleuchtet werden. Möglicherweise ist ein Umkehrschluss oder ein Gleichlauf von Schiedsrichterpflichten und Parteipflichten möglich, um die Pflichten aller Beteiligten zu konkretisieren. Ausgehend von der These, dass eine wesentliche Verletzung der Rechte des Schiedsrichters auch zur Kündigung berechtigen soll, jedenfalls dann, wenn ein Festhalten an dem Schiedsrichtervertrag nicht mehr zumutbar erscheint, liegt es nahe, die Rechte und Pflichten aller Beteiligten zu untersuchen, den Fokus allerdings auf die Rechte der Schiedsrichter zu legen.

I. Römisches Recht

Wohl bemerkenswerteste Besonderheit der Schiedsrichterpflichten im römischen Recht ist, dass in manchen Fällen ein Zwang zum Urteilsspruch möglich gewesen ist.[238] Wenngleich einige Entschuldigungsgründe für den damaligen Schiedsrichter existierten,[239] ist dieses aus heutiger Sicht nicht mehr vorstellbar. Die Verpflichtung, die Durchführung eines Schiedsverfahrens auf Seiten des Schiedsrichters auch durchzusetzen, kommt aufgrund des Charakters der Leistung des Schiedsrichtervertrages nicht in Betracht.[240]

Bezüglich ebendieser Durchführungsverpflichtung hatte das römische Schiedsverfahren einen stark publizistischen Einschlag, der Staat konnte Schiedsrichter zur Aufnahme oder Weiterführung des Schiedsverfahrens zwingen, wenn nicht Entschuldigungsgründe vorlagen.[241] Gleichwohl war es nicht an den Parteien, die Durchsetzung oder Durchführung des Schiedsverfahrens vom Schiedsrichter (unter Zuhilfenahme des Staates in Form des *Prätors*) zu fordern. Im römischen Recht herrschte nicht das Prinzip der allgemeinen Klagbarkeit von Ansprüchen.[242] Einzelne Verträge und Vereinbarungen waren entweder mit einer *actio*, einer Klagemöglichkeit, behaftet oder nicht. Den Schiedspartien stand jedoch per se keine *actio* zu, in der sie einen Schiedsrichter

---

238 *Rainer Lukits*, Der Schiedsspruch des C. Helvidius Priscus (2013), S. 78 m.w.N.

239 vgl. § 2, B., II. 1. Römisches Recht, S. 141f.

240 vgl. § 1, E., III. 2. Keine Klagbarkeit auf Durchführung des Verfahrens, S. 129ff.

241 *Lukits*, SchiedsVZ 2013, 269 (272).

242 *Kaser/Knütel*, Römisches Privatrecht, S. 42ff.

zur (schnelleren) Durchführung des Verfahrens hätten bewegen können.[243] Den Parteien blieb die Beschwerde beim *Prätor*, dieser konnte dann, aufgrund seiner Stellung als hoher Beamter, die Durchsetzung vom Schiedsrichter verlangen und gegebenenfalls auch mit Zwangsgeld oder Beugehaft durchsetzen.[244] Neben dieser (nur auf Umwegen durchsetzbaren) Pflicht zur Durchführung selbst, kannte das römische Recht auch andere Pflichten für Schiedsrichter. Ein Pflichtverstoß wurde im Regelfall durch den örtlichen *Prätor* mit einer Geldstrafe sanktioniert, allerdings erst, wenn dieser durch eine Partei gerügt wurde. Insoweit galt der Grundsatz der Parteiautonomie auch im römischen Schiedsverfahren.[245]

1. *Verfahrensförderungspflicht*

Eine Verfahrensförderungspflicht wird zu heutiger Zeit in beinahe jeder Schiedsordnung oder als Pflicht aus dem Schiedsrichtervertrag für den Schiedsrichter angenommen, dieses stellt sich im römischen Recht differenzierter dar. Während den Parteien keine eigene *actio* auf Durchführung des Schiedsverfahrens gegen den Schiedsrichter zustanden, konnte der Schiedsrichter dennoch vom *Prätor* durch Verwaltungszwang zur Durchführung des Schiedsverfahrens bewogen werden. Dieses sollte aber nur dann der Fall sein, wenn der bestellte Schiedsrichter nicht ein höheres Amt innehatte, als der *Prätor* selbst.[246] Deswegen wird auch vertreten, dass der Schiedsrichter im römischen Recht bei Übernahme des Schiedsrichteramtes Teil des Verwaltungsapparates wurde und sich deswegen in ein öffentliches Amt begeben würde.[247] Gleichviel erklärte der Schiedsrichter die Übernahme der Tätigkeit nicht dem *Prätor* oder anderen Verwaltungsbeamten, sondern nur den Schiedsparteien. Wenngleich der Grund des Anweisungsrechts durch den *Prätor* somit unklar bleibt, ist dokumentiert, dass eine schuldhafte Verzögerung des Verfahrens sanktioniert werden konnte.[248] Obwohl eine Versicherung des *Arbiters*, dass ihm der Fall noch unklar sei und mehr Bedenk- oder Befragungszeit notwendig sei, ausreichen sollte, die Verfahrensdauer mehrfach zu verlängern,[249] kannte das römische Recht auch Verfahrensförderungspflichten.

243 *Jens Gal*, Die Haftung des Schiedsrichters in der internationalen Handelsschiedsgerichtsbarkeit, S. 16f, m.w.N.

244 Paulus 13 – Digeste 4.8.32.12.

245 *Rainer Lukits*, Der Schiedsspruch des C. Helvidius Priscus, S. 77f.

246 *Gustav Müser*, Das Receptum arbitri und die Haftung des Schiedsrichters, S. 31ff.

247 *Jens Gal*, Die Haftung des Schiedsrichters in der internationalen Handelsschiedsgerichtsbarkeit, S. 17.

248 *Bornhak*, ZZP(30) 1902, 1 (18).

249 Ulpianus 13 – Digeste 4.8.13.4.

So war der *Arbiter* verpflichtet, das Schiedsverfahren terminlich zu strukturieren und den Parteien die festgesetzten Termine zur Zustimmung zu unterbreiten.[250] Damit bestand für den Schiedsrichter schon nach römischem Recht die Pflicht zur derartigen Verfahrensförderung, dass kein Erliegen des Verfahrens durch Untätigkeit auf Seiten des Schiedsrichters eintreten durfte.

2. *Neutralität*

Der Vorteil einer objektiven Entscheidung aufgrund der Neutralität des Schiedsrichters darf im römischen Recht bezweifelt werden: Einerseits war es den Parteien zwar möglich, eine räumliche Nähe zum Streitgegenstand und zu den Parteien selbst durch die Wahl eines unbeteiligten *Munizips*[251] als Schiedsort herzustellen.[252] Andererseits werden die damaligen Vorstellungen hinsichtlich der Person eines Schiedsrichters den heutigen Maßstäben an Unparteilichkeit und Unabhängigkeit nicht gerecht: Häufig wurde der Vater oder Dienstherr einer der Streitparteien zum Schiedsrichter ernannt, der Erwägung folgend, dass es sich um eine renommierte Persönlichkeit handele. Die offensichtliche Nähe zu einer der Streitparteien, insbesondere eine Verwandtschaft, war der Ernennung nicht hinderlich.[253] Gleichwohl wurde dem *Arbiter* die Eignung zum Fällen eines Schiedsspruches nicht zugebilligt, wenn die Korruptheit oder Verwerflichkeit des Handels offensichtlich wäre.[254] Einzelne Personalien deswegen von vornherein für das Amt des Schiedsrichters untauglich erscheinen zu lassen, kam aber weniger in Betracht. Vielmehr wurden einzelne Personengruppen (Sklaven, Frauen, Taube, Stumme, Geisteskranke und Kinder) so exkludiert.[255] An die vermeintliche Neutralität des Schiedsrichters wurde so nach geschriebenem Recht eine Anforderung gestellt, die korruptes oder verwerfliches Handeln ausschloss. Aus heutiger Sicht wurde hiervon jedoch nicht ausreichend Gebrauch gemacht: Auch Familienmitglieder oder zuvor mit der Streitsache befasste Bürger konnten Schiedsrichter sein,[256] soweit sie sich nur ehrenhaft der

250 Pomponius 11 – Digeste 4.8.14.

251 Die lokale Verwaltungseinheit im römischen Reich, seiner Ausdehnung nach mit dem Verwaltungsbegriff der Stadt vergleichbar.

252 *Rainer Lukits*, Der Schiedsspruch des C. Helvidius Priscus (2013), S. 81.

253 *Lukits*, SchiedsVZ 2013, 269 (271).

254 Ulpianus 13 – Digeste 4.8.9.3.

255 Ulpianus 13 – Digeste 4.8.7 (keine Sklaven); 4.8.9.1 (keine Kinder, Gehörlose, Geisteskranke oder Stumme).

256 Gaius 5 – Digeste 4.8.6.

Streitentscheidung widmeten.[257] Vielsagend ist vor diesem Hintergrund, dass die einzige verbotene „Nähebeziehung“ zu einer der Parteien der Fall gewesen ist, in dem Schiedsrichter selbst Partei des Schiedsverfahrens sein sollte, hier durfte er nicht Richter in eigener Sache sein.[258]

3. Höchstpersönliche Leistungserbringung

Das Schiedsverfahren im römischen Recht war stark an die Person des Schiedsrichters gebunden. Eine Schiedsvereinbarung war im römischen Recht dann gültig, wenn die Schiedsrichter darin persönlich bestimmt wurden.[259] Diese Bestimmung konnte jedoch zulässigerweise alterniert werden, in der Schiedsvereinbarung konnten mehrere Schiedsrichter benannt werden die, im Verhinderungsfall des jeweils anderen Schiedsrichters, das Amt übernehmen konnten.[260] Auch hierauf mussten sich die Parteien allerdings zuvor einigen, die möglichen Personalien mussten genau benannt werden. Grundsätzlich handelte es sich bei dem privaten Schiedsrichter daher um eine Person des besonderen Vertrauens beider Streitparteien.[261] Stand dem Schiedsrichter keine Entschuldigung zur Seite, konnte dieser sich seines Versprechens, den Rechtsstreit beizulegen, nicht einfach entziehen, dieses war bei Strafe verboten.[262] Auch eine Vertretung des Schiedsrichters durch eine Person, die nicht ausdrücklich in der Schiedsvereinbarung genannt wurde, war nicht zulässig.[263] Damit kannte das römische Recht den Grundsatz der höchstpersönlichen Leistungserbringung durch den Schiedsrichter sehr gut, verschiedene Regelungen verhinderten, dass sich ein Schiedsrichter vertreten ließ.

Das Erfordernis des Gemeinen Rechts, Schiedsparteien und Schiedsrichter genau zu benennen, ist von diesem höchstpersönlichen Verständnis beeinflusst, außerdem führt es dazu, dass Schiedsinstitutionen erst Teil der wesentlich jüngeren Rechtsgeschichte sind.[264]

---

257 *Lukits*, SchiedsVZ 2013, 269 (271).
258 Marcianus 2 – Digeste 4.8.51.
259 Ulpianus 13 – Digeste 4.8.17.3; 4.8.17.5.
260 Ulpianus 13 – Digeste 4.8.17.4.
261 *Lukits*, SchiedsVZ 2013, 269 (271).
262 Ulpianus 13 – Digeste 4.8.32.12.
263 Ulpianus 28 – Digeste 4.8.45.
264 *Hermann Krause*, Die geschichtliche Entwicklung des Schiedsgerichtswesens in Deutschland, S. 105.

4. *Vertraulichkeit*

Zwar ist nicht überliefert, dass eine Vertraulichkeit ausdrücklich zu den Pflichten des römischen Schiedsrichters gehörte, durch das Schaffen entsprechender Begleitumstände konnten die Parteien jedoch eine vergleichsweise vertrauliche Atmosphäre schaffen: Im Vergleich zum Schiedsverfahren konnte zwar auch im ordentlichen Verfahren der Gerichts*stand* vereinbart werden, nicht aber der konkrete Gerichts*ort*.[265] Einen Unterschied machte der konkrete Verhandlungsort aber vor allem im Hinblick auf die Vertraulichkeit des Verfahrens. Besonders wenn man bedenkt, dass ordentliche Gerichtsverfahren zumeist an städtischen, prominenten Plätzen durchgeführt wurden, das Schiedsverfahren aber auch *in secessibus*, also der ländlichen Abgeschiedenheit, durchgeführt werden konnte, liegt der Schluss nahe, dass Vertraulichkeit den Parteien als Entscheidungsgrund für die Schiedsgerichtsbarkeit wichtig gewesen ist.[266] Dieses wurde allerdings nicht als Pflicht der Beteiligten begriffen, sondern eher durch faktische Gegebenheit herzustellen versucht, so es die Beteiligten wollten.

5. *Fazit*

Bei dem *receptum arbitri* handelt es sich damit um eine Rechtsfigur eigener Art. Eine klare Einordnung des Verhältnisses gelingt nicht durch Untersuchung der damaligen schiedsrichterlichen Pflichten. Im Gegenteil zeigt eine Betrachtung der damaligen Umstände, dass ein konkretes Pflichtenprogramm nicht formuliert werden kann. Die Parteien mussten sich, wie im Falle der Herstellung und Wahrung der Vertraulichkeit, häufig durch das Schaffen von, für sie günstigen, Umständen behelfen, um das Schiedsverfahren nach ihren Wünschen zu gestalten.

II. Deutsches Recht

Durch andauernde Rezeption des Schiedsrichtervertrages in Rechtsprechung und Literatur haben sich Schiedsrichterpflichten herausgebildet. Eine Darstellung der Schiedsrichterpflichten scheint nicht nur geboten, um diese den Parteipflichten gegenüberzustellen und so auf die Möglichkeit einer berechtigten Kündigung schließen zu können. Auch vor dem Hintergrund der Schiedsrichterhaftung und einer Haftungsprivilegierung muss das Pflichtenprogramm des Schiedsrichters abgesteckt werden.

---

265 *Rainer Lukits*, Der Schiedsspruch des C. Helvidius Priscus, S. 76.
266 *Rainer Lukits*, Der Schiedsspruch des C. Helvidius Priscus, S. 77.

1. Anwendung grundgesetzlicher Vorgaben auf die Schiedsgerichtsbarkeit

Die Frage nach der Wirkung von Grundrechten im Schiedsverfahren ist zwar für die folgenden Würdigungen zu Problemen der Unmittelbarkeit oder Neutralität, vor allem vor dem Hintergrund des Justizgewährungsgrundsatzes, nicht relevant; jedoch besteht Einigkeit hinsichtlich der Wirkung dieser Rechte im Schiedsverfahren.

Andersherum ist damit auch die Möglichkeit, sich einem schiedsrichterlichen Verfahren unter Ausschluss der ordentlichen Gerichtsbarkeit unterzuordnen, nach beinahe einhelliger Meinung verfassungsrechtlich unproblematisch.[267] Die Schiedsgerichtsbarkeit im Sinne der §§ 1025ff. ZPO ist Rechtsprechung im weiteren Sinne[268] und tritt, wo sie wirksam vereinbart worden ist, an die Stelle der Rechtsprechung. Mit Abschluss der Schiedsvereinbarung verzichten die Parteien zulässigerweise auf ihren Justizgewährungsanspruch, aber nur durch den (justiz-)grundrechtlich gewährleisteten gesetzlichen Richter, nicht insgesamt.[269] Art. 92 GG erfasst von vornherein nur die staatliche Rechtsprechung. Das heißt aber nicht, dass andere Grundrechte keine Dimension in der Schiedsgerichtsbarkeit besäßen.[270] Der Grundgesetzgeber wollte die bereits vor dem Inkrafttreten des Grundgesetzes existente Schiedsgerichtsbarkeit keineswegs von einer Geltung ausschließen.[271]

Die Gesetzesvorgaben des Schiedsverfahrens können der verfassungsrechtlichen Gewähr der Rechtsschutzgarantie und Justizgewähr genügen.[272] Sinn und Zweck des Schiedsverfahrens ist es, den Rechtsfrieden zwischen den Parteien herzustellen, dieses in aller Regel so, wie es sonst staatliche Gerichte täten. Aus grundrechtlicher Perspektive wird nach herrschender Auffassung also ein Rechtsschutz bloß verlagert, nicht jedoch verweigert oder ausgeschlossen.

---

267 Maunz/Dürig/*Schmidt-Aßmann*, Art. 19 Rn. 17; Maunz/Dürig/*Hillgruber*, Art. 92 Rn. 87ff.; vgl. weiterführend: *Roland Karl*, Die Gewährleistung der Unabhängigkeit und Unparteilichkeit des Schiedsrichters, S. 16ff.; *Stober*, NJW 1979, 2001 (2001ff.).

268 BGHZ 51, 255 (258f.); 54, 392 (395); 65, 59 (61); BGH NJW 1986, 3077 (3078); BGH SchiedsVZ 2008, 40 (42).

269 BGHZ 144, 146 (148); 77, 65 (69); 65, 59 (61); *Stober*, NJW 1979, 2001 (2005f.); *Zumbansen*, RabelsZ 67 (2003), 637 (652f.); *Niedermaier*, Schieds- und Schiedsverfahrensvereinbarungen, S. 42f.

270 *Peter Tochtermann*, Die Unabhängigkeit und Unparteilichkeit, S. 34f.

271 BVerfGE 6, 45 (50ff.); 17, 294, (298f.); 22, 49 (73); Maunz/Dürig/*Hillgruber*, Art. 92 Rn. 87ff.

272 BGHZ 144, 146 (148); MüKoZPO/*Münch*, Vorbem. zu den §§ 1025ff. Rn. 4ff. m.w.N.

Private Schiedsgerichte sind grundsätzlich als funktionale Äquivalente zur staatlichen Gerichtsbarkeit anerkannt.

Lionnet bezeichnet deswegen auch die Entwicklung der Schiedsgerichtsbarkeit zur Jurisdiktion als „abgeschlossen".[273] Folge und Bedingung dieser Anerkennung ist es, dass das, in Art. 20 Abs. 3 GG verankerte, Rechtsstaatsprinzip mit seinen verschiedenen Ausprägungen auch für die Schiedsgerichtsbarkeit gilt.[274] Dieses steht auch nicht im Widerspruch zu dem sonst privatautonomen Charakter der Schiedsgerichtsbarkeit, die privatautonome Gestaltung der Rechtslage ist nämlich gerade nur im Rahmen der verfassungsmäßigen Ordnung und des Sittengesetzes gewährleistet.

Bei der nachfolgenden Darstellung von Rechten und Pflichten muss also stets bedacht werden, dass der Kernbereich der rechtsstaatlichen Prinzipien stets so weit gewahrt bleiben muss, wie es der staatliche Schutzauftrag, das Rechtsprechungsmonopol des Staates und die damit verbundene Einhaltung ebendieser Rechtsstaatlichkeit erlauben.

2. *Verfahrensförderungspflicht*

Nach beinahe allen Regelwerken und einhergehenden Auffassungen trifft den Schiedsrichter eine Verfahrensförderungspflicht. Dieses schlägt sich häufig in dem Gebot nieder, das Verfahren so effizient wie möglich zu gestalten und in der gebotenen Eile abzuhalten.[275] Nach ständiger Rechtsprechung besteht das Gebot, in dem Schiedsgerichtsverfahren nach besten Kräften mitzuwirken und den Streitfall nach Maßgabe des Schiedsvertrages in einem geordneten, rechtsstaatlichen Grundsätzen entsprechenden Verfahren einer alsbaldigen Erledigung zuzuführen.[276]

Folge hiervon ist auch die Pflicht (und das Recht) des Schiedsgerichtes, den Fortgang der Beweisaufnahme zu bestimmen, also z.B. die Reihenfolge der Beweisaufnahme zu bestimmen, irrelevante Beweisanträge abzulehnen und dazu anzuhalten, Ausführungen auf solche zu beschränken, die auch entscheidungsrelevant sind. Wesentlich besteht, was die Verfahrensförderung angeht, ein Gleichlauf mit den Pflichten des Richters des staatlichen Gerichts.[277] Hierunter fällt die Verpflichtung zur Auseinandersetzung mit dem Prozessstoff, die Teilnahme an

273 Lionnet/Lionnet, S. 54.

274 BVerfGE 37, 57 (65); 60, 175 (203); *Lachmann*, Rn. 912; 935; insbes. 1295.

275 § 1038 Abs. 1 S. 1 ZPO; Art. 14 Abs. 1 UNCITRAL Model Law; BGHZ 98, 32 (34f.); *Lachmann*, Rn. 4280; MüKoZPO/*Münch*, Vorbem. zu den §§ 1034ff. Rn. 18; Wieczorek/Schütze/*Schütze*, § 1035 Rn. 88.

276 RGZ 74, 321 (322); BGHZ 98, 32 (34).

277 MüKoZPO/*Münch*, Vorbem. zu den §§ 1034ff. Rn. 19.

den mündlichen Verhandlungen[278] und die Pflicht zur Ausfertigung des Schiedsspruches im Einklang mit den formalen Regularien des § 1054 ZPO, also Unterzeichnung, Begründung und Bekanntmachung. Zur Herstellung von Akzeptanz und reibungslosen Verfahrensabläufen sind die Schiedsrichter deswegen auch verpflichtet, den Parteien den weiteren Verfahrensablauf so weit wie möglich darzustellen.[279] Ein Schiedsgericht, das unbedingten Wert auf Konsens der Parteien legt und vor diesem Hintergrund die Verfahrensförderungspflicht hintenan stellt, räumt einer obstruktiven Partei Chancen ein, Verzögerungstaktiken zu realisieren.[280] Ist in der Parteivereinbarung oder den gewählten Regeln bestimmt, dass die Parteischiedsrichter den Vorsitzenden ernennen, so sind diese verpflichtet, dieser Ernennung alsbald nachzukommen. Letztlich kann als konkrete Ausformung der Verfahrensförderungspflicht begriffen werden, dass den Schiedsrichter auch die Pflicht trifft, Ablehnungsgründen entgegen zu wirken[281] und nach einem gemäßigten Amtsermittlungsprinzip den Sachverhalt auch dort zu erforschen, wo es dem Schiedsrichter erforderlich scheint.[282]

Nicht mehr umfasst sind Extremfälle der Verfahrensförderungspflicht, also solche, die den Schiedsrichter weit über das übliche Maß in Anspruch nehmen oder in seine Rechte als Person eingreifen. So muss ein Schiedsrichter sich nicht verpflichten, sich einer psychiatrischen Untersuchung zu unterziehen, um im Zweifelsfall sicherzustellen, dass der ergehende Schiedsspruch auch ordnungsgemäß zustande kommt.[283] Der mit der Untersuchung verbundene Eingriff in die Privatsphäre des Schiedsrichters hat besonderes Gewicht, wenn er – wie bei der Anordnung einer psychiatrischen Untersuchung – auf die Erlangung von Erkenntnissen über den Geisteszustand, also auf die Offenlegung wesentlicher Teile des Persönlichkeitsbildes, gerichtet ist; er liegt dann zumindest hart an der Grenze des unantastbaren, dem Zugriff Dritter grundsätzlich entzogenen Kernbereichs der persönlichen Freiheit. Darüber hinaus gefährdet er das Ansehen und den Ruf des Betroffenen nicht nur in den Augen der Prozessbeteiligten und ihrer Hilfspersonen, sondern auch in denjenigen der Allgemeinheit; denn der

---

278 Jedenfalls in einer Form, die eine Verletzung des Unmittelbarkeitsgrundsatzes nicht herbeiführt. Vgl. § 3 Einschränkung des Kündigungsrechts aufgrund des Unmittelbarkeitsgrundsatzes, S. 175ff.

279 BGHZ 98, 32 (35).

280 *Okekeifere*, 14 J. Int'l Arb. 1997, 125 (126f.).

281 *Jens Gal*, Die Haftung des Schiedsrichters in der internationalen Handelsschiedsgerichtsbarkeit, S. 306f.

282 BGH NJW 1964, 593 (595); *Lachmann*, Rn. 1281.

283 BGHZ 98, 32 (38).

Schiedsrichter muss befürchten, dass die im Rahmen der Begutachtung über seine Person gewonnenen Erkenntnisse zumindest Teilen der Öffentlichkeit nicht verborgen bleiben werden.[284]

3. *Unabhängigkeit und Unparteilichkeit*

Gemeinhin anerkannt ist, dass Schiedsrichter ihre Tätigkeit unparteilich auszufüllen haben und unabhängig im Urteil sein müssen.

Das Begriffspaar der Unabhängigkeit und Unparteilichkeit wird in einer erheblichen Zahl internationaler Schiedsrechte verwendet, beide Begriffe tauchen dabei sowohl in alternativer Nennung,[285] als auch in kumulativer Nennung[286] auf. Beide Begriffe haben keine Legaldefinition erfahren und werden in der schiedsgerichtlichen Praxis austauschbar verwendet.[287] Auch aus der Entstehungsgeschichte des UNCITRAL Model Laws ergibt sich keine einheitliche Regelung, das Gegenteil ist der Fall: Es ist kein Versuch der Konkretisierung unternommen worden, die damals tätige Arbeitsgruppe fürchtete, durch eine Konkretisierung die Akzeptanz des Modellgesetzes zu verringern und unterließ bewusst ein Festschreiben beider Begriffe.[288]

Vorwiegend, aber nicht einheitlich, hat sich in der Literatur eine Unterscheidung beider Begriffe dahingehend durchgesetzt, die Unabhängigkeit als objektiv konnotierten Begriff, die Unparteilichkeit als subjektiv konnotierten Begriff zu verstehen.[289] Zusammenfassend für beide Eigenschaften wird deswegen besonders in der jüngeren Literatur der Begriff der Neutralität verwendet.[290]

Dass allein durch die Ernennung der Schiedsrichter durch die Parteien in der Praxis eine gewisse Nähe zur jeweiligen Ernennungspartei besteht,[291] ändert an der Verpflichtung zur Unabhängigkeit und Unparteilichkeit nichts.[292] Die Schiedsrichter sind, obwohl von einer Partei ernannt, beiden Parteien verpflichtet. Der Schiedsrichtervertrag verbietet es den Schiedsrichtern, einseitige

---

284 Genauso: BGHZ 98, 32 (38).

285 Art. 12 UNCITRAL Model Law; Art. 9, 10 UNCITRAL Arbitration Rules; § 1036 ZPO.

286 § 15 DIS-SchiedsO (1998); Art. 5 LCIA Rules (1998); Art. 14 Rules of the Arbitration Institute of the Stockholm Chamber of Commerce (2007).

287 *Lew/Mistelis/Kröll*, Comparative International Commercial Arbitration, Kap. 11 Rn. 7.

288 *Holtzmann/Neuhaus*, S. 391.

289 *Berger*, Internationale Wirtschaftsschiedsgerichtsbarkeit, S. 176.

290 BeckOKZPO/*Wolf/Eslami*, § 1035 Rn. 13; Wieczorek/Schütze/*Schütze*, § 1035 Rn. 29.

291 BeckOKZPO/*Wolf/Eslami*, § 1035 Rn. 13; *Habscheid*, NJW 1962, 5 (7ff.).

292 *Lachmann*, Rn. 4283.

Parteiinteressen wahrzunehmen oder sich parteiisch zu verhalten.[293] Als Unabhängigkeit wird ein objektiver Maßstab verstanden, der sich auf die sichtbare und beschreibbare Verbindung des Schiedsrichters zu den Parteien bezieht.[294] Sie sind gerade nicht Interessenvertreter der streitenden Parteien, sondern unterliegen den gleichen Anforderungen an ihre Neutralität wie staatliche Richter.[295]

Problematischer als das Bestehen der Pflicht zur Unabhängigkeit und Unparteilichkeit erscheint hingegen, wann eine Verletzung dieser (isolierten) Pflicht einen Haftungsfall darstellen soll. Eine Unparteilichkeit, z.B. aufgrund mangelnder Unabhängigkeit, wird wohl schwerlich vorstellbar selbst das einzig vorwerfbare Verhalten eines Schiedsrichters bleiben. Schwierig wird dann jedenfalls die Beweislage, weil es sich bei der gebotenen Neutralität im Wesentlichen um ein Kriterium der inneren Einstellung des Betroffenen handelt. Regelmäßig wird sich die Kompromittierung eines Schiedsrichters in dessen Verhalten niederschlagen, beispielsweise im Unterlassen einer Beweisaufnahme oder gar in der Fehlanwendung geltenden Rechts.

Dieses vorausgeschickt ist wohl wichtigster Teil dieser Pflicht des Schiedsrichters, aufzuklären und entgegenzuwirken.[296] Oft auch als Offenbarungspflicht bezeichnet, ist der Schiedsrichter verpflichtet, ohne schuldhaftes Zögern alle Verhältnisse offenzulegen, die Zweifel an der Unparteilichkeit oder Unabhängigkeit begründen können.[297] Diese Offenlegungspflicht ist Dauerpflicht des Schiedsrichters und wirkt vorvertraglich,[298] nach Bestellung[299] und auch nachprozessual.[300] Selbstredend trifft den Schiedsrichter während des Verfahrens auch die Pflicht zur Unvoreingenommenheit und Sachlichkeit. Evident unsachliche, herabsetzende, persönliche oder voreingenommene Äußerungen[301] dienen ebenso wenig der Verfahrensbeschleunigung und verstoßen gegen die Pflicht zur Unparteilichkeit und Unabhängigkeit wie Begünstigungen einer Partei

---

293 *Habscheid*, NJW 1962, 5 (7f.); Steinert/Theede, Kap. 14 Rn. 36.

294 BeckOKZPO/*Wolf/Eslami*, § 1036 Rn. 3.

295 *Risse*, SchiedsVZ 2014, 265 (267).

296 OLG Frankfurt a.M., BeckRS 2014, 12967; *Kröll*, SchiedsVZ 2013, 185 (192); MüKoZPO/*Münch*, § 1036 Rn. 14ff.

297 MüKoZPO/*Münch*, § 1036 Rn. 14; *Ceffinato/Schlüter*, SchiedsVZ 2016, 145 (146).

298 *Ceffinato/Schlüter*, SchiedsVZ 2016, 145 (146).

299 BeckOKZPO/*Wolf/Eslami*, § 1036 Rn. 10.

300 MüKoZPO/*Münch*, § 1036 Rn. 18; Musielak/*Voit*, § 1036 Rn. 2.

301 Vgl. *Katharina Kitzberger*, Die Bestellung und Ablehnung von Schiedsrichtern, S. 99ff. mit einigen Beispielen.

durch einseitige Ratschläge, Coaching von Zeugen oder das Äußern endgültiger Rechtsansichten vor Abschluss der Beweiserhebung.[302]

4. *Höchstpersönliche Leistungserbringung*

Als einen maßgeblichen Vorteil gegenüber der staatlichen Gerichtsbarkeit wird von den Schiedsparteien häufig die Möglichkeit angesehen, das Schiedsgericht mit Personen ihrer Wahl besetzen zu können; nicht nur besonderes Vertrauen in die fachliche Expertise einer bestimmten Person, sondern auch deren Verfügbarkeit, Integrität oder Reputation spielen eine Rolle bei der Bestimmung der Schiedsrichter.[303] Der Person des Schiedsrichters kommt deswegen aus Sicht der Parteien ein regelmäßig so großes Interesse zu, dass diese nicht mit einer Erfüllung der Schiedsrichterpflichten durch einen Vertreter oder eine Vertreterin des Schiedsrichters einverstanden wären,[304] vielmehr muss die rechtsprechende Tätigkeit höchstpersönlich erbracht werden.[305] Die Möglichkeit, die schiedsrichterlichen Pflichten durch einen Vertreter erfüllen zu lassen, würde die Schiedsparteien der Entscheidungsgewalt über die Person des Schiedsrichters berauben und auf ebendiesen übertragen. Dieses liegt nicht nur nicht im Interesse der Schiedsparteien, auch der Gesetzgeber hat in § 1039 ZPO eine abweichende Regelung getroffen. Dadurch, dass in § 1039 Abs. 1 ZPO für den Fall der Amtsbeendigung des Schiedsrichters die Entscheidungsgewalt über die Bestellung des Ersatzschiedsrichters ausdrücklich nach den Regeln der Erstschiedsrichterbestellung ablaufen soll, wird diesem Interesse der Schiedsparteien Rechnung getragen.

Nur für solche Tätigkeiten, die den eigenen Entscheidungsspielraum der rechtsprechenden Tätigkeit nicht berühren, kann sich der Schiedsrichter eines Dritten bedienen, typischerweise sind dies formale Angelegenheiten, wie das Führen eines Sitzungsprotokolls,[306] die Fristenberechnung oder Zustellungstätigkeiten.[307] Auch das Hinzuziehen eines versierten Dritten in Form der

302 *Kröll*, NJW 2009, 1183 (1186); *Mankowski*, SchiedsVZ 2004, 304 (308ff.).

303 *Joachim Strieder*, Rechtliche Einordnung und Behandlung des Schiedsrichtervertrages, S. 94.

304 *Lachmann*, Rn. 4284ff.; Musielak/Voit/*Voit*, § 1035 Rn. 23.

305 *Nassim Eslami*, Die Nichtöffentlichkeit des Schiedsverfahrens, S. 217f.; *Schütze/Tscherning/Wais*, Handbuch des Schiedsverfahrens, Rn. 225; *Prütting*, SchiedsVZ 2011, 233 (235); Prütting/Gehrlein/*Prütting*, § 1035 Rn. 9.

306 *Werner Kauffmann*, Schiedsrichtervertrag (receptum arbitri) nach geltendem Recht, S. 142; *Egon Lüdtke*, Der Schiedsrichtervertrag, S. 31f.

307 *Lachmann*, Rn. 1168ff.; *Otto Neutze*, Die rechtliche Stellung des Schiedsrichters, S. 44.

Gutachterbestellung oder das Hinzuziehen eines Beraters ist möglich, ein Übertragen der schiedsrichterlichen Aufgaben selbst, soweit sie den Kernbereich der schiedsrichterlichen Tätigkeit ausmachen, scheidet indes aus.[308]

5. *Sachgerechte Verfahrensdurchführung*

Das Schiedsgericht ist dazu verpflichtet, das Verfahren als solches nach den Grundsätzen der Rechtsstaatlichkeit ablaufen zu lassen. Über die bloße Verfahrensförderung hinaus muss das Schiedsgericht auf eine richtige und sachgerechte Entscheidung hinwirken, diese fällen und diese auch unter Beachtung der Rechtsstaatlichkeit zustande kommen lassen. Somit ist das Schiedsgericht zur Gewährung eines fairen Verfahrens verpflichtet. Es ist verpflichtet, notwendige Beweisaufnahmen durchzuführen, den Schiedsspruch nicht nur zu fällen, sondern zu begründen, und alle entscheidungserheblichen Normen und Tatsachen auch in die Entscheidung einzubeziehen.[309] Einigen sich beide Parteien explizit darauf, dass eine Entscheidung auch nach billigem Ermessen getroffen werden kann, reduziert sich die Verpflichtung des Schiedsgerichts auf die korrekte Ermessensausübung, nicht jedoch auf eine reine Freientscheidung.[310]

Zur sachgerechten und rechtsstaatlichen Verfahrensdurchführung, auch um Vollstreckungshindernisse zu vermeiden, gehört auch das Gewähren rechtlichen Gehörs,[311] insbesondere der Beachtenspflicht als Teil der Garantie des Art. 103 Abs. 1 GG und notwendige Folge des Äußerungsrechts[312] sowie dem Recht auf Antragstellung.[313]

Die sachgerechte Verfahrensdurchführung im weiteren Sinne mündet in der Pflicht zur Übermittlung und Niederlegung eines solchen Schiedsspruches, der aufgrund seiner formalen Voraussetzungen vollstreckbar ist.[314] Dies bedeutet, sollte keine gegenteilige Vereinbarung bestehen, dass der Schiedsspruch einer Begründung bedarf und so zu formulieren ist, dass er als Vollstreckungstitel fungieren kann sowie die Übersendung veranlasst werden muss. Bei der

---

308 BGHZ 51, 255 (261); 110, 104 (104f.); *Lachmann*, Rn. 1228f.; *Joachim Strieder*, Rechtliche Einordnung und Behandlung des Schiedsrichtervertrages, S. 95f.

309 *Jens Gal*, Die Haftung des Schiedsrichters in der internationalen Handelsschiedsgerichtsbarkeit, S. 296f.; *Lachmann*, Rn. 1353.

310 *Oetmann*, ZZP(47) 1916, 105 (122f.).

311 HansOLG, MDR 1950, 480 (480f.); *Lachmann*, Rn. 1335f.

312 BVerfGE 11, 218 (220); 60, 247 (249); 64, 135 (143f.).

313 BVerfGE 69, 145 (148); 66, 260 (263); 57, 250 (274f.).

314 *Andrea Sassen-Abfalter*, Schiedsrichterhaftung, S. 189; Musielak/Voit/*Voit*, § 1035 Rn. 23.

institutionellen Schiedsgerichtsbarkeit wird die Pflicht zur Zustellung häufig durch die Pflicht zur Übermittlung an die jeweilige Institution ersetzt, die wiederum sodann die Zustellung – und ggf. Hinterlegung – schuldet.[315] Auch die ordnungsgemäße Rechnungslegung über empfangene Vorschussleistungen wird als Pflicht des Schiedsrichters im Zusammenhang mit der sachgerechten Führung des Schiedsverfahrens begriffen.[316]

6. *Geheimhaltungspflicht*

Hinsichtlich der Existenz einer schiedsrichterlichen Geheimhaltungspflicht besteht überwiegende Einigkeit, indes erscheinen die Herkunft und die Reichweite der Geheimhaltungspflicht klärungsbedürftig.[317]

Während im zehnten Buch der ZPO keine ausdrückliche Regelung zur Geheimhaltungspflicht des Schiedsrichters getroffen wird, taugen auch andere Tatbestände nicht zur Konstruktion einer Geheimhaltungspflicht: § 203 StGB nennt die Tätigkeit als Schiedsrichter nicht, eine analoge Anwendung kommt wegen des strafrechtlichen Analogieverbotes nicht in Betracht, auch nicht in Verbindung mit § 823 Abs. 2 BGB.[318] Auch eine Geheimhaltungspflicht aus Standesrecht kommt nicht in Betracht. Neben der Tatsache, dass nicht jeder Schiedsrichter auch Rechtsanwalt ist, gehört die schiedsrichterliche Tätigkeit nicht zur typisch anwaltlichen Tätigkeit i.S.d. § 2 Abs. 3 Nr. 2 RDG.[319] § 2 Abs. 3 Nr. 2 RDG nimmt die schiedsrichterliche Tätigkeit sogar von den Rechtsdienstleistungen aus.[320] Es gibt, wie wohl im Regelfall, keine ausdrückliche Regelung zu Verschwiegenheits- und Geheimhaltungspflichten zwischen den Parteien. Gleichwohl entspricht es der deutschen (und internationalen) ganz herrschenden Auffassung, dass Schiedsrichter zur Verschwiegenheit verpflichtet sind, es sei denn, eine ausdrückliche Entbindung von dieser Pflicht wurde vereinbart.[321]

---

315 Hk-ZPO/*Saenger*, § 1054 Rn. 7.

316 BGH NJW 1986, 3077 (3078); BeckOKZPO/*Wolf/Eslami*, § 1035 Rn. 33.

317 *Heiner Kahlert*, Vertraulichkeit im Schiedsverfahren, S. 175; *Schütze/Tscherning/Wais*, Handbuch des Schiedsverfahrens, Rn. 221; BeckOKZPO/*Wolf/Eslami*, § 1035 Rn. 33; Wieczorek/Schütze/*Schütze*, § 1035 Rn. 89.

318 *Lachmann*, Rn. 4293f.; *Kühn/Gantenberg* in FS Schlosser, S. 461 (470).

319 *Prütting*, SchiedsVZ 2011, 233 (235ff.).

320 *Prütting*, SchiedsVZ 2011, 233 (235ff.).

321 BGHZ 98, 32 (35); *Jens Gal*, Die Haftung des Schiedsrichters in der internationalen Handelsschiedsgerichtsbarkeit, S. 330; *Gustav Real*, Der Schiedsrichtervertrag, S. 165; *Joachim Strieder*, Rechtliche Einordnung und Behandlung des Schiedsrichtervertrages, S. 101; MüKoZPO/*Münch*, Vorbem. zu den §§ 1034ff. Rn. 26ff.

Fehlt es an einer ausdrücklichen Vereinbarung hinsichtlich der schiedsrichterlichen Verpflichtung zur Verschwiegenheit, kann diese im Wege der Auslegung des Schiedsrichtervertrages ermittelt werden. Im Wege der Auslegung sind hierbei insbesondere die Interessen der Parteien und die Verkehrssitte zu berücksichtigen.[322] Die Interessenlage der Parteien wird einer Geheimhaltungspflicht des Schiedsrichters wohl weitestgehend entsprechen.[323] Als einer der Vorzüge der nationalen und internationalen Schiedsgerichtsbarkeit wird häufig die Vertraulichkeit des Schiedsverfahrens genannt.[324] Obwohl diese Vertraulichkeit durch den Kontrollmechanismus der ordentlichen Gerichtsbarkeit durch die Oberlandesgerichte in Deutschland gestört werden kann, darf nicht außer Acht gelassen werden, dass die Mehrzahl der Parteien des Schiedsverfahrens die Vertraulichkeit als maßgeblichen Entscheidungsgrund für die Wahl der Schiedsgerichtsbarkeit als Streitbeilegungsmechanismus sieht.[325] Selbst wenn es nicht immer um sensible, geheimhaltungsbedürftige Informationen geht, so liegt es jedenfalls im Interesse jeder Partei, die Veröffentlichung jeder Information selbst zu entscheiden.[326] Hinzu kommt, neben dem offensichtlichen Interesse an der Geheimhaltungspflicht des Schiedsrichters, auch die Verkehrssitte. In der Schiedsgerichtsbarkeit hat sich die Praxis etabliert, dass Schiedsrichter über den Verlauf und den Inhalt der geführten Verfahren Verschwiegenheit wahren und Dritte deswegen nicht von ihm über das Verfahren informiert werden sollen.[327] Auch deswegen ist die Beteiligung und Einbeziehung Dritter in Form der Nebenintervention, des Beitritts oder der Streitverkündung grundsätzlich zustimmungsbedürftig und nicht per se möglich.[328]

7. Fazit

Schiedsrichter sind nach aktuellem Verständnis nach deutschem Recht zur Geheimhaltung, zur gewissenhaften und zügigen Verfahrensführung und -förderung, zur Neutralität in Form von Unabhängigkeit und Unparteilichkeit bei

---

322 §§ 133, 157 BGB.

323 *Nassim Eslami*, Die Nichtöffentlichkeit des Schiedsverfahrens, S. 288.

324 *Lachmann*, Rn. 126, 143.; *Schmidt-Diemitz*, DB 1999, 369 (370ff.).

325 Ausführliche Darstellung der Interessen an Geheimhaltung in: *Heiner Kahlert*, Vertraulichkeit im Schiedsverfahren, S. 51ff.; *Lachmann*, Rn. 152.

326 Prütting/Gehrlein/*Prütting*, § 1035 Rn. 9.

327 *Jens Gal*, Die Haftung des Schiedsrichters in der internationalen Handelsschiedsgerichtsbarkeit, S. 330; *Heiner Kahlert*, Vertraulichkeit im Schiedsverfahren, S. 181f.

328 *Wolff*, SchiedsVZ 2016, 293 (299f.).

höchstpersönlicher Leistungserbringung verpflichtet. Während noch weitere Pflichten von manchen als Nebenpflichten aus dem Schiedsrichtervertrag abgeleitet werden, wird man die o.g. Pflichten mit der herrschenden Auffassung als die materiell-rechtlichen Hauptpflichten der Schiedsrichter gegenüber den Parteien begreifen können. Das Pflichtenprogramm des Schiedsrichters ist darauf gerichtet, die Durchführbarkeit des Verfahrens zu erhalten und zu fördern und damit den Zweck der Schiedsvereinbarung zu bewahren.[329] Der Schiedsrichter ist allerdings nicht nur Verpflichteter im Schiedsverfahren, er ist auch Berechtigter.

Auf Haftungsseite ist besonders das Spruchrichterprivileg relevant,[330] bevor aber eine Haftung überhaupt zu untersuchen ist, gilt es mögliche Parteipflichten gegenüber den Schiedsrichtern festzuhalten, deren Missachtung eine Kündigung nach sich ziehen können. Diese Parteipflichten gegenüber den Schiedsrichtern werden zwar in Rechtsprechung und Literatur unterschiedlich begründet, eine ausführliche Betrachtung zur Herleitung möglicher tauglicher Kündigungsgründe scheint, geboten. Hinsichtlich der schiedsrichterlichen Pflichten soll als Arbeitsergebnis ausreichen, dass sie alle die Durchführung und Beendigung des Schiedsverfahrens in neutraler, objektiver und finaler Weise fördern sollen – eine Gefährdung dieser, der Schiedsgerichtsbarkeit immanenten, Zielsetzung begründet die Ablehnbarkeit des Schiedsrichters im prozessualen (§§ 1036ff. ZPO) Sinne, die sich unmittelbar materiell niederschlägt. Diesen faktischen oft eintretenden Gleichlauf von prozessualer und materieller Rechtslage, z.B. von Ablehnung und Kündigung, gilt es auch für den Fall Schiedsrichterkündigung zu Bedenken.

III. US-Amerikanisches Recht

Eine Vereinheitlichung aller Pflichten des Schiedsrichters kommt wegen der Differenziertheit des US-amerikanischen Rechts kaum verlässlich in Frage. Die Rechtsprechung unterscheidet sich nicht nur bundesstaatlich, auch stellen Gerichte in Rechnung, ob es sich um einen internationalen oder nationalen Fall handelt, wenn es um den Pflichtenkanon der Beteiligten geht.

Hierzu kommt, dass, weder in Literatur noch Rechtsprechung, eine einheitliche Meinung zur Herleitung der Pflichten des Schiedsrichters existiert, der *status approach* und die Annahme der Existenz des *arbitrator's contract* existieren

---

329 BGH NJW 1986, 3077 (3077ff.); *Lachmann*, Rn. 1155.

330 vgl. § 6, A. Privilegierung der Haftung, S. 277ff.

nebeneinander.[331] Wenngleich die Auffassung, dass ein *arbitrator's contract* zwischen Schiedsrichtern besteht, seit den 2000ern immer mehr Anhänger zu finden scheint,[332] lässt sich keine abschließende Aussage treffen, woher sich Rechte und Pflichten der Verfahrensbeteiligten im US-amerikanischen Recht ableiten sollen. Wie oben gezeigt, ist innerhalb derjenigen, die den *arbitrator's contract* annehmen wollen, ebenfalls das Zustandekommen und die genaue Reichweite des Vertrages umstritten. Mithin kann nicht abschließend festgelegt werden, woraus sich Rechte und Pflichten ergeben, es erscheint deswegen sinnig, lediglich die Unterschiede zur deutschen Rechtslage derart darzustellen, dass auf US-amerikanischer Seite auf eine Art Mindeststandard zurückgegriffen wird, der in Literatur und Rechtsprechung etabliert erscheint. Insbesondere durch die regelmäßige Bezugnahme auf *Rules* und *Guidelines* kann ein abschließender Pflichtenkanon, der den Schiedsrichter immer trifft, kaum etabliert werden. Gerade die Abwesenheit eines einheitlichen ausdifferenzierten und kodifizierten Pflichtenkanons kann jedoch zeigen, welche Rechte und Pflichten von so zentraler Bedeutung sind, dass sie selbst im spärlichen Konsens von Literatur und Rechtsprechung immer wieder auftauchen.

1. Einhalten der Schiedsvereinbarung

Nach US-amerikanischem Recht, gleich ob man dem *status approach* oder der Annahme eines *arbitrator's contract* anhängen will, wird nach ganz herrschender Auffassung vertreten, dass sich die Schiedsrichter an die Schiedsvereinbarung der Parteien zu halten haben und diese zumindest durch das schiedsrichterliche Verhalten in angemessener Zeit zu befördern ist. Dieses schließt die grundsätzliche Verpflichtung ein, das Schiedsverfahren mit allen zumutbaren Mitteln zu

---

331 *Alessi*, 31 J. Int'l Arb. 2014, 735 (737f.) spricht deswegen in diesem Zusammenhang sogar von einem „*conceptual chaos*"; *Jens Gal*, Die Haftung des Schiedsrichters in der internationalen Handelsschiedsgerichtsbarkeit, S. 73, spricht von einer „*unausgearbeiteten amerikanischen Position*"; *Rogers*, 53 Stan. J Int'l L. 2005, 53 (55), nennt die Abwesenheit einer grundlegenden *conceptual theory*, um Verhaltensstandards für Schiedsrichter zu etablieren, „*methodological mayhem*".

332 Vor allem auf das Bedürfnis nach Rechtssicherheit und Professionalisierung stellt *Brunet* in *Replacing Folklore Arbitration with a Contract Model of Arbitration* in 74 Tul. L. Rev. (1999), 39 (passim) ab.

fördern, selbst wenn das *arbitration agreement* hinsichtlich der konkreten Ausgestaltung des Verfahrens vage ist oder schweigt.[333]

Nicht nur die generelle Pflicht zur Verfahrensförderung lässt sich so aus US-amerikanischer Sicht auch aus dem *arbitration agreement* selbst ableiten, auch sind Schiedsrichter verpflichtet, dem Wunsch der Parteien nach einem speziellen Prozedere, dem ausgewählten Regelwerk und der Zusammenarbeit mit einer Schiedsorganisation Rechnung zu tragen.[334]

Dem Schiedsrichter steht dabei nach jeder vertretenen Ansicht nicht das Recht zu, die Regeln abzuändern oder auch nur teilweise zu verändern, ohne die Zustimmung beider Parteien hierzu eingeholt zu haben. Von dieser *duty-to-comply* wird auch die Pflicht abgeleitet, sich an einvernehmliche Ergänzungen und Änderungen der Streitparteien zu halten, solange diese den Schiedsrichter nicht über Gebühr benachteiligen.[335]

Mit der Auffassung derer, die den *arbitrator's contract* auch im US-amerikanischen Recht anerkennen, stellt die Schiedsvereinbarung die Grundlage für den *arbitrator's contract* dar, obwohl beide ihr rechtliches Schicksal nicht in jedem Punkt teilen. Da ohne die Schiedsvereinbarung für den Schiedsrichter überhaupt kein Streit zu entscheiden wäre,[336] seien die Schiedsvereinbarung und das anwendbare materielle Recht die Hauptquellen für schiedsrichterliche Rechte und Pflichten.[337] Vertritt man die Auffassung derer, die der *status school* angehören, und leitet die Rechte und Pflichten des Schiedsrichters aus dem Status des Schiedsrichters als solchem ab, bleibt das *arbitration agreement* wichtiger Bezugspunkt für die Konkretisierung dieser Pflichten. Die *status school* befasst sich im Detail nämlich weniger mit einer Festlegung genereller Rechte oder Pflichten des Schiedsrichters[338] als mit der Entwicklung und Begründung einer schiedsrichterlichen Haftungsimmunität, weswegen hinsichtlich der Ausgestaltung der Rechte und Pflichten des Schiedsrichters innerhalb des Statusverhältnisses wiederum auf das *arbitration agreement* Bezug genommen wird.[339] Festgehalten

---

333 *Born*, International Commercial Arbitration (2001), S. 1611f., *Lionnet*, 15 Arb. Int'l 1999, 161 (164); *Emilia Onyema*, International Commercial Arbitration and the Arbitrator's Contract, S. 159f.

334 *Born*, International Commercial Arbitration (2001), S. 1628f.

335 *Born*, International Commercial Arbitration (2001), S. 1628f.

336 *Guzman*, 49 Duke L. J. 2000, 1279 (1316).

337 *Guzman*, 49 Duke L. J. 2000, 1279 (1316ff.).

338 *Maniruzzaman* in AAA Handbook, 335 (337f.).

339 *Lionnet*, 15 Arb. Int'l 1999, 161 (164); vgl. § 1, B., III. 2. Status approach, S. 68f.

werden kann, dass Einigkeit hinsichtlich der Pflicht des Schiedsrichters besteht, sich an die Schiedsvereinbarung der Parteien zu halten und diese nach Kräften zu befördern.

2. *Fällen eines vollstreckbaren Schiedsspruchs*

Eng mit der Verfahrensförderungspflicht zusammen hängt die Pflicht des Schiedsrichters, einen vollstreckbaren Schiedsspruch zu produzieren. Nach der Idealvorstellung US-amerikanischer Gerichte ist das Produkt eines Schiedsverfahrens stets der vollstreckbare Schiedsspruch:

> *"The essence of arbitration [...] is that, when the parties agree to submit their disputes to it, they have agreed to arbitrate these disputes through to completion, i.e. to an award made by a third-party arbitrator."*[340]

Die Beilegung des Streits durch vollstreckbaren Schiedsspruch ist also auch nach herrschender Auffassung im US-amerikanischen Recht die überwiegende Motivation der Beteiligten am Schiedsverfahren.[341] Um eine gültige und vollstreckbare Ausfertigung eines Schiedsspruches zu erteilen, muss der Schiedsrichter Pflichten einhalten.

Der Schiedsrichter ist, um die Vollstreckbarkeit zu gewährleisten, verpflichtet, die anwendbaren formalen Anforderungen an den Schiedsspruch zu kennen, zu beachten und zu erfüllen, in Übereinstimmung mit der Vereinbarung der Parteien und dem *lex arbitri* vorzugehen[342] sowie die Regeln des voraussichtlichen Vollstreckungsortes zu beachten.[343] Hierbei darf das Schiedsgericht seine Kompetenz nicht derart überschreiten, dass der Schiedsspruch nicht vollstreckt werden würde, was nicht bedeutet, dass das Schiedsgericht sich an solche Rechtsbehelfe halten muss, die einem ordentlichen Gericht zur Verfügung stehen. Dieses sei oft auch nicht im Sinne der Streitparteien, die sich eine fachspezifische, effiziente und flexible Streitbeilegung erhoffen und deswegen den Weg der Schiedsgerichtsbarkeit beschreiten.[344] Den nationalen Gepflogenheiten

---

340 *Harrison v. Nissan Motor Corp.*, 111 F.3d 343 (350) (1997).

341 *Advanced Micro Devices, Inc. v. Intel Corp.*, 885 P.2d 994 (995f.) (1994); *Harrison v. Nissan Motor Corp.*, 111 F.3d 343 (350) (1997); *Alessi*, 31 J. Int'l Arb. 2014, 735 (737ff.).

342 *Platte*, 20 J. Int'l Arb. 2003, 310 (310ff.).

343 *Horvath*, 18 J. Int'l Arb. 2001, 135 (143ff.).

344 *Advanced Micro Devices, Inc. v. Intel Corp.*, 885 P.2d 994 (1011ff.) (1994).

entsprechend gehören hierzu auch Schiedssprüche, die einen Schadensersatz mit Strafzweck, *punitive damages*, aussprechen.[345]

Zum Pflichtenumfang des Schiedsrichters gehört ebenfalls, die relevanten Formalien zur Spruchfällung einzuhalten. Die Identifizierbarkeit der entscheidenden Schiedsrichter und die Einhaltung vereinbarter Spruchfristen sind hier wesentlich zu beachten. Während Parteien immer geneigter erscheinen sog. „Spruchfristen" in Schiedsvereinbarungen aufzunehmen, ist die US-amerikanische Rechtsprechung großzügiger hinsichtlich der Sanktionierung der Nichteinhaltung. So gilt zunächst, dass die Nichteinhaltung der Frist schon im Verfahren gerügt werden muss, dass mindestens einer Partei ein Nachteil durch die Nichteinhaltung entstehen muss und dass Schiedsgerichte die Frist eigenmächtig verlängern können, wenn es zur Streitentscheidung unumgänglich erscheint.[346] Ein wesentlicher Unterschied zum deutschen Pflichtenprogramm ergibt sich hinsichtlich der Begründungspflicht des Schiedsspruches in Abwesenheit einer spezifischen Vereinbarung. Während nach deutschem Recht ein Schiedsspruch formal der Begründung bedarf,[347] ist dieses im US-amerikanischen Recht nicht der Fall.[348] Schiedssprüche ohne Begründung, die beispielsweise „nur" einen pauschalen Schadensersatz zusprechen, verstoßen weder gegen die Vorstellung des *ordre public* noch werden sie unter formalen Aspekten von Gerichten gerügt oder gar aufgehoben, es wird vielmehr lediglich geprüft, ob der Schiedsspruch unter offenkundiger Missachtung des Rechts zustande gekommen ist.[349]

3. *Unabhängigkeit und Unparteilichkeit*

Der Schiedsrichter muss auch nach US-amerikanischem Verständnis unparteiisch und unabhängig handeln.[350] Unabhängigkeit und Unparteilichkeit stellen zwei wesentliche Merkmale der Entscheidungsfunktion des Schiedsrichters dar;

---

345 Vgl. UAA (2000) Commentary, S. 70 (http://www.uniformlaws.org/shared/docs/arbitration/arbitration_final_00.pdf zuletzt abgerufen am 28.12.2017); *Mastrobuono v. Shearson Lehman Hutton, Inc.*, 514 U.S. 52 (52ff.) (1995).

346 *Gov't of India v. Cargrill Inc.*, 867 F.2d 130 (134) (1989).

347 *Gov't of India v. Cargrill Inc.*, 867 F.2d 130 (135) (1989).

348 Auch gebräuchliche *Rules* und *Guidelines* sehen keine Begründungspflicht vor, z.B. vgl. R-42 der AAA Commercial Arbitration Rules and Mediation Procedures.

349 *Gov't of India v. Cargrill Inc.*, 867 F.2d 130 (135) (1989).

350 *Commonwealth Coatings Corp. v. Cont'l Casualty Co.*, 393 U.S. 145 (145ff.) (1968); *Andros Compania Maritima v. Marc Rich & Co.*, A.G., 579 F.2d 691 (691ff.) (1978); *Florasynth v. Pickholz*, 750 F.2d 171 (1984).

diese Pflichten sind ausdrücklich in praktisch allen nationalen Schiedsgerichtsgesetzen und institutionellen Regimen niedergelegt.

Während die Unabhängigkeit im Allgemeinen als Abwesenheit des Schiedsrichterinteresses an dem Ergebnis des Streits definiert werden kann, tritt auch das Fehlen jeglicher Verbindung zwischen dem Schiedsrichter und den Parteien hinzu.[351] Die Begrifflichkeiten werden durch die Rechtsprechung ausgefüllt, so hielt der Supreme Court die Unparteilichkeit schon nicht mehr gegeben, als der Vorsitzende eines Drei-Personen Schiedsgerichtes unregelmäßig, mit mindestens einem Jahr Abstand zum Beginn des Verfahrens, als externer Berater in der Baubranche für eine der Schiedsparteien tätig gewesen ist.[352]

Obwohl Gerichte gelegentlich Ethikstandards aus *Rules* oder *Guidelines* heranziehen, um die Parteilichkeit eines Schiedsrichters zu determinieren, ist dieses nach ganz herrschender Auffassung gerade nur dann möglich, wenn sich alle Beteiligten diesen Regeln ausdrücklich unterworfen haben.[353]

Allgemeingültig kann, wie oben, der Maßstab zur Befangenheitserklärung staatlicher Richter herangezogen werden. An diesem orientiert sich auch die Regelung des § 10(a)(2) FAA, der eine offensichtliche Parteilichkeit fordert und die Ausfüllung des Begriffs der Rechtsprechung überlässt.[354] Die Rechtsprechung richtet sich grundsätzlich auch nach den Befangenheitsregeln für Richter, erkennt aber auch an, dass es sich bei Schiedsrichtern zumeist um Experten aus einer so speziellen Fachrichtung handelt, dass nicht jede Überschneidung von Schiedssache und persönlicher Befassung des Schiedsrichters zur Abhängigkeit oder Parteilichkeit führt.[355]

Bezieht ein Schiedsrichter außerhalb des Schiedsrichterhonorars einen Teil – egal welcher Größe – seines Einkommens von einer der Schiedsparteien, kann keine Unparteilichkeit mehr gewährleistet sein. Wie weit in die Vergangenheit diese wirtschaftliche Subjektivität wirkt, ist der Einzelfalluntersuchung unterworfen, ein Jahr reichte im konkreten Fall nicht aus, den Anschein der Parteilichkeit zu negieren.[356] Hinzu kommt, dass im konkreten Fall der Schiedsrichter verpflichtet war, Tatsachen offenzulegen, die Zweifel an der Unparteilichkeit und

---

351 *Sphere Drake Ins., Ltd. V. All Am. Life Ins. Co.*, 307 F.3d 617 (617ff.) (2002).

352 *Commonwealth Coatings Corp. v. Cont'l Casualty Co.*, 393 U.S. 145 (145ff.) (1968).

353 *Credit Suisse First Boston Corp v. Grunwald*, 400 F.3d 1119 (1119ff.) (2005).

354 *Morelite Constr. Corp. v. N.Y. City Dist. Council Carpenters Benefit Funds*, 748 F.2d 79 (84) (1984).

355 *Florasynth v. Pickholz*, 750 F.2d 171 (1984).

356 *Commonwealth Coatings Corp. v. Cont'l Casualty Co.*, 393 U.S. 145 (145ff.) (1968).

Unabhängigkeit begründen können,[357] auch dieses geschah nicht, was Niederschlag in der Urteilsbegründung fand.[358] Diese *duty-to-disclose* (auch *conflict check*)[359] wird auch allgemein von der Rechtsprechung als Schiedsrichterpflicht angesehen:

> *„Es steht außer Frage, dass einen Schiedsrichter Offenlegungspflichten treffen. Allein aus der enormen Macht, Verantwortung des Schiedsrichters, zusammen mit der nur begrenzten Möglichkeit der gerichtlichen Nachprüfung der schiedsrichterlichen Entscheidungen ergibt sich diese Pflicht. Ein verantwortungsbewusster Schiedsrichter, dessen beruflicher Erfolg maßgeblich von seinem Geschick und von seinem Ruf abhängt, wird sich allein aufgrund des Wettbewerbs mit anderen Schiedsrichtern integer verhalten müssen. Während ein Schiedsrichter zwar nicht verpflichtet ist, seine gesamte Vergangenheit genau zu untersuchen, so muss er doch in einem vernünftigen, ernstgemeinten Rahmen untersuchen, ob in seiner Vergangenheit Interessenkonflikte liegen könnten, die er* ***offenzulegen hat.***[360]*“*

> *“It is beyond any question that an arbitrator has a duty of disclosure. Such a duty is predicated upon the enormous power, responsibility, and discretion vested in the arbitrator and the very limited judicial review of the arbitrator's decisions. So often, significant sums of money are at stake. And, of course, an experienced arbitrator whose livelihood depends upon his reputation and skill, always recognizes there is a competitive market for such services. Thus, the duty of disclosure requires a certain degree of introspective reflection or what is commonly known as due diligence. While an arbitrator need not launch a full investigation into his past, an arbitrator must make a reasonable effort, consistent with the effort and care ordinarily exercised by a person who seeks to satisfy a legal obligation, to inform himself/herself of the interests, contacts, and/or relationships that* ***are required to be disclosed.***”[361]

Nicht umfasst von der Pflicht zur Aufklärung ist es hingegen, über den eigenen Gesundheitszustand berichten zu müssen. In *Zurich American Ins. Co. v. Team Tankers A.S.* war einer der Schiedsrichter von einem Krebsleiden betroffen und erlag der Krankheit kurz nach Abschluss des Schiedsverfahrens. Der Antragsteller konnte nicht damit durchdringen, im Nachhinein feststellen zu lassen, dass der Schiedsrichter die Erkrankung an einem Hirntumor den Parteien offenzulegen hatte. In der Nichtoffenlegung der Krankheit läge kein Fehlverhalten,

---

357 Der sog. *conflict check* hat sich in den meisten *Rules* und *Guidelines* etabliert: Vgl. R-17 der AAA Commercial Arbitration Rules and Mediation Procedures; Part I Rule 2 der IBA Guidelines on Conflicts of Interest in International Arbitration; Canon II des Code of Ethics for Arbitrators in Commercial Disputes; Section 12(a) UAA.

358 *Commonwealth Coatings Corp. v. Cont'l Casualty Co.*, 393 U.S. 145 (151) (1968).

359 *Holtzmann*, 17 Com. L. Bull. 2002, 14 (15f.).

360 Hervorhebung durch Verfasser.

361 *Karlseng v. Cooke*, 346 S.W.3d 85 (96f.) (2011) (Hervorhebung durch Verfasser).

Parteien hätten zwar Anspruch auf einen unabhängigen und neutralen, nicht aber auf einen perfekten Schiedsrichter.[362]

4. *Sachverhaltserforschung*

Als besondere Ausprägung der Verfahrensförderungspflicht gehört auch die Sachverhaltserforschung zu den Pflichten des Schiedsrichters. Sowohl FAA als auch UAA (2000)[363] sehen vor, dass der Schiedsrichter berechtigt ist, alle Beweise anzufordern, die zu einer zügigen und kostengünstigen Verfahrenserledigung beitragen können. Richtigerweise können Schiedsrichter auch nach US-amerikanischer Rechtsauffassung keinen Zwang walten lassen oder direkt anordnen,[364] es bedarf vielmehr der Hilfe staatlicher Gerichte.[365] Einzelfälle, in denen schiedsgerichtliche Zwangsmaßnahmen einer gerichtlichen Kontrolle standgehalten haben,[366] sind als, verfassungsrechtlich bedenkliche, Ausnahme zu sehen.[367]

Das Schiedsgericht ist gehalten, von seinem Beweismittelanforderungsrecht Gebrauch zu machen. Haben die Parteien, was in den seltensten Fällen so sein wird, nicht vereinbart, dass eine Entscheidung nach billigem Ermessen angestrebt ist, hat das Schiedsgericht seine Entscheidung auf Beweise zu stützen. Zwar ist es, dem US-amerikanischen Prozessrecht geschuldet, bei Schiedsverfahren mit US-amerikanischer Beteiligung üblich, dass Parteien ihre Zeugen mitbringen und vor dem Schiedsgericht selbst befragen, das bedeutet jedoch nicht, dass das Schiedsgericht sich mit dem Beweisangebot durch die Schiedsparteien zufriedengeben muss. Das Schiedsgericht muss, will es eine Entscheidung treffen, diese auf Beweise stützen. Reicht das dargebotene Beweisangebot der Parteien hierfür nicht aus, bleiben dem Schiedsgericht drei Möglichkeiten zu verfahren: Das Gericht kann unterstellen, dass unterbliebene Beweise unvorteilhaft für die beweisverweigernde Partei sind.[368] Es kann von Sanktionsmöglichkeiten, wie der unvorteilhaften Kostenberechnung oder dem Beweisausschluss, Gebrauch machen.[369] Oder es kann die oben beschriebene Möglichkeit staatlicher Hilfe bei der Beweiserhebung in Anspruch nehmen. Dieses soll zwar nicht

---

362 *Zurich American Ins. Co. v. Team Tankers A.S.*, 2014 WL 2945803 (S.D.N.Y. 2014).

363 § 7 FAA und § 17(c) UAA (2000).

364 *Hay Group, Inc. v. E.B.S. Acquisition Corp.*, 360 F.3d 404 (404ff.) (2004).

365 *Deiulemar Compagnia Di Navigazione S.P.A. v. M/V Allegra*, 198 F.3d 473 (474f.) (1999).

366 *Stolt-Nielsen SA v. Celanese AG*, 430 F.3d 567 (580) (2005).

367 *Manuela Schäfer*, Die Verträge zur Durchführung des Schiedsverfahrens, S. 759.

368 Z.B. Art. 9 IBA Rules.

369 Z.B. § 17(d) UAA (2000).

uneingeschränkt möglich sein, dennoch aber Schiedsgerichte jedenfalls vor möglichem Beweisverlust schützen.[370]

5. *Gewährung rechtlichen Gehörs*

Die Gewährung rechtlichen Gehörs durch das Schiedsgericht ist auch im US-amerikanischen Recht in Rechtsprechung und Literatur als zentrale und unabdingbare Pflicht des Schiedsgerichts anerkannt.[371] Der Anspruch auf Justizgewähr, rechtliches Gehör und Entscheidungsfindung wird im US-amerikanischen Recht häufig unter der sog. *due process clause* zusammengefasst, eine einheitliche Terminologie und Reichweite findet sich jedoch insoweit nicht, als dass einzelstaatliche Verfassungen entsprechende Garantien unter unterschiedlicher Terminologie enthalten.[372]

Mindestens ist von gesetzgeberischer Seite in den Vereinigten Staaten die Durchführung des schiedsgerichtlichen Hauptverfahrens gemeint.[373] Hierzu gehören auch Pflichten zum Prüfen der vorliegenden Beweislage und die Würdigung entsprechender Beweisanträge,[374] nicht ausgeschlossen ist hingegen das Fällen einer Entscheidung nach summarischer Prüfung in Abwesenheit einer Vereinbarung. Im konkreten Fall hatten die Schiedsparteien hinsichtlich des Hauptverfahrens und der Prüfungstiefe des Sachverhaltes durch das Schiedsgerichts nichts vereinbart, nach einem Vorverfahren erließ das Schiedsgericht zwei summarische Entscheidungen und letztlich den Schiedsspruch, ohne weiteres Beweismaterial zu würdigen.[375] Entscheidend kommt es bei der Gewährung rechtlichen Gehörs darauf an, dass das Schiedsgericht jeder Partei die Gelegenheit bietet, Beweise vorzubringen und so den Fall aus der jeweiligen Sicht zu schildern.[376] Nicht erforderlich ist hierfür, dass das Schiedsgericht jede Art der Beweiserhebung möglich machen muss,[377] wie beispielsweise das persönliche Erscheinen eines Zeugen zum Zwecke des Kreuzverhörs.[378]

---

370 *Deiulemar Compagnia Di Navigazione S.P.A. v. M/V Allegra*, 198 F.3d 473 (474ff.) (1999).

371 *Kabia v. Koch*, 713 N.Y.S. 2d 250 (254) (2000); *Alessi*, 31 J. Int'l Arb. 2014, 735 (773f.)

372 *Niedermaier*, Schieds- und Schiedsverfahrensvereinbarungen, S. 42f.

373 Vgl. §§ 7,10 FAA; § 5(b) UAA.

374 *Prudential Securities, Inc. v. Dalton*, 929 F. Supp. (N.D. Okla. 1996) 1411 (1417) (1996).

375 *Schlessinger v. Rosenfeld, Meyer & Susman*, 47 Cal. Rptr. 2d 650 (650ff.) (1995).

376 *Tempo Shain Corp. v. Bertek, Inc.*, 120 F.3d 16 (16ff.) (1997); Weigand, International Arbitration, Rn. 13.95.

377 *Gonzales v. Interinsurance Exchange*, 84 Cal. App. 3d 61 (63) (1978).

378 *Buxton v. Lynaugh*, 879 F.2d 140 (145) (1989); *Classic Promotions, Inc. v. Shafer* 846 S.W.2d 948 (950) (1993).

Die summarische Prüfung des Verfahrensstoffes reicht hingegen nicht aus, wenn noch Zweifel an der Entscheidungsreife bestehen oder substantiiert von einer der Parteien derart vorgetragen wird, dass solche Zweifel nicht auszuschließen sind.[379] Die zugehörigen Beweisanträge in diesem Fall nicht zu beachten und die Entscheidung trotzdem im summarischen Prüfverfahren zum Abschluss zu bringen, verstößt gegen das Recht auf rechtliches Gehör.[380]

6. *Geheimhaltungspflicht*

Wie bereits allgemein und für das deutsche Recht angemerkt, ist die Vertraulichkeit einer der Hauptgründe, aus dem sich Schiedsparteien für den Mechanismus der alternativen Streitbeilegung entscheiden.[381] Die Schiedsrichter trifft wohl nach US-amerikanischem Recht ebenfalls die Pflicht zur Geheimhaltung wie nach deutschem Recht.[382]

Die wichtigsten *Rules* und *Guidelines* sehen die Geheimhaltungspflicht des Schiedsrichters vor, z.B. der Code of Ethics for Arbitrators on Commercial Disputes in Canon VI, die IBA Rules on Taking of Evidence in International Arbitration durch Art. 3 oder die IBA Rules of Ethics for International Arbitrators in Art. 9.[383]

Eine Entwicklung, die Pflicht der Vertraulichkeitswahrung durch den Schiedsrichter in Abwesenheit einer Vereinbarung für den Schiedsrichter und die Parteien nicht als gegeben zu sehen, erkennen *Gal* und *Kühn/Gantenberg*.[384] Hiergegen spricht zumindest Section 14(d) des UAA (2000).[385] Die Befugnis aus Section 17(e), im Einzelfall Anordnungen zum Schutz der Vertraulichkeit

379 *Neary v. Prudential Ins. Co. of America*, 63 F.Supp. 2d 208 (208ff.) (1999).

380 *Neary v. Prudential Ins. Co. of America*, 63 F.Supp. 2d 208 (210f.) (1999).

381 *Andrews*, Arbitration and Contract Law: Common Law Perspectives, S. 7f.

382 *Manuela Schäfer*, Die Verträge zur Durchführung des Schiedsverfahrens, S. 764.

383 Vgl. *Gunnar Sachs*, Verhaltensstandards für Schiedsrichter, S. 43; 45; 98; 135; 206.

384 *Jens Gal*, Die Haftung des Schiedsrichters in der internationalen Handelsschiedsgerichtsbarkeit, S. 335; *Kühn/Gantenberg* in FS Schlosser, S. 461 (469f.).

385 Section 14(d) UAA (2000): "*In a judicial, administrative, or similar proceeding, an arbitrator or representative of an arbitration organization is not competent to testify, and may not be required to produce records as to any statement, conduct, decision, or ruling occurring during the Arbitration proceeding, to the same extent as a judge of a court of this State acting in a judicial capacity.* [...]"

die Schiedsparteien betreffend zu erlassen, spricht weder für noch gegen eine schiedsrichterliche Geheimhaltungspflicht.[386]

In Section 14(d) UAA (2000) wird festgelegt, dass der Schiedsrichter vor Gericht keine Aussage über den Schiedsspruch oder den Entscheidungsprozess zu machen hat. Wenige US-amerikanische Entscheidungen behandeln die grundsätzliche Frage nach der Geheimhaltungspflicht, der Eindruck, dass der Gesetzgeber und zumindest Teile der Rechtsprechung aber die Geheimhaltungspflicht anerkennen, findet sich in *Carolina-Virginia Fashion Exhibitors Inc. v. Gunter*. Hier wird der Grundsatz entwickelt, dass ein Schiedsrichter überhaupt nur dann in einem Verfahren gegen sich oder den Schiedsspruch aussagen muss, wenn die Anschuldigung bezüglich der Verfehlung im Schiedsverfahren bereits substantiiert dargelegt worden ist, um die Vertraulichkeit der Entscheidung zu wahren.[387] Wenngleich die Schutzrichtung der Entscheidung und der Vorschrift in erster Linie auf den Schiedsrichter zugeschnitten sind, soll die Vertraulichkeit als solche ebenfalls gewahrt bleiben. Auch *Born* sieht im internationalen Kontext eine implizite Pflicht zur Verschwiegenheit und beruft sich auf die schiedsgerichtliche Gewohnheit, die Erwartungshaltung der Beteiligten und die Funktion des Schiedsrichters.[388]

Erwähnenswert erscheint zwar, dass US-amerikanische Untergerichte, die sich mit der Frage der Vertraulichkeit befasst haben, Skepsis hinsichtlich einer grundsätzlichen impliziten Vertraulichkeitsvereinbarung der Parteien haben.[389] Zum Beispiel hat ein US-Gericht die Einwände einer Partei gegen eine *order for document production* bezüglich eines ICC Schiedsverfahrens zurückgewiesen.[390]

Dennoch kann hieraus nicht abgeleitet werden, dass insgesamt keine Verschwiegenheitsverpflichtung besteht, wenn keine Vereinbarung getroffen worden ist. Die bisher judizierten Fälle betreffen Einzelfälle. Parteien vor diesem Hintergrund eines gerichtlichen Überprüfungsverfahrens im US-amerikanischen und internationalen Kontext den Willen oder die Gewohnheit abzusprechen, Schiedsverfahren vertraulich führen zu wollen, erscheint verfehlt.

---

386 Wohl auch *Heiner Kahlert*, Vertraulichkeit im Schiedsverfahren, S. 4f., der daraus nur hinsichtlich der Geheimhaltungspflicht der Parteien schlussfolgert, nicht jedoch hinsichtlich der Schiedsrichter.

387 *Carolina-Virginia Fashion Exhibitors Inc. v. Gunter*, 230 S.E.2d 380 (388) (1976).

388 *Born*, International Commercial Arbitration, S. 2002f.

389 *Born*, International Arbitration Law and Practice, § 10.02 m.w.N.

390 *U.S. v. Panhandle Eastern Corp.*, 118 F.R.D. 346 (346ff.) (1987).

7. Fazit

Die schiedsrichterlichen Pflichten unterscheiden sich im US-amerikanischen Recht kaum von den Pflichten des Schiedsrichters nach deutschem Recht. Bemerkenswert erscheint in diesem Zusammenhang vor allem die unterschiedliche Herleitung der Pflichten. Während im deutschen Recht der Schiedsrichtervertrag als Ausgangspunkt von Rechten und Pflichten anerkannt ist, wird im US-amerikanischen Recht häufig weniger Begründungsaufwand betrieben, zumindest eine dogmatische Herangehensweise an das Schiedsrichter-Partei-Verhältnis hat sich nicht durchgesetzt. Vereinzelt werden zwar Vertragstheorien mit unterschiedlichen Begründungsansätzen vertreten, zu allermeist lässt es die US-amerikanische Rechtsprechung und Lehre allerdings bei der Herleitung der Pflichten aufgrund der Vereinbarung von *Rules* und *Guidelines* bewenden. Nicht umsonst wird deswegen das US-amerikanische Recht in diesem Zusammenhang von einigen als konzeptlos oder unausgereift und unausgearbeitet beschrieben.[391]

D. Parteipflichten gegenüber den Schiedsrichtern

In Abgrenzung zum Schiedsvertrag werden bei dem Schiedsrichtervertrag andere Beteiligte materiell berechtigt und verpflichtet. Aufgrund seiner Charakterisierung als Vertrag eigener Art, der Individualität der einzelnen Schiedsverfahren und Schiedsorganisationen und der gelegentlichen Abwesenheit einer Ausformulierung ist das Pflichtenprogramm des Schiedsrichtervertrages nicht abschließend geklärt. Fest steht, dass der Schiedsrichtervertrag zur Entstehung von Haupt- und zu Nebenpflichten führt und, anders als beim Schiedsvertrag, nicht nur die Schiedsparteien untereinander verpflichtet werden, sondern dass Schiedsrichter und Parteien in ein Rechtsverhältnis treten.

Während einige Pflichten der Schiedsrichter gegenüber den Parteien mit denen zu vergleichen sind, die auch die Parteien untereinander treffen – zum Beispiel die Wahrung der Vertraulichkeit oder die Pflicht zur Förderung des Verfahrens –, bestehen auch Pflichten, welche speziell in dem Schiedsrichter-Partei-Verhältnis begründet liegen. In besonderem Maße sollen nunmehr die Pflichten der Parteien gegenüber den Schiedsrichtern beleuchtet werden.

---

391 *Jens Gal*, Die Haftung des Schiedsrichters in der internationalen Handelsschiedsgerichtsbarkeit, S. 72f; weniger kritisch aber inhaltlich ebenso *Manuela Schäfer*, Die Verträge zur Durchführung des Schiedsverfahrens, S. 731; *Alessi*, 31 J. Int'l Arb. 2014, 735 (737f.).

Um sich der Frage nach der Kündigung bei Pflichtverletzung einer Partei gegenüber den Schiedsrichtern zu nähern, müssen zunächst die Pflichten der Parteien gegenüber dem Schiedsgericht als solchem und gegenüber den einzelnen Schiedsrichtern klar umrissen werden. Während die essentiellen Pflichten der Schiedsparteien des Schiedsrichtervertrages von manchen lediglich in der Bezahlung des Schiedsrichterhonorars gesehen werden,[392] wollen andere auch eine Mitwirkungspflicht der Parteien im Verfahren annehmen.[393] Ob neben diesen beiden offensichtlichen Pflichten noch weitere, bisher in Rechtsprechung und Literatur nicht oder wenig aufbereitete Pflichten bestehen, kann auch eine rechtshistorische Betrachtung zeigen.

I. Römisches Recht

Eine in Digesten festgehaltene Festsetzung einzelner Rechte des Schiedsrichters gegenüber den Parteien des Verfahrens ist nicht überliefert. Lediglich grundsätzlich können so über eine, schon damals bestehende, Mitwirkungspflicht der Schiedsparteien einzelne Rechte angenommen werden. Die geringe Reichweite dieser Mitwirkungspflicht der Parteien wird deutlich, wenn man bedenkt, dass der Beklagte im ordentlichen Verfahren von einem Gerichtsmagistrat dazu gezwungen werden konnte, an der Durchführung des Verfahrens mitzuwirken. Lag im öffentlichen Verfahren nämlich eine Einlassungsverweigerung[394] durch den Beklagten vor, konnte der Gerichtsmagistrat dem Kläger Zugriff auf die Sache oder auf die Person oder das Vermögen des Beklagten gewähren.[395] Dieses Instrument der indirekten Erzwingung von Mitwirkungshandlungen fehlt dem Schiedsrichter im römischen Recht.

Die Parteien des Schiedsverfahrens mussten sich der Rechtsinstitute behelfen, die es im römischen Recht bereits gab, um sich gegenseitig zur Mitwirkung zu bewegen. Eines dieser anerkannten, vorhandenen Institute war die Stipulation, ein förmliches Versprechen, das unter Bedingungen abgegeben werden konnte. Die in dieser Form versprochene Leistung, zum Beispiel die Mitwirkung im Schiedsverfahren oder die Hinnahme des Schiedsspruches, konnte vom Versprechensempfänger durch die Stipulationsklage durchgesetzt werden.[396] Diese

392 *Berger*, ASA-Bulletin 20(1) 2002, S. 5 (7).

393 BGHZ 23, 198 (200f.); 41, 108 (108).

394 *Kaser/Hackl*, Das römische Zivilprozessrecht, S. 58; 274.

395 *Kaser/Hackl*, Das römische Zivilprozessrecht, S. 274ff.

396 *Kaser/Hackl*, Das römische Zivilprozessrecht, S. 334; MüKoZPO/*Münch*, Vorbem. zu den §§ 1025ff. Rn. 124; *Lukits*, SchiedsVZ 2013, 269 (270).

Möglichkeit machten sich die Schiedsparteien in der Regel so zunutze, dass sie sich wechselseitig die Leistung einer Strafzahlung für den Fall versprachen, in dem Schiedssprüche nicht befolgt oder Mitwirkungshandlungen verweigert würden.[397] Ähnliches konnte auch in Form des Verwahrungsvertrags geschehen. Sachen oder Geldbeträge der Schiedsparteien konnten beim Schiedsrichter mit der Abrede verwahrt werden, er solle sie der obsiegenden Partei herausgeben. In diesem Fall konnte die siegreiche und evtl. durch Nichtbefolgung der Entscheidung benachteiligte Partei die Herausgabe der hinterlegten Sache mithilfe der *actio depositi sequestraria* geltend machen.[398] Regelfall des Abschlusses einer Schiedsvereinbarung war aber die oben beschriebene wechselseitige Stipulation einer bestimmten Strafsumme.[399] Hierin mag sich erklären, dass keine einzelnen, abgrenzbaren Rechte des *Arbiters* formuliert worden sind. Entsprach dieser den persönlichen Eignungsvoraussetzungen, hatte er grundsätzlich das Schiedsverfahren durchzuführen, hierbei standen Parteiautonomie und Streitbeendigung im Vordergrund. Lediglich eine Entehrung des Schiedsrichters durch ungebührliches Verhalten hatte zu unterbleiben, hierunter wurde im römischen Recht vor allem das ausdrückliche oder konkludente Äußern von Kompetenzzweifeln verstanden, etwa durch Anrufen eines anderen Schiedsrichters.[400]

II. Deutsches Recht

Nach modernerem Verständnis können sowohl aus dem Gesetz als auch aus gewohnheitsrechtlicher Praxis differenzierbare Pflichten der Parteien gegenüber den Schiedsrichtern bestehen. Für das deutsche Recht regelt das zehnte Buch der ZPO, wie das Schiedsverfahren hinsichtlich der allemeisten Rechte und Pflichten der Beteiligten ausgestaltet ist. Die Regelung ist nicht abschließend, durch fortwährende Praxis oder Parteivereinbarung können weitere Parteipflichten ausfindig gemacht werden. Während die Übernahme einer schiedsrichterlichen Tätigkeit im römischen Recht bloße Ehrenaufgabe war und bis in die junge deutsche Rechtsgeschichte die Übernahme eines Schiedsrichterpostens noch regelmäßig ohne Bezahlung erfolgte, hat die Schiedsgerichtsbarkeit eine Ökonomisierung erfahren.[401]

397 *Karl-Heinz Ziegler*, Das private Schiedsgericht im antiken römischen Recht, S. 49ff.
398 Ulpianus 13 – Digeste 4.8.11.2.
399 *Lukits*, SchiedsVZ 2013, 269 (270) m.w.N.
400 Ulpianus 13 – 4.8.9.4.
401 *Rogers*, 53 Stan. J Int'l L. 2005, 53 (64) m.w.N.

Der heutige Regelfall ist, dass Schiedsrichtern beachtliche Honorare für ihre Tätigkeit gezahlt werden,[402] auch die Institutionalisierung der Schiedsgerichtsbarkeit hat nicht nur ein Ansteigen der Professionalität der Verfahrensdurchführung zur Folge, auch werden so Verwaltungs- und Administrationskosten produziert. Mit steigender Wirtschaftlichkeit, Nachfrage und Professionalität sind, allein aus Gründen der Akzeptanz der alternativen Streitbeilegung durch Rechtssicherheit, bestimmbare, konkrete Rechte und Pflichten der Beteiligten entstanden.

1. Kostentragung und Kostenvorschusspflicht

Die §§ 1025ff. ZPO enthalten keine ausdrückliche Regelung hinsichtlich der Zahlungsverpflichtung eines Vorschusses. Auch sonst gibt es keine Norm im zehnten Buch der ZPO, die Auskunft über die Pflicht zur Vergütung der Schiedsrichter gibt. Die Vergütung ist in aller Regel Gegenstand des zwischen den Parteien und den Schiedsrichtern abzuschließenden Schiedsrichtervertrages[403] oder – wie häufig der Vorschuss – der gewohnheitsrechtlichen Regelung.[404] Richtigerweise wird in diesem Zusammenhang in jüngerer Vergangenheit häufiger auf § 612 BGB rekurriert, statt ein gewohnheitsrechtliches Institut zu bemühen, dieses setzt freilich voraus, dass man dem Schiedsrichtervertrag aus materiell-rechtlicher Perspektive die Nähe oder zumindest Vergleichbarkeit zum Dienstvertrag zugesteht.[405] Grundsätzlich sollen die Schiedsrichter die Kosten zur Durchführung eines Verfahrens nicht erst nach Abschluss des Rechtsstreits einfordern können und deswegen gegenüber potenziell zahlungsunwilligen Parteien durchsetzen müssen.[406] Deswegen handelt es sich bei der, ebenfalls gewohnheitsrechtlich anerkannten,[407] Vorschusszahlungspflicht der Parteien um eine Form der Sicherheitsleistung. Einerseits auf die am Ende des Schiedsverfahrens fällig werdende Vergütung der Schiedsrichter, andererseits auch auf die entstandenen Auslagen des Schiedsgerichts.[408]

---

402 *Rogers*, 53 Stan. J Int'l L. 2005, 53 (64) m.w.N.

403 *Armbrüster*, SchiedsVZ 2016, 81 (82); *Buchwitz/Schütt*, SchiedsVZ 2015, 1 (1f.).

404 Hk-ZPO/*Saenger*, Vorbem. zu §§ 1025–1066 Rn. 13; *Schütze/Tscherning/Wais*, Handbuch des Schiedsverfahrensrechts, Rn. 244 m.w.N.

405 *Lachmann*, Rn. 4175f.; Musielak/Voit/*Voit*, § 1035 Rn. 26.

406 *Buchwitz/Schütt*, SchiedsVZ 2015, 1 (2); *Schlosser*, SchiedsVZ 2014, 21 (22).

407 *Hoffmann*, SchiedsVZ 2016, 242 (242).

408 *Buchwitz/Schütt*, SchiedsVZ 2015, 1 (2); vgl. *Schlosser*, SchiedsVZ 2014, 21 (22), der hinsichtlich dieser Auslagen besonders den Obmann von ad-hoc Schiedsverfahren schützenswert sieht.

2. *Geheimhaltung*

Nach ganz herrschender Auffassung sind die Parteien eines Schiedsverfahrens zur Geheimhaltung verpflichtet.[409] Einerseits wird die Auffassung vertreten, dass die Pflicht zur Geheimhaltung einer, regelmäßig konkludenten, selten ausdrücklichen, Mitvereinbarung zwischen den Parteien bedürfe,[410] andere leiten die Verschwiegenheitsverpflichtung aus der Natur des Schiedsgerichtsverfahrens her oder begreifen diese als Nebenpflicht.[411] Gleich welchem Ansatz man folgt, ist dadurch nicht die Frage beantwortet, ob und wie weit die Schiedsrichter von diesem Gebot der Verschwiegenheit geschützt sind, was also konkrete Reichweite der Verschwiegenheitsverpflichtung hinsichtlich der Person, der Identität und der Tätigkeit der Schiedsrichter ist. Ausgehend davon, dass die Vertraulichkeit stets als Vorteil der Schiedsgerichtsbarkeit gesehen wird und kein nebensächliches Motiv zur Vereinbarung von Schiedsklauseln darstellt[412], fragt es sich, ob auch Schiedsrichter von dieser Vertraulichkeit unmittelbar profitieren können sollen.

So muss es nämlich nicht im Interesse des Schiedsrichters sein, dass seine Beteiligung an einem Verfahren öffentlich bekannt wird. Zwar wird man grundsätzlich annehmen können, dass eine Beteiligung an möglichst vielen (abgeschlossenen) Verfahren auch im Interesse des Schiedsrichters ist, etwa um eine gewisse „Erledigungsquote“ vorweisen zu können oder Erfahrung im Umgang mit komplexen Verfahren nachzuweisen.[413]

Gleichwohl sind auch Fälle denkbar, in denen ein Schiedsrichter seine Beteiligung am Verfahren nicht öffentlich gemacht wissen möchte – möglicherweise weil das Verfahren besonders lange gedauert hat, im Nachhinein einer (erfolgreichen) Kontrolle durch staatliche Gerichte ausgesetzt gewesen ist oder andere, persönliche Gründe aus Sicht des Schiedsrichters dagegen sprechen.

Eine ausdrückliche Regelung des Vertraulichkeits- und Geheimhaltungsgrundsatzes lässt sich der ZPO nicht entnehmen.

Das UNCITRAL Model Law enthält hierzu ebenfalls keine Regelung, wohl weil ein Vorschlag hinsichtlich der Implementierung einer Vertraulichkeits- und Geheimhaltungspflicht aufgrund von Formulierungsproblemen nicht in das

---

409 *Heiner Kahlert*, Vertraulichkeit im Schiedsverfahren, S. 173ff., 239ff.

410 *Heiner Kahlert*, Vertraulichkeit im Schiedsverfahren, S. 188.

411 *Glossner/Bredow/Bühler*, Schiedsgericht in der Praxis, Rn. 288; *Leisinger*, Vertraulichkeit in internationalen Schiedsverfahren, S. 146ff; *Vladini*, SchiedsVZ 2016, 76 (79).

412 *Lachmann*, Rn. 144 m.w.N.; Lionnet/Lionnet, S. 455.

413 BeckOKZPO/*Wilske/Markert*, § 1052 Rn. 15

Modellgesetz aufgenommen werden konnte. Die Dauer und der Umfang solcher Pflichten waren zu unabsehbar und kontrovers, um eine modellhafte Regelung zu erfahren.[414] Auch ist bisher von Literatur und Rechtsprechung wenig behandelt, ob Schiedsrichter von einer Geheimhaltungspflicht geschützt sein sollen. Hat der Schiedsrichter doch in aller Regel ein Interesse an der Veröffentlichung seiner Beteiligung an einem Schiedsverfahren.[415] Auf dieses Interesse und auf ein mögliches Geheimhaltungsinteresse soll im Folgenden kurz vor dem Hintergrund der Herleitung einer Geheimhaltungspflicht eingegangen werden.

a) Grundsatz der Einzelfallabwägung

Bei der Herleitung der Geheimhaltungspflicht im Schiedsverfahren in Abwesenheit einer Vereinbarung sind drei Strömungen erkennbar, eine leitet diese entweder aus Gewohnheitsrecht her, eine aus Vertragsauslegung des Schiedsrichtervertrages und eine begreift die Pflicht als Schutzpflicht, also als Nebenpflicht i.S.d. § 241 Abs. 2 BGB. Gedanklich hiervon strikt zu trennen sind hingegen Fragen der Geheimhaltungs- bzw. Offenlegungspflicht in Bezug auf Informationen, die dem Beratungsgeheimnis unterliegen.

aa) Immanente Verpflichtung

Nach einer Ansicht ist eine Geheimhaltungspflicht im Schiedsverfahren dem Schiedsverfahren selbst immanent und bedarf keiner gesonderten Herleitung.[416] Hierbei wird vor allem auf die Funktion und den Charakter des Schiedsverfahrens abgestellt, um zu verdeutlichen, dass dem Verfahren eine solche Pflicht innewohnen muss.[417] Eine gewohnheitsrechtliche Herangehensweise an die Frage der Geheimhaltungspflicht von Informationen, welche die schiedsrichterliche Tätigkeit oder die Person des Schiedsrichters umfassen, hat sich hingegen nicht erkennbar etabliert. Auch ein Rekurs auf die Argumentation, dass die Verschwiegenheit derart wichtiger Teil des Schiedsverfahrens sei, dass ohne sie die Schiedsgerichtsbarkeit keinen wirklichen Mehrwert gegenüber der staatlichen Gerichtsbarkeit habe, gelingt in Bezug auf eine Verschwiegenheitspflicht bezüglich der Beteiligung eines Schiedsrichters am Verfahren nicht. Der Schiedsrichter ist in aller Regel sehr wohl dazu in der Lage, den Streit auch dann zu

414 *Leisinger*, Vertraulichkeit in internationalen Schiedsverfahren, S. 102 m.w.N.

415 *Lachmann*, Rn. 171.

416 Raeschke-Kessler/Berger, S. 163, Rn. 683ff.

417 *Daniel Holder*, Vertraulichkeit im Schiedsverfahren nach deutschem Recht, S. 104ff.

entscheiden und das notwendige Verfahren zu führen, wenn seine Beteiligung am Verfahren bekannt ist.

bb) Vertragsauslegung

Nach anderer Auffassung wird die Geheimhaltungspflicht der Beteiligten in Abwesenheit einer Vereinbarung durch ergänzende Vertragsauslegung konstruiert.[418] Im Rahmen einer ergänzenden Vertragsauslegung können alle Vereinbarungen der Parteien herangezogen werden, die Auskunft über den Willen der Beteiligten liefern können.[419] Wenn es um eine Geheimhaltungspflicht zwischen den Schiedsparteien geht, ist deswegen allgemein anerkannt, dass nicht nur die Schiedsvereinbarung, sondern auch der Hauptvertrag bei der ergänzenden Vertragsauslegung herangezogen werden können.[420] Hieraus aber immer durch Vertragsauslegung eine Geheimhaltungspflicht, selbst hinsichtlich beider Schiedsparteien untereinander, herleiten zu können, erscheint schwierig. Einerseits spricht zunächst die Abwesenheit einer Regelung hinsichtlich der Geheimhaltung von Informationen dafür, dass sich die Parteien gar keine Gedanken über den Fall Geheimhaltung gemacht haben oder dafür, dass die Parteien den Fall nicht regeln wollten. Für beide Varianten wirkt die Konstruktion eines Willens, der in Richtung Geheimhaltung geht, konstruiert.[421] Ebenfalls kann es genauso möglich sein, dass Parteien gerade ein Interesse an der Nichtregelung und einer damit verbundenen Nichtgeheimhaltung haben, beispielsweise wenn sie gesetzlich oder vertraglich zur Offenlegung verpflichtet sind oder eine Partei, typischerweise der Kläger im Schiedsverfahren, Druck durch öffentlichkeitswirksames Verhalten erzeugen möchte.[422] Aus dem bloßen Abschluss einer Schiedsvereinbarung kann der Wunsch nach Geheimhaltung somit nicht abgeleitet werden.[423] Gleiches muss für die Geheimhaltungspflicht der Schiedsparteien im Hinblick auf die schiedsrichterliche Tätigkeit und die Personen der Schiedsrichter gelten, fehlt es an einer Vereinbarung zwischen den Schiedsrichtern und Schiedsparteien, scheint es ebenso schwierig, eine Geheimhaltungs- oder Verschwiegenheitspflicht zu konstruieren. Zieht man in Abwesenheit jeder Erklärung weitere Umstände heran, so ist zunächst festzustellen, dass die allermeisten

418 *Heiner Kahlert*, Vertraulichkeit im Schiedsverfahren, S. 188f.

419 MüKoBGB/*Busche*, § 157 Rn. 47ff.

420 *Heiner Kahlert*, Vertraulichkeit im Schiedsverfahren, S. 188 m.w.N.

421 Vgl. *Nassim Eslami*, Die Nichtöffentlichkeit des Schiedsverfahrens, S. 247f.

422 *Nassim Eslami*, Die Nichtöffentlichkeit des Schiedsverfahrens, S. 247f.

423 *Lachmann*, Rn. 146.

Schiedsrichter ein Interesse an der Veröffentlichung ihrer Verfahrensbeteiligung haben werden, zum Beispiel um eine gewisse Erfahrung zu belegen und ihren Ruf zu festigen.[424] Ein Einzelfall, in dem dieses Interesse nicht besteht und ein Veröffentlichungsinteresse einer der Schiedsparteien noch von einem Interesse des Schiedsrichters an Geheimhaltung überwogen wird, ist kaum denkbar. Insbesondere, wenn im Rahmen der Vertragsauslegung Anhaltspunkte hierfür im Schiedsrichtervertrag oder ausnahmsweise in der Schiedsvereinbarung vorhanden sein müssen. So erklärt sich auch die verbreitete, allgemeine Empfehlung, einen Vertraulichkeitsstandard ausdrücklich vertraglich zu vereinbaren.[425]

cc) Materielle Schutzpflicht i.S.d. § 241 Abs. 2 BGB

Folgt man einer im Vordringen befindlichen Auffassung, dass es sich bei der Geheimhaltungspflicht der Schiedsparteien um eine materiell-rechtliche Nebenpflicht i.S.d. § 241 Abs. 2 BGB handelt, ist die Pflicht zur Geheimhaltung von der Sensibilität der spezifischen Information abhängig. Das Bestehen und Nichtbestehen von Nebenpflichten hängt dabei, in Abwesenheit einer konkreten Vereinbarung, sowohl dem Grunde als auch der Reichweite nach, von einer Abwägung der Interessen im Einzelfall ab und kann je nach Sachlage auch zur Kündigung berechtigen.[426] Ist keine Vereinbarung im Rahmen spezifischer Regelwerke, Offenlegungspflichten, Ethikstandards oder Guidelines getroffen worden und deswegen eindeutig verpflichtend,[427] kann eine Geheimhaltungspflicht auch als Nebenpflicht hergeleitet werden.

Dogmatisch ist die Annahme einer Geheimhaltungspflicht nach § 241 Abs. 2 BGB zunächst von der Annahme einer konkludenten Mitvereinbarung zu trennen. Möchte man annehmen, dass in der Schiedsvereinbarung die Parteien immer konkludent mitvereinbart haben, dass eine Verschwiegenheitsverpflichtung besteht, betrifft dieses eine Auslegung auf der Willensebene der Schiedsparteien und Schiedsrichter. Es wird der Wille zur Geheimhaltung unterstellt, die Reichweite dieser Verpflichtung muss sodann konsequenterweise nach dem mutmaßlichen Willen zum Abschlusszeitpunkt ebenfalls durch Auslegung ermittelt werden.[428] Nimmt man eine Geheimhaltungspflichtentstehung durch

424 BeckOKZPO/*Wilske/Markert* § 1052 Rn. 15; *Lachmann*, Rn. 171.

425 *Nassim Eslami*, Die Nichtöffentlichkeit des Schiedsverfahrens, S. 244; *Hobeck/Stubbe*, SchiedsVZ 2003, 15 (18); *Lachmann*, Rn. 148.

426 BGH NJW 2012, 2184 (2184ff.); MüKoBGB/*Bachmann*, § 241 Rn. 61; *Witt*, NJW 2012, 3130 (3131f.).

427 Hierzu ausführlich *Gunnar Sachs*, Verhaltensstandards für Schiedsrichter (passim).

428 MüKoBGB/*Busche*, § 242 Rn. 37.

die Annahme einer Schutzpflicht i.S.d. § 241 Abs. 2 BGB an, so wird die rechtliche Wertung angestellt, dass die Beteiligten zu einer Geheimhaltung verpflichtet sein müssen, ob sie zum Abschlusszeitpunkt des Schiedsrichtervertrages das Fehlen einer Vereinbarung hinsichtlich der Geheimhaltungspflicht bewusst herbeigeführt haben oder nicht. Durch die Annahme der Geheimhaltungspflicht als Schutzpflicht i.S.d. § 241 Abs. 2 BGB setzt man den gesetzlichen Regelfall dahingehend, dass eine Geheimhaltungsverpflichtung besteht, diese kann freilich abbedungen werden. Dieses zeigt sich kohärent mit dem derzeitigen Verständnis von Geheimhaltungspflichten im Schiedsverfahren, nämlich dass gerade eine grundsätzliche aber abdingbare Geheimhaltungspflicht besteht.[429] Auch ermöglicht die Annahme einer Nebenpflicht den Beteiligten die Geheimhaltung durch ausdrückliche Vereinbarung zu konkretisieren und unabdingbar zu machen, damit gewährt sie den Parteien den weitest möglichen Gestaltungsspielraum im Rahmen der Legalität des Schiedsverfahrens.

Nach ganz herrschender Auffassung besteht das Bedürfnis nach einer Schutzpflicht vor allem dann, wenn die Berechtigten im Rahmen des Vertrages oder der Durchführung des Vertrages dem anderen Teil eine gesteigerte Möglichkeit der Einwirkung auf die eigenen Rechtsgüter und Belange gestatten und daher in höherem Maße als sonst auf die Wahrung ihrer Rechte durch den anderen Teil vertrauen oder vertrauen müssen.[430] Besteht also eine schuldrechtliche Sonderverbindung in Form des Schiedsrichtervertrages zwischen den Beteiligten, ist der Umfang der Schutzpflicht durch eine Abwägung der Interessen der Beteiligten, des Vertragszwecks, der Gefahren für die beteiligten Rechtsgüter und Interessen[431] und der Intensität des gegenseitigen Vertrauensverhältnisses[432] vorzunehmen.[433]

Betrachtet man zunächst die Interessen des Schiedsrichters an der Geheimhaltung jeder Information hinsichtlich seiner Person und hinsichtlich der Beteiligung an dem konkreten Schiedsverfahren, kommt man zu dem Ergebnis, dass ohnehin nur in eher konstruierten Ausnahmefällen schiedsrichtersensible Informationen zur Geheimhaltungsdisposition stehen. In aller Regel wird es den beteiligten Schiedsrichtern sogar recht sein, ihre Beteiligung an einem Schiedsverfahren zu veröffentlichen, zum Beispiel um das eigene Ansehen in der Szene

429 *Heiner Kahlert*, Vertraulichkeit im Schiedsverfahren, S. 144.
430 BGH NJW 1983, 2813 (2814).
431 BGHZ 148, 26 (31).
432 BGH NJW 1983, 2813 (2814); Staudinger/*Olzen*, § 241 Rn. 498.
433 OLG Hamm NJW 2003, 760 (761); Staudinger/*Olzen*, § 241 Rn. 497f.

zu festigen.[434] Entspricht es ausnahmsweise nicht dem Willen der Schiedsrichter, Einzelheiten ihrer Beteiligung an einem Schiedsverfahren offenzulegen, welche ohnehin nicht schon dem Beratungsgeheimnis unterfallen und deswegen den Parteien unbekannt geblieben sind, muss das gegenstehende Interesse unter besonderer Berücksichtigung des Vertragszwecks abgewogen werden. Eine Generalisierung aller Einzelfälle erscheint schwerlich möglich, wenngleich man die Tendenz ausmachen können wird, dass dem Schiedsrichter kein überwiegendes Schutzinteresse hinsichtlich der Geheimhaltung seiner Beteiligung an einem Schiedsverfahren zusteht.

b) *Beratungsgeheimnis des Schiedsrichters*

Anders liegt es hinsichtlich des Vertraulichkeitsschutzes der Beratung der Schiedsrichter. Der Schiedsrichter übt zwar keine öffentliche Gewalt aus; Schiedsgerichtsbarkeit ist aber Rechtsprechung.[435] Das Schiedsgericht tritt an die Stelle des staatlichen Gerichts und ist diesem nicht bloß vor-[436] oder nachgeschaltet.[437] Die grundlegenden Prozessgrundsätze müssen deswegen, genau wie im Verfahren vor den ordentlichen Gerichten, eingehalten werden,[438] die Unabhängigkeit des (Schieds-)Richters gehört hierzu. Diese Unabhängigkeit ist, gleich dem staatlichen Verfahren, nur gewährleistet, wenn das Beratungsgeheimnis gewahrt ist und äußere Einflüsse die schiedsrichterliche Entscheidung und Entscheidungsfindung nicht beeinflussen können.[439] Die Geheimhaltung von Beratung und Abstimmung schützt also Schiedsrichter[440] und, zumindest mittelbar, auch die Schiedsparteien, Schiedsrichter gegenüber den Parteien insoweit, dass diese nicht berechtigt sind, Informationen von Schiedsrichtern anzufordern, welche dem Beratungsgeheimnis unterfallen.

---

434 BeckOKZPO/*Wilske/Markert* § 1052 Rn. 15; *Lachmann*, Rn. 171; vgl. auch *Ritz*, Die Geheimhaltung im Schiedsverfahren nach schweizerischem Recht, S. 184ff., der deswegen das Recht auf ein schiedsrichterliches Sondervotum begründet.

435 BGHZ 51, 255 (258); 65, 59 (60f.).

436 Für den Fall der Überprüfungsverfahren durch die Oberlandesgerichte nach den §§ 1059ff. ZPO.

437 Für den Fall der zulässig erhobenen Schiedseinrede des § 1032 ZPO, ansonsten BGHZ 65, 59 (60f.); *Ochmann*, GRUR 1993, 255 (256).

438 vgl. § 6, Haftung des Schiedsrichters, S. 275ff.

439 *Nedden/Büstgens*, SchiedsVZ 2015, 169 (172f.); *Haller*, SchiedsVZ 2011, 179 (181).

440 BGHZ 23, 138 (141), *Lachmann*, Rn. 4289.

Im Überprüfungsverfahren durch staatliche Gerichte ist bisher keine einhellige Meinung hinsichtlich des Schutzes des Beratungsgeheimnisses auszumachen. Es muss hier wohl das Folgende gelten: Wie im staatlichen Gerichtsverfahren ist das Beratungsgeheimnis auch in der Schiedsgerichtsbarkeit nötig, um eine unabhängige und freie Entscheidung zu gewährleisten. Dies gelingt nur, wenn die Schiedsrichter nicht gezwungen werden, wider ihren Willen ihre Beratungen, Entwürfe und Abstimmungen offenzulegen. Ohne einen solchen Schutz würden äußere Einflüsse das Handeln der Schiedsrichter zumindest theoretisch beeinflussen können. Allein die Zustimmung der Parteien des Schiedsverfahrens, erst recht nicht nur einer Partei, kann mithin nicht ausreichend sein, das Beratungsgeheimnis aufzuheben. Da die ordentliche Gerichtsbarkeit gerade nicht Rechtsmittelinstanz für die Schiedsgerichtsbarkeit ist, sondern unabhängig und neben ihr existiert, ist das Überprüfungsverfahren durch die Oberlandesgerichte ein eigenes Verfahren und damit alle Verfahrensbeteiligten dieses Verfahrens für den Schiedsrichter in Bezug auf das Schiedsverfahren Dritte.[441] Diesen Dritten gegenüber sind die Schiedsrichter, nicht nur im Interesse der Parteien, zur Verschwiegenheit verpflichtet.

Ordnet also ein staatliches Gericht die Vorlage von Akten an, die von Schiedsrichtern erstellt worden sind, den Parteien nicht zugänglich gemacht werden mussten und die Informationen zur beratenden und rechtsprechenden Tätigkeit enthalten, kann dieses die Anordnung zur Vorlage gegen den Willen der Schiedsrichter nicht durchsetzen.

Zwar kann gem. § 142 Abs. 1 ZPO angeordnet werden, dass Dritte solche Urkunden, die sich in ihrem Besitz befinden und auf die sich eine der Parteien bezogen hat, vorlegen müssen, die Voraussetzungen des § 142 Abs. 1 ZPO sind jedoch nicht erfüllt: Im deutschen Beweisrecht ist eine Ausforschung des Gegners oder Dritter unzulässig.[442] Es ist vielmehr an der darlegungs- und beweisbelasteten Partei, den Sachverhalt substantiiert zu schildern und sich hierfür nicht des Gerichts zu bedienen.[443] Um eine unzulässige Ausforschung zu vermeiden, setzt § 142 ZPO voraus, dass die vorzulegende Urkunde kon-kret bezeichnet wird, um Missbrauch zu vermeiden.[444] Eine Beweiserhebung ins Blaue hinein ist nach § 142 ZPO unzulässig.[445] Die generelle Bezugnahme auf die „Verfahrensakten

---

441 *Haller*, SchiedsVZ 2011, 179 (181f.).

442 BGH NJW 2000, 3488 (3490); MüKoZPO/*Prütting*, § 284 Rn. 79.

443 MüKoZPO/*Prütting*, § 286 Rn. 94ff.

444 Musielak/Voit/*Foerste*, § 142 Rn. 17f.

445 BVerfG NJW 2009, 1585 (1586); BGH NJW 2012, 296 (297); MüKoZPO/*Prütting*, § 284 Rn. 79.

des Schiedsgerichts" genügt diesen Anforderungen nicht,[446] denn die beantragende Partei muss zudem konkrete Anhaltspunkte für die Existenz der betreffenden, konkret zu bezeichnenden Urkunde vorlegen.[447]

c) Fazit

Der Schutz der Vertraulichkeit der schiedsrichterlichen Beratung ist gedanklich von anderen Informationen mit Schiedsrichterbezug zu trennen. Bei dem Beratungsgeheimnis ist die Unabhängigkeit und damit letztlich die Durchführung des jeweiligen Verfahrens Sinn und Zweck.

Diese Durchführung ist nicht – oder nur in atypischen Ausnahmefällen – gefährdet, wenn es um die Geheimhaltung anderer Informationen hinsichtlich der Beteiligung der Schiedsrichter an einem Verfahren geht. Zwar liegt die Annahme einer Parteiverpflichtung hinsichtlich der Einzelfallabwägung der Interessen an Veröffentlichung und Geheimhaltung nahe, gleichwohl wird im Regelfall kein überwiegendes Geheimhaltungsinteresse des Schiedsrichters vorliegen.

Weder aus dem Schiedsverfahren selbst noch durch (erweiterte) Vertragsauslegung noch durch die Annahme einer Nebenpflicht i.S.d. § 241 Abs. 2 BGB lässt sich somit verlässlich eine Geheimhaltungspflicht zum Schutze beteiligter Schiedsrichter konstruieren. Richtig ist zwar, dass gerade die Vertragsauslegung und die Herleitung von Schutzpflichten als Nebenpflichten i.S.d. § 241 Abs. 2 BGB stets einzelfallabhängig sind und damit ausnahmsweise eine Pflicht zu Gunsten eines Schiedsrichters bestehen kann, die absolute Regel wird aufgrund der oben erörterten Rechts- und Interessenlage aber anders sein.

3. Verfahrensförderungspflicht der Parteien

Im schiedsrichterlichen Verfahren ist, wie in ordentlichen Gerichtsverfahren auch, eine allgemeine Prozessförderungspflicht anerkannt.[448] Sie gebietet den Parteien, sich zu verhalten, wie es einer sorgfältigen und verfahrensfördernden Prozessführung entspricht (§ 282 Abs. 1 ZPO). Die Prozessförderungspflicht soll eine Prozessverschleppung verhindern und die Parteien anhalten, das Verfahren zu beschleunigen und rechtzeitig allen gebotenen Prozesshandlungen nachzukommen. Es handelt sich vorrangig um eine Pflicht zwischen den Schiedsparteien, im Rahmen dieser Verfahrensförderungspflicht haben die Schiedsparteien

446 *Haller*, SchiedsVZ 2011, 179 (182f.).
447 *Haller*, SchiedsVZ 2011, 179 (182f.).
448 MüKoZPO/*Prütting*, § 273 Rn. 5.

ggf. auch zusammenzuwirken, um das Verfahren zu einem zügigen und dauerhaften Abschluss zu bringen.[449] Sie findet ihre Ausprägung in einigen besonderen Pflichten, wie der Vorschusspflicht, ist aber ebenso Grundpflicht der Parteien untereinander.

Die Frage ist, ob diese Pflicht gerade nur zwischen den Schiedsparteien oder auch gegenüber den Schiedsrichtern oder dem einzelnen Schiedsrichter besteht.

Ein Interesse an der sachgerechten, raschen Verfahrensdurchführung liegt sicher nicht nur bei den Schiedsparteien vor, auch der Schiedsrichter wird das Verfahren von allen Beteiligten befördert wissen wollen, ihm ist selbst daran gelegen, das Schiedsverfahren zu einem zügigen und professionellen Abschluss zu bringen. Zum einen ist ein Schiedsrichter nämlich nicht nur in einem Verfahren tätig und muss deswegen über seine Zeit gewissenhaft disponieren können, zum anderen sind die wenigsten Schiedsrichter ausschließlich schiedsrichterlich tätig und müssen deswegen eine, zumeist anwaltliche, Tätigkeit mit der Ausübung des Schiedsrichteramtes in organisatorischen Einklang bringen. Unvorhersehbare Verfahrensverzögerungen, hervorgerufen durch die Verschleppung durch eine der Schiedsparteien, erschweren die Planbarkeit der schiedsrichterlichen Termine, lassen es schwierig erscheinen, einen geregelten Verfahrensablauf festzulegen und bedeuten Planungsunsicherheit für alle Beteiligten – auch für die Schiedsrichter.[450] So lässt sich gut begründen, dass die Verfahrensförderungspflicht auch gegenüber Schiedsrichtern Nebenpflicht ist, in diesem Fall aus dem Schiedsrichtervertrag.

Das Bestehen von Nebenpflichten hängt dabei, in Abwesenheit einer konkreten Vereinbarung, von einer Abwägung der Interessen im Einzelfall ab, die weite Formulierung des § 241 Abs. 2 BGB lässt bewusst sämtliche schutzwürdigen Interessen als Schutzgut zu und beschränkt sich nicht bloß auf Rechte oder Rechtsgüter.[451] Das Interesse des Schiedsrichters mag sich zwar im Einzelfall unterscheiden, verallgemeinerungsfähig erscheinen aber die Interessen an Planungssicherheit, Reputation, zügiger Verfahrensabwicklung und angemessener Vergütung.

---

449 BGHZ 23, 198 (200f.); 41, 104 (108).

450 Insbes. zum Problem der Schiedsrichterablehnung als Verzögerungstaktik: *Baker/Greenwood*, 30 J. Int'l Arb. 2013, 110 (110ff.).

451 BT-Drucks. 14/6040, S. 125f.; MüKoBGB/*Bachmann*, § 241 Rn. 48.

a) Planungssicherheit

Die weit überwiegende Mehrzahl von Schiedsrichtern ist nicht ausschließlich schiedsrichterlich tätig, sondern übt die Tätigkeit „neben" einem Hauptberuf, typischerweise dem Anwaltsberuf, aus.[452] Sowohl der gewissenhafte Schiedsrichter als auch der gewissenhafte Anwalt werden keinen Fall übernehmen, dem sie nicht genügend Aufmerksamkeit widmen können. Im Einzelfall mag es durchaus vorkommen, dass manchen Mandaten oder Schiedsverfahren weniger Aufmerksamkeit geschenkt wird, als geboten. Gleichwohl ist das System in gewisser Weise selbstregulierend: Wird ein Schiedsrichter die Verhandlung nicht gut vorbereitet haben, Termine verschieben oder anderswie durch planerisches Ungeschick auf sich aufmerksam machen, wird dies beinahe zwangsläufig zu einer Wenigerernennung führen.

Allein, um sich nicht Haftungsansprüchen hinsichtlich seiner zeitlichen Indisponiertheit auszusetzen, muss der Schiedsrichter davon ausgehen können, dass auch die Streitparteien und Mitschiedsrichter an einer effektiven und professionellen, raschen Konfliktführung interessiert sind. Will der Schiedsrichter weitere Mandate oder Verfahren annehmen, muss er einerseits mit dem Umfang seiner Einplanung während des Verfahrens, andererseits mit dem ungefähren Abschlusszeitpunkt des Verfahrens kalkulieren können. Schon das eigene Interesse an Planungssicherheit des Schiedsrichters kann geeignet sein, die Verfahrensförderungspflicht der Parteien gegenüber dem Schiedsrichter als materielle Nebenpflicht i.S.d. § 241 Abs. 2 BGB zu begreifen.

b) Reputation

Unabhängig von der Frage, ob der Schiedsrichter eine Verfahrensverzögerung zu verschulden hat oder nicht, ist allein die Tatsache, dass Verfahren unter der Beteiligung des konkreten Schiedsrichters besonders lange dauern, geeignet, seine Reputation zu beeinträchtigen.

Um nicht als inkonsequent, wenig durchsetzungsstark oder schwierig erreichbar zu gelten, hat deswegen auch jeder Schiedsrichter ein Interesse daran, dafür bekannt zu sein, ein Verfahren rasch zu erledigen. Immerhin wird die Länge des schiedsrichterlichen Verfahrens von den meisten Parteien nicht nur als besonders wichtig empfunden,[453] die vermeintlich kurze Verfahrensdauer ist auch oft

---

452 *Prütting*, AnwBl 2012, 28 (28f.); *ders*, SchiedsVZ 2011, 233 (233ff.).

453 *Lachmann*, Rn. 155ff.

Grund für den Abschluss der Schiedsvereinbarung.[454] Die, so zumindest mittelbar, negative Wirkung von Verzögerungstaktiken ist umso tiefgreifender, je größer der Bekanntheitsgrad und die Reputation des betroffenen Schiedsrichters sind. Sie trifft deshalb Schiedsrichter in aller Regel besonders empfindlich, weil diese im Allgemeinen gerade wegen ihrer Sachkunde und Verfahrensführungsfähigkeit und ihres darauf beruhenden Ansehens mit dem Schiedsrichteramt betraut werden.[455]

c) Ökonomische Aspekte

Eine Pauschalisierung hinsichtlich der Kosten und der Abrechnungsmodalitäten von Schiedsrichtern bzw. Schiedsinstitutionen vorzunehmen, erscheint anhand der vielen existierenden Möglichkeiten unmöglich.[456]

Will man überhaupt eine Behauptung aufstellen, dann wohl, dass die ordentliche Gerichtsbarkeit bei geringeren Streitwerten regelmäßig günstiger sein wird, als die Schiedsgerichtsbarkeit. Schiedsgerichtsbarkeit stellt somit keine Erledigungskonkurrenz zur ordentlichen Gerichtsbarkeit dar.[457] Erst ab Streitwerten von ca. 6 Millionen Euro wird das institutionelle Schiedsverfahren unter anwaltlicher Vertretung wirtschaftlich interessanter als die deutsche ordentliche Gerichtsbarkeit.[458] Schiedsrichter stehen also innerhalb ihrer eigenen Berufsgruppe in Preis und Qualitätskonkurrenz, nicht jedoch gegenüber staatlichen Einrichtungen.[459]

Im Falle der Individualvereinbarung bemisst sich das Schiedsrichterhonorar, regelmäßig in einen Honorarvorschuss und sodann in einzelne Verfahrensschritte aufgeteilt, nach dem Streitwert und dem Aufwand, der mit dem Verfahren verbunden ist.[460] Hierbei legen Schiedsrichter zwar ihre bisherigen

---

454 Neben den unablässig in der Literatur wiederholten Vorteilen und Motiven zum Abschluss einer Schiedsvereinbarung scheint besonders *Schmidt-Diemitz*, DB 1999, 369 (370ff.) erwähnenswert, der eine breite empirische Untersuchung durchgeführt hat.

455 Vgl. BGHZ 98, 32 (38).

456 Vgl. *Lachmann*, Rn. 163, der insbesondere darauf hinweist, dass individuelle Vergütungsvereinbarungen mit Schiedsrichtern eine Verallgemeinerung noch weiter verschwierigen; *Lew/Mistelis/Kröll*, Comparative International Commercial Arbitration, Kap. 12 Rn. 22; Mayer/Kroiß/*Mayer*, § 1 Rn. 196ff..

457 *Wolf*, NJW 2016, 1656 (1657f.).

458 Vgl. die eigene empirische Untersuchung von *Lachmann*, Rn. 4666., insbes. Diagramme Rn. 4693.

459 a.A. *Brunet*, 74 Tul. L. Rev. 1999, 39 (41).

460 BeckOKZPO/*Wolf/Eslami*, § 1035 Rn. 37; *Lachmann*, Rn. 4180ff.

Erfahrungen bei der Vereinbarung zugrunde, gleichwohl sind auch sie einem Konkurrenzdruck unterworfen, der es nicht erlaubt, beliebige Preise aufzurufen.[461]

Ist der Schiedsrichter deswegen nicht in der Lage, eine Verfahrensverzögerung entsprechend einzupreisen oder abzurechnen, bedeutet der entstandene Mehraufwand nicht nur einen zeitlichen, sondern auch einen wirtschaftlichen Verlust. Schiedsrichter können keinen beliebigen Preis verlangen, sondern müssen sich, sollte es überhaupt zu einer Individualvereinbarung des Honorars kommen, einer brancheninternen Preiskonkurrenz stellen, die in aller Regel keine Abrechnung nach konkretem Zeitaufwand vorsieht.[462] So wird die Verfahrensverzögerung zur wirtschaftlichen Gefahr für den Schiedsrichter, die schwierig kalkulierbar ist und die Möglichkeit der Anwendung der §§ 626, 627 BGB noch gebotener erscheinen lässt.

d) Fazit

Nicht nur ist das Interesse des Schiedsrichters aus o.g. Gründen nachvollziehbar, es steht auch sonst nicht im Widerspruch zur Rechtsordnung, im Gegenteil: Die Verfahrensförderungspflicht im Schiedsverfahren zwischen den Parteien besteht unstreitig und ist Teil der Rechtsordnung. Es erscheint deswegen keineswegs abwegig, anzunehmen, dass auch im Schiedsrichtervertrag die Nebenpflicht der Verfahrensförderung gegenüber den Schiedsrichtern auf Seiten der Parteien besteht – zumal diese auch auf Seiten der Schiedsrichter zu Gunsten der Parteien etabliert ist; mithin kann auch von einem Ungleichgewicht der Pflichtenverteilung in dieser Hinsicht nicht die Rede sein.

Es sind gerade alle Beteiligten, die ein Interesse an einem zeitigen und nicht von Störungen durchzogenen Verfahrensablauf haben und wollen, dass Fristen eingehalten werden und alle notwendigen Tatsachen und Rechtsauffassungen vortragen werden.[463]

---

461 Die gleiche Erwägung findet sich in *Karlseng v. Cooke*, 346 S.W.3d 85 (96f.) (2011) zur Begründung der gewissenhaften Ausübung der Offenlegungspflicht von Schiedsrichtern.

462 *Armbrüster*, SchiedsVZ 2016, 81 (83)

463 *Thorsten Häberlein*, Unwilligkeit im nationalen und internationalen Schiedsverfahren, S. 280f.

4. *Fazit*

Zusammenfassend hat der Schiedsrichter im Schiedsgerichtsverfahren Rechte, deren Verkürzung jeweils einen tauglichen Kündigungsgrund darstellen kann. Pflicht der Schiedsparteien und der ggf. weiteren Schiedsrichter ist es, die Rechte des Schiedsrichters zu wahren und das Verfahren so zu einem möglichst gedeihlichen Ergebnis zu bringen. Es muss, so es zu einer Pflichtverletzung, also einem Eingriff in die Rechte des Schiedsrichters, kommt, noch insgesamt abgewogen werden, ob diese zur Kündigung berechtigt. Nicht jeder Eingriff in die Rechte des Schiedsrichters kann zur Kündigung berechtigen, in die Gesamtabwägung ist insbesondere einzubeziehen, dass sich die Beteiligten durch Vertrag gebunden haben und das Schwierigkeiten in einem gewissen, zumutbaren Rahmen auch während eines Schiedsverfahren erwartbar sind. Wie bei der rechtlichen Beurteilung von Kündigungen üblich, muss es Frage des Einzelfalles bleiben, ob die konkrete Pflichtverletzung einen Kündigungsgrund darstellt oder nicht.

Grundsätzlich sollen die Schiedsrichter die Kosten zur Durchführung eines Verfahrens nicht erst nach Abschluss des Rechtsstreits einfordern können und deswegen gegenüber potenziell zahlungsunwilligen Parteien durchsetzen müssen.[464] Auch reine Vorschussleistungen sind praktisch schwierig gegenüber einzelnen Parteien durchzusetzen, da diese als Gesamtschuldner haften und eine Durchsetzung gegen eine der Parteien den Anschein der Befangenheit bestehen lassen kann.[465] Als Ausweg aus der Nichtzahlungssituation muss dem Schiedsrichter deswegen das, rechtlich neutrale, unparteiische Mittel der Kündigung bleiben.[466]

Der Schiedsrichter hat das Recht, in seiner Funktion als Schiedsrichter durch Parteiverhalten nicht derart behindert, angegriffen oder geschädigt zu werden, als es die legalen Angriffs- und Verteidigungsmittel im Zivilverfahren zulassen.[467] Nach oben vorgenommener Würdigung gehört ein Verstoß gegen die Wahrung der Vertraulichkeit hinsichtlich der schiedsrichterlichen Tätigkeit und gegen die Wahrheitsobliegenheit nur in sehr gut begründeten Ausnahmefällen zu den Kündigungsgründen, die aufgrund verletzter dienstlicher Integrität vorliegen können. Verstöße gegen die Verfahrensförderungspflicht sind hingegen eher geeignet, die dienstliche Integrität des Schiedsrichters zu beeinträchtigen und eine Kündigung zu begründen.

---

464 *Buchwitz/Schütt*, SchiedsVZ 2015, 1 (2); *Schlosser*, SchiedsVZ 2014, 21 (22).
465 Wieczorek/Schütze/*Schütze*, § 1035 Rn. 87.
466 *Schwab/Walter*, Kap. 13 Rn. 12.
467 *Schwab/Walter*, Kap. 24 Rn. 11ff.

III. US-Amerikanisches Recht

Eine generelle und immer gültige Vereinheitlichung aller Pflichten der Parteien kommt wegen der Differenziertheit des US-amerikanischen Rechts kaum verlässlich in Frage. Nicht nur Rechtsprechung unterscheidet sich bundesstaatlich, auch stellen Gerichte in Rechnung, ob es sich um einen internationalen oder nationalen Fall handelt. Hierzu kommt, dass, weder in Literatur noch Rechtsprechung, eine einheitliche Meinung zur Herleitung der Pflichten des Schiedsrichters existiert, zumindest der *status approach* und die Annahme des *arbitrator's contract* scheinen nebeneinander zu existieren.[468]

Es erscheint deswegen sinnig, auf US-amerikanischer Seite auf solche Pflichten einzugehen, die wiederholt von Vertretern in Literatur und Rechtsprechung angenommen worden sind und deswegen etabliert erscheinen.

1. Zahlung des Honorars

Die Zahlung des Schiedsrichterhonorars sowie die Erstattung der notwendigen Auslagen haben sich gewohnheitsrechtlich etabliert.[469] Ohne in allen Schiedsregeln formuliert zu sein, umfasst die Zahlungspflicht auch die Pflicht zur Zahlung eines angemessenen Vorschusses.[470] Gleichwohl kennen die meisten Regelwerke eine solche Verpflichtung und formulieren diese deutlich:

> *"Deposits*
>
> *(a) The AAA may require the parties to deposit in advance of any hearings such sums of money as it deems necessary to cover the expense of the arbitration, including the arbitrator's fee, if any, and shall render an accounting to the parties and return any unexpended balance at the conclusion of the case.*
>
> *(b) Other than in cases where the arbitrator serves for a flat fee, deposit amounts requested will be based on estimates provided by the arbitrator. The arbitrator will determine the estimated amount of deposits using the information provided by the parties with respect to the complexity of each case.*
>
> *(c) Upon the request of any party, the AAA shall request from the arbitrator an itemization or explanation for the arbitrator's request for deposits."*[471]

---

468 *Alessi*, 31 J. Int'l Arb. 2014, 735 (737f.) spricht deswegen in diesem Zusammenhang sogar von einem „*conceptual chaos*"; *Rogers*, 53 Stan. J Int'l L. 2005, 53 (55) nennt die Abwesenheit einer grundlegenden *conceptual theory*, um Verhaltensstandards für Schiedsrichter zu etablieren, „*methodological mayhem*".

469 *Born*, International Commercial Arbitration, S. 2017ff.

470 *Cooley/Lubet*, Arbitration Advocacy, S. 178f.

471 R-56 AAA Commercial Arbitration Rules and Mediation Procedures.

2. *Verfahrensförderungspflicht*

Das US-amerikanische Recht kennt, ebenso wie das deutsche Recht, die Verfahrensförderungspflicht des Schiedsrichters. Häufig als generellste und weiteste Pflicht, die in den unterschiedlichsten Ausprägungen bestehen kann, beschrieben,[472] muss der Schiedsrichter im US-amerikanischen Recht, gleich ob man einer *contract theory* folgt oder nicht, das Schiedsverfahren durch Erreichbarkeit, Verhandlung und ggf. Entscheidung fördern. Nicht nur Schiedsrichtervertrag oder Status, auch relevante Regelwerke kennen diese Pflicht, beispielsweise die AAA Rules in R-46:

> *"The award shall be made promptly by the arbitrator and, unless otherwise agreed by the parties or specified by law, no later than 30 calendar days from the date of closing the hearing, or, if oral hearings have been waived, from the due date set for receipt of the parties' final statements and proofs."*

Die Pflicht bezieht sich nicht allein auf den Urteilsspruch, in L-3 wird konkret ausgeführt, wie Schiedsrichter so effizient und schnell wie möglich Verfahren führen sollen, sogar Terminierungsvorschläge werden gegeben:

> *"(a) The arbitrator shall take such steps as deemed necessary or desirable to avoid delay and to achieve a fair, speedy and cost-effective resolution of a Large, Complex Commercial Dispute.*
>
> *(b) As promptly as practicable after the selection of the arbitrator(s), a preliminary hearing shall be scheduled in accordance with sections P-1 and P-2 of these rules.*
>
> *(c) The parties shall exchange copies of all exhibits they intend to submit at the hearing at least 10 calendar days prior to the hearing unless the arbitrator(s) determines otherwise.*
>
> *(d) The parties and the arbitrator(s) shall address issues pertaining to the pre-hearing exchange and production of information in accordance with rule R-22 of the AAA Commercial Rules, and the arbitrator's determinations on such issues shall be included within the Scheduling and Procedure Order.*
>
> *(e) The arbitrator, or any single member of the arbitration tribunal, shall be authorized to resolve any disputes concerning the pre-hearing exchange and production of documents and information by any reasonable means within his discretion, including, without limitation, the issuance of orders set forth in rules R-22 and R-23 of the AAA Commercial Rules.*
>
> *(f) In exceptional cases, at the discretion of the arbitrator, upon good cause shown and consistent with the expedited nature of arbitration, the arbitrator may order depositions to obtain the testimony of a person who may possess information determined by the arbitrator to be relevant and material to the outcome of the case. The arbitrator may allocate the cost of taking such a deposition.*

---

472 *Alessi*, 31 J. Int'l Arb. 2014, 735 (760f.).

(g) Generally, hearings will be scheduled on consecutive days or in blocks of consecutive days in order to maximize efficiency and minimize costs."

Gleiches gilt, wenn auch nicht im Wortlaut, doch vom Sinn und Zweck, für die Regeln des Federal Arbitration Act, grundlegender Gedanke ist die schnelle, effiziente Streitbeilegung, die ihren Ausdruck auch in Verfahrensförderungspflichten aller Beteiligten findet.[473]

Hieraus wird an wenigen Stellen gefolgert, der Schiedsrichter sei für Verzögerungen haftbar, wenn er nicht beweisen könne, dass es unmöglich gewesen sei, das Verfahren zu fördern.[474]

3. *Geheimhaltung*

Die Vertraulichkeitspflichten des Schiedsrichters lassen sich durch die Annahme eines Schiedsrichtervertrages begründen, folgt man dieser Auffassung, ist die Vertraulichkeit jedenfalls mitvereinbarte Nebenpflicht.[475] Auch im *common law* wird allerdings vorgeschlagen, dass die Schiedsrichter einen Anspruch auf Vertraulichkeitswahrung haben und sie gegen die Weitergabe oder Veröffentlichung von Informationen bezüglich ihrer Beteiligung am Verfahren geschützt werden müssen.[476]

Umstritten ist hingegen die Frage, ob der Schiedsrichtervertrag den Schiedsrichtern Vertraulichkeitsrechte gegenüber den Schiedsparteien verleiht. Zu Recht wird von einigen Stimmen in der Literatur darauf hingewiesen, dass die Vertraulichkeit nicht nur dem Schutz oder Nutzen des Schiedsrichters selbst dient, sondern auch der unbefangenen Rechtsfindung zuträglich ist.[477] Auch der erneute Vergleich mit der grundsätzlichen Regelung der Section 14(d) UAA (2000) spricht eher für einen Vertraulichkeitsschutz zu Gunsten der Schiedsrichter. In der Praxis sind Fälle, in denen der Schiedsrichter Vertraulichkeitsrechte gegenüber den Parteien geltend macht, außerordentlich selten.[478]

Der Eindruck, dass der Gesetzgeber und zumindest Teile der Rechtsprechung aber die Geheimhaltungspflicht auch zu Gunsten des Schiedsrichters anerkennen, findet sich in *Carolina-Virginia Fashion Exhibitors Inc. v. Gunter*. Die Tatsache, dass ein Schiedsrichter überhaupt nur dann in einem Verfahren gegen

---

473 *Bunaccorso*, 67 Stan. L. Rev. 2015, 1145 (1148ff.).

474 *Alessi*, 31 J. Int'l Arb. 2014, 735 (762).

475 *Born*, International Commercial Arbitration, S. 2038.

476 Fouchard/Gaillard/Goldman, Rn. 1167.

477 *Born*, International Commercial Arbitration, S. 2038.

478 *Born*, International Commercial Arbitration, S. 2038.

sich oder den Schiedsspruch aussagen muss, wenn die Anschuldigung bezüglich der Verfehlung im Schiedsverfahren bereits substantiiert dargelegt worden ist, spricht zumindest für eine grundlegende Anerkennung des schiedsrichterlichen Vertraulichkeitsschutzes.[479] Nach etablierter Auffassung gilt dieses hingegen nicht für *Class Arbitration* Verfahren, die naturgemäß öffentlicheren Charakter haben.[480]

4. *Fazit*

Hinsichtlich der schiedsrichterlichen Rechte ergibt sich das undifferenzierteste Bild der gesamten bisherigen Arbeit. Zwar können Grundsätze aus Schiedsregeln und Gesetzgebung abgeleitet werden, zur Aufstellung eines fest umrissenen Rechtekataloges, der schematisch hinsichtlich der Möglichkeit der Kündigung im Verletzungsfall untersucht werden kann, fehlt es aber an Rechtsprechung. Grundsätzlich können auch Parallelen zum deutschen Recht gezogen werden,[481] eine dogmatische Aufarbeitung der Rechte und Pflichten zu Gunsten des Schiedsrichters wird aber bereits grundlegend durch die Uneinigkeit hinsichtlich der Frage des Bestehens eines *arbitrator's contract* erschwert.

E. Einordnung des Vertragstypus nach deutschem Recht

Zunächst ist in dem Schiedsrichtervertrag ein materiell-rechtlicher Vertrag zu erblicken.[482] Hieran knüpft sich, zusammen mit der obigen Betrachtung der Rechte und Pflichten aus diesem Vertrag, die Frage der Einordnung des Vertragstypus.

Während in der jüngeren Rechtsgeschichte vermehrt vertreten worden ist, der Schiedsrichtervertrag sei Werkvertrag, wird heute noch in Teilen darüber diskutiert, ob es sich um einen Dienstvertrag oder um einen Vertrag eigener Art handeln soll. Richtig ist, dass das Verhältnis zwischen Schiedsrichter und Partei durch die rechtsprechungsgleiche Tätigkeit des Schiedsrichters lediglich eigener Art sein kann.

---

479 *Carolina-Virginia Fashion Exhibitors Inc. v. Gunter*, 230 S.E.2d 380 (388) (1976).

480 Vgl. Art. 9 der AAA Supplementary Rules for Class Arbitrations https://www.adr.org/sites/default/files/Supplementary%20Rules%20for%20Class%20Arbitrations.pdf (zuletzt abgerufen am: 08.06.2019).

481 *Manuela Schäfer*, Die Verträge zur Durchführung des Schiedsverfahrens, S. 707.

482 vgl. § 1, B., II., 3. Materiell-rechtliche Theorie, S. 62f.

I. Werkvertrag

Nach einer Auffassung ist der Schiedsrichtervertrag als Werkvertrag zu typisieren. Diese, in Deutschland hauptsächlich bis in die 1930er Jahre vertretene, Auffassung begründet dieses in erster Linie mit dem Willen der Schiedsparteien. Es komme den Parteien gerade darauf an, dass der Rechtsstreit durch den Schiedsrichter entschieden werden würde, das bloße Tätigwerden des Schiedsrichters sei nicht gewollt.[483] Gerade die Beendigung des Rechtsstreits durch ein Schiedsgericht, typischerweise durch Entscheidung, also Schiedsspruch, sei Wille der Parteien zum Zeitpunkt des Abschließens der Schiedsvereinbarung gewesen.[484] Der Schiedsrichter schulde einen formal ordnungsgemäßen, durchsetzungsfähigen, jedoch materiell nicht richtigen Schiedsspruch. Für die Richtigkeit des Schiedsspruches habe der Schiedsrichter deswegen nicht einzustehen, weil dieser stets auch auf subjektiven Kriterien beruhe.[485] Der Schiedsrichter soll nach dieser Auffassung erst mit der Wirksamkeit des Schiedsspruches seinen Honoraranspruch geltend machen können, kommt es hingegen nicht zur Wirksamkeit des Schiedsspruches, sei der Zweck der schiedsrichterlichen Tätigkeit verfehlt worden und ein Honoraranspruch bestehe nicht.[486]

Mit dem Abschließen des Schiedsrichtervertrages wollen die Parteien zwar also den Schiedsrichter, für ein Honorar, verpflichten, ihren Rechtsstreit an Stelle eines staatlichen Gerichts zu entscheiden, ob deswegen aber sogleich von Werkvertrag die Rede sein kann, erscheint zweifelhaft. Um eine endgültige Streitentscheidung herbeizuführen, muss der Schiedsspruch auch in seiner Wirkung endgültig sein, dieses ist nicht der Fall, wenn er von einem staatlichen Gericht aufgehoben wird. Das Vorliegen von Aufhebungsgründen des urteilsgleichen Schiedsspruches steht aber nicht immer allein in der Verantwortung des Schiedsrichters. Beispielsweise kann die vorher geschlossene Schiedsvereinbarung ungültig sein oder ein Restitutionsgrund i.S.d. § 580 ZPO liegt vor. Erstattet beispielsweise ein Gutachter ein parteiisches Gutachten oder ist eine Urkunde im Beweisverfahren gefälscht, kann der Schiedsspruch aufgehoben werden. Es erscheint deswegen nicht dem potenziellen Willen des Schiedsrichters zu

483 *Werner Kauffmann*, Schiedsrichtervertrag (receptum arbitri) nach geltendem Recht, S. 71f.

484 RGZ 59, 247 (249); *Joachim Strieder*, Rechtliche Einordnung und Behandlung des Schiedsrichtervertrages, S. 22.

485 *Werner Kauffmann*, Schiedsrichtervertrag (receptum arbitri) nach geltendem Recht, S. 73f.

486 *Leo*, JW 1927, 2626 (2626).

entsprechen, den Eintritt eines Erfolges in Form des endgültigen Schiedsspruches gewährleisten zu wollen, wenn es doch an den Parteien oder sogar Dritten ist, den Eintritt dieses Erfolges maßgeblich zu beeinflussen.[487] Auch sind Mangel- und Gewährleistungsrechte des Werkvertragsrechts nicht mit dem Wesen des Schiedsrichtervertrages vereinbar. Egal, ob man unter der Mangelhaftigkeit des Werkes die formelle oder materielle Unrichtigkeit des Schiedsspruches versteht, gem. §§ 634 Nr. 2 i.V.m. 637 BGB ist der Besteller in den Fällen der Verweigerung oder Verzögerung der Nachbesserung zur Selbstvornahme berechtigt. Damit könnte eine Partei den Schiedsspruch unter gewissen Voraussetzungen selbst formal oder inhaltlich verändern, dieses ist mit der rechtsprechungsgleichen Funktion der Schiedsgerichtsbarkeit unvereinbar, die Parteien wären (Schieds-)Richter in eigener Sache. Dieses ist nicht möglich, die Unparteilichkeit und Unabhängigkeit der Rechtsprechung, deswegen auch der Schiedsgerichtsbarkeit, gehört zum verfassungsrechtlichen Mindeststandard der Urteilsfindung.[488]

II. Dienstvertrag/ Auftrag

Erfolgt die Übernahme des Schiedsrichteramtes kostenlos, wird nach einer Auffassung von einem Auftrag ausgegangen. Ansonsten seien, wenn es eine Bezahlungsvereinbarung gebe, die Schiedsrichterverträge als Dienstverträge einzuordnen.[489] Dienstleistung ist hierbei die Durchführung des Schiedsverfahrens,[490] einen Erfolg in der Form eines wirksamen Schiedsspruches als geschuldet zu betrachten, komme deswegen nicht in Frage, weil die Wirksamkeit des Schiedsspruches auch von Umständen abhänge, die außerhalb der Beeinflussbarkeit des Schiedsrichters lägen.[491] Richtig erscheint an der Einordnung des Schiedsrichtervertrages als Dienstvertrag zwar, dass die Schiedsrichter nicht, in Abgrenzung zum Werkvertrag, einen Erfolg schulden sollen, sondern ein bloßes Tätigwerden. Hinsichtlich der Ausgestaltung des Tätigwerdens ist aber die Einordnung als echter Dienstvertrag problematisch: So hat der Dienstherr gegenüber dem Dienstverpflichteten grundsätzlich ein umfangreiches Anweisungsrecht,[492]

487 *Joachim Strieder*, Rechtliche Einordnung und Behandlung des Schiedsrichtervertrages, S. 35.
488 BVerfGE 3, 377 (381); MüKoZPO/*Münch*, § 1036 Rn. 2.
489 *Joachim Strieder*, Rechtliche Einordnung und Behandlung des Schiedsrichtervertrages, S. 21 m.w.N.
490 RGZ 94, 210 (212f.).
491 *Egon Lüdtke*, Der Schiedsrichtervertrag, S. 10f.
492 BAGE 12, 303 (307ff.).

dieses kann hinsichtlich jeder Art von rechtsprechender Tätigkeit des Schiedsrichters nicht gegeben sein, die notwendige Unparteilichkeit und Unabhängigkeit wären nicht mehr gewährleistet.[493]

Hinzu kommt, dass bei einer strikten Anwendung aller Dienstleistungsregeln auch eine Anwendung der §§ 615 bis 630 BGB in Rede stünde, Fürsorgepflichten des Dienstberechtigten in dieser Art und Weise bestehen jedoch nicht. Keinesfalls sind die Schiedsparteien verpflichtet, Gerätschaften und Vorrichtungen zur Verrichtung der Schiedsrichtertätigkeit einzurichten oder zu unterhalten, i.S.d. § 630 BGB kann kein Zeugnis über das Dienstverhältnis verlangt werden, auch eine Pflicht zur Krankenfürsorge i.S.d. § 617 BGB kann nicht bestehen.

III. Sui generis

Nach wohl herrschender Auffassung ist der Schiedsrichtervertrag ein Vertrag eigener Art, der keinem der gesetzlich normierten Vertragstypen eindeutig zugeordnet werden kann.[494] Der Schiedsrichtervertrag unterstehe dabei grundsätzlich den Regeln des bürgerlichen Rechts. Er sei, wird er entgeltlich geschlossen, dem Dienstvertrag am nächsten, wird er unentgeltlich geschlossen, dem Auftrag.[495] Nicht läge ein Dienst- oder Werkvertrag in direkter Anwendung vor, da ein versprochenes Werk oder ein durch Dienstleistung herbeizuführender Erfolg i.S.d. § 631 BGB nicht in Frage stünden. Der Dienstvertrag komme ebenfalls nicht in Frage: Die besondere, den Schiedsrichter vom Dienstverpflichteten unterscheidende Stellung wird hierbei betont, richterliche Befugnisse und die Verpflichtung, Anweisungen eines Dienstherren entgegen zu nehmen, seien nicht vereinbar.[496] Das Reichsgericht hat in ständiger Rechtsprechung einen Vertrag eigener Art angenommen,[497] der Bundesgerichtshof hat sich dieser Auffassung angeschlossen.[498]

Richtigerweise verdient diese Auffassung den Vorzug gegenüber der Einordnung in die Kategorie des Werk- oder Dienstvertrages. Das Ergebnis der

493 Vgl. MüKoZPO/*Münch*, § 1034. Rn. 12; *Schütze/Tscherning/Wais*, Handbuch des Schiedsverfahrens, Rn. 224; *Joachim Strieder*, Rechtliche Einordnung und Behandlung des Schiedsrichtervertrages, S. 33.

494 RGZ 41, 251 (255); 59, 247 (249), 87, 190 (190); MüKoBGB/*Müller-Glöge*, § 611 Rn. 137; *Schwab/Walter*, Kap. 11 Rn. 8.

495 *Joachim Strieder*, Rechtliche Einordnung und Behandlung des Schiedsrichtervertrages, S. 22ff.

496 RGZ 41, 251 (255); 59, 247 (249), 87, 190 (190).

497 RGZ 94, 210 (213).

498 BGH NJW 1986, 3077 (3077); BGHZ 15, 12 (12ff.).

schiedsrichterlichen Tätigkeit stellt regelmäßig der wirksame Schiedsspruch dar, dieser steht der Wirkung eines rechtskräftigen Urteils gerichtlichen Ursprungs gleich.[499] Nicht nur die, dadurch implizierte, Funktionsgleichheit von Richter und Schiedsrichter, auch die bereits festgestellten Rechte und Pflichten erfordern eine Unabhängigkeit und Unparteilichkeit des Schiedsrichters. Die Unabhängigkeit und Unparteilichkeit des Richters ist untrennbar mit dem Wesen der Rechtsprechung verbunden.[500] Der Schiedsrichter, der rechtsprechend tätig wird,[501] muss deswegen auch zumindest derart unabhängig sein, dass er, hat er die Tätigkeit als Schiedsrichter aufgenommen, nicht mehr den Weisungen der Schiedsparteien unterworfen ist. Aufgrund der schuldrechtlichen Beziehung zu den Parteien, dem Schiedsrichtervertrag, verpflichtet sich der Schiedsrichter damit zwar zur ordnungsgemäßen Durchführung des Schiedsverfahrens. Die Nähe zum Dienstvertrag hört aber bei der Weisungsgebundenheit hinsichtlich der rechtsprechenden und verfahrensleitenden Tätigkeit – und damit in letzter Konsequenz auch hinsichtlich der Klagbarkeit der Hauptpflicht des Schiedsrichters gegenüber den Parteien – auf.[502] Aus diesem Grund kommt unter anderem die Annahme eines Werkvertrages nicht in Betracht, gleichsam sind auch die werkvertraglichen Gewährleistungsvorschriften nicht auf das schiedsrichterliche Tätigwerden übertragbar.[503]

1. Kein Anweisungsrecht

Letztlich erscheint die Einordnung als Vertrag eigener Art auch deswegen geboten, weil in einem der wesentlichen Charakteristika des Dienstvertrages gerade kein Gleichlauf mit dem Schiedsrichtervertrag möglich ist. Die Schiedsrichter sind in ihrem Tätigwerden nicht überwiegend weisungsgebunden. Dieses schließt schon das Wesen der Schiedsgerichtsbarkeit als Rechtsprechung aus.[504] Entsprechend besteht hinsichtlich der rechtsprechenden und rechtsfindenden Tätigkeit kein Anweisungsrecht der vermeintlichen Dienstherren, der

---

499 § 1055 ZPO.

500 BVerfGE 3, 377 (381f.); 4, 331 (345f.); 14, 56 (59); 18, 241 (254f.).

501 BGHZ 51, 255 (260f.).

502 Vgl. MüKoZPO/*Münch*, § 1034. Rn. 12; *Schütze/Tscherning/Wais*, Handbuch des Schiedsverfahrens, Rn. 220ff.

503 vgl. § 1, E., 1. Werkvertrag, S. 125.

504 Wieczorek/Schütze/*Schütze*, § 1035 Rn. 29; *Joachim Strieder*, Rechtliche Einordnung und Behandlung des Schiedsrichtervertrages, S. 26.

Schiedsparteien.[505] Dieses liefe der zwingenden Voraussetzung der Unabhängigkeit der Rechtsprechung zuwider.[506] Anders kann es nur liegen, wenn es um rein organisatorische Aspekte geht, zum Beispiel den Ort des schiedsrichterlichen Verfahrens, die Zeitpunkte der mündlichen Verhandlung(en) oder Verfahrenspausen.[507]

2. *Keine Klagbarkeit auf Durchführung des Verfahrens*

Die Frage der Durchsetzbarkeit der Durchführung des Schiedsrichtervertrages ist bereits Gegenstand der Diskussion in Rechtsprechung und Literatur geworden.[508] Dabei ist die Frage nach der Kündigung des Schiedsrichtervertrages eng mit der Klagbarkeit auf Durchführung des Verfahrens verknüpft. Nach Ansicht des Reichsgerichts war, bei Wirksamkeit des Schiedsvertrages, eine Klage auf Erfüllung möglich.[509] Wie noch zu zeigen sein wird, betonte das Reichsgericht stets die Verpflichtung zur Entscheidung des Rechtsstreits durch Übernahme des Amtes als Schiedsrichter, mithin sollte nicht nur eine Kündigung schwerlich möglich sein, auch eine Klageerfüllung war möglich.[510] Diese Auffassung begegnet in heutiger Literatur – zu Recht – heftiger Kritik. Es wird noch zu zeigen sein, dass eine Kündigung des Schiedsrichtervertrages durch den Schiedsrichter durchaus unter einigen Voraussetzungen möglich ist. Eine Klage auf Erfüllung des Vertrages ist hingegen, unabhängig von der Möglichkeit der Kündigung, nicht denkbar.

Ein Anspruch auf Erfüllung lässt sich auch den einschlägigen Vorschriften allerdings nicht entnehmen. Im Gegenteil, § 1038 ZPO spricht von der Beendigung des Schiedsrichteramtes und gerade nicht von einer Möglichkeit der zwanghaften Durchführung der schiedsrichterlichen Tätigkeit.[511] Hinzu kommt, dass der Charakter des schiedsrichterlichen Verfahrens, die Erledigung eines Rechtsstreits in vertrauensvoller Zusammenarbeit mit den Parteien, einen Erfüllungszwang ausschließt.[512] Selbst bei einem gedachten Erfüllungsanspruch steht

---

505 MüKoBGB/*Müller-Glöge*, § 611 Rn. 137.

506 BVerfGE 3, 377 (381f.); 4, 331 (346); BGHZ 51, 255 (258); 54, 392 (395); 65, 59 (61).

507 *Lachmann*, Rn. 4298.

508 RGZ 59, 247 (248f.); *Joachim Strieder*, Rechtliche Einordnung und Behandlung des Schiedsrichtervertrages, S. 103ff; *Gustav Real*, Der Schiedsrichtervertrag, S. 59ff.

509 Dieses scheint sich bereits in RGZ 18, 369 (371f.) abzuzeichnen; RGZ 59, 247 (250.)

510 RGZ 59, 247 (247ff.)

511 *Schwab/Walter*, Kap. 12 Rn. 4f.

512 *Gustav Real*, Der Schiedsrichtervertrag, S. 165; *Christian Wolf*, Die institutionelle Handelsschiedsgerichtsbarkeit, S. 246.

fest, dass eine Vollstreckung des gedachten Urteils, welches den Schiedsrichter zur Erfüllung verpflichtet, nach § 888 ZPO nicht durchführbar ist.[513]

Wie noch zu zeigen sein wird, handelt es sich nicht nur um eine Tätigkeit eigener Art, die wie ein Dienst höherer Art qualifiziert werden kann, auch ist die höchstpersönliche Leistungserbringung häufig vordringliches Parteiinteresse. § 888 Abs. 3 ZPO untersagt aber gerade die Zwangsvollstreckung für die Erzwingung solcher höchstpersönlichen Dienste, selbstredend auch im Falle der rechtsprechenden Tätigkeit des Schiedsrichters.[514]

Eine Klagbarkeit wäre auch wenig praxisgerecht, nicht nur aus Vollstreckungsgesichtspunkten. Auch stünde mit einer zwanghaften Veranlassung der Schiedsrichtertätigkeit die Neutralität des Schiedsrichters in Rede: Der Schiedsrichter würde unter Druck und nicht mehr allein aufgrund des Schiedsrichtervertrages tätig, insbesondere bestünde die Gefahr, dass der Schiedsrichter zu Ungunsten der Partei entscheiden würde, die eine Zwangsdurchsetzung veranlasst hat.[515] Das Erreichen des eigentlichen Sinns und Zwecks der Schiedsvereinbarung, nämlich die objektive und neutrale Entscheidung eines Rechtsstreits, wäre nicht mehr gewährleistet.

Letztlich wird der so erzwungene Schiedsspruch, zumindest international, also in anderen als der erzwingenden Rechtsordnung, auf erhebliche Vollstreckungsschwierigkeiten stoßen. Nicht nur nach den Grundsätzen der Convention on the Recognition and Enforcement of Foreign Arbitral Awards von 1958, sondern auch aufgrund eines *ordre public* Verstoßes.[516] Hiervon zu unterscheiden sind solche Ansprüche auf Unterzeichnung und Zustellung eines Schiedsspruches, diese sind zwar bereits erfolgreich geltend gemacht worden,[517] entsprechen jedoch nicht mehr der rechtsprechenden Tätigkeit eines Schiedsgerichts und ändern deswegen nichts an der Unklagbarkeit der Verfahrensdurchführung aus Schiedsrichtersicht.

Hiervon kann der Erfüllungsanspruch auf Unterschriftleistung unterschieden werden.[518] Die Unterschrift ist Formvoraussetzung des Schiedsspruches und

513 A.A. Anders/Gehle, Das Recht der freien Dienste, Rn. 786, die eine Leistungsklage als erfolgversprechend sehen.

514 *Schütze/Tscherning/Wais*, Handbuch des Schiedsverfahrens, Rn. 220.

515 *Manuela Schäfer*, Die Verträge zur Durchführung des Schiedsverfahrens, S. 369.

516 Vgl. zur Bedeutungsvielfalt des Begriffs des *ordre public* einführungsweise: *Horn*, SchiedsVZ 2008, 209 (210f.).

517 RGZ 101, 392 (393f.).

518 RGZ 59, 248 (248ff.); 126, 379 (379ff.); *Jens Gal*, Die Haftung des Schiedsrichters in der internationalen Handelsschiedsgerichtsbarkeit, S. 133ff.

liefert gem. § 416 ZPO den Beweis dafür, dass die Unterzeichner den Schiedsspruch in der abgefassten Weise auch beraten und vereinbart haben.[519]

a) Unterschriftenleistung im Mehrpersonenschiedsgericht

Zunächst erscheint der mögliche Anwendungsbereich für einen dahin gerichteten Erfüllungsanspruch sehr klein, gem. § 1054 Abs. 1 S. 2 ZPO kann die Unterschrift der Mehrheit der Schiedsrichter die fehlende Unterschrift ersetzen, wenn ein Grund für das Fehlen vermerkt wird. Dieses ist auch für das Fehlen der Unterschrift des Vorsitzenden möglich und entspricht dem Vorgehen in der staatlichen Gerichtsbarkeit gem. § 315 Abs. 1 S. 2 ZPO.[520] Der Fall, in dem der parteiernannte Schiedsrichter seine Unterschrift aufgrund einer wenig objektiven Sichtweise verweigert, ist damit gesetzlich gelöst. Gleichwohl beantwortet die Vorschrift nur ein Problem der Unterschriftenverweigerung im Schiedsverfahren mit mehreren Schiedsrichtern. Der Anspruch auf Erfüllung kann beispielsweise relevant werden, wenn der Schiedsspruch lediglich noch zur Unterzeichnung aussteht, alle vorherigen Verfahrensschritte abgeschlossen sind und es ohne die Unterzeichnung nicht zu einer Mehrheit des Mehrpersonenschiedsgerichts kommen kann. Hier ist ausnahmsweise eine Klage statthaft,[521] soweit sie nicht die rechtsprechende Tätigkeit des Schiedsrichters betrifft, sondern sich auf die Formalie der Unterzeichnung beschränkt und damit kein Verfahrenseinfluss im eigentlichen Sinne mehr gegeben ist.[522]

b) Unterschriftenleistung des Einzelschiedsrichters

Entscheidend ist in diesem Zusammenhang zunächst, ob und wofür eine Unterschrift des Einzelschiedsrichters erforderlich ist. Gem. § 1054 Abs. 1 ZPO ist der Schiedsspruch durch die Schiedsrichter zu unterschreiben, die Unterschrift ist höchstpersönlich und eigenhändig zu leisten,[523] die Vorschrift des § 1054 Abs. 1 ZPO ist nicht abdingbar.[524] Mit der Unterschrift macht sich der Schiedsrichter das Urteil als seine Rechtsauffassung zu eigen,[525] in der sachgrundlosen Verweigerung der Unterschrift liegt eine Pflichtverletzung des Schiedsrichters,

519 *Schwab/Walter*, Kap. 20 Rn. 8.

520 *Schwab/Walter*, Kap. 20 Rn. 5.

521 MüKoZPO/*Münch*, Vorbem. zu den §§ 1034ff. Rn. 23.

522 RGZ 101, 392 (393ff.); 126, 379 (381); MüKoZPO/*Münch*, Vorbem. zu den §§ 1034ff. Rn. 23; a.A. *Schwab/Walter*, Kap. 20 Rn. 2.

523 OLG München SchiedsVZ 2013, 231 (233); *Schwab/Walter*, Kap. 20 Rn. 4f.

524 OLG Köln SchiedsVZ 2004, 269 (269).

525 *Manuela Schäfer*, Die Verträge zur Durchführung des Schiedsverfahrens, S. 369.

die den Parteien gesetzlich geregelte Möglichkeiten eröffnet. Teilweise mit dem kumulativen Vorliegen weiterer Voraussetzungen ist so die Ablehnung des Schiedsrichters gem. § 1036f. ZPO, die Antragstellung auf die Beendigung des Schiedsrichteramtes gem. 1038 Abs. 1 ZPO, die Aufhebung des Schiedsspruches gem. § 1059 ZPO oder eine Haftung des Schiedsrichters möglich. In der Aufzählung der Möglichkeiten durch den Gesetzgeber ist eine Möglichkeit auf die klageweise Erzwingung der Unterschriftenleistung nicht vorgesehen. Gleichwohl, ist das Schiedsverfahren bereits in dem Stadium angelangt, dass es nur noch der Unterschrift bedarf, steht einer Entwertung der bisherigen Schiedsrichterleistung die bereits erfolgte Abfassung des Schiedsspruches eigentlich entgegen. Dadurch, dass der Schiedsrichter bereits die, bis zur Unterschrift nötigen, Verfahrensschritte im Schiedsverfahren vollzogen hat, fehlt es gerade nicht an einem rechtsprechenden Tätigwerden, sondern nur an der Ausfertigung einer Formalie, die auch im Hinblick auf den Unmittelbarkeitsgrundsatz vertretbar erscheint.[526] In der Praxis wird sich dieses allerdings im Einzelschiedsgericht schwerlich darlegen lassen. Freilich ist denkbar, dass der zu verpflichtende Einzelschiedsrichter geltend macht, die Unterschrift zu verweigern, weil gerade noch kein abschließendes Ergebnis gefunden werden kann. Da dem Einzelschiedsrichter allein die Verfahrensleitung, bis hin zum Abfassen des Schiedsspruches, obliegt, kann nur er höchstpersönlich festlegen, wann die rechtsprechende Tätigkeit aufhört und die bloß formelle Ausfertigung beginnt. Letztlich bleibt den Parteien in diesen Fällen lediglich die Möglichkeit des Verfahrens nach § 1038 Abs. 1 ZPO.

IV. Ergebnis

Beim Dienstvertrag wird eine Tätigkeit selbst, also das Erbringen eines Dienstes in Form des Tätigwerdens, beim Werkvertrag dagegen ein durch Arbeit herbeizuführender Erfolg geschuldet. Es liegt deswegen zunächst nahe, eine Abgrenzung danach vorzunehmen, ob die versprochene Arbeit zeitlich oder durch das Eintreten des zugesicherten Erfolgs begrenzt ist.[527] Hiernach erscheint es auf den ersten Blick einleuchtend, die Beendigung der Streitigkeit der Schiedsparteien als herbeizuführenden Erfolg zu bezeichnen, der auch von den Schiedsparteien gewollt ist.

---

526 vgl. § 3, Einschränkung des Kündigungsrechts aufgrund des Unmittelbarkeitsgrundsatzes, S. 175ff.

527 *Arthur Nikisch*, Die Grundformen des Arbeitsvertrags, S. 13ff.; BeckOGKBGB/*Maties*, § 611 Rn. 9ff.

Hierbei wird man berücksichtigen müssen, dass es sich bei zeitlichen Grenzen und herbeizuführenden Erfolgen stets um sehr relative Kriterien handelt; jede Tätigkeit hat eine zeitliche Dimension und jede in einem Leistungsversprechen zugesagte Tätigkeit soll einen Zweck erfüllen, wird also auf einen Erfolg hin vorgenommen. Der für den Werkvertrag maßgebende Erfolg ist der nach dem Leistungsversprechen in der Arbeit liegende Erfolg, nicht der *Erfolg des Arbeitserfolgs*.[528]

Diese Auffassung hat schon *Lotmar* anhand nachfolgenden Beispiels veranschaulicht: Jede chirurgische Operation hat in der Eröffnung, Durchsuchung, Abtragung eines Organs, die sie bezielt, ihren Erfolg, auch wenn der Erfolg des Erfolgs versagt bleibt, etwa der Patient stirbt.[529] Der durch Arbeit herbeizuführende Erfolg kann deswegen, bei konsequenter Einhaltung dieses Gedankens, schon in der Ausführung der Tätigkeit selbst gesehen werden.[530] Den Dienstvertrag kennzeichnet also nicht abschließend, dass die Arbeitsleistung auf Zeit erfolgt, ihm also nicht schon durch den Inhalt der übernommenen Arbeit, die Arbeitsaufgabe, ein natürliches Ziel gesetzt ist.[531] Es wird nicht ausgeschlossen, dass auch bei Werkverträgen eine zeitliche Begrenzung der zu leistenden Arbeit vorliegen kann, beispielweise in dem Fällen eines Schiedsspruches oder der Beilegung eines Streits. Die rechtsdogmatische Einordnung und Typisierung als Dienst- oder Werkvertrag gelingt deshalb nur dann sinnstiftend, wenn man neben der tatbestandlichen Präzisierung die Rechtsfolgen in die Beurteilung einbezieht.[532] Nichts anderes gilt für die Einordnung des Schiedsrichtervertrages. Zieht man die Rechtsfolgen einer Einordnung als Dienstvertrag oder Werkvertrag in Betracht, wird deutlich, dass beide Typisierungen nicht geeignet sind, das Vertragsverhältnis von Parteien und Schiedsrichtern einerseits, den Anforderungsbereich an die rechtsprechungsgleiche Tätigkeit der Schiedsrichter andererseits, zu erfassen.

Die Erkenntnis, dass die typologische Abgrenzung rechtsfolgenorientiert sein muss, bedeutet nicht, dass auch stets eine typologische Zuordnung vorzunehmen ist,[533] ausschlaggebend ist insbesondere, mit welcher Vertragszuordnung der Wille der Vertragsparteien gesetzeskonform und effektiv erreicht werden

528 *Richardi*, NZA 2017, 36 (37).

529 *Philipp Lotmar*, Der Arbeitsvertrag nach dem Privatrecht des Deutschen Reiches, S. 433f.

530 *Richardi*, NZA 2017, 36 (37) m.w.N.

531 *Richardi*, NZA 2017, 36 (38).

532 *Gustav Rümelin*, Dienstvertrag und Werkvertrag, S. 21; *Richardi*, NZA 2017, 36 (38).

533 *Richardi*, NZA 2017, 36 (38); BeckOGKBGB/*Maties*, § 611 Rn. 25.

kann. Deswegen ist in dem Schiedsrichtervertrag auch ein Vertrag eigener Art zu sehen, die konsequente Anwendung dienstleistungsrechtlicher Anweisungsbefugnisse oder werkvertraglicher Gewährleistungsrechte liefe dem Willen der Parteien, ihren Streit objektiv, unbeeinflusst und durch das Schiedsgericht entscheiden zu lassen, zuwider. Deswegen ist der Schiedsrichtervertrag ein Vertrag *sui generis*, dessen Rechte und Pflichten sich wesentlich nach den Vorschriften über den Dienstvertrag bestimmen.[534]

F. Kapitelzusammenfassung: Der Schiedsrichtervertrag

Es zeigt sich ein unterschiedliches Bild hinsichtlich des Schiedsrichtervertrages im deutschen und US-amerikanischen Recht.

Während das deutsche Recht als Vertreter eines dogmatischen, vom römischen Recht geprägten Ansatzes, das Verhältnis zwischen Schiedsrichter und Parteien als Vertrag begreift, diesen systematisiert und aus ihm Rechte und Pflichten ableitet, herrscht in den Vereinigten Staaten von Amerika ein anderer Ansatz vor. Der *common law approach*, der sich weniger an der römischen oder napoleonischen Kodifizierung, sondern an englischer Rechtstradition orientiert, sieht dem Schiedsrichter eher einen quasirichterlichen Status verliehen, als Rechte und Pflichten aus einem Vertragsverhältnis abzuleiten. Während im US-amerikanischen Recht die Verbindung zwischen Partei und Schiedsrichter vor allem vor dem Hintergrund der Haftungsprivilegierung (*immunity*) thematisiert wird, sind im deutschen Recht auch Rechte und Pflichten des Schiedsrichters auf den Schiedsrichtervertrag zurückzuführen. Das US-amerikanische Recht wird deswegen von einigen im Hinblick auf die Aufarbeitung der Schiedsgerichtsbarkeit als wenig aufbereitet oder unausgereift oder genügsam beschrieben.[535]

Richtig ist, dass eine Systematisierung von Rechten und Pflichten des Schiedsrichters bisher weitgehend[536] dem *Softlaw* in Form von *Rules* und *Guidelines* überlassen worden ist und deswegen wenig grundsätzliche und allgemein übertragbare Rechtsprechung besteht, wenn es nicht um Fragen der Haftung geht.

534 MüKoBGB/*Müller-Glöge*, § 611 Rn. 137; *Schütze/Tscherning/Wais*, Handbuch des Schiedsverfahrens, Rn. 219.

535 *Jens Gal*, Die Haftung des Schiedsrichters in der internationalen Handelsschiedsgerichtsbarkeit, S. 72f.; weniger kritisch aber inhaltlich ebenso *Manuela Schäfer*, Die Verträge zur Durchführung des Schiedsverfahrens, S. 731; *Alessi*, 31 J. Int'l Arb. 2014, 735 (737f.).

536 Die im obigen Kapitel untersuchten Regeln des FAA und des UAA (2000) in Rechnung gestellt; vgl. auch *Brunet*, 74 Tul. L. Rev. 1999, 39 (41).

§ 2. Die Möglichkeit der Kündigung des Schiedsrichtervertrages

The possibility of the termination of the arbitrator's contract can not only be reasoned by comparing the arbitrator's contract to the arbitration agreement, although both are essential for the arbitral procedure and the defining basis for rights and duties throughout the arbitration. After a short terminological distinction between withdrawal, resignation and termination of contract the general provisions on the termination of service contracts are carefully examined and applied to the arbitrator's service. A special focus lies on German and American caselaw and the rationale of the respective provisions on the termination of contracts.

Über die Beendigung des Schiedsrichtervertrages durch Willenserklärung herrscht zuerst sprachliche Unklarheit. Warum im deutschen Recht trotz Verwendung der Begriffe Rücktritt, Widerruf und Amtsniederlegung wohl allermeist zumindest die Begriffsbedeutung der Kündigung angenommen werden muss, gilt es klarzustellen.[537]

Während im Gesetz die Begrifflichkeit des Rücktritts verwendet wird,[538] soll hier im Folgenden die Kündigung des Schiedsrichtervertrages durch den Schiedsrichter untersucht werden. Die Begrifflichkeit in § 1038 ZPO bezieht sich zumindest semantisch auf das Amt des Schiedsrichters und ist deswegen nicht falsch verwendet. Wendet man sich indes dem Schiedsrichtervertrag zu, der im Gesetz keine Erwähnung findet, so muss auch nicht der Gesetzeswortlaut verwendet werden, sondern die Begrifflichkeit für das richtige Gestaltungsrecht: Die Kündigung.[539]

Es gilt zuerst, den Rücktritt begrifflich von der Kündigung zu unterscheiden und aufzuzeigen, dass der Schiedsrichtervertrag aus gesetzgeberischer Perspektive und nach dem Willen der Parteien gekündigt werden kann, nicht jedoch ein Rücktritt möglich erscheint.

537 *Schütze/Tscherning/Wais*, Handbuch des Schiedsverfahrensrechts, Rn. 300.
538 Vgl. §§ 1038, 1039 ZPO; *Henn*, Schiedsverfahrensrecht, S. 74.
539 *Schütze/Tscherning/Wais*, Handbuch des Schiedsverfahrens, Rn. 298f.

A. Abgrenzung zum Rücktritt

Der Rücktritt und die Kündigung sind Gestaltungsrechte, also relativ subjektive Rechte. Das bedeutet, dass unter gewissen Voraussetzungen durch einseitige Erklärung die vorhandene Rechtslage geändert werden kann. Soweit ähneln sich Kündigung und Rücktritt noch, allerdings ist in der Rechtsfolge beider Institute weiter zu differenzieren. Der wesentliche Unterschied zwischen Kündigung und Rücktritt besteht darin, dass durch den Rücktritt das Vertragsverhältnis nicht für die Zukunft aufgelöst, sondern in ein Rückabwicklungsschuldverhältnis abgeändert wird.[540] Die Parteien schulden sich nach einem wirksamen Rücktritt primär vollständige Rückabwicklung der jeweils erbrachten Leistungen, nur sekundär kommt ein Wertersatz in Betracht.[541] Möglich ist diese Rückabwicklung nur insoweit, wie das Dauerschuldverhältnis (oder Teile davon) tatsächlich vollzogen wurde und die Parteien an einer rückwirkenden Abwicklung überhaupt ein Interesse haben. Außerdem wird darauf abgestellt, wie sachgerecht eine Rückabwicklung erscheint und ob der Charakter den Rückaustausch des bisher Geleisteten überhaupt zulässt. Insbesondere bei schwerlich unterteilbaren Dienstleistungen kann dieser nicht möglich sein.[542]

So liegt es bei der Beendigung des Schiedsrichtervertrages. Ein problemloser Rückaustausch der erbrachten Leistung des Schiedsrichtervertrages ist nicht vorstellbar. Zwar mag es möglich sein, bisher erbrachte Honorare oder Vorschüsse zurückzuerstatten (so diese bereits gezahlt sind) und hierbei der Höhe nach eine Lösung zu finden, die alle Parteien zufriedenstellt. Nicht exakt, geschweige denn problemlos, scheint es hingegen möglich, die geleistete Arbeit des Schiedsrichters zu „erstatten“ oder einer sonstigen Rückabwicklung zuzuführen. Wie obige Untersuchung gezeigt hat, ist der Schiedsrichtervertrag Vertrag eigener Art, der sich schwerlich in abgrenzbare Teilleistungen unterteilen lässt, die sich noch schwieriger rückabwickeln lassen. Mithin kommt ein Rücktritt vom Schiedsrichtervertrag praktisch und terminologisch, auch ausnahmsweise, nicht Betracht.[543]

Deswegen wird bei der prozessualen Erklärung des Rücktritts auch immer eine Aufkündigung der materiellen Rechtslage, sprich: des Schiedsrichtervertrages, gewollt und konkludent erklärt werden.[544] Das rechtliche Schicksal der materiellen Rechtslage hängt jedoch nicht von der prozessualen Erklärung des

540 MüKoBGB/*Gaier*, § 346 Rn. 1.
541 Vgl. § 346 BGB.
542 BGH NJW 2002, 1870 (1870).
543 *Berger*, ASA-Bulletin 20(1) 2002, S. 5 (6f.).
544 MüKoZPO/*Münch*, § 1038 Rn. 22; 49.

Rücktritts ab oder umgekehrt.[545] Die Voraussetzungen der Beendigung der prozessualen Stellung des Schiedsrichters durch Ablehnung des Schiedsrichters sind beispielsweise gesetzlich normiert,[546] hinsichtlich der materiellen Rechtslage bezüglich des Schiedsrichtervertrages gibt es einleuchtenderweise keine Regelung in der Zivilprozessordnung. Die verfahrensrechtliche Seite, also die Ernennung und die Ablehnung und Abberufung des Schiedsrichters im Schiedsverfahren, läuft deswegen auch in ihren Voraussetzungen nicht zwingend mit der Beendigung des Schiedsrichtervertrages gleich.[547]

Hinzu kommt, wie der Fortgang der Arbeit zeigen wird, dass eine Kündigung des Schiedsrichtervertrages gerade auf materieller Ebene geeignet ist, Haftungskonsequenzen herbeizuführen, die nicht mit der Entstehung eines Rückgewährschuldverhältnisses vergleichbar sind.

B. Vorhandensein einer Kündigungsmöglichkeit

Durch eine Kündigung hingegen endet das Vertragsverhältnis der Parteien *ex nunc*, ohne dass diese zur jeweiligen Rückabwicklung verpflichtet werden.[548]

In dem Schiedsrichtervertag ist ein Dauerschuldverhältnis zu sehen, welches für die Zukunft aufgehoben, sprich: gekündigt, werden kann. Hierbei sind drei Kündigungsszenarien denkbar: Die Kündigung des Schiedsrichtervertrages durch eine Schiedspartei, durch beide Schiedsparteien oder durch den Schiedsrichter.

I. Kündigung durch die Schiedsparteien

Untersucht werden kann zunächst, ob den Schiedsparteien nach deutschem Recht ein Kündigungsrecht zusteht. Die herrschende Meinung geht davon aus, dass es keines wichtigen Grundes für die Kündigung von Seiten der Parteien bedarf und wendet die Vorschrift des § 627 Abs. 1 BGB an.[549] Bei gemeinschaftlicher Kündigung durch beide Schiedsparteien endet der Schiedsrichtervertrag

---

545 *Joachim Strieder*, Rechtliche Einordnung und Behandlung des Schiedsrichtervertrages, S. 20f.

546 Vgl. 1036ff. ZPO

547 *Joachim Strieder*, Rechtliche Einordnung und Behandlung des Schiedsrichtervertrages, S. 21.

548 MüKoBGB/*Ernst*, § 323 Rn. 224.

549 Musielak/*Voit*, § 1036 Rn. 2; *Schütze/Tscherning/Wais*, Handbuch des Schiedsverfahrensrechts, Rn. 300; *Schwab/Walter*, Kap. 13 Rn. 8; *Lionnet*, 15 Arb. Int'l 1999, 161 (162f.).

für die Zukunft, die Kündigung wird mit Zugang bei dem Schiedsrichter wirksam.[550] Sie haben damit die gemeinsame Entscheidung über die Fortführung des Schiedsrichtervertrages in der Hand. In der gemeinsamen Erklärung der Ablehnung des Schiedsrichters bzw. der Beendigung seines Amtes wird deswegen immer auch die konkludente (mögliche) Kündigung des Schiedsrichtervertrages durch die Parteien zu sehen sein.[551]

Anders hingegen liegt es, wenn eine einzelne Partei einen Schiedsrichtervertrag zu kündigen sucht. Da beide Schiedsvertragsparteien Vertragspartner des oder der Schiedsrichter sind,[552] können sie das Kündigungsrecht nur in Übereinstimmung ausüben.[553] Denkbar bleiben Szenarien, in denen eine Partei die Beendigung des Amtes des Schiedsrichters i.S.d. § 1038 Abs. 1 S. 2 ZPO beantragt. Die Beendigung des Schiedsrichteramtes kann gem. § 1038 Abs. 1 ZPO dann ausgesprochen werden, wenn der Schiedsrichter entweder rechtlich oder tatsächlich außerstande ist, seine Aufgaben zu erfüllen, oder er aus anderen Gründen seinen Aufgaben in angemessener Frist nicht nachkommt. Die Frage, ob der Schiedsrichter seinen Aufgaben binnen angemessener Zeit nachkommt, ist nach der Zumutbarkeit weiteren Abwartens zu beurteilen. Das Schiedsverfahren soll in erster Linie den Parteien dienen. Wird es derart verzögert, dass gravierende Nachteile entstehen, die bei der Verhandlung vor den staatlichen Gerichten fehlen würden, greift § 1038 Abs. 1 ZPO.[554] Staatlichen Gerichten selbst kommt hierbei nach ganz herrschender Auffassung eine, nur auf besondere Ausnahmefälle beschränkte, Kontrollmöglichkeit zu.[555] Ebendiese Möglichkeit steht auch der einzelnen Partei zu, ein alleiniges Kündigungsrecht der einzelnen Schiedspartei widerspricht dem Grundgedanken der Schiedsgerichtsbarkeit als verbindlichem Streitbeilegungsmechanismus.

II. Kündigung durch den Schiedsrichter

Durch das Schiedsverfahrens-Neuregelungsgesetz aus dem Jahr 1997[556] ist der Begriff des Rücktritts an mehreren Stellen in das Gesetz eingeführt worden, an

550 *Joachim Strieder*, Rechtliche Einordnung und Behandlung des Schiedsrichtervertrages, S. 160.

551 *Manuela Schäfer*, Die Verträge zur Durchführung des Schiedsverfahrens, S. 397.

552 RGZ 59, 247 (252); 94, 210 (212); BGHZ 15, 12 (15); 55, 344 (347).

553 *Joachim Strieder*, Rechtliche Einordnung und Behandlung des Schiedsrichtervertrages, S. 160.

554 OLG München, SchiedsVZ 2011, 107 (109).

555 *Lachmann*, Rn. 1128.

556 Schiedsverfahrens-Neuregelungsgesetz vom 22.12.1997, BGBl 1997 I, 3224.

denen es wohl terminologisch eher einer Bezeichnung als Kündigung bedurft hätte. Die Zivilprozessordnung (§§ 1037 Abs. 2, 1038 Abs. 1, 1038 Abs. 2 und 1039) spricht nämlich seitdem von einem Rücktritt, obwohl es sich tatsächlich auch um die Beendigung eines Dauerschuldverhältnisses für die Zukunft, also um eine Kündigung, handelt.[557] Gemeint sein kann dabei indes nur der Rücktritt vom (prozessualen) Schiedsrichteramt, um das es in den Vorschriften geht. Den Terminus des Rücktritts auf den Schiedsrichtervertrag anzuwenden, erscheint jedoch nicht treffend, weder soll in den Fällen der §§ 1037ff. ZPO ein Rückgewährschuldverhältnis entstehen noch kann gemeint sein, dass die Voraussetzungen der §§ 323ff. BGB Anwendung finden sollen.

Es muss sich bei der Beendigung des Schiedsrichtervertrages durch den Schiedsrichter inhaltlich um eine Kündigung handeln, sucht er doch ein Dauerschuldverhältnis, welches den materiell-rechtlichen Pflichten des Dienstvertrages nahesteht, für die Zukunft zu beenden. Aus Art. 14 Abs. 1 des UNCITRAL Model Laws bzw. der deutschen Entsprechung in § 1038 Abs. 1 ZPO könnte zunächst geschlossen werden, dass eine Beendigung des Schiedsrichtervertrages durch den Schiedsrichter jederzeit möglich sei:

> „*[…] Ist ein Schiedsrichter rechtlich oder tatsächlich außerstande, seine Aufgaben zu erfüllen, oder kommt er aus anderen Gründen seinen Aufgaben in angemessener Frist nicht nach,* ***so endet sein Amt, wenn er zurücktritt***[558] *oder wenn die Parteien die Beendigung seines Amtes vereinbaren. Tritt der Schiedsrichter von seinem Amt nicht zurück oder können sich die Parteien über dessen Beendigung nicht einigen, kann jede Partei bei Gericht eine Entscheidung über die Beendigung des Amtes beantragen.*[559]
> […]“

Voraussetzung für einen Rücktritt vom Schiedsrichteramt, welcher in aller Regel die konkludente Kündigung des Schiedsrichtervertrages beinhalten soll,[560] ist somit nur die Nichterfüllung der schiedsrichterlichen Tätigkeit aus tatsächlichen, rechtlichen oder anderen Gründen. Auch nach Art. 15 UNCITRAL Model Law und der deutschen Entsprechung, § 1039 Abs. 1 ZPO, ist ein sog. „anderer Grund“ für den Rücktritt ausreichend. Um welche Gründe es sich hierbei handeln soll, wird nicht aufgezählt,[561] weder das Modellgesetz noch der deutsche Gesetzgeber benennen solche im Gesetzestext. Weder aus

557 *Schwab/Walter*, Kap. 13 Rn. 11.
558 Hervorhebung durch Verfasser.
559 § 1038 Abs. 1 ZPO.
560 MüKoZPO/*Münch*, § 1038 Rn. 22; 49; BeckOKZPO/*Wolf/Eslami*, § 1035 Rn. 43.
561 Einige Beispiele für den Rücktritt finden sich in BT-Drucks. 13–5274, S. 42f. (Hervorhebung durch Verfasser).

dem Gesetzestext selbst noch aus der Formulierung lässt sich also einwandfrei schließen, dass eine Kündigung durch den Schiedsrichter überhaupt geregelt werden sollte.

Gleichwohl wusste der Gesetzgeber um Fälle der Kündigung des Schiedsrichtervertrages und nahm diese in Teile der Gesetzesbegründung mit auf:

> *„Das Schiedsrichteramt endet vielmehr auch dann, wenn der Schiedsrichter „grundlos" von ihm zurücktritt oder die Parteien „grundlos" die Beendigung seines Mandats vereinbaren,* ***unabhängig von den Rechtsfolgen aus der dann möglicherweise gegebenen Verletzung des Schiedsrichtervertrages.***[562] *Dieses Regelungsgefüge erscheint zwar konstruktiv schwerfällig. Da es aber in der Sache selbst keinen Bedenken begegnet und das geltende Recht mit der rudimentären Regelung des § 1031 ZPO im Zusammenhang mit der Bestellung eines Ersatzschiedsrichters keine befriedigende Alternative darstellt, ist die Regelung aus Gründen der Rechtsvereinheitlichung gleichwohl in den Entwurf übernommen worden."*[563]

Somit steht fest, dass eine Kündigung des Schiedsrichtervertrages durch den Schiedsrichter vom Gesetzgeber vorgesehen ist, Kündigungsgründe mit solchen zum Rücktritt zusammenfallen können, keinesfalls aber müssen. Während ein Rücktritt auch „grundlos"[564] geschehen kann, muss dieses nicht für die Kündigung des Schiedsrichtervertrages gelten. Richtig ist nämlich, wie von der Gesetzesbegründung auch erkannt, dass der grundlose Rücktritt vom Amt, also der bloßen Tätigkeit als Schiedsrichter, schon deswegen möglich sein muss,[565] weil eine zwangsweise Erfüllung eines Anspruchs auf die schiedsrichterliche Tätigkeit ausscheidet. Ein Schiedsrichter kann nicht zur Ausübung seines Amtes gezwungen werden.[566] Durch den – möglichen – grundlosen Rücktritt von der schiedsrichterlichen Tätigkeit kann der Schiedsrichter gleichwohl materielle Interessen der Schiedsparteien gefährden und sich vertragsbrüchig hinsichtlich des Schiedsrichtervertrages verhalten. Das Schicksal der Kündigung des Schiedsrichtervertrages beurteilt sich damit gänzlich unabhängig von dem Schicksal des bloßen Rücktritts.[567] Während der Rücktritt für den Schiedsrichter grundlos möglich sein muss, kann gleichwohl hierdurch eine Vertragsverletzung vorliegen, die durch das Vorliegen eines Kündigungsgrundes allerdings

---

562 Hervorhebung durch Verfasser.

563 BT-Drucks. 13–5274, S. 42.

564 BT-Drucks. 13–5274, S. 42.

565 A.A. *Bucher*, 20 ASA-Bulletin 2002 S. 424.

566 vgl. § 1, E., III. 2. Keine Klagbarkeit auf Durchführung des Verfahrens, S. 129ff.

567 *Manuela Schäfer*, Die Verträge zur Durchführung des Schiedsverfahrens, S. 400f.

relativiert werden kann. Im Folgenden wird zu zeigen sein, dass nur wer ein jederzeitiges Kündigungsrecht nach § 627 BGB bejaht einen erstrebenswerten Gleichlauf[568] der prozessualen Stellung des Schiedsrichters durch Rücktritt und der privatrechtlichen Lage durch Kündigung erlaubt.

1. *Römisches Recht*

Auch im römischen Recht war bereits denkbar, dass ein Schiedsrichter – zumindest konkludent – die Kündigung erklärte. Üblicherweise weigerte sich der Schiedsrichter entsprechend, einen Schiedsspruch zu fällen oder weiter in der ihm übertragenen Sache tätig zu werden. In diesen Fällen konnte vom zuständigen *Prätor* das Vorliegen der möglichen Gründe für eine Haftung des Schiedsrichters untersucht werden. Neben den „allgemeinen" Voraussetzungen, also der Schiedsfähigkeit der Sache,[569] der Nichterledigung,[570] der abstrakten Befähigung zum Schiedsrichteramt[571] und der tatsächlichen Weigerung der Ausfüllung des Amtes, stand das Nichtvorliegen der sog. *exceptionis*.[572]

Hinzu kommt aber auch die Feststellung, dass eine Zahlungsvereinbarung für Schiedsrichter gesondert abgeschlossen werden musste und es nicht die Regel war, dass Schiedsrichter für ihre Dienste entlohnt worden sind. Vor diesem Hintergrund verstehen sich auch die damals anerkannten Kündigungsgründe. Die *exceptionis* ermöglichten es dem Schiedsrichter, sich von seinem Amt ohne Ansehensverlust, Schadensersatzverpflichtung[573] oder andere negative Konsequenz zu lösen. War eine der *exceptionis* nach Übernahme des Amtes entstanden, musste der Schiedsrichter diese nur gegenüber dem *Prätor* geltend machen.[574]

In ihrer Eigenschaft als stark kodifiziertes Regelwerk haben die Digesten einige *exceptionis* ausformuliert, inwieweit diese Gründe als Erkenntnisquelle dienen können, muss in einem zweiten Schritt beurteilt werden.

Zunächst soll die Übernahme eines öffentlichen Amtes, insbesondere eines Priesteramtes, dem *Arbiter* zur Entschuldigung dienen.[575] Krankheit und hohes

568 *Altenkirch*, SchiedsVZ 2014, 113 (120).

569 Paulus 13 – Digeste 4.8.32.3.

570 Paulus 13 – Digeste 4.8.32.5.

571 Ulpianus 13 – Digeste 4.8.7 (keine Sklaven); 4.8.9.1 (keine Kinder, Gehörlose, Geisteskranke oder Stumme); Digeste 4.8.9.2 (keine mit der Rechtssache befassten Richter).

572 vgl. § 2, B., II. 1. Römisches Recht, S. 141f.

573 Für den Fall, in dem das *receptum arbitri* gesondert durch Strafzahlung besichert gewesen ist.

574 *Karl-Heinz Ziegler*, Das private Schiedsgericht im antiken römischen Recht, S. 36, 87.

575 Paulus 13 – Digeste 4.8.32.4; Ulpianus 13 – Digeste 4.8.15.

Alter sollten ebenfalls zur Entschuldigung taugen,[576] genauso unaufschiebbare Termine,[577] wie wichtige Reisen oder die eigene Verteidigung vor einem Gericht.[578] Neben diesen terminlichen und objektiven Gründen der Verhinderung und einhergehenden Entschuldigung sieht das Regelwerk der damaligen Schiedsgerichtsbarkeit auch solche Entschuldigungsgründe vor, die mit der Ehre und Integrität des Schiedsrichters, des *Arbiters*, zu tun haben.

Ist zwischen Schiedspartei und Schiedsrichter eine Todfeindschaft entstanden, so kann der Schiedsrichter, wohl auch zur Wahrung der Objektivität und damit des Ansehens seiner Person, sein Amt entschuldigt niederlegen.[579] Auch ehrenrühriges Verhalten, wie das späte Aufsuchen des Schiedsrichters,[580] das Anrufen eines *Prätors* in der Zwischenzeit[581] oder das Beleidigen des *Arbiters*,[582] führte zu dem Vorliegen eines Entschuldigungsgrundes. Eine Kündigung war also durchaus auch nach römischem Recht denkbar, es wurde sogar untersucht, ob dem Schiedsrichter ein entsprechender Rechtsgrund zur Seite gestanden hat, war dieses der Fall, kam eine Haftungsfreistellung in Betracht.

2. *Deutsches Recht*

In Literatur und Rechtsprechung wird nahezu einhellig die Meinung vertreten, das freie Kündigungsrecht für den Schiedsrichter stelle für das Schiedsrichtermandat keine angemessene Lösung dar, gleichviel sei eine Kündigung unter (strengen) Voraussetzungen möglich.[583] Die Argumente, die zur Begründung dieser Meinung vertreten werden, sind vielfältig.[584] So wird etwa erklärt, es sei mit dem Wesen der Schiedsabrede, den Hauptpflichten des Schiedsrichters und dem Amt des Schiedsrichters nicht vereinbar, wenn man annehmen wollte, dem Schiedsrichter stehe die jederzeitige Kündigungsmöglichkeit zu.[585] Das Verhältnis zwischen Schiedsrichtern und Parteien sei zudem nicht mit jedem beliebigen Dienstleistungsverhältnis vergleichbar, der Schiedsrichter habe eine exponierte

576 Paulus 13 – Digeste 4.8.16; Ulpianus 13 – Digeste 4.8.15.
577 Paulus 13 – Digeste 4.8.15.
578 Paulus 13 – Digeste 4.8.16.1; Ulpianus 13 – Digeste 4.8.15
579 Ulpianus 13 – Digeste 4.8.15.
580 Ulpianus 13 – Digeste 4.8.17.1.
581 Ulpianus 13 – Digeste 4.8.9.4.
582 Ulpianus 13 – Digeste 4.8.15.
583 *Altenkirch*, SchiedsVZ 2014, 113 (116) m.w.N; *Schwab/Walter*, Kap. 13 Rn. 10; *Schütze/Tscherning/Wais*, Rn. 304.
584 *Berger*, ASA-Bulletin 20(1) 2002, S. 5 (7ff.).
585 *Schwab* in FS Schiedermair, 514 (514ff.).

Stellung inne,[586] die es erforderlich mache, das Kündigungsrecht vom Vorliegen eines wichtigen Grundes abhängig zu machen.[587] Eine willkürliche Kündigung sei außerdem nicht tolerierbar, weil es der Schiedsrichter dadurch in der Hand hätte, das Wirksamwerden des Urteils zu verhindern, zumindest aber stark zu verzögern.[588] Hinzu käme, dass die bisher erbrachten Leistungen des Schiedsrichters durch eine Kündigung teilweise entwertet würden,[589] hierfür müssten die Leistungsempfänger, sprich: die Schiedsparteien, geschützt werden.[590]

Deswegen werden, nach den aktuell vertretenen Auffassungen, hohe Anforderungen an die Kündigung des Schiedsrichters gestellt,[591] sodass ein ordentliches Kündigungsrecht bei derzeitiger Rechtsauffassung nicht angenommen werden kann. Vielmehr kann nur von einem außerordentlichen Kündigungsrecht gesprochen werden, hier besteht die auffälligste Uneinigkeit hinsichtlich der Frage der Möglichkeit der Anwendung des § 627 Abs. 1 BGB.

a) Ordentliche Kündigung

Während die allermeisten Auffassungen in Rechtsprechung und Literatur dem Schiedsrichter kein ordentliches Kündigungsrecht hinsichtlich des Schiedsrichtervertrages einräumen, stellt dieses doch zunächst den Regelfall für die Kündigung von derartigen Dauerschuldverhältnissen dar.[592] Die Möglichkeit der Kündigung soll grundsätzlich bestehen, wenngleich hierbei gewisse Kündigungsfristen eingehalten werden müssen, die sich im Wesentlichen nach der Dauer des Dienstverhältnisses richten.[593]

Im Wesentlichen besteht Einigkeit darüber, dass keine ordentliche Kündigung des Schiedsrichtervertrages möglich ist.[594] Dieses hätte zur Folge, dass der Schiedsrichter seine Tätigkeit innerhalb (kurzer) Kündigungsfristen ohne Haftungsfolge niederlegen könnte. Den Parteien ist durch den Abschluss von Schiedsvereinbarung und Schiedsrichtervertrag aber gerade daran gelegen, einen Rechtsstreit abschließend zu regeln. Die ordentliche Kündigung ist mit

586 *Manuela Schäfer*, Die Verträge zur Durchführung des Schiedsverfahrens, S. 137.
587 RGZ 101, 392 (393ff.).
588 RGZ 59, 247 (248f.).
589 vgl. § 2, B., II. 1. Römisches Recht, S. 141f.; *Manuela Schäfer*, Die Verträge zur Durchführung des Schiedsverfahrens, S. 402f.
590 RGZ 59, 247 (248f.).
591 MüKoZPO/*Münch*, Vorbem. zu den §§ 1034ff. Rn. 49ff.
592 BT-Drucks. 14-6040, S. 177; MüKoBGB/*Gaier*, § 314 Rn. 5.
593 Vgl. 621 BGB.
594 *Altenkirch*, SchiedsVZ 2014, 113 (116).

dem Wesen des Schiedsrichtervertrages nicht vereinbar, sie steht der Gewährung rechtlichen Gehörs entgegen. Auch Probleme hinsichtlich des Unmittelbarkeitsgrundsatzes verbieten ein ordentliches Kündigungsrecht, kündigt der Schiedsrichter auf ordentliche Weise, besteht die Gefahr, dass Verfahrensabschnitte wiederholt werden müssen. Ist die ordentliche Kündigung jedoch wirksam, entstünden den Parteien hierdurch Kosten, zu deren Ersatz der rechtmäßig Kündigende nicht verpflichtet wäre.[595]

Es kann kein an Fristen gebundenes, jederzeitiges, ordentliches Kündigungsrecht des Schiedsrichters bestehen. Wird die Kündigung trotzdem erklärt, ohne dass ein Kündigungsgrund vorliegen oder genannt würde, soll die Kündigung unwirksam sein und der Schiedsrichtervertrag besteht solange fort, bis er wegen Untätigkeit von den Parteien gekündigt wird.[596] Bedeutsam ist in diesem Zusammenhang die damit verbundene Frage der Pflichtverletzung durch den Schiedsrichter.

Würde eine ordentliche Kündigung wirksam sein, so kommt ab dem Wirksamkeitszeitpunkt keine Verletzung einer Schiedsrichterpflicht, allenfalls der Verschwiegenheitspflicht, die über das Bestehen des Schiedsrichtervertrages hinaus wirkt, in Betracht. Vielmehr verletzt aber der untätige Schiedsrichter seine Verfahrensförderungspflicht, wenn sich seine Untätigkeit lediglich auf die vermeintliche Wirksamkeit einer ordentlichen Kündigung stützt, so entsteht eine Schadensersatzpflicht.

b) *Außerordentliche Kündigung*

Das Gesetz spricht im Zusammenhang mit der außerordentlichen Kündigung von der fristlosen Kündigung aus wichtigem Grund i.S.d. § 626 BGB und von der fristlosen Kündigung bei Vertrauensstellung i.S.d. § 627 BGB. Während nach beinahe einhelliger Meinung eine ordentliche, fristgebundene Kündigung nicht in Betracht kommt, so wird die Möglichkeit der fristlosen Kündigung aus wichtigem Grund mehrheitlich in Rechtsprechung und Literatur bejaht, hinsichtlich der Kündigung nach § 627 BGB besteht kein einheitliches Bild. Wichtig erscheint es zunächst, die Unterschiede der beiden außerordentlichen Kündigungen festzuhalten und auf den Schiedsrichtervertrag zu beziehen.

Bei der Anwendung des § 626 Abs. 1 BGB ist ein Kündigungsgrund für die Wirksamkeit der Kündigung, also für den Eintritt der Rechtsfolge, nämlich der Beendigung des Dienstverhältnisses für die Zukunft, erforderlich.[597] Hierbei ist

---

595 *Altenkirch*, SchiedsVZ 2014, 113 (116).

596 *Manuela Schäfer*, Die Verträge zur Durchführung des Schiedsverfahrens, S. 401.

597 Jauernig/*Mansel*, § 626 Rn. 7f.

hinsichtlich der Wirksamkeit der Kündigung sodann der unbestimmte Rechtsbegriff des wichtigen Grundes auszufüllen. Dieser soll dann vorliegen, wenn das konkrete Verhalten eine Unzumutbarkeit der Fortführung des Dienstverhältnisses bedeutet.[598]

Anders verhält es sich bei der Kündigung nach § 627 BGB. Besteht der Tatbestand, soll auch hier eine wirksame Kündigung vorliegen. Der Tatbestand knüpft jedoch hinsichtlich der Wirksamkeit der Kündigung nicht an das Vorliegen von Gründen, sondern an das Dienstverhältnis selbst an. Das außerordentliche Kündigungsrecht nach § 627 BGB verlangt das kumulative Vorliegen von vier Voraussetzungen, ein wichtiger Grund ist nicht darunter. Erstens muss ein Dienstverhältnis gegeben sein, das kein Arbeitsverhältnis i.S.d. § 622 BGB ist, zweitens darf das Dienstverhältnis nicht als dauerndes Dienstverhältnis mit festen Bezügen ausgestaltet sein, drittens muss der Dienstpflichtige Dienste höherer Art schulden und diese müssen viertens üblicherweise aufgrund besonderen Vertrauens übertragen werden.[599] Die Frage der Wirksamkeit der Kündigung nach § 627 BGB hängt also nicht von dem Vorliegen eines wichtigen Grundes ab, diese wird erst bedeutsam, wenn es um die Schadensersatzverpflichtung aus § 627 Abs. 2 BGB geht.[600] Sind die wichtigen Gründe von § 626 BGB und § 627 Abs. 2 BGB aufgrund dieses Unterschiedes nicht die gleichen Gründe, dann wäre § 626 BGB unmittelbar anwendbar, sodass es auf die besonderen Voraussetzungen des § 627 BGB gar nicht ankäme. Vielmehr muss nach § 627 Abs. 2 BGB lediglich für die unzeitige Kündigung ein wichtiger Grund vorliegen.[601]

aa) Literatur

Das außerordentliche Kündigungsrecht des Schiedsrichters ist bereits an einigen Stellen Thema in der Literatur geworden.[602] Es muss zwischen § 626 Abs. 1 BGB und § 627 BGB unterschieden werden. Während § 626 BGB für die Wirksamkeit der außerordentlichen Kündigung einen wichtigen Grund voraussetzt, stellt sich die Frage nach dem wichtigen Grund bei § 627 BGB nur bei unzeitiger Kündigung mit Blick auf die Haftung des Schiedsrichters.

---

598 MüKoBGB/*Henssler*, § 626 Rn. 72f.

599 MüKoBGB/*Henssler*, § 627 Rn. 10.

600 MüKoZPO/*Münch*, Vorbem. zu den §§ 1034ff. Rn. 49.

601 MüKoBGB/*Henssler*, § 627 Rn. 36; Staudinger/*Preis*, § 627 Rn. 31.

602 *Altenkirch*, SchiedsVZ 2014, 113 (113ff.); *Lachmann*, Rn. 4378; *Gustav Real*, Der Schiedsrichtervertrag, S. 182f.; *Schwab/Walter*, Kap. 13 Rn. 13; *Joachim Strieder*, Rechtliche Einordnung und Behandlung des Schiedsrichtervertrages, S. 110.

(1) § 626 Abs. 1 BGB

In der Literatur ist anerkannt, dass ein außerordentliches Kündigungsrecht des Schiedsrichters gem. § 626 Abs. 1 BGB besteht.[603] Im Unterschied zu einem Kündigungsrecht aus § 627 BGB ist der wichtige Grund Wirksamkeitsvoraussetzung für die Kündigung. Danach kann das Dienstverhältnis von jedem Vertragsteil aus wichtigem Grund ohne Einhaltung einer Kündigungsfrist gekündigt werden, wenn Tatsachen vorliegen, aufgrund derer dem Kündigenden unter Berücksichtigung aller Umstände des Einzelfalls und unter Abwägung der Interessen beider Vertragsparteien die Fortsetzung des Dienstverhältnisses bis zum Ablauf der Kündigungsfrist oder bis zur vereinbarten Beendigung des Dienstverhältnisses nicht zugemutet werden kann.[604] Bei der Frage, ob ein wichtiger Grund gegeben ist, der zum Ausspruch der Kündigung berechtigt, ist zweistufig vorzugehen.[605] Zuerst muss geprüft werden, ob abstrakt ein geeigneter Kündigungsgrund vorliegt,[606] dann ist auf die Umstände des Einzelfalles abzustellen.[607] Die vorzunehmende Prüfung unterscheidet sich nach herrschender Auffassung nicht von der „gewöhnlichen" Prüfung des § 626 BGB.[608] Fragen der unzeitigen Kündigung oder der Möglichkeit einer Ersatzbeschaffung stellen sich bei der konsequenten Anwendung des § 626 BGB nicht.

(2) § 627 BGB

Von einem Vertrag, der die Leistung von Diensten höherer Art zum Gegenstand hat und von einem besonderen Vertrauen in den Dienstleistungsverpflichteten getragen ist, können sich die Parteien nach § 627 BGB unter erleichterten Voraussetzungen einseitig lösen. Während Dauerschuldverhältnisse grundsätzlich nur unter Einhaltung einer Frist oder bei Vorliegen eines wichtigen Grundes gekündigt werden können, verlangt § 627 BGB dieses nicht.[609]

Ein uneinheitliches Bild ergibt sich hinsichtlich des Kündigungsrechts des Schiedsrichters nach § 627 BGB. Das Recht auf außerordentliche Kündigung

---

603 BGH DB 1980, 967 (968); LG Köln NJW-RR 2013, 1273 (1273ff.); Hk-ZPO/*Saenger*, Vorbemerkung zu §§ 1025–1066 Rn. 14; MüKoBGB/*Müller-Glöge*, § 611 Rn. 137; Prütting/Gehrlein/*Prütting*, § 1035 Rn. 12; *Schwab/Walter*, Kap. 13 Rn. 14; *Schütze/Tscherning/Wais*, Handbuch des Schiedsverfahrensrechts, Rn. 302ff.

604 Für den Schiedsrichter: LG Köln NJW-RR 2013, 1273 (1274).

605 LG Köln NJW-RR 2013, 1273 (1274); Hk-BGB/*Schreiber*, § 626 Rn. 5.

606 BGH NJW 1993, 463 (464).

607 Hk-BGB/*Schreiber*, § 626 Rn. 7.

608 MüKoBGB/*Müller-Glöge*, § 611 Rn. 137.

609 MüKoBGB/*Henssler*, § 627 Rn. 1; BeckOGKBGB/*Günther*, § 627 Rn. 2.

bei Vertrauensstellung wird dem Schiedsrichter aufgrund verschiedener Gründe nicht immer eingeräumt, nur wenige Stimmen wollen dem Schiedsrichter ein Kündigungsrecht nach § 627 BGB zusprechen, um sodann auf Haftungsseite das Vorliegen von Gründen zu untersuchen.[610] Nach einer näheren Untersuchung des Tatbestandes sollen die Argumente der Stimmen, die ein Kündigungsrecht nach § 627 Abs. 1 BGB ablehnen, aufgegriffen werden, um letztlich den Versuch zu unternehmen, diese zu entkräften.

(aa) Normgenese

Der erste Entwurf des Bürgerlichen Gesetzbuches enthielt kein jederzeitiges Kündigungsrecht, erst recht nicht in Form des heutigen § 627 BGB, stattdessen war ein „Rücktritt für die Zukunft" bei wichtigem Grund geregelt.[611] Die Regelung zur erleichterten Kündigungsmöglichkeit von besonderen Dienstverhältnissen hat ihren Ursprung weitestgehend in einem Beschluss der Vorkommission des Reichsjustizamtes. Das Reichsjustizamt hat in den Verhandlungen vom 12.04.1892 die Vorschrift nur geringfügig verändert, die Vorschrift unterscheidet sich ihrem Inhalte nach kaum von der heutigen Regelung.[612] Bei besonderen, höheren Dienstverhältnissen, die auf einer Vertrauensgrundlage zwischen Dienstverpflichtetem und Dienstberechtigtem basieren, war bereits damals das Bedürfnis nach einem beiderseitigen besonderen Kündigungsrecht anerkannt. Diesem lag die Einschätzung zugrunde, dass erforderlich sei, bei gewissen höheren Dienstleistungen, insbesondere bei den Diensten der Aerzte, Lehrer und Rechtsanwälte ein freies, beiderseitiges Kündigungsrecht „zur Anerkennung" zu bringen.[613] Ein solches begründe sich, wenn

> *„eine genau bestimmte Leistung den Gegenstand des Vertrages bildet, deren Ausführung eine besondere persönliche Beziehung zwischen dem Dienstleistenden und dem den Dienst in Anspruch Nehmenden voraussetzt. Dagegen soll das Kündigungsrecht ausgeschlossen sein, wenn die Ausführung des Dienstes nicht auf einem besonderen persönlichen*

---

610 *Altenkirch*, SchiedsVZ 2014, 113 (113ff.); Ablehnend: Anders/Gehle, Das Recht der freien Dienste, Rn. 788; MüKoBGB/*Henssler*, § 627 Rn. 23; Musielak/Voit/*Voit*, § 1035 Rn. 29; *Schwab/Walter*, Kap. 13 Rn. 10; Staudinger/*Preis*, § 627 Rn. 20; *Schütze/Tscherning/Wais*, Handbuch des Schiedsverfahrensrechts, Rn. 302.

611 § 566 S. 1 BGB (erste Fassung): *„Jeder Vertragsschließende kann noch vor Ablauf der vereinbarten Dienstzeit ohne Einhaltung einer Kündigungsfrist von dem Vertrage für die Zukunft zurücktreten, wenn ein wichtiger, nach den Umständen des Falles den Rücktritt rechtfertigender Grund vorliegt."*.

612 Jakobs/Schubert, Die Beratungen des BGB – Bd. 2, S. 821f.

613 Protokoll No. 2193 in Mugdan II, S. 913.

Verhältnisse der Parteien beruht oder, wenn es sich um ein dauerndes Dienstverhältnis mit festen Bezügen handelt."[614]

Diese Anerkennung des persönlichen Verhältnisses zwischen dem Dienstleister und Dienstherren setzte sich über jede Reformüberlegung hinweg durch und führte letztlich zu der Fassung des heutigen § 627 BGB. Die Denkschrift zum Recht der Schuldverhältnisse paraphrasiert die oben dargestellte Ratio lediglich in einer leicht aktuelleren Fassung:

„*Nach der Natur solcher Rechtsverhältnisse kann keinem der beiden Theile die Fortsetzung zugemutet werden, wenn das persönliche Vertrauen zwischen ihnen erschüttert ist. Auch ohne eines nachweisbaren wichtigen Grundes muß daher dem einen wie dem anderen Theile die Kündigung jederzeit gestattet sein, vorausgesetzt, daß es sich nicht um ein dauerndes Dienstverhältnis mit festen Bezügen handelt, wie z.B. bei einem Leibarzt, Hofmeister, Syndikus.*"[615]

Insoweit soll sich offensichtlich das kollidierende Interesse des Schuldners an der Verlässlichkeit der Vertragsbeziehung als Quelle für einen Lebensunterhalt berücksichtigt finden. Nicht rechtshistorische, abschließende Klärung hingegen haben die Begriffe der Dienste höherer Art oder der Begriff des besonderen Vertrauens gefunden,[616] obwohl das besondere Vertrauen auch heute nicht nur bloßes Motiv für das Eingehen des Dienstverhältnisses sein soll, sondern echtes Tatbestandsmerkmal ist.[617] Ziel war kein einheitliches Kündigungsrecht für alle Dienstverhältnisse, sondern eine Ausnahme für Schuldverhältnisse mit bestimmten Berufsgruppen. Nach dem Wesen solcher Dienstverhältnisse sollten Kündigungen ohne Vorliegen eines wichtigen Grundes zulässig sein, wenn das Vertrauen zerstört ist. Historisch trägt die Vorschrift seit ihrer Entstehung der Voraussetzung des gegenseitigen Vertrauens für eine gedeihliche Zusammenarbeit Rechnung. Sind die Parteien nicht durch ein dauerndes Dienstverhältnis mit festen Bezügen verbunden, ersetzt das vorausgesetzte Vertrauen die vermeintliche Planbarkeit und Sicherheit beider Parteien dadurch, dass ein Kündigungsrecht eingeräumt wird. Begreift man das besondere Vertrauensverhältnis richtigerweise als Voraussetzung für die gedeihliche Erbringung der Dienste höherer Art, ist dieses nur konsequent. Fehlendes Vertrauen würde in der Undurchführbarkeit des Dienstverhältnisses enden und ein Festhalten am Vertragsverhältnis würde keinem der Beteiligten nutzen.

---

614 Protokoll No. 2193 in Mugdan II, S. 913.

615 Protokoll No. 79 in Mugdan II, S. 1256.

616 *Matthias Weller*, Persönliche Leistungen, S. 173f.

617 BGH NJW 1986, 373 (373f.); BeckOGKBGB/*Günther*, § 627 Rn. 4.

(bb) Sinn und Zweck

Eine Untersuchung des Tatbestandes und des Sinn und Zwecks des § 627 BGB zeigt jedoch, will man nicht eine begründungsbedürftige Ausnahme machen, dass die Anwendung grundsätzlich für den Schiedsrichter, bzw. Schiedsrichterverträge, nahe liegt.[618]

Das weite Kündigungsrecht des § 627 BGB basiert auf der Vorstellung von einer sowohl wirtschaftlichen als auch sozialen Unabhängigkeit des Dienstverpflichteten gegenüber dem Dienstherren und der besonderen Ausgestaltung der zu erbringenden Dienste.[619]

Typischerweise liegt diese wirtschaftliche und soziale Unabhängigkeit vor, wenn mehrere Auftraggeber an den Verpflichteten herantreten können und dieser eine, häufig akademische und/oder von besonderem Vertrauen getragene, Dienstleistung frei unter möglichen Vertragspartner anbieten kann. Solche Verhältnisse werden bei Rechtsanwälten, Steuerberatern, Ärzten, Wirtschaftsprüfern aber auch bei Partnerschaftsvermittlungen angenommen.[620]

Der Regelung liegt der Gedanke zugrunde, dass ein Erbringer höherer Dienste typischerweise nicht in einem festen Anstellungsverhältnis Dienstleister ist und seine Dienste vielerorts anbieten kann, um sich gerade nicht in ein soziales oder wirtschaftliches Abhängigkeitsverhältnis zum Dienstherren zu begeben. Aus diesem Gedanken begründet sich auch die heutige Negativabgrenzung der Anwendbarkeit der Vorschrift zum Arbeitsverhältnis nach § 622 BGB.[621] Arbeitsverhältnisse nach § 622 BGB werden gerade aufgrund der vorhandenen Abhängigkeit und der vorhandenen Verlässlichkeit hinsichtlich der Gewissheit der planbaren Leistungserbringung für beide Seiten von einem Kündigungsrecht nach § 627 Abs. 1 BGB ausgenommen. Zusammen mit der Tatsache, dass dem besonderen Vertrauen beider Vertragspartner zueinander vom Gesetzgeber ein hoher Stellenwert beigemessen wird, steht das Sonderkündigungsrecht des § 627 BGB nach ganz herrschender Auffassung beiden Vertragsteilen zu, nicht nur dem Auftraggeber.[622]

Eine Dauerhaftigkeit der Leistungsbeziehung, wie sie für § 622 BGB erforderlich ist, besteht zwischen Schiedsparteien und Schiedsrichter nicht. Bis

---

618 *Altenkirch*, SchiedsVZ 2014, 113 (116).

619 BGH NJW 1967, 1416 (1417).

620 *Rockstroh/Gründer*, NJW 2016, 3393 (3393f.).

621 MüKoBGB/*Henssler*, § 627 Rn. 11.

622 *Marion Schuhmacher-Mohr*, Die vorzeitige Beendbarkeit des Anstellungsverhältnisses, S. 79.

auf wenige Ausnahmen[623] endet nämlich das Verhältnis der Parteien mit dem Abschluss des Schiedsverfahrens, also in der Regel mit dem Schiedsspruch. Auch besteht zwischen Schiedsrichtern und Schiedsparteien kein soziales oder wirtschaftliches Abhängigkeitsverhältnis; der Schiedsrichter ist in der Ausübung seiner Dienste wesentlich freier als der typische Arbeitnehmer.[624]

Weiterer gesetzgeberischer Grund für die, gegenüber § 626 BGB erleichterte, jederzeitige Lösungsmöglichkeit eines Dienstverhältnisses i.S.d. § 627 BGB liegt in dem besonderen Vertrauen, von dem derartige Dienstverhältnisse getragen werden.[625] Bei derartigen, ganz auf persönliches Vertrauen ausgerichteten Dienstverhältnissen soll die Freiheit der persönlichen Entschließung eines jeden Teils im weitesten Ausmaß gewährleistet werden.[626] Das persönliche Vertrauen der Vertragspartner zueinander schließt gerade die Möglichkeit aus, zwangsweise an einen Vertrag gebunden zu werden, insbesondere dann, wenn das Vertrauen, wie beim Schiedsrichtervertrag, Voraussetzung für eine Vertragsdurchführung ist.[627] Im Vergleich zur ordentlichen Gerichtsbarkeit wird häufig als Vorteil der Schiedsgerichtsbarkeit angeführt, dass die Parteien die Schiedsrichter selbst bestimmen können, dabei ist offensichtlich das Vertrauen in die persönlichen und fachlichen Fähigkeiten eines jeweiligen Schiedsrichters ein ausschlaggebendes Kriterium.[628] Hinzu kommt, dass dieses Vertrauen nicht notwendigerweise nur persönlich sein muss, sondern sich insbesondere durch den erforderlichen Mitwirkungsmoment bei der Diensterbringung ausdrückt. Dieser Gedanke lag bereits dem Gesetzgebungsprozess zur besonderen Kündigung bei Vertrauensstellung zugrunde:

> *„[…] lag die Erwägung zu Grunde, daß in den bei weitem häufigeren und wichtigeren Fällen die verlangte Dienstleistung von der freien Mitwirkung des Dienstberechtigten, wozu auch die Aufrechterhaltung einer ertheilten Vertretungsmacht gehöre, abhängig sei und*

---

623 Es kommt hinsichtlich der Fortwirkung von Pflichten wohl ernsthaft nur das Fortwirken der Verschwiegenheitspflicht in Betracht. Von einer Fortwirkung einer Mehrzahl der Hauptpflichten kann nicht die Rede sein, sodass eine dauerhafte Verbundenheit nicht besteht.

624 Vgl. nur zum fehlenden Anweisungsrecht und zur Neutralität hinsichtlich des rechtsprechenden Tätigwerdens, derzeit S. 112ff.

625 BGH NJW-RR 1993, 505 (506); *Marion Schuhmacher-Mohr*, Die vorzeitige Beendbarkeit des Anstellungsverhältnisses, S. 79.

626 BGH NJW 1986, 373 (373f.).

627 *Joachim Strieder*, Rechtliche Einordnung und Behandlung des Schiedsrichtervertrages, S. 110.

628 *Klaus Kohler*, Die moderne Praxis des Schiedsgerichtswesens in der Wirtschaft, S. 85f.

sich dieser anpassen müsse; das Erforderniß freier Mitwirkung des Dienstberechtigten, wie zB. in den Fällen der Unterrichtsertheilung, der ärztlichen Behandlung einer Krankheit, der Führung eines Rechtsstreites durch den Rechtsanwalt, trage in das Verhältniß ein persönliches Moment hinein. Nicht nothwendig aber sei die Annahme, welche dem Antrage zu Grunde liege, daß die Uebertragung der Dienste immer auf einem besonderen Vertrauen beruhe, welches der Dienstherr in den Dienstnehmer setze. Das Vertrauen bilde zumeist nur den Beweggrund für die Eingehung des Dienstverhältnisses, könne aber auch ganz fehlen. Das im Dienstverhältnisse liegende persönliche Moment mache es jedoch erforderlich, daß beiden Theilen ein freies Kündigungsrecht, wie beim Auftrage […], gewährt werde."[629]

Gleichsam verhält es sich im Schiedsverfahren: Mitwirkungspflichten der Parteien sind bereits festgestellt worden,[630] eine erfolgversprechende Schiedsrichter(dienst)leistung erscheint, ganz im Sinne der oben angestellten Erwägung, gerade nur dann möglich, wenn die Dienstberechtigten mitwirken, bzw. gerade dann nicht, wenn sie ihre Mitwirkung verweigern. Für genau diese Fälle sollte die Kündigungsmöglichkeit bei Vertrauensstellung i.S.d. heutigen § 627 BGB gelten. Mithin kann das Schiedsrichter-Partei-Verhältnis auch nach dem Sinn und Zweck der Vorschrift dem außerordentlichen Kündigungsrecht unterfallen, weder wirtschaftliche noch soziale Abhängigkeitsaspekte oder gesetzgeberische Schutzinteressen sprechen unmittelbar dagegen. Vergleichbare Berufe werden hinsichtlich der Kündigungsmöglichkeit ebenfalls unter § 627 BGB subsumiert und es trifft den Kern der ursprünglichen Idee der Vorschrift, ein Vertrauensverhältnis, soweit es für ein Funktionieren des Schuldverhältnisses maßgebend erscheint, nicht zwanghaft aufrecht erhalten zu müssen, sondern genau für den Fall des Entfallens der Grundlage von Zusammenarbeit ein besonderes Kündigungsrecht bereitzuhalten.

(cc) Tatbestand

Will man keine begründungsbedürftige Ausnahme machen, ist nicht nur die Vorschrift des § 627 BGB auf den Schiedsrichtervertrag anwendbar, auch ihr Tatbestand wird in aller Regel erfüllt sein. Schiedsrichter befinden sich weder in einem Arbeitsverhältnis i.S.d. § 622 BGB noch in einem andauernden Dienstverhältnis mit festen Bezügen, auch erbringen sie Dienstleistungen höherer Art. Letztlich wird durch die Schiedsparteien, mittelbar bei der Ernennung des Vorsitzenden oder unmittelbar im Falle des parteiernannten Schiedsrichters, in ihre Person und/oder Qualifikation ein auswahlentscheidendes Vertrauen gesetzt.

---

629 Protokoll No. 2193 in Mugdan II, S. 913.

630 vgl. § 1, D., II., 3. Verfahrensförderungspflicht der Parteien, S. 115ff.

(aaa) Kein Arbeitsverhältnis i.S.d. § 622 BGB

Durch das Arbeitsrechtsbereinigungsgesetz vom 14.08.1969 wurde ausdrücklich geregelt, dass sich § 627 BGB nicht auf Arbeitsverhältnisse beziehen soll.[631] Nach der seitdem enthaltenen Negativabgrenzung zum Arbeitsverhältnis ist eine Kündigung i.S.d. § 627 BGB nur möglich, wenn kein Arbeitsverhältnis gem. § 622 BGB, sondern vielmehr ein sog. freies Dienstverhältnis vorliegt.[632] Über die Anwendbarkeit des § 627 BGB entscheidet damit die allgemeine Begriffsbestimmung des Arbeitsverhältnisses, unanwendbar wird die Vorschrift damit auf das Verhältnis von abhängig und fremdbestimmt Beschäftigten.[633]

Für diese Einordnung kommt es dabei nicht auf die von den Vertragspartnern gewählte Benennung, sondern auf die inhaltliche Ausgestaltung des Vertrages an.[634] Der Schiedsrichtervertrag begründet kein Arbeitsverhältnis im Sinne der Vorschrift, Schiedsrichter sind weder abhängig noch fremdbestimmt tätig. Nach herrschender Auffassung sind Dienstverhältnisse mit Rechtsanwälten, Kommissionären, Spediteuren, Wirtschaftsprüfern, Steuerberatern, Dolmetschern, Detektiven und Wohnungsverwaltern keine Arbeitsverhältnisse i.S.d. § 622 BGB.[635] Entscheidender Faktor bei der Beurteilung hinsichtlich des Vorliegens eines Arbeitsverhältnisses kann die Zugehörigkeit zu einem freien Beruf sein, da sich diese regelmäßig in der erforderlichen Unabhängigkeit des Dienstverhältnisses ausdrückt.[636] Entscheidendes Kriterium ist die persönliche Abhängigkeit, sie bestimmt sich regelmäßig anhand der Eingliederung in einen Betrieb und nach der weisungsgebunden geschuldeten Arbeitskraft.[637] Unabhängig von der Gewichtung der Kriterien der Betriebszugehörigkeit und der Weisungsgebundenheit im Einzelnen[638] kann für den Schiedsrichter in Bezug auf die Schiedsparteien weder von überwiegender Weisungsgebundenheit noch von einer Art der Betriebszugehörigkeit, erst recht nicht in Form einer fremden Gesamtarbeitsorganisation, gesprochen werden.

Sinn und Zweck der Ausnahme ist ein Gedanke des Arbeitnehmerschutzes; könnte sich ein Arbeitgeber bei einer Entlassung eines Arbeitnehmers nämlich auf subjektive, nicht nachprüfbare aber nach § 627 BGB ausreichende Kriterien,

---

631 BGBl. 1969 I, S. 1108.

632 MüKoBGB/*Henssler*, § 627 Rn. 11.

633 MüKoBGB/*Henssler*, § 627 Rn. 11; Staudinger/*Preis*, § 627 Rn. 5.

634 BGH NJW 2010, 150 (151); 2005, 2543 (2543f.).

635 Staudinger/*Preis*, § 627 Rn. 15; 19 m.w.N.

636 *Hirdina*, Grundzüge des Arbeitsrechts, S. 27.

637 ErfK/*Preis*, § 611 Rn. 50f.

638 Vgl. für unterschiedl. Bsp. ErfK/*Preis*, § 611 Rn. 51.

wie einen Vertrauensverlust, stützen, wäre ein angemessener Kündigungsschutz nicht mehr gewährleistet.[639] Ein Gedanke, der auf die schiedsrichterliche Tätigkeit nicht übertragbar ist.

(bbb) Andauerndes Dienstverhältnis mit festen Bezügen

Eine Anwendung der Kündigungsvorschrift des § 627 BGB ist nicht möglich, wenn der Dienstverpflichtete in einem dauernden Dienstverhältnis mit festen Bezügen steht. Beide Begriffe, die Dauerhaftigkeit und die festen Bezüge, sind nicht näher vom Gesetz bestimmt. In der Rechtsprechung hat sich eine einzelfallorientierte Auslegung der Begriffe unter Berücksichtigung der Verkehrsanschauung etabliert.[640] Danach liegt ein dauerndes Dienstverhältnis dann vor, wenn es auf längere Dauer angelegt ist oder tatsächlich bereits eine längere Zeitspanne besteht. Hierbei kommt es weder auf die Lohnzahlungsperioden noch auf die vereinbarten Kündigungsfristen an, eine Bestimmtheit der Zeit ist ebenfalls nicht erforderlich.[641] Es genügt, dass der Dienstvertrag auf eine längere Zeit geschlossen wird. Eine Verpflichtung für den Zeitraum eines Jahres ist hier als ausreichend befunden worden und kann ein Maßstab sein, an dem sich andere Dienstverhältnisse hinsichtlich ihrer Dauerhaftigkeit messen lassen können.[642]

Eine genaue zeitliche Begrenzung der Tätigkeit spricht gegen eine Beschäftigung von einiger Dauer, typischerweise sind deswegen Urlaubs- oder Krankheitsvertretungen, Aushilfen bei besonderem Arbeitsanfall oder Mitwirkende bei einer einmaligen Veranstaltung keine dauernd Dienstverpflichteten.[643]

Während eine genaue zeitliche Festlegung hinsichtlich des Dienstverhältnisses als Schiedsrichter schwerlich möglich erscheint, liegt ein ungewisser, aber abgrenzungsfähiger, Zeitraum in Form des Schiedsverfahrens vor.

Entscheidend für die Annahme fester Bezüge i.S.d § 627 BGB ist damit, ob der Dienstberechtigte sich darauf verlassen kann, dass ihm auf längere Sicht bestimmte, von vornherein festgelegte Beträge als Dienstbezüge in einem Umfang zufließen werden, dass sie die Grundlage seines wirtschaftlichen Daseins bilden können.[644] Den Gegensatz hierzu stellen solche Entgelte dar, die von außervertraglichen Entwicklungen abhängen und deshalb der Höhe nach mehr als nur unwesentlich schwanken.[645] Natürlich sind alle möglichen

---

639 BeckOGKBGB/*Günther*, § 627 Rn. 14.

640 RGZ 146, 116 (117); BGHZ 47, 303 (305); BGH NJW 2011, 3575 (3576 m.w.N.).

641 BGH NJW-RR 1993, 505 (506).

642 BGHZ 90, 280 (282).

643 BGHZ 47, 303 (306f.); OLG Stuttgart NJW 1986, 2374 (2375).

644 BGH NJW 2010, 1520 (1521); RGZ 146, 116 (117).

645 KG NJW-RR 2002, 802 (802); Staudinger/*Preis*, § 627 Rn. 16.

Schiedsrichterhonorarvereinbarungen denkbar und man wird per se nicht ausschließen können, dass genau festgelegte Bezüge mit einem Schiedsrichter vereinbart werden. Dennoch entspricht es der Praxis, dass Arbeitsanfall, Streitwert, Sitzungstage und Arbeitsstunden maßgeblichen Einfluss auf die Höhe des Honorars haben.[646] Damit ist eine Kündigung nach § 627 BGB nicht ausgeschlossen, mit dem Schiedsrichtervertrag wird kein andauerndes Dienstverhältnis mit festen Bezügen geschlossen.

(ccc) Dienste höherer Art

Die schiedsrichterliche Tätigkeit ist Dienst höherer Art i.S.d. § 627 BGB.

Dienste höherer Art sind solche, die ein überdurchschnittliches Maß an Fachkenntnis, Kunstfertigkeit oder wissenschaftlicher Bildung, eine hohe geistige Phantasie oder Flexibilität voraussetzen und aufgrund dessen eine herausgehobene Stellung verleihen.[647] Für die Beurteilung maßgeblich ist der tatsächliche Inhalt des Vertrages, in Rechtsprechung und Literatur sind die Tätigkeiten als Arzt, Patentanwalt, Rechtsanwalt, Steuerberater, Wirtschaftsprüfer und Manager als Dienste höherer Art anerkannt.[648]

Hinsichtlich der Einordnung der schiedsrichterlichen Tätigkeit als Dienst höherer Art herrscht Uneinigkeit in der Literatur. Auf einer Seite wird vertreten, dass die Stellung des Schiedsrichters i.S.d. §§ 1025ff. ZPO eine solche wäre, die *über*[649] den Parteien zu verorten wäre und der vorliegende Schiedsrichtervertrag deswegen nicht nach § 627 BGB gekündigt werden könne.[650] Der Schiedsrichter nehme eine, für den § 627 BGB untypische, Stellung gegenüber den Parteien ein, welche eine Ablehnung des Vorliegens von Diensten höherer Art gebieten würde, weil schon kein ordinärer Dienst vorläge.[651] Andere nehmen ein Kündigungsrecht des Schiedsrichters nach § 627 BGB an, soweit auch die anderen Voraussetzungen vorliegen, Dienste höherer Art würden geleistet.[652]

---

646 *Lachmann*, Rn. 4171ff.; Für den Fall des Ermessens bei vorzeitiger Verfahrensbeendigung: *Armbrüster*, SchiedsVZ 2016, 81 (89).

647 BGH NJW 1986, 373 (374); AG Köln, NJW-RR 1993, 1207 (1208); ErfK/*Müller-Glöge*, § 627 Rn. 6; MüKo/*Henssler*, § 627 Rn. 20; PWW/*Lingemann*, § 627, Rn. 1; Staudinger/*Preis*, § 627 Rn. 18.

648 Für weitere Bespiele siehe: MüKo/*Henssler*, § 627 Rn. 22.

649 Hervorhebung ebenso bei: Staudinger/*Preis*, § 627 Rn. 20.

650 MüKoBGB/*Henssler*, § 627 Rn. 23.

651 BeckOGKBGB/*Günther*, § 627 Rn. 28.

652 *Lachmann*, Rn. 4368; Thomas/Putzo/*Seiler*, Vorbem. zu § 1029 Rn. 11; *Altenkirch*, SchiedsVZ 2014, 113 (120).

Richtig ist es, in der Tätigkeit des Schiedsrichters Dienste höherer Art zu erblicken.[653] Nicht nur ist eine besondere, wenn auch nicht einheitliche, Expertise häufig der Grund für die Berufung des jeweiligen Schiedsrichters, auch mag bezweifelt werden, ob der Schiedsrichter tatsächlich *über* den Parteien steht. Richtig ist zwar, dass ein Anweisungsrecht der Parteien hinsichtlich der rechtsprechenden Tätigkeit des Schiedsrichters nicht besteht,[654] gleichwohl ist die schiedsrichterliche Tätigkeit ausschließlich auf Parteivereinbarung zurückzuführen. Die Parteien können den Schiedsrichter nicht nur übereinstimmend abberufen, auch hinsichtlich der organisatorischen und verwaltenden Tätigkeit ist der Schiedsrichter nicht frei und steht nicht *über* den Parteien, sondern muss sich vielmehr weitestgehend deren Willen beugen.[655] Die Parteien können die schiedsrichterlichen Verfahrensregeln modifizieren oder aufheben und von eigenen, zuvor getätigten, Festlegungen hinsichtlich der Durchführung und Terminierung des Verfahrens abweichen.[656] Für solche Verfahrensvereinbarungen bedarf es ebenfalls nicht der Zustimmung der Schiedsrichter.[657] Die Stellung des Schiedsrichters ist deswegen vielmehr als unabhängig oder unparteilich zu bezeichnen, nicht aber als übergeordnet.

Bei diesen Diensten handelt es sich auch um solche von höherer Art.[658] Dieses ist der Fall, wenn die Ausfüllung des Dienstes ein besonderes Maß an Fachkenntnis, Kunstfertigkeit oder wissenschaftlicher Bildung erfordert und eine herausgehobene Stellung verleiht.[659] Dieses ist nach richtiger Auffassung für die Tätigkeit des Schiedsrichters der Fall.[660] Der Schiedsrichter ist damit nicht nur Dienstleister, er erbringt auch Dienste höherer Art i.S.d. § 627 BGB.[661]

---

653 Vgl. *Gustav Real*, Der Schiedsrichtervertrag, S. 182f.

654 *Lachmann*, Rn. 4298.

655 *Wolf/Hasenstab* RIW 2011, 612 (613f.)

656 MüKoZPO/*Münch*, § 1042 Rn. 79; *Wolf/Hasenstab* RIW 2011, 612 (613f.).

657 Zöller/*Geimer*, § 1042 Rn. 22.

658 LG Köln, NJW-RR 2013, 1273 (1275).

659 ErfK/*Müller-Glöge*, § 627 Rn. 6; unter Heranziehung gleicher Kriterien zustimmend für die Tätigkeit des Mediators *Peter Tochtermann*, Die Unabhängigkeit und Unparteilichkeit, S. 139f.

660 BGH DB 1980, 967 (968); ErfK/*Müller-Glöge*, § 627 Rn. 6.

661 *Joachim Strieder*, Rechtliche Einordnung und Behandlung des Schiedsrichtervertrages, S. 112.

(ddd) Übertragung aufgrund besonderen Vertrauens

Es muss sich zur Anwendung der Kündigungsvorschrift des § 627 BGB letztlich bei den Diensten um solche Dienste handeln, die typischerweise aus besonderem Vertrauen übertragen werden.

Dieses Merkmal tritt selbstständig neben das der Dienste höherer Art, es handelt sich nicht lediglich um eine Legaldefinition oder Erläuterung des Tatbestandsmerkmals der Dienste höherer Art.[662] Dabei ist die tatsächliche Vertrauensstellung im Einzelfall weder notwendige, noch hinreichende Voraussetzung für die Anwendbarkeit von § 627 BGB.[663] Vielmehr müssen die in Rede stehenden Dienste üblicherweise aus einem besonderen persönlichen oder fachlichen Vertrauen übertragen werden.[664] Ob im jeweiligen Einzelfall die Dienste wirklich aus einem besonderen Vertrauen heraus übertragen werden, spielt keine entscheidende Rolle. Typisch ist, dass die Tätigkeit ein gehobenes Maß an Diskretion oder persönlicher Eignung erfordert, auf die vertraut werden kann; zum Beispiel weil persönliche oder geschäftliche Informationen preisgegeben werden oder eine enge Zusammenarbeit erforderlich ist.[665]

Richtig ist, dass Schiedsrichter zwar häufig, aber nicht immer, persönlich von den Schiedsparteien bestimmt werden. Eine Bestimmung einer Schiedsinstitution zur Ernennung der jeweiligen Schiedsrichter nach den einschlägigen Regeln erscheint ebenso geläufig, hierbei kennen die Schiedsparteien den Schiedsrichter üblicherweise im Voraus nicht. Nach ständiger Rechtsprechung ist gerade dieses aber auch nicht erforderlich,[666] es ist vielmehr danach zu fragen, ob die Tätigkeit als Schiedsrichter generell aufgrund eines besonderen Vertrauens zu übertragen *gepflegt* wird, also beispielsweise ein besonderer Bedarf nach Loyalität und Diskretion besteht.[667] Dieses ist insbesondere dann anzunehmen, wenn zur Erfüllung der Dienste besonders vertrauliche oder persönliche Informationen preisgegeben werden.[668] Ebenfalls ist es möglich, dass das Vertrauen einer juristischen Person übertragen wird, also beispielsweise der Schiedsinstitution.[669]

---

662 ErfK/*Müller-Glöge*, § 627 Rn. 6

663 RGZ 82, 285 (285ff.); 146, 116 (116ff.); BGHZ 31, 224 (228).

664 PWW/*Lingemann*, § 627 Rn. 1.

665 BeckOGKBGB/*Günther*, § 627 Rn. 51; MüKoBGB/*Henssler*, § 627 Rn. 26; *Schlosser*, NJW 1980, 273 (274f.).

666 BGH NJW 1986, 373 (373); 2010, 150 (151f.); BeckOGKBGB/*Günther*, § 627 Rn. 51.

667 MüKoBGB/*Henssler*, § 627 Rn. 26; *Rockstroh/Gründer*, NJW 2016, 3393 (3393f.).

668 BGH NJW 2010, 150 (150ff.); *Rockstroh/Gründer*, NJW 2016, 3393 (3397).

669 BGHZ 106, 341 (345ff.); BGH NJW 2010, 150 (150ff.); 2011, 3575 (3576).

Unstreitig ist, dass der Schiedsrichter während des Verfahrens eine besondere Vertrauensstellung gegenüber den Parteien einnimmt,[670] für die Beendigung der prozessualen Rechtsstellung enthält die ZPO gerade auch deswegen die besonderen Vorschriften der §§ 1036ff. ZPO.[671] Typischerweise wird also auch die Tätigkeit des Schiedsrichters aufgrund besonderen Vertrauens i.S.d. § 627 BGB zu übertragen gepflegt.[672]

(3) Fazit

Die Kündigungsmöglichkeiten nach § 626 BGB und nach § 627 BGB stehen nach hier vertretener Auffassung dem Schiedsrichter offen, für die Frage der Wirksamkeit der Kündigung ist der Kündigungsgrund nur bei der Anwendung des § 626 BGB von Belang. Bei einer Kündigung nach § 627 BGB muss dieser, zusammen mit der Unzeitigkeit der Kündigung, wegen möglicher Schadensersatzansprüche überprüft werden. Eine Ausnahme von der Anwendbarkeit des § 627 BGB zu machen, ist aufgrund der Kompensationsmöglichkeit der Parteien in §§ 627 Abs. 2, 628 BGB auch nicht geboten. Hinzu kommt, dass nach herrschender Auffassung ein Kündigungsrecht nach § 627 Abs. 1 BGB durch die Schiedsparteien bejaht wird.[673] Dieses wird nicht nur mit dem gegenseitigen Vertrauen der Vertragsparteien begründet, sondern auch damit, dass die Parteien ohnehin zur gemeinsamen Abberufung des Schiedsrichters befugt sind. Wenn aber aus einer Sicht der Schiedsrichtervertrag aufgrund eines besonderen Vertrauens*verhältnisses* und der Erbringung von Diensten höherer Art gekündigt werden kann, so kann dieses – zweiseitige – Verhältnis aus Sicht des Schiedsrichters kein grundlegend anderes sein.

bb) Rechtsprechung

Mit der Möglichkeit der Kündigung durch den Schiedsrichter und mit der damit zusammenhängenden Frage der resultierenden Pflichtverletzung ist sich mehrfach in der deutschen Rechtsprechung beschäftigt worden. Im Folgenden soll ein Überblick über wichtige Entscheidungen gegeben werden.

(1) RG, Urteil vom 29.11.1904 – VII 192/04

Grundlegend hat sich das Reichsgericht 1904 mit dem Zustandekommen und der möglichen Beendigung des Schiedsrichtervertrages, des *receptums*,

---

670 *Armbrüster*, SchiedsVZ 2016, 81 (89).

671 BeckOKZPO/*Wolf/Eslami*, § 1036 Rn. 10; Musielak/Voit/*Voit*, § 1034 Rn. 4ff.

672 LG Köln, NJW-RR 2013, 1273 (1275).

673 Musielak/Voit/*Voit*, § 1035 Rn. 30.

beschäftigt.[674] Das Reichsgericht hatte sich im Rahmen seiner Revision mit der Frage der Kündigung des Schiedsrichters, im konkreten Fall durch Nichtunterzeichnung des Schiedsspruches, auseinanderzusetzen.

Der Kläger verpachtete durch Vertrag vom 20. September 1883 ein Gut an einen Dritten. Im dem Pachtvertrag wurde bestimmt, dass über einen durch ordnungsgemäße Bewirtschaftung des Gutes durch den Pächter entstehenden Schaden ein Schiedsgericht zu entscheiden habe. Als Schiedsrichter sollten ein durch das örtliche Amtsgericht bestimmter Schiedsrichter, ein durch den Kläger bestimmter Schiedsrichter und ein durch den Dritten, dem Beklagten, bestimmter Schiedsrichter fungieren.

Die Kläger behaupteten, dass durch die Art der Wirtschaftsführung des Pächters Schaden entstanden sei und betrieben hierauf das Schiedsverfahren. Auf den Antrag der Kläger bestimmten Amtsgericht, Pächter und der Kläger selbst sodann die Schiedsrichter. Die Schiedsrichter trafen darauf am 03. September 1901 erstmalig zusammen. Der Schiedsrichter, welcher durch den Pächter des Gutes ernannt worden war, weigerte sich im Verlauf des Verfahrens, den Entwurf des Schiedsspruches zu unterschreiben, klagte aber trotzdem das ihm, für die Wahrnehmung des Termins am 03. September 1901 vermeintlich, zustehende Honorar für die schiedsrichterliche Tätigkeit ein. Die Kläger im Revisionsverfahren begehrten indessen die Verurteilung des Beklagten zur Erfüllung der ihm obliegenden Pflichten, insbesondere zur Unterzeichnung des Schiedsspruches und zur Leistung von Schadensersatz, entstanden durch die, zumindest vorliegende, Verzögerung der Unterzeichnung.

Der Beklagte beantragte hingegen Abweisung der Klage, er machte geltend, dass ein klagbarer Anspruch auf Erfüllung der schiedsrichterlichen Tätigkeit nicht bestehe.

Das Reichsgericht führt in seiner Begründung zunächst an, dass dem Sachverhalt die grundlegende Rechtsfrage innewohne, ob ein Schiedsrichter sich einseitig und ohne besonderen Grund vom Vertrag lösen könne.[675] Hiernach folgt eine Diskussion über die Natur des Schiedsrichtervertrages, es handele sich um ein „*durchaus eigenartiges Gepräge*",[676] das den Schiedsrichter von anderen fremde Geschäfte besorgenden Personen unterscheide. Dem Schiedsrichter sei eine Stellung eingeräumt, wie sie weder beim Auftrag noch bei einem Dienst- oder Werkvertrag zu finden sei,[677] gleichwohl sage der Schiedsrichter durch die

674 RGZ 59, 247 (247ff.).
675 RGZ 59, 247 (248).
676 RGZ 59, 247 (249).
677 ebenda.

Übernahme des Amtes zu, einen Streit zwischen Parteien aus der Welt zu schaffen und endgültig unter den Streitenden festzusetzen, was rechtens ist. Mit einer solchen Zusage sei es unvereinbar, dass sich der Schiedsrichter vor Erledigung der Sache und ohne sie zu einem erstrebten Ende gebracht zu haben, willkürlich zurückziehen dürfe.[678] Den Parteien sei auch nicht damit gedient, dass der Schiedsrichter das Verfahren beinahe zum Abschluss bringe. Durch Weigerung hinsichtlich der Mitwirkung am Ende des Verfahrens, beispielsweise durch Verweigerung der Zustellung oder Hinterlegung, sei keiner Schiedspartei gedient.

In Fällen, in denen kein Grund ersichtlich sei, weshalb es dem Schiedsrichter gestattet sein sollte, sich willkürlich der von ihm versprochenen Leistung zu entziehen, sei auf den Regelfall im Schuldverhältnis zu verweisen, die versprochene Leistung habe erbracht zu werden.[679] Ein entsprechendes Urteil könne auch gefällt werden, die Vollstreckungsfähigkeit sei zwar nicht sichergestellt, hierüber müsse aber im gegenwärtigen Prozess nicht entschieden werden. Ein Interesse an einem nichtvollstreckungsfähigen Urteil bestehe dahingehend, dass es Bedeutung für Schadensersatzansprüche habe und die Möglichkeit bestehe, dass sich der Schiedsrichter auch ohne Vollstreckung dem Urteil füge.[680] Die Zivilprozessordnung biete keine Anhaltspunkte, eine Klagbarkeit des *receptums* im konkreten Fall zu verneinen. Ob wichtige Gründe die Kündigung des Schiedsrichters zu rechtfertigen vermögen, sei nicht zu erörtern, sie seien nicht vorgebracht worden.

(2) RG, Urteil vom 01.03.1921 – VII 349/20

Während 1904 von der höchstrichterlichen Rechtsprechung festgestellt worden ist, dass ein Schiedsrichtervertrag nicht ohne Grund zu beenden sei und die Erledigung des Streits in den Mittelpunkt der Argumentation gerückt worden ist,[681] hat sich 1921 eine etwas differenzierte Sichtweise etabliert.[682] Im Gegensatz zum zuvor höchstrichterlich entschiedenen Fall ist 1921 jedoch auch zu einem wichtigen Kündigungsgrund vorgetragen worden. Insoweit steht die Entscheidung nicht im Widerspruch mit der vorherigen Rechtsprechung, in der doch betont worden ist, dass in Fällen, in denen kein Grund ersichtlich ist, weshalb es dem Schiedsrichter gestattet sein sollte, sich willkürlich der von ihm versprochenen Leistung zu entziehen, das Schuldverhältnis zu erfüllen sei.[683] Hiermit

678 RGZ 59, 247 (249).
679 ebenda.
680 RGZ 59, 247 (251).
681 RGZ 59, 247 (249)
682 RGZ 101, 392 (393ff.).
683 RGZ 59, 247 (249).

ebne das Reichsgericht den Weg zur hier beschriebenen Entscheidung, in der tatsächlich Gründe für die Kündigung vorgetragen worden sind und als valide bewertet wurden.

Der Entscheidung lag ein Streit zweier Parteien um ein Bauvorhaben zugrunde. Im Juni 1917 hatte die Gewerkschaft Braunsteinwerke durch einen, eine Schiedsklausel enthaltenden, Werkvertrag der Klägerin den Bau eines Wasserabführstollens übertragen. Während des Baus traten Schwierigkeiten auf, welche die Klägerin zur Einstellung der Bauarbeiten im Mai 1918 veranlassten. Die Gewerkschaft ließ die Arbeiten durch eine andere Gesellschaft fortführen und initiierte ein Schiedsverfahren. Im Schiedsverfahren begehrte die Klägerin Zahlung von 727.148,91 Reichsmark, u.a. für die Kosten der Selbstvornahme, in der Widerklage verlangte die Gewerkschaft ihrerseits Schadensersatz. Am 15. März 1919 gelangte das Mehrpersonenschiedsgericht nach einer mündlichen Verhandlung zu dem Teilschiedsspruch, dass der Anspruch der Klägerin dem Grunde nach bestehe und die Widerklage gänzlich abgewiesen werden solle. Am 17. April 1919 übersandte der Vorsitzende des Schiedsgerichts die Begründung des Teilschiedsspruches an seine beiden Schiedsrichterkollegen, mit einem der Schiedsrichter schloss sich daraufhin ein längerer Briefwechsel an. Am 10. Juni 1919 legte daraufhin der Beklagte seine Funktion als Schiedsrichter als Mitglied des Mehrpersonenschiedsgerichts mit Schreiben an die Parteien nieder. Hierauf beantragte die Klägerin, den Beklagten zu verurteilen, an der Unterzeichnung und Zustellung des Teilschiedsspruches mitzuwirken.

Das Landgericht Düsseldorf erkannte auf Verurteilung des Beklagten, den Schiedsspruch niederzulegen, zu unterzeichnen und an der Zustellung mitzuwirken sowie durch die Verzögerung entstandene Schäden zu ersetzen. Berücksichtig worden ist hierbei, dass die Ausfertigung und Unterzeichnung keine Zusammenarbeit mehr zwischen den Schiedsrichtern erfordere. Die in dem Briefwechsel ausgedrückte (aber nicht näher bezeichnete) Kontroverse zwischen dem beklagten Schiedsrichter und dem Vorsitzenden des Schiedsgerichts reiche aus, eine weitere gemeinsame rechtsfindende Tätigkeit auszuschließen.[684] Vor diesem Hintergrund sei eine Kündigung zwar wirksam, ausnahmsweise könne jedoch Unterschrift und Ausfertigung weiter erwartet werden.

1921 urteilte hierauf das Reichsgericht, dass der Gegenstand des Schiedsrichtervertrages nicht bloß das Erlassen des Schiedsspruches sei, sondern dass die vorangehende Beratung und Verhandlung ebenso gewichtigen Charakter für das Schuldverhältnis habe.[685] Diese bereits erbrachte Leistung dürfe durch eine

---

684 RGZ 101, 392 (394).
685 RGZ 101, 392 (395).

Kündigung nicht entwertet werden,[686] die Kündigung könne und dürfe nur für die Zukunft wirken.[687] Deswegen sei eine Kündigung zwar grundsätzlich denkbar und unter den vorgebrachten Gründen des Zerwürfnisses mit den anderen Mitgliedern des Schiedsgerichts auch wirksam. Allerdings eben nur dann, wenn eine Zusammenarbeit aufgrund des Zerwürfnisses so wenig möglich erscheint, dass das Verfahren deswegen nicht zum Abschluss gebracht werden kann. Bloße Uneinigkeit zwischen den Schiedsrichtern ist ebenso wenig ausreichend wie der Verdacht einer Parteilichkeit eines Mitschiedsrichters. Abschließend war indes nicht über Kündigungsgründe zu entscheiden, es sei dem Berufungsgericht allerdings dahingehend beizupflichten gewesen, dass die bloße Unterschrift des Schiedsspruches kein Zusammenwirken mehr erfordere und deswegen ausnahmsweise hierzu verurteilt werden könne. Letztlich musste also aufgrund des ausnahmsweise weit fortgeschrittenen Verfahrens die Reichweite von Kündigungsgründen innerhalb des Schiedsgerichts nicht ausgeurteilt werden.

Während das Landgericht den beklagten Schiedsrichter auch zur Zahlung von Schadensersatz verurteilt hat, folgt das Reichsgericht hier der Auffassung des in der ersten Rechtsmittelinstanz angerufenen Oberlandesgerichts.[688] Es handele sich bei der vorliegenden Rechtsfrage um eine äußerst zweifelhafte, darum sei kein vertretbares Verschulden des Beklagten festzustellen, eine Schadensersatzverpflichtung bestehe deswegen nicht.[689]

(3) RG, Urteil vom 20.12.1929 – VII 235/29

Ein ähnliches Bild zeigt sich in der Entscheidung des Reichsgerichts von 1929.[690] Hier hatte der Kläger mit dem Direktor einer Gesellschaft einen Schiedsvertrag bezüglich der Auseinandersetzung mit dieser Gesellschaft geschlossen. Der Kläger war selbst Mitglied der Gesellschaft. Beide Parteien bestellten einen Schiedsrichter und die Industrie- und Handelskammer vereinbarungsgemäß deren Obmann. In der Sitzung vom 13. Oktober 1927 erkannte der Kläger (im Verfahren Schiedsbeklagter) den ersten Antrag des Schiedsklägers an, nachdem dieser dahin geändert worden war, dass anstatt der zuerst geforderten Übersendung verschiedenster Urkunden und Zugänglichmachung der Geschäftsbücher nur noch Vorlage der Urkunden gefordert wurde. Nachdem weitere Anträge des Schiedsklägers durch Vergleich erledigt wurden, erklärte der Obmann des

---

686 RGZ 101, 392 (395).
687 ebenda.
688 RGZ 101, 392 (397).
689 RGZ 101, 392 (397).
690 RGZ 126, 379 (379ff.).

Schiedsgerichts nach Beratung mit seinen Schiedsrichterkollegen, dass der zweite Antrag des Schiedsklägers, die Feststellung der hälftigen Anteilsberechtigung an der Gesellschaft, abgewiesen würde und nur noch über die Kosten zu entscheiden sei. Der Vorsitzende des Schiedsgerichts arbeitete die Gründe für die Entscheidung schriftlich aus und teilte den Entwurf den Parteien mit. Der im Verfahren vor dem Reichsgericht beklagte Schiedsrichter verweigerte die Unterschrift des Entwurfes, während der andere parteiernannte Schiedsrichter zusammen mit dem Obmann den Entwurf unterschrieb.

Der Kläger erhob daraufhin Klage mit dem Antrag, den Beklagten zur Unterzeichnung und zur Mitwirkung bei der Zustellung und Niederlegung des Schiedsspruches zu verurteilen. Hierauf machte der beklagte Schiedsrichter geltend, er sei jederzeit zur Kündigung des Schiedsrichtervertrages berechtigt. Für den Fall, dass ihm dieses Recht nicht zugestanden werde, habe er auch triftige Gründe seine Mitwirkung zu versagen: Die Ausstellung der Bilanz, auf die sich der abgewiesene zweite Antrag des Schiedsklägers beziehe, sei nicht von der Schiedsvereinbarung umfasst. Der Schiedsspruch sei unvollständig, weil er über den ersten Antrag des Schiedsklägers nicht entscheide und der andere parteiernannte Schiedsrichter Anlass dazu gegeben habe, an seiner Unparteilichkeit zu zweifeln, indem er als Anwalt des Schiedsbeklagten beim Landgericht die Vollstreckbarkeit des Schiedsvergleiches beantragt habe.

Landgericht, Berufungsgericht und Revision verurteilten den Beklagten, an der Ausfertigung, Mitwirkung bei der Zustellung und Niederlegung des Schiedsspruches mitzuwirken. In den Gründen untersucht das Reichsgericht die vorgebrachten Niederlegungsgründe vor der Prämisse, dass das Amt des Schiedsrichters nur weiterzuführen sei, wenn es fachlich geboten sei und nicht wichtige Gründe zur Niederlegung bestünden.[691]

Schon in der Einleitung deutet sich die Fortführung des Paradigmenwechsels durch das Reichsgericht an: Von der Auffassung, dass eine Kündigung unter keinen Umständen mit dem Amt des Schiedsrichters vereinbar sei, ist offensichtlich abgerückt worden. Vielmehr werden die einzeln vorgebrachten Kündigungsgründe auf ihre Geeignetheit untersucht, das Reichsgericht betont, dass es dem Schiedsrichter gestattet ist, das Amt niederzulegen, wenn ihm ein wichtiger Grund zur Seite steht, von der Durchführung der übernommenen Aufgabe Abstand zu nehmen.[692] Von einer Unvereinbarkeit einer Kündigung mit dem Amt des Schiedsrichters ist keineswegs die Rede.

---

691 RGZ 126, 379 (381).
692 RGZ 126, 379 (382).

(4) LG Köln, Urteil vom 15.01.2013 – 29 O 159/12
Ebenfalls angezeigt scheint die nähere Betrachtung einer Entscheidung des LG Köln.[693] Das Landgericht hatte sich mit der Frage auseinanderzusetzen, unter welchen Voraussetzungen ein Schiedsrichter den Schiedsrichtervertrag kündigen kann. Nach Auffassung des Landgerichts kann ein Schiedsrichtervertrag durch den Schiedsrichter nur gem. § 626 BGB bei Vorliegen eines wichtigen Grundes gekündigt werden, für den er darlegungs- und beweispflichtig ist.

Die Klägerin war Beteiligte eines schiedsgerichtlichen Verfahrens, welches zum Entscheidungszeitpunkt knapp 2 Jahre und 11 Monate andauerte. Die Parteien des Schiedsgerichtsverfahrens hatten sich darauf verständigt, dass die DIS-Schiedsgerichtsordnung Anwendung finden soll. Der Beklagte ist der ehemalige Vorsitzende des Schiedsgerichts, er nahm die entsprechenden Aufgaben wahr. Das Schiedsgericht bestand neben dem Vorsitzenden noch aus einem von den zwei Klägern des Schiedsgerichtsverfahrens benannten Schiedsrichter und einem von der Beklagten des Schiedsgerichtsverfahrens benannten Schiedsrichter.

Von den, durch die Parteien des Schiedsgerichtsverfahrens geleisteten, Vorschüssen überwies sich der Beklagte insgesamt einen Betrag von 20.000,00 Euro. Von diesem Betrag beansprucht die Klägerin den hälftigen Betrag. Weiter beansprucht die Klägerin die Erstattung von Auslagen in Höhe von 2.960,79 Euro. Mit Schreiben vom 06.04.2012 legte der Beklagte das Schiedsrichteramt nieder.

Zur Begründung führt der Beklagte an, dass ihm „unter den obwaltenden Umständen die weitere Ausübung dieses Amtes nicht möglich" sei. In einer Aktennotiz des Prozessbevollmächtigten der Kläger über ein Telefonat mit dem Beklagten heißt es, dass sich der Beklagte mit den beisitzenden Schiedsrichtern zunächst in rechtlicher und anschließend in persönlicher Hinsicht überworfen habe. Der Kläger begehrt Rückzahlung der hälftigen Vorschüsse und Auslagen, da der Beklagte zur Kündigung nicht berechtigt gewesen sei.[694]

Die Klage hatte Erfolg. Die Klägerin hat einen Anspruch gegen den Beklagten auf Zahlung von 12.960,79 Euro gem. §§ 280 Abs. 1 und 3, 282 BGB zugesprochen bekommen. Die Begründung des Landgerichts zielt darauf ab, dass eine Kündigung des Schiedsrichtervertrages nur unter Angabe eines wichtigen Grundes wirksam sein kann. An diesem fehle es, so das Landgericht Köln. Durch die ausgesprochene Kündigung seitens des Beklagten sei das Vertragsverhältnis beendet worden. Allerdings sei der Beklagte nicht zum Ausspruch der

693 LG Köln, NJW-RR 2013, 1273 (1273ff.).
694 LG Köln, NJW-RR 2013, 1273 (1273f.).

Kündigung berechtigt gewesen, da es an der Darlegung eines Kündigungsgrundes fehlte.

Das Gericht sah einen Anspruch aus Verletzung der Rücksichtnahmepflicht gem. § 241 Abs. 2 BGB gegeben: Wer die Ausübung eines Gestaltungsrechts erkläre, ohne dazu berechtigt zu sein, verstoße gegen ebendiese Pflicht.

Die Nichtberechtigung zur Ausübung des Gestaltungsrechts in Gestalt der Kündigung sah das LG Köln deswegen als gegeben, weil ordentliche Kündigung nicht in Frage komme und ein Grund für eine außerordentliche Kündigung nicht vorläge. Der Beklagte sei nämlich nicht zum Ausspruch der außerordentlichen Kündigung berechtigt gewesen.

Der Beklagte könne die Kündigung nicht auf § 626 Abs. 1 BGB stützen. Danach könne das Dienstverhältnis von jedem Vertragsteil aus wichtigem Grund ohne Einhaltung einer Kündigungsfrist gekündigt werden, wenn Tatsachen vorliegen, aufgrund derer dem Kündigenden unter Berücksichtigung aller Umstände des Einzelfalls und unter Abwägung der Interessen beider Vertragsparteien die Fortsetzung des Dienstverhältnisses bis zum Ablauf der Kündigungsfrist oder bis zur vereinbarten Beendigung des Dienstverhältnisses nicht zugemutet werden kann. Bei der Frage, ob ein wichtiger Grund gegeben ist, der zum Ausspruch der Kündigung berechtigt, sei zweistufig vorzugehen.[695]

In einem ersten Schritt sei zu fragen, ob ein bestimmter Sachverhalt ohne die besonderen Umstände des Einzelfalls an sich geeignet ist, einen wichtigen Grund darzustellen. In dem anschließenden Schritt sei unter Berücksichtigung aller Umstände des Einzelfalls eine Interessenabwägung vorzunehmen. Dabei gehe der Begriff der Unzumutbarkeit in einer Interessen- und Güterabwägung auf.

Zu dem zweiten Schritt kommt das Landgericht nicht, stattdessen wird der Sachverhalt derart gewertet, dass kein wichtiger Grund vorliegt. Die Darlegungs- und Beweislast für das Vorliegen eines wichtigen Grundes trage derjenige, der die Kündigung ausspricht, hier bliebe der Beklagte darlegungs- und beweisfällig. In dem Schreiben vom 06.04.2012 heiße es nur, der Beklagte trete aufgrund der „obwaltenden Umstände" mit sofortiger Wirkung vom Amt des Vorsitzenden des Schiedsgerichts zurück. Anhand dieser Angaben lasse sich nicht beurteilen, ob die „obwaltenden Umstände" solche sind, die geeignet sind, einen wichtigen Grund, der zum Ausspruch der außerordentlichen Kündigung berechtigt, darzustellen. In diesem Zusammenhang sei zu beachten, dass ein Schiedsrichter in sein Amt berufen wird, um die Aufgabe zu Ende zu führen.[696]

695 LG Köln, NJW-RR 2013, 1273 (1274).

696 LG Köln NJW-RR 2013, 1273 (1274); *Lachmann*, Rn. 3511.

Ferner fehle es für den Ausspruch einer auf § 626 Abs. 1 BGB gestützten Kündigung an einer vorherigen Abmahnung des beanstandeten Verhaltens. Im Verhaltensbereich sei eine vorherige, vergebliche Abmahnung erforderlich. Die Parteien würden aber lediglich nicht näher konkretisierte „Angriffe" eines der beisitzenden Schiedsrichter als Ausgangspunkt der Kündigung benennen. Dabei handele es sich um einen verhaltensbedingten Ausgangspunkt der Kündigung. Da mangels entgegenstehender Anhaltspunkte grundsätzlich davon auszugehen sei, dass ein menschliches Verhalten steuerbar ist, war eine vorherige Abmahnung des beanstandeten Verhaltens erforderlich. Dies sei nicht geschehen.

Der Beklagte vermochte die Kündigung auch nicht auf § 627 BGB zu stützen. Es handele es sich bei einem Schiedsrichter eines schiedsgerichtlichen Verfahrens um eine Person, die Dienste höherer Art erbringt, die aufgrund einer Vertrauensstellung zu übertragen gepflegt werden. Auch bedürfe es im Unterschied zu § 626 BGB nicht der Angabe einer konkreten Begründung bei Ausspruch der Kündigung nach § 627 BGB. Gleichwohl vermochte sich der Beklagte nicht auf diese Norm zu stützen, weil bei einem Schiedsrichtervertrag ein allgemeines Kündigungsrecht nicht anerkannt sei.[697] Es könne dahinstehen, ob jedenfalls ein Kündigungsrecht im Hinblick auf die in § 1037 ZPO und § 1038 ZPO genannten Gründe anzuerkennen sei, diese Gründe lägen nicht vor.

Das Landgericht erlaubt dem Schiedsrichter keine Kündigung des Schiedsrichtervertrages nach § 627 BGB, sondern ausschließlich nach § 626 BGB. Im konkreten Fall wird das Vorliegen eines Grundes i.S.d. § 626 BGB verneint.

(5) Zusammenfassung

Das Reichsgericht gelangt in seiner Entscheidung zu dem Ergebnis, dass eine ordentliche Kündigung des Schiedsrichtervertrages durch den Schiedsrichter nicht möglich ist. Es formuliert deutlich, dass es durch die Übernahme des Amtes zur verbindlichen Zusage käme, einen Streit zwischen Parteien aus der Welt zu schaffen und endgültig unter den Streitenden festzusetzen, was rechtens ist. Mit einer solchen Zusage sei es unvereinbar, dass sich der Schiedsrichter vor Erledigung der Sache und ohne sie zu einem erstrebten Ende gebracht zu haben willkürlich zurückziehen dürfe.

Letztlich wird festgestellt, dass wichtige Gründe vorliegen müssen, um sich wirksam von dem Schiedsrichtervertrag zu lösen. Das Reichsgericht kommt zwar zu keiner Würdigung von Gründen, weil diese nicht vorgebracht werden, gleichwohl erkennt es an, dass wichtige Gründe einen Rücktritt des Schiedsrichters rechtfertigen können.

---

697 LG Köln NJW-RR 2013, 1273 (1275).

Problematisch erscheint, dass hier die Formulierung des Rücktritts statt der Kündigung gewählt worden ist. Im Kontext der Gesamtentscheidung liegt es aber nahe, dass das Reichsgericht die angesprochene Rechtfertigung nicht nur hinsichtlich des Rücktritts vom Amt des Schiedsrichters, also prozessual, sondern auch materiell meint. Im Satz zuvor bezieht sich das Reichsgericht noch auf die Klagbarkeit des *receptums* und mögliche Schadensersatzansprüche der Parteien gegen den Schiedsrichter. In diesem Zusammenhang mögliche Gründe zur Rechtfertigung eines Rücktritts zu erörtern bedeutet, diesen Gründen auch materiell-rechtliche Bewandtnis beizumessen. Wenigstens einen möglichen Gleichlauf von Rücktritts- und Kündigungsgründen wird das Reichsgericht impliziert haben. Jedenfalls erscheint es nach Auffassung des Reichsgerichts denkbar, dass ein Schiedsrichtervertrag gekündigt wird, wenn auch nicht willkürlich.

Die jüngere Rechtsprechung bestätigt diese Sichtweise. Das Landgericht Köln hat 2013 die Kündigung eines Schiedsrichters wegen wichtigen Grundes gem. § 626 BGB geprüft und deren Wirksamkeit abgelehnt. Hierbei unterscheidet das Landgericht richtigerweise in seiner Würdigung zwischen einer Kündigung nach den Voraussetzungen des § 626 BGB und einer Kündigung nach den Voraussetzungen des § 627 BGB.

Das Landgericht prüft zunächst in aller Kürze, ob eine Kündigung des Schiedsrichtervertrages gem. § 627 BGB möglich ist. An sich sieht es auch den Tatbestand als erfüllt an, es handele es sich bei einem Schiedsrichter eines schiedsgerichtlichen Verfahrens um eine Person, die Dienste höherer Art erbringt, die aufgrund einer Vertrauensstellung zu übertragen gepflegt werden.[698] Allerdings sei es mit der Stellung des Schiedsrichters unvereinbar, überhaupt ein Kündigungsrecht nach § 627 BGB einzuräumen.

Die Möglichkeit einer wirksamen Kündigung nach § 626 BGB sieht das Landgericht als gegeben, allerdings wurde im konkreten Fall kein tauglicher wichtiger Grund angenommen, sodass die Wirksamkeit der Kündigung nach § 626 BGB nicht vorliegt. In der Rechtsprechung besteht damit Einigkeit dahingehend, dass eine ordentliche Kündigung des Schiedsrichtervertrages durch den Schiedsrichter nicht denkbar ist. Während sowohl Reichsgericht und Landgericht Köln sich konkret nicht mit der Rechtsfolge des § 626 BGB auseinandersetzen mussten, scheinen beide die Möglichkeit der außerordentlichen Kündigung i.S.d. § 626 BGB zu bejahen. Hingegen wird sowohl in der landgerichtlichen als auch in der

698 LG Köln, NJW-RR 2013, 1273 (1274).

reichsgerichtlichen Entscheidung die Möglichkeit einer Anwendung des § 627 BGB, wie auch die Möglichkeit der ordentlichen Kündigung, verneint.

c) Würdigung

Die Behandlung der Möglichkeit der Kündigung unterscheidet sich in Rechtsprechung und Literatur in Einzelfragen. Gesichert ist die Erkenntnis, dass eine ordentliche Kündigung des Schiedsrichtervertrages nicht möglich ist, eine außerordentliche Kündigung nach § 626 BGB hingegen schon. Hinsichtlich der Anwendbarkeit des § 627 BGB auf Schiedsrichterverträge herrscht Uneinigkeit: Die einschlägige Rechtsprechung verneint eine Kündigung nach § 627 BGB, in der Literatur wird die Möglichkeit nur von einigen Autoren eingeräumt, die Mehrzahl spricht sich dagegen aus.

Hinsichtlich der prozessualen Stellung des Schiedsrichters jedoch stellen Rechtsprechung und Literatur fest, dass der Schiedsrichter jederzeit gem. § 1038 ZPO von seinem prozessualen Amt zurücktreten kann.[699] Nur wer ein jederzeitiges Kündigungsrecht nach § 627 BGB bejaht, ermöglicht einen Gleichlauf der prozessualen Stellung des Schiedsrichters und der privatrechtlichen Lage.[700] Zwar ist nicht zwingend erforderlich, die prozessuale Rechtslage mit der materiellen Rechtslage gleich zu schalten, es erscheint jedoch ebenfalls wenig sinnvoll, den Schiedsrichter, der von seinem prozessualen Amt zurückgetreten ist, im Schiedsrichtervertrag zu belassen, weil ihm kein jederzeitiges Kündigungsrecht zusteht. Erst recht wenn man bedenkt, dass ein Zwang hinsichtlich der Ausübung der schiedsrichterlichen Tätigkeit nicht ausgeübt werden kann. Zu einem anderen Ergebnis kommt auch der Gesetzgeber nicht, wenn es heißt:

> *„Es bedarf auch rücksichtlich des Vertrages, welcher die Uebernahme der schiedsrichterlichen Verpflichtungen zum Gegenstande hat […] besonderer Bestimmungen nicht.“*[701]

Ausnahmsweise die Kündigungsmöglichkeit für Schiedsrichterverträge auszuschließen, war schon in der Vergangenheit nicht Motiv des Gesetzgebers.

3. US-Amerikanisches Recht

Entsprechend der unterschiedlichen Begründungsansätze bezüglich der Einordnung des Schiedsrichter-Partei-Verhältnisses herrscht auch hinsichtlich der

---

699 *Altenkirch*, SchiedsVZ 2014, 113 (120); Einen Zusammenhang sieht auch Hk-ZPO/*Saenger*, § 1038 Rn. 6.

700 *Altenkirch*, SchiedsVZ 2014, 113 (120).

701 Protokoll No. 657 in Mugdan II, S. 367.

Möglichkeit der Kündigung des Schiedsrichters keine einheitliche Rechtslage in den Vereinigten Staaten von Amerika. Während in weiten Teilen des US-amerikanischen Rechts die schiedsrichterliche Tätigkeit durch das *Amt und den Status des Schiedsrichters*[702] beschrieben wird, gibt es auch einige Stimmen, die materielle Rechte und Pflichten aus dem *arbitrator's contract*[703] herleiten. Entsprechend ist es nicht verwunderlich, dass hinsichtlich einer Beendigung dieses, wie auch immer gearteten, Schiedsrichter-Partei-Verhältnisses ebenfalls Unterschiede bestehen. Die Auffassungen lassen sich, leicht vereinfacht, in *resignation* und *termination of contract* unterteilen. Einigkeit herrscht hingegen zunächst hinsichtlich der Tatsache, dass Schiedsrichter verpflichtet sind, den vor das Schiedsgericht gebrachten Rechtsstreit zu beenden, gegen ihn aber trotzdem, gleich der deutschen Rechtslage, eine Verfahrensdurchführung nicht vollstreckt werden könnte. Hieraus ergibt sich die vorliegende Rechtslage: Kommt der Schiedsrichter der Verpflichtung, das Verfahrens zu beenden, nicht nach, ist er zum Schadensersatz verpflichtet. Ausnahmsweise können jedoch für seine *resignation* oder die *termination of the arbitrator's contract*, eine Einheitlichkeit in der Terminologie ist nicht auszumachen, Gründe vorliegen, die das Beenden der Tätigkeit rechtfertigen. Die Möglichkeit zum Äquivalent zur deutschen Kündigung besteht damit, wenngleich uneinheitlich bezeichnet.

a) Grundsatz: Obligation to Conclude the Mandate

Einigkeit besteht in US-amerikanischer Rechtsprechung und Literatur insoweit, als dass grundsätzlich eine Verpflichtung angenommen wird, das Amt zu Ende zu führen (*obligation to conclude the mandate*).[704]

Weit überwiegend wird deswegen vertreten, dass ein Schiedsrichter nicht ohne guten Grund zurücktreten könne. Die Verpflichtung, alles vernünftigerweise Erwartbare zu tun, um den Streit der Parteien zu beenden, umfasst das Gebot, sich nicht ohne Grund aus dem Amt des Schiedsrichters zurückzuziehen; schon die Kündigung ohne tauglichen Grund selbst ist deswegen Pflichtverletzung des Schiedsrichters.[705] Die Pflicht findet ihre konkrete Ausformung in den bisher benannten Schiedsrichterpflichten und dem Gebot, sich aus der

702 vgl. § 1, B., III. 2. Status approach, S. 68f.

703 vgl. § 1, B., III. 3. Privatautonom: Der arbitrator's contract, S. 73f.

704 *Alessi*, 31 J. Int'l Arb. 2014, 735 (769f.); *Guzman*, 49 Duke L. J. 2000, 1279 (1301).

705 *Alessi*, 31 J. Int'l Arb. 2014, 735 (769f.); *Lew/Mistelis/Kröll*, Comparative International Commercial Arbitration, Kap. 12 Rn. 15.

materiellen Verpflichtung zur Streitbeilegung nicht ohne Grund zurückzuziehen.[706]

b) Resignation

Mit Verständnis der schiedsrichterlichen Tätigkeit als Status oder reines Amt im prozessualen Sinne, geht die Terminologie *resignation* oder *withdrawal* (Rücktritt, Rückzug) einher, entsprechend finden sich Ausführungen zur *resignation* bei Vertretern der *status school*, während *die termination of contract* eher von Vertretern des *arbitrator's contract* angenommen wird.

Sollte das Amt nicht automatisch erlöschen, wenn der Streit zwischen den Schiedsparteien beendet ist, kommt auch die Möglichkeit des Rücktritts durch den Schiedsrichter in Betracht.[707]

Weitgehend Einigkeit herrscht in Literatur und Rechtsprechung dahingehend, dass der Rückzug aus dem Schiedsrichteramt möglich sein soll, in den meisten Fällen soll dieses ohne Pflicht zum (materiellen) Schadensersatz möglich sein, wenn ein guter Grund vorliegt. Das Spektrum der hier anerkannten und zu entwickelnden Gründe ist sehr divers, vor dem Hintergrund, dass aber auch nach US-amerikanischem Recht ein Schiedsrichter nicht zur Leistungserbringung gezwungen werden kann, ist das Begründungsniveau für den Rücktritt nicht hoch anzusetzen:

> *"There is, therefore, no basis, statutory or otherwise, for a court to review an arbitrator's earlier resignation, and we know of no authority that grants courts the power to force unwilling arbitrators to serve. We conclude that the resignation of the first panel of arbitrators was not improper and that the second panel obtained jurisdiction over the matter."*[708]

So ist es hinsichtlich der Begründungswahl wenig entscheidend, ob sich der Schiedsrichter für eine *resignation* oder für eine *termination of the arbitrator's contract* entscheidet, Gründe müssen für beide in begrenztem Rahmen durch den Schiedsrichter dargelegt werden, um nicht zu haften.[709] Die Möglichkeit der Amtsniederlegung ist hiervon jedoch nicht betroffen.

---

706 *Harrison v. Nissan Motor Corp.*, 111 F.3d 343 (350) (1997); Weigand, International Arbitration, Rn. 13.78.

707 Weigand, International Arbitration, Rn. 13.78.

708 *Florasynth v. Pickholz*, 750 F.2d 171 (1984) spricht lediglich von der Notwendigkeit der Überzeugung, dass es für die Schiedsparteien das Beste sei.

709 *Domke*, 3 U. Tol. L. Rev. 1971, 99 (102f.); Weigand, International Arbitration, Rn. 13.79.

c) *Termination of Contract*

Folgt man der etablierten, aber wohl im US-amerikanischen Rechtsraum nicht herrschenden, Auffassung, dass ein Schiedsrichtervertrag zwischen Schiedsrichtern und Parteien zustande kommt,[710] so kann man konsequenterweise auch die Regeln zur *termination of contract* darauf anwenden.[711]

Die Kündigung kann, ähnlich wie im deutschen Recht, als Beendigung eines Dauerschuldverhältnisses für die Zukunft – allerdings ohne zwingende, anschließende Rückabwicklung – gesehen werden. Die *termination of contract* wird abstrakt an mögliche, sehr unterschiedliche Bedingungen geknüpft, im Einzelfall hat die Rechtsprechung eine kaum überschaubare Anzahl an Gründen für eine *termination of contract* anerkannt.

aa) Die Kündigung von Dauerschuldverhältnissen nach US-amerikanischem Recht

Ähnlich wie im deutschen Recht kann man auch im US-amerikanischen Recht zunächst die *termination of contract* von der *rescission* unterscheiden.

Die *rescission* ist mit dem deutschen Rücktritt vergleichbar. Auch mit ihr gehen mehrere Rechtsfolgen einher, einerseits sollten die Leistungspflichten erlöschen, andererseits soll der Vertrag zum *status quo ante* rückabgewickelt werden;[712] beides zusammen wird als „*unmaking of a contract*“ beschrieben.[713] Dieser Rückaustausch begegnet hinsichtlich der Möglichkeit der Rückabwicklung von Schiedsrichterleistungen und dem Willen der Parteien den gleichen Bedenken wie im deutschen Recht, eine Durchführbarkeit ist schwerlich möglich und in der Regel von den Beteiligten (die Möglichkeit unterstellt) nicht gewollt.

Die *termination of contract* hingegen gestaltet die Rechtslage zwischen den Parteien grundsätzlich nur so weit, als dass die Parteien von ihren Hauptleistungspflichten frei werden. Die *termination of contract* ist damit einerseits nicht

---

710 *Manuela Schäfer*, Die Verträge zur Durchführung des Schiedsverfahrens, S. 802 sieht die Relevanz dieser Fragestellung mangels flächendeckender Annahme eines Schiedsrichtervertrages in den Vereinigten Staaten nicht.

711 *Emilia Onyema*, International Commercial Arbitration and the Arbitrator's Contract, S. 178f.

712 *Abdallah, Inc. v. Martin*, 65 N.W.2d 641 (643f.) (1954); *Hermann*, 1960 U. Ill. L. F. 1960, 1 (46); *Kull*, 61 Bus. Law 2005/2006, 596 (577).

713 *Abdallah, Inc. v. Martin*, 65 N.W.2d 641 (644) (1954).

auf Rückabwicklung, andererseits nicht auf die Aufgabe aller Nebenpflichten zwischen den Parteien gerichtet.

Grundsätzlich kann zwischen zwei Arten der *termination of contract* unterschieden werden, der Kündigung aus wichtigem Grund (*termination for cause*) und der ordentlichen Kündigung (*termination for convenience*).

Die ordentliche Kündigung erfährt im US-amerikanischen in aller Regel eine vertragliche Ausgestaltung und regelt fallspezifisch, unter Einhaltung welcher ordentlichen Kündigungsfrist ein Vertrag aufgekündigt werden kann.

Die Kündigung aus wichtigem Grund steht dem kündigenden Vertragsteil als Rechtsgestaltungsmittel bei Pflichtverletzungen der Gegenseite und bei Unzumutbarkeit zu. Der wichtigste Kündigungsgrund der *termination for cause* ist die sog. *termination for default*, also die Kündigung wegen Nichtleistung der Gegenseite, die einen Unterfall der *termination for breach of contract* bildet.[714] Regelmäßig berechtigen auch Betrug (*fraud*) oder der Verstoß gegen ein gesetzliches Verbot (*illegality*) dazu, den Vertrag nicht zu erfüllen. Die US-amerikanische Rechtsprechung zum *contract law* ist hier jedoch stark einzelfallgeprägt, die Berechtigung zur Kündigung muss nicht Folge der obenstehenden Fehler sein.

Vielmehr wird auch die Nichtdurchsetzbarkeit von Verträgen über illegale Inhalte angenommen,[715] Verträge, die durch Betrug oder unter Missachtung von Schriftformerfordernissen zustande kommen, sollen vielfach nicht gekündigt werden, sondern von Anfang an nicht wirksam sein, wenn diese angefochten werden.[716]

Darüber hinaus findet sich keine verallgemeinerungsfähige Regel, die die Art der kündigungsberechtigten Pflichtverletzung spezifiziert. Unzumutbarkeit und Erfüllungswahrscheinlichkeit werden aber häufig in der nachträglichen Überprüfung der Rechtmäßigkeit von Kündigungen berücksichtigt.[717]

---

714 *UHS-Qualicare, Inc. v. Gulf Coast Cmty. Hosp., Inc.* 525 So. 2d 746, 756 (1987); *Brazell, v. Windsor*, 682 S.E.2d 824, 826 (2009); *Vidalia Outdoor Prods., Inc. v. Higgins*, 701 S.E.2d 217, 219 (2010); *Wiljeff, LLC, v. United Realty Mgmt. Corp., 920 N.Y.S. 2d 495, 497* (2011); *Cent. Ark. Found. Homes, LLC v. Choate*, 383 S.W.3d 418 (2011).

715 *Bovard v. American Horse Enterprises*, 201 Cal. App. 3d 832 (1988).

716 Hay, US-amerikanisches Recht, S. 123.

717 *Mustang Pipeline Co. v. Driver Pipeline Co.*, 134 S.W.3d 195 (2004); *Venture Props., Inc. v Parker*, 195 P.3d 470 (488) (2008); *Madden Phillips Constr. Inc. v. GGAT Dev. Corp.*, 315 S.W.3d 800 (2009); *Premier Golf Mo., LLC v. Staley Land Co.* 282 S.W. 3d 866 (872f.) (2009).

bb) Kündigung des arbitrator's contract

Folgt man der Auffassung, dass zwischen den Schiedsparteien und dem Schiedsrichter ein *arbitrator's contract* zustande kommt, muss man konsequenterweise auch die Kündigung des Vertrages zulassen.

Für die *termination of contract for convenience* gilt, was die Parteien individualvertraglich mit dem jeweiligen Schiedsrichter vereinbart haben. In Abwesenheit dieser Vereinbarung kennt das Recht die *termination for cause*, die auch für den *arbitrator's contract* eine Rolle spielen kann. FAA und UAA (2000) enthalten keine Regelungen zur Schiedsrichterkündigung oder zu vergleichbaren Rücktrittsgründen. Auch die AAA stellt lediglich in Regel R-20 fest, dass ein Schiedsrichter im Falle der Nichtleistung durch die AAA ausgetauscht werden könne. Als Gründe für die Nichtleistung werden *unwillingness* und *unableness* (*inability*) genannt, ohne die Begrifflichkeiten weiter auszufüllen.

Allgemein formuliert der Code of Ethics for Arbitrators von AAA und ABA im ersten Canon in Literas H und I:

> „*H. Once an arbitrator has accepted an appointment, the arbitrator should not withdraw or abandon the appointment unless compelled to do so by unanticipated circumstances that would render it impossible or impracticable to continue. When an arbitrator is to be compensated for his or her services, the arbitrator may withdraw if the parties fail or re-fuse to provide for payment of the compensation as agreed.*
>
> *I. An arbitrator who withdraws prior to the completion of the arbitration, whether upon the arbitrator's initiative or upon the request of one or more of the parties, should take reasonable steps to protect the interests of the parties in the arbitration, including return of evidentiary mate-rials and protection of confidentiality.*"

Es zeigt sich, dass weder staatliche noch bundesstaatliche noch bedeutsamste Kodifikationen aus dem *Softlaw* den *arbitrator's contract* in die Formulierung ihrer Regelwerke aufgenommen haben. Ähnlich wie im deutschen Recht wird die Begrifflichkeit des Schiedsrichtervertrages nicht benutzt. Während im deutschen Recht allerdings Einigkeit hinsichtlich der Existenz des Schiedsrichtervertrages herrscht und hieraus dogmatisch Möglichkeiten und Gründe für eine Kündigung entwickelt werden können, ist dieses in den Vereinigten Staaten nicht der Fall. Einigkeit hinsichtlich der Existenz des Schiedsrichtervertrages besteht nicht, eine herrschende Auffassung existiert zumindest insoweit nicht, dass die Meinung der Anhänger der *contract theory* Eingang in die Gesetzgebung gefunden hätte.[718] Die Aufarbeitung des Meinungsstands zur materiellen Berechtigungs- und Verpflichtungslage des Schiedsrichters aus Vertrag wird

---

718 Vgl. *Manuela Schäfer*, Die Verträge zur Durchführung des Schiedsverfahrens, S. 802.

deswegen als unausgereift beschrieben.[719] Was bleibt, ist eine mögliche Einzelfallanalyse von Gerichtsentscheidungen zur Amtsniederlegung des Schiedsrichters, gleich ob man diese nun als *termination of contract* oder *resignation* sehen möchte, zumindest besteht Einigkeit hinsichtlich der Voraussetzung eines wichtigen Grundes (*good cause*), um den Schiedsrichter haftungsfrei aus seinem Dienst entlassen zu können.[720]

C. Kapitelzusammenfassung: Die Möglichkeit der Kündigung des Schiedsrichtervertrages

Eine Kündigung des Schiedsrichtervertrages durch den Schiedsrichter ist möglich, jedoch nicht ohne Einschränkungen auf haftungsrechtlicher Seite. Ohne das Vorliegen eines Kündigungsgrundes i.S.d. § 626 BGB ist die Schiedsrichterkündigung zwar immer noch nach § 627 BGB wirksam,[721] die Anwendung des § 627 BGB gebietet allerdings trotzdem die Frage nach einem Kündigungsgrund, nämlich vor dem Hintergrund einer schiedsrichterlichen Haftung.[722] Die Anforderung an das Vorliegen eines wichtigen Grundes steigt im Rahmen der vorzunehmenden Einzelfallabwägung deswegen auch mit fortschreitendem Verfahren.[723]

Fehlt es an solchen, einzelfallabhängigen Gründen, macht sich der Schiedsrichter schadensersatzpflichtig, wenn er unzeitig kündigt.

Zwar ist schon der Ausspruch der unberechtigten Kündigung Nebenpflichtverletzung,[724] ein Schaden wird den Parteien aber in aller Regel (erst) dadurch entstehen, dass der Schiedsrichter auch sein prozessuales Amt nicht (mehr) ausübt. Da er hierzu nicht gezwungen werden kann, sich der Schiedsrichter materiell-rechtlich aber auf die Wirksamkeit der Kündigung zur Abwehr von

---

719 *Jens Gal*, Die Haftung des Schiedsrichters in der internationalen Handelsschiedsgerichtsbarkeit, S. 72f.; weniger kritisch aber inhaltlich ebenso *Manuela Schäfer*, Die Verträge zur Durchführung des Schiedsverfahrens, S. 731; *Alessi*, 31 J. Int'l Arb. 2014, 735 (737f.) spricht von einem „*conceptual chaos*"; *Rogers*, 53 Stan. J Int'l L. 2005, 53 (55) nennt die Abwesenheit einer grundlegenden *conceptual theory*, um Verhaltensstandards für Schiedsrichter zu etablieren, „*methodological mayhem*".

720 *Florasynth v. Pickholz*, 750 F.2d 171 (1984).

721 BeckOGKBGB/*Günther*, § 627 Rn. 57.

722 *Schütze/Tscherning/Wais*, Handbuch des Schiedsverfahrensrechts, Rn. 302; *Schwab/Walter*, Kap. 13 Rn. 11.

723 RGZ 101, 392 (397); *Lachmann*, Rn. 4377.

724 *Altenkirch*, SchiedsVZ 2014, 113 (117); *Jens Gal*, Die Haftung des Schiedsrichters in der internationalen Handelsschiedsgerichtsbarkeit, S. 143; *Lachmann*, Rn. 4378.

Schadensersatzansprüchen berufen muss, trägt er die Darlegungslast hinsichtlich des Vorliegens von Kündigungsgründen. Ob durch die Kündigung und den Rücktritt des Schiedsrichters das bisher stattgefundene Schiedsverfahren in seiner Gesamtheit entwertet wird, ist Frage der Schadenshöhe. Kündigt der Schiedsrichter den Schiedsrichtervertrag ohne wichtigen Grund, macht er sich für den aus seiner Weigerung entstehenden Schaden, den Vertrag zu erfüllen, ersatzpflichtig. Auch nach US-amerikanischer Sicht besteht nicht die Möglichkeit, den Schiedsrichter zur Amtsausübung zu zwingen.[725] *Born* formuliert hierzu prägnant zum *common* und zum *civil law*:

> *"The wrongful resignation nonetheless terminates the arbitrator's mandate [...]."*[726]

Zwar hängt die Terminologie im US-amerikanischen Recht davon ab, ob *status school* oder *arbitrator's contract* gefolgt wird, Konsens besteht jedoch, dass eine Kündigung möglich sein muss. Der *good cause* für die *resignation* oder die *termination of contract* ist deswegen auch nach US-amerikanischem Verständnis konsequenterweise, gleich dem deutschen Recht, für die Haftungsfrage maßgebend, nicht für die Frage nach der Wirksamkeit der Kündigung.[727]

Ein solcher Schaden wird sich in Fällen beweisen lassen können, in denen das Schiedsverfahren bereits vorangeschritten ist und hierdurch bereits Kosten entstanden sind, die erneut aufgebracht werden müssen.[728] Es kann außerdem ein Schaden vorliegen, wenn die Kündigung einen teureren Prozess vor einem ordentlichen Gericht bedeutet,[729] hier liegt der Schaden in der Kostendifferenz zum Schiedsverfahren.

---

725 *Born*, International Commercial Arbitration, S. 1982f.

726 *Born*, International Commercial Arbitration, S. 1983.

727 *Florasynth v. Pickholz*, 750 F.2d 171 (1984).

728 *Schwab/Walter*, Kap. 13 Rn. 13.

729 *Schwab/Walter*, Kap. 13 Rn. 13.

§ 3. Einschränkung des Kündigungsrechts aufgrund des Unmittelbarkeitsgrundsatzes

A possible restriction to the suggested right to terminate the arbitrator's contract is the principle of immediacy. The principle of immediacy also is applicable to arbitration proceedings – however one closely has to observe how ordinary courts deal with problems of immediacy, for example in events like retirement or serious disease. Depending on the status of conservation of procedure and evidence the thesis suggests that generally immediacy-issues can be averted by professionally documenting any interim conclusion, preliminary finding and any taking-of-evidence.

Schon die Möglichkeit einer Kündigung des Schiedsrichtervertrages, auch unter der Prämisse, dass dem Schiedsrichter ein Kündigungsgrund zur Seite stehen muss, steht in einem potenziellen Spannungsverhältnis zum Unmittelbarkeitsgrundsatz. Kündigt ein Schiedsrichter wirksam den Schiedsrichtervertrag, ist dieser nicht mehr zur Entscheidung über den Rechtsstreit der Parteien befugt. Vielfach wird in diesem Zusammenhang geschrieben, dass der Schiedsrichter durch eine Kündigung die bisher erbrachte Leistung entwerten würde.[730] Damit ist zweierlei gemeint: Einerseits besteht zwischen dem Schiedsrichter und den Parteien ein besonderes Vertrauensverhältnis, welches durch den Ausspruch der Kündigung empfindlich gestört wird.[731] Andererseits erscheint es vor dem Hintergrund des Unmittelbarkeitsprinzips problematisch, ob ein nachbestellter Schiedsrichter auf die bisherigen Ergebnisse, beispielsweise des Beweisverfahrens, derart uneingeschränkt Bezug nehmen kann, sodass er eine Entscheidung fällen kann; immerhin sind die Beweistermine ohne ihn abgelaufen, die Möglichkeit einer höchstpersönlichen Bewertung der Erkenntnisse aus dem Beweisverfahren bestand nicht.

Auch wenn ein bestellter Ersatzschiedsrichter durch die Bestellung der Parteien in die vorherige Vertrauensstellung einzutreten vermag, ist hierdurch allerdings das Problem des möglichen Verstoßes gegen das Unmittelbarkeitsprinzip damit noch nicht geklärt. Die hier in Rede stehende formelle Unmittelbarkeit kann zuvor begrifflich von der materiellen Unmittelbarkeit unterschieden

730 *Manuela Schäfer*, Die Verträge zur Durchführung des Schiedsverfahrens, S. 399.
731 RGZ 59, 247 (248ff.).

werden. Einen Grundsatz materieller Unmittelbarkeit im Sinne eines Gebotes, das vermeintlich zuverlässigste oder sachnächste Beweismittel zu verwenden, kennt das Zivilprozessrecht im Gegensatz zum Strafprozessrecht nicht.[732] Die Sachnähe und der Grad der Geeignetheit eines Beweismittels finden in der Beweiswürdigung ihren Niederschlag.[733]

Beinahe Einigkeit besteht in deutscher wie in US-amerikanischer Rechtsprechung und Literatur, dass eine bewusste Verzögerung des Verfahrens durch eine Kündigung, welche eine Wiederholung des Verfahrens (oder großer Teile) aufgrund des Unmittelbarkeitsgrundsatzes erforderlich macht, eine Ausnahme von ebendiesem Grundsatz bilden soll.[734]

A. Der Unmittelbarkeitsgrundsatz im Zivilverfahren

Nach dem Unmittelbarkeitsgrundsatz sind nur solche Richter zu der Mitwirkung am Urteil berechtigt, welche der mündlichen Verhandlung des Rechtsstreits beigewohnt haben.[735] Der Unmittelbarkeitsgrundsatz ist damit Ausprägung des grundrechtlich versicherten Rechts auf den gesetzlichen Richter und fundamentaler Grundsatz des deutschen Zivilprozesses.[736] Was aber ein „Beiwohnen" i.S.d. Gesetzes bedeutet, gilt es festzustellen, auch können mögliche Ausnahmen von dem Grundsatz bedeutend für den Vergleich mit dem schiedsrichterlichen Verfahren sein. Dann erst kann sich der Frage zugewandt werden, ob der gleiche Grundsatz der Unmittelbarkeit auch für das Schiedsverfahren gelten soll und ob eine Kündigung eines Schiedsrichters zu einer Beeinträchtigung des Unmittelbarkeitsgrundsatzes führt.

I. Grundsatz

Grundsätzlich gilt im deutschen Zivilverfahren das Unmittelbarkeitsprinzip. § 128 Abs. 1 ZPO verpflichtet die Parteien, ihren Rechtsstreit vor dem

---

732 Musielak/Voit/*Stadler*, § 355 Rn. 5; zu möglichen Ausnahmen im Strafverfahren, im Berufungsverfahren, bei Bagatelldelikten und im Strafbefehlsverfahren vgl. *Böhm*, NJW 2015, 3132 (3132ff.).

733 BVerfGE 1, 418 (429); 57, 250 (251f.); BGH NJW 1995, 2856 (2857).

734 *Lew/Mistelis/Kröll*, Comparative International Commercial Arbitration, Kap. 12 Rn. 15.

735 Vgl. ausführlicher *Matthias Wallimann*, Der Unmittelbarkeitsgrundsatz im Zivilprozess, S. 228ff.

736 RGZ 14, 383 (387).

erkennenden Gericht zu verhandeln. § 309 ZPO bestimmt, dass ein Richter nur dann an dem Fällen des Urteils mitwirken darf, wenn er der zugrunde liegenden Verhandlung auch beigewohnt hat, und gestaltet damit den Grundsatz der Mündlichkeit und Unmittelbarkeit aus.[737] In engem Zusammenhang mit § 309 ZPO steht § 355 Abs. 1 S. 1 ZPO, der normiert, dass die Beweisaufnahme vor dem Prozessgericht stattzufinden hat. Hierdurch sollen die urteilenden Richter einen unmittelbaren Eindruck von den Beweismitteln, z. B. von der Zeugenvernehmung, gewinnen können.[738] Die Vorschrift des § 309 ZPO präzisiert die verfassungsrechtliche Garantie des gesetzlichen Richters (Art. 101 Abs. 1 S. 2 GG).[739] Die dem Urteil zugrundeliegende Verhandlung, der nach § 309 ZPO die das Urteil fällenden Richter beiwohnen müssen,[740] ist die letzte mündliche Verhandlung, die dem Erlass des Urteils vorausgeht, die sog. Schlussverhandlung.[741] Nicht grundsätzlich erforderlich ist hingegen, dass die Richter, die das Urteil fällen, auch an allen vorher stattgefundenen Verhandlungsterminen teilgenommen haben.[742]

Die Zivilprozessordnung an sich geht von einer einheitlichen mündlichen Verhandlung aus, zwar findet sich dieser Wortlaut nicht im Gesetz selbst, wird aber aus den §§ 253ff. ZPO[743] deutlich: Etwa normiert § 282 ZPO, dass jede Partei in der mündlichen Verhandlung ihre Angriffs- und Verteidigungsmittel zeitig vorzubringen hat. Nach § 370 ZPO soll der Termin der Beweisaufnahme „zugleich zur Fortsetzung der mündlichen Verhandlung bestimmt" werden. Beide Vorschriften können ihrem Regelungsgehalt nach nur sinnvoll angewandt werden, wenn mehrere Verhandlungstermine als eine einheitliche Verhandlung gesehen werden. Die Unterscheidung von (bloßen) Verhandlungsterminen und der mündlichen Verhandlung wird ebenso aus § 341a ZPO sowie aus § 332 ZPO deutlich, wo der Begriff des Verhandlungstermins vom Begriff der mündlichen Verhandlung selbst unterschieden wird. Die Differenzierung der mündlichen Verhandlung in einzelne Termine, wie den Haupttermin (§ 279 Abs. 2 ZPO), den frühen ersten Termin (§ 275 ZPO) oder neue Termine zur Beweisaufnahme (§ 368 ZPO), macht ebenfalls deutlich, dass zwar unterschiedliche Termine für

---

737 BGHZ 11, 27 (30); 61, 369 (370).

738 *Elzer*, ARbRAktuell 2015, 500 (501); *Pohlmann*, Zivilprozessrecht, Rn. 89f.

739 MüKoZPO/*Musielak*, § 309 Rn. 1.

740 *§ 309 ZPO: „Das Urteil kann nur von denjenigen Richtern gefällt werden, welche der dem Urteil zugrunde liegenden Verhandlung beigewohnt haben."*

741 BGHZ 11, 27 (29f.); 61, 369 (370); BGH NJW 1981, 1273 (1274).

742 Musielak/Voit/*Musielak*, § 309 Rn. 2.

743 Buch 2 – Verfahren im ersten Rechtszug.

verschiedene Verhandlungsteile vom Gesetz vorgesehen und damit durchaus möglich sind, eine Einheitlichkeit der mündlichen Verhandlung ist dennoch Prämisse des Gesetzgebers.[744]

Ausgehend von diesem einheitlichen Begriff der mündlichen Verhandlung stellt sich die Frage, ob ebendieser Begriff auch dem § 309 ZPO zugrunde liegt und entsprechend Verstöße gegen das Unmittelbarkeitsprinzip schon vorliegen, wenn ein Richter „nur" bei einem der Verhandlungstermine abwesend ist oder ob auf den einheitlichen Begriff der mündlichen Verhandlung, bestehend aus (theoretisch) beliebig vielen Terminen, abzustellen ist.

Hierbei auf den einzelnen Verhandlungstermin abzustellen und die ständige Anwesenheit des Richters i.S.d. § 309 ZPO zu fordern, wird von dem Gedanken gestützt, dass es auch Sinn und Zweck des Unmittelbarkeitsprinzips ist, sich über die (gesamte) mündliche Verhandlung einen persönlichen Gesamteindruck von Sachverhalt und Streitparteien zu machen.[745] Je weniger Verhandlungstermine tatsächlich zu diesem Gesamteindruck beitragen, desto mehr steht das Unmittelbarkeitsprinzip in Frage.

Das Erfordernis des § 309 ZPO, lediglich die Anwesenheit des urteilenden Richters bei der Schlussverhandlung zu fordern, ist offensichtlich aus prozessökonomischer Sicht sinnvoll: Für den Fall eines Richterwechsels müsste ansonsten die gesamte Beweisaufnahme wiederholt werden, Angriffs- und Verteidigungsmittel könnten wieder vorgebracht werden. Auch ein Vergleich mit der Strafprozessordnung zeigt, dass mit der mündlichen Verhandlung i.S.d. § 309 ZPO nicht die (ununterbrochene) Summe der einzelnen Verhandlungstermine gemeint sein kann. § 226 StPO wählt einen anderen Wortlaut als § 309 ZPO. Dort heißt es in Absatz 1:

> *„Die Hauptverhandlung erfolgt in ununterbrochener Gegenwart der zur Urteilsfindung berufenen Personen sowie der Staatsanwaltschaft und eines Urkundsbeamten der Geschäftsstelle."*

Offensichtlich ist dem Gesetzgeber also eine Unterscheidung und genauere Differenzierung (und Festlegung) der Anwesenheitspflichten der Urteilsfindenden bekannt. Heißt es doch in § 309 ZPO:

> *„Das Urteil kann nur von denjenigen Richtern gefällt werden, welche der dem Urteil zugrunde liegenden Verhandlung beigewohnt haben."*

---

744 *Burkhard Schmidt*, Richterwegfall und Richterwechsel im Zivilprozeß, S. 21.
745 BVerfG NJW 2008, 2243 (2244).

Dieser Unterschied im Wortlaut spricht ebenso dafür, dass im Strafverfahren eine oben beschriebene, durchgängige Anwesenheit erforderlich ist, im Zivilverfahren allerdings nicht. Vielmehr kommt es auf die letzte Möglichkeit zur mündlichen Verhandlung an: In dieser Schlussverhandlung haben die Parteien die uneingeschränkte Möglichkeit, dem Spruchkörper, also den potenziell ausgewechselten Richtern, ihre Standpunkte darzulegen. Andersherum können Richter in dieser Verhandlung einen Eindruck von den Parteien und dem Sachverhalt, auch durch gezielte Nachfrage, erhalten.[746]

Aus mehrerlei Hinsicht erscheint es deswegen vorzugswürdig und ist vielfach anerkannt, dass bei der Frage nach der, nach Unmittelbarkeitsmaßstäben ordentlichen, Besetzung des Spruchkörpers mit der letzten mündlichen Verhandlung i.S.d. § 309 ZPO der, in die einheitliche mündliche Verhandlung eingebettete, letzte Termin der mündlichen Verhandlung gemeint ist.[747]

II. Richterwechsel und Beweisaufnahme

Nichts anderes kann gelten, wenn (bereits) eine Beweisaufnahme durchgeführt worden ist. Aus den Prinzipien der Unmittelbarkeit und Mündlichkeit ergibt sich, dass die Beweisaufnahme vor dem jeweiligen Prozessgericht zu erfolgen hat.[748] Die Beweisaufnahme vor dem Prozessgericht ist ein Grundprinzip des deutschen Zivilprozesses und sichert die Möglichkeit persönlicher Beweiswürdigung durch das entscheidende Gericht.[749] Kommissarische Beweisaufnahmen sind in Ausnahmefällen zulässig. Für die Würdigung solcher kommissarisch erhobener Beweise gilt, dass der persönliche Eindruck des kommissarisch beauftragten Richters nur Urteilsgrundlage werden kann, wenn ebendieser Eindruck dem Prozessgericht durch ein Protokoll zugänglich gemacht worden ist und Gegenstand der Verhandlung war.[750] Das Gesetz verbietet es somit nicht, den persönlichen Eindruck des Richters aus der bereits stattgefundenen Beweisaufnahme im Falle des Richterwechsels zu übernehmen, eine Verwertung ist grundsätzlich möglich.[751] Der sachliche Inhalt des Protokolls der Beweisaufnahme darf also ohne Probleme auch im Falle des

746 *Burkhard Schmidt*, Richterwegfall und Richterwechsel im Zivilprozeß, S. 22f.

747 *Burkhard Schmidt*, Richterwegfall und Richterwechsel im Zivilprozeß, S. 24, Fn. 71 m.w.N.; *Elzer*, ARbRAktuell 2015, 500 (501).

748 RGZ 14, 383 (385).

749 Musielak/Voit/*Stadler*, § 355 Rn. 2.

750 BGH NJW 1991, 3284 (3284); BGHZ 32, 233 (237); Musielak/Voit/*Stadler*, § 355 Rn. 2.

751 BGHZ 32, 233 (234); 53, 245 (257).

Richterwechsels berücksichtigt werden. Der persönliche Eindruck des Richters von der Integrität oder Glaubwürdigkeit eines Zeugen oder der persönliche Eindruck von der Wahrhaftigkeit oder Glaubhaftigkeit einer Aussage besteht nur dann, wenn dieser im Protokoll als solcher niedergelegt ist, eine Interpretation hinsichtlich der persönlichen Eindrücke des Richters der Beweisaufnahme ist nicht erlaubt.[752] Unabhängig von diesen Ausnahmefällen steht es jedoch im Ermessen des Gerichts, ob eine Beweisaufnahme im Falle des Richterwechsels erneut durchzuführen ist oder nicht.[753] Frühere Zeugenaussagen können im Wege des Urkundenbeweises durch Auswertung des Vernehmungsprotokolls verwertet werden.[754] Das Gericht darf dann bei der Beweiswürdigung aber nur das berücksichtigen, was auf der Wahrnehmung aller an der Entscheidung beteiligten Richter beruht oder aktenkundig ist und wozu die Parteien sich erklären konnten. Das gilt ebenso, wenn das Gericht einen persönlichen Eindruck eines Zeugen zur Beurteilung seiner Glaubwürdigkeit heranziehen will. Eindrücke, die nicht in das Verhandlungsprotokoll aufgenommen worden sind, dürfen nach einem Richterwechsel bei der Entscheidung nicht verwertet werden, selbst wenn von drei mitwirkenden Richtern nur einer an der Beweisaufnahme nicht teilgenommen hat.[755] Bei einem Kollegialgericht kann der Grundsatz der Unmittelbarkeit auch nicht dadurch gewahrt werden, dass ein Mitglied des Gerichts an einer Zeugenvernehmung teilnimmt und die übrigen zur Entscheidung berufenen Richter formlos über seine persönlichen Eindrücke unterrichtet.[756] Soweit es um die Glaubwürdigkeit eines Zeugen geht, muss das erkennende Gericht in seiner Spruchbesetzung einen persönlichen Eindruck von dem Zeugen gewonnen haben oder auf eine aktenkundige und der Stellungnahme durch die Parteien zugängliche Beurteilung zurückgreifen können.[757] Nur wenn es auf die persönlichen Eindrücke aus der Beweisaufnahme ankommt, diese also für die Entscheidung maßgeblich und nicht protokolliert sind, ist die Wiederholung einer Beweisaufnahme in neuer Besetzung unumgänglich.[758]

752 BGHZ 53, 245 (257f.); BGH NJW 1991, 1302 (1302ff.); BGH NJW 1991, 3277 (3278), BGH NJW 1992, 1966 (1966ff.); *Weth*, JuS 1991, 34 (35).
753 BGHZ 32, 233 (234).
754 BGH NJW 1972, 1202 (1203f.).
755 BGH NJW 1991, 1180 (1180).
756 BVerfG NJW 2008, 2243 (2244).
757 BGHZ 133, 363 (364f.).
758 BGHZ 53, 245 (257).

III. Richterwechsel nach Abschluss der mündlichen Verhandlung

Hat der Vorsitzende die mündliche Verhandlung geschlossen, ändert sich der Betrachtungszeitpunkt hinsichtlich der Wahrung des Unmittelbarkeitsgrundsatzes maßgeblich. Das Urteil darf, wie gezeigt, nur von den Richtern gefällt werden, die der dem Urteil zugrunde liegenden mündlichen Verhandlung beigewohnt haben. Die gesetzliche Aussage ist hierbei nicht auf das „Urteil", sprich: das Endurteil, beschränkt. Der Grundsatz der Unmittelbarkeit soll von § 309 ZPO insgesamt durchgesetzt werden,[759] damit fallen auch Beschlüsse in den Anwendungsbereich des Grundsatzes.[760] Die Möglichkeit eines Richterwegfalls in diesem Verfahrensstadium wiegt ungleich schwerer als noch in den Stadien zuvor. Die mündliche Verhandlung hat erheblichen Einfluss auf den Fortgang der richterlichen Entscheidung, es ist gerade nicht möglich, den nächsten, nach Geschäftsverteilungsplan zuständigen, Richter zur Entscheidung über den Rechtsstreit zu berufen.

Fällt der Richter nun aus, steht fest, dass die Prämisse des § 309 ZPO nicht mehr eingehalten werden kann, ein Hinwegsetzen über die Vorschrift erscheint aufgrund der oben erörterten, fundamentalen Bedeutung der Vorschrift für den Zivilprozess als wesentlicher Verfahrensfehler; das entscheidende Gericht ist in einem solchen Fall nicht richtig besetzt und ein absoluter Revisionsgrund i.S.d. § 547 Nr. 1 ZPO liegt vor.[761] Es muss mithin eine Möglichkeit gefunden werden, einen Verstoß gegen § 309 ZPO zu vermeiden, diese Möglichkeit liegt in § 156 ZPO.

Während nach früher Auffassung in der Rechtsprechung solche Verhandlungen nicht wiedereröffnet wurden, sondern eine neue Verhandlung geführt worden ist, weil ein anders besetztes Gericht handelte,[762] ist durch die eindeutige Formulierung des § 156 ZPO inzwischen anerkannt,[763] dass die *gleiche Verhandlung* wiederöffnet werden kann. § 156 Abs. 2 Nr. 3 ZPO sieht dieses gerade für den Fall des Ausscheidens eines Richters vor.

---

759 BGHZ 11, 27 (30); 61, 369 (370).

760 Vgl. § 329 Abs. 1 S. 2 ZPO.

761 BGH NJW 1998, 377 (378); *Elzer*, ARbRAktuell 2015, 500 (500); MüKoZPO/*Krüger*, § 547 Rn. 5.

762 RGZ 16, 417 (419).

763 MüKoZPO/*Musielak*, § 309 Rn. 12; BGH NJW-RR 2012, 508 (509).

IV. Richterwechsel und Verkündung

Kommt es zu einem Wegfall, einer dauerhaften Verhinderung oder zu einem Wechsel eines Richters nach der Beratung aber vor der Verkündung, so zwingt dieses nicht zur Wiedereröffnung der mündlichen Verhandlung.[764] Das Prinzip der Unmittelbarkeit ist gewahrt, denn das Urteil ist von Richtern *gefällt* worden, die auch der mündlichen Verhandlung beigewohnt haben.[765]

Gefällt ist ein Urteil oder eine andere gerichtliche Entscheidung i.S.d. § 309 ZPO nämlich dann, wenn beschlossen worden ist, dass die Entscheidung als solche getroffen werden soll, auf den Akt der Veröffentlichung kommt es für das Fällen i.S.d. § 309 ZPO nicht an.[766] Es ist also nach gefällter Entscheidung nicht erforderlich, wie in den Fällen nach Abschluss der mündlichen Verhandlung aber vor Entscheidungsfindung, eine Wiedereröffnung der Verhandlung anzuordnen, vielmehr ist ein Richterwegfall nach der Fassung des Entschlusses unbeachtlich. Dieses Ergebnis entspricht der einhelligen Auffassung in Literatur und Rechtsprechung, schon das Reichsgericht hat in einem Urteil vom 26.01.1879 hierzu ausgeführt, dass es *„bekannten Rechtens“* sei, dass *„bei der Publikation nicht all diejenigen Richter Theil zu nehmen brauchen, welche an dessen Abfassung mitgewirkt haben“*.[767] Diesem Grundsatz hat sich die höchstrichterliche Rechtsprechung angeschlossen.[768] Auch hinsichtlich der ganz herrschenden Auffassung in der Literatur besteht kein Zweifel, dass die bloße Veröffentlichung des Urteils in Form der Verkündung nicht der Mitwirkung der gleichen Richter bedarf, die auch in der letzten mündlichen Verhandlung oder Beschlussfassung beteiligt gewesen sind.[769] Sinn und Zweck des Unmittelbarkeitsgrundsatzes ist es nicht, dass sich der verkündende Richter die im Urteil abgefasste Erklärung formal zu eigen macht, sondern dass der Inhalt des Urteils auch von demjenigen (mit-)bestimmt wird, der sich persönlich einen Eindruck von den entscheidungserheblichen Tatsachen machen konnte.[770] Deswegen ist der Fall der Unterschriftenverweigerung im Mehrpersonengericht auch in Rechtsprechung und Schrifttum so behandelt, dass eine Mitwirkungspflicht

764 *Burkhard Schmidt*, Richterwegfall und Richterwechsel im Zivilprozeß, S. 69f.

765 BGH NJW 2002, 1426 (1428).

766 BGHZ 61, 369 (370), BGH NJW 1981, 1273 (1274); *Elzer*, ARbRAktuell 2015, 500 (500).

767 RG Gruchots Beiträge 41 (1879), 1187 (1188).

768 BGHZ 10, 130 (132ff.); 61, 369 (370).

769 PO/*Musielak*, § 310 Rn. 7.

770 Hk-ZPO/*Saenger*, Einführung Rn. 72.

in Form der Unterschriftleistung auch bei inhaltlich abweichender Auffassung bestehen bleibt,[771] gerade weil die inhaltliche Identifikation des Richters mit dem Ausspruch nicht erforderlich ist, vielmehr wird das ordnungsgemäße Zustandekommen der Entscheidung quittiert.[772] Das Urteil wird durch seine Verkündung zwar erst existent,[773] dieses bedeutet aber im Wesentlichen, dass die gerichtliche Entscheidung derart nach außen wirkt, dass der Bürger auf die Geltung vertrauen darf und die Entscheidung in weiteren Verfahren vom Gericht zu beachten ist.[774]

V. Ausnahmen im Zivilverfahren

An einigen Stellen wird der Unmittelbarkeitsgrundsatz im Zivilverfahren durchbrochen. Unter den Voraussetzungen der §§ 372 Abs. 2, 375, 402, 434, 451, 479 ZPO kann beispielsweise eine Beweisaufnahme einem anderen Mitglied des Richterkollegiums als Beauftragtem übertragen werden.[775] Für die Würdigung kommissarisch erhobener Beweise gilt das oben Ausgeführte.

VI. Zwischenergebnis

Wohnt einer der Urteilsfindenden i.S.d. § 309 ZPO nicht dem letzten mündlichen Verhandlungstermin bei, wird gegen das Unmittelbarkeitsprinzip verstoßen.[776] Der Partei, die hiergegen vorgehen will, steht ein absoluter Revisionsgrund zur Seite: Das erkennende Gericht ist in diesem Fall gem. § 547 Nr. 1 ZPO nicht vorschriftsmäßig besetzt. Urteilsfindung bedeutet jedoch auch tatsächliche inhaltliche Fassung des Urteils, nicht etwa bloß Ausfertigung oder Veröffentlichung. Nach der mündlichen Verhandlung und vor dem Fällen des Urteils kommt ein Fall des § 156 ZPO in Betracht, so lässt sich ein Verstoß gegen das Unmittelbarkeitsprinzip vermeiden. Anders liegt es bei der bloßen Verkündung, da hier die Schutzrichtung des Unmittelbarkeitsgrundsatzes eine andere ist, schadet die Abwesenheit der erkennenden Richter bei Verkündung nicht, es geht nicht um die persönliche Identifikation des Richters mit der Entscheidung.

---

771 BGHSt 26, 92 (93).
772 *Busch*, JZ 1964, 746 (748f.).
773 Musielak/Voit/*Musielak*, § 310 Rn. 1.
774 Hk-ZPO/*Saenger*, § 318 Rn. 1
775 Musielak/Voit/*Stadler*, § 355 Rn. 10; Hk-ZPO/*Saenger*, Einführung Rn. 70ff.
776 *Elzer*, ARbRAktuell 2015, 500 (502).

B. Der Unmittelbarkeitsgrundsatz im Schiedsverfahren

Zunächst erscheint klärungsbedürftig, ob der Unmittelbarkeitsgrundsatz im Schiedsverfahren ebenfalls gilt. Wie sich aus § 1034 Abs. 1 ZPO ergibt, haben die Schiedsrichter die Parteien zu hören,[777] gemeint sind hiermit die Schiedsrichter, die auch an dem Fällen der Entscheidung beteiligt sind.[778]

Auch aufgrund der gleichen Ausgangssituation hinsichtlich der Erwartungshaltung der Parteien und der angestrebten Gleichwertigkeit von Schiedsverfahren und Verfahren vor den ordentlichen Gerichten[779] muss der Grundsatz der Unmittelbarkeit auch im Schiedsverfahren gelten.

I. Schiedsrichterwechsel und Schiedsrichterwegfall

Ähnlich wie im Verfahren vor den ordentlichen Gerichten kommt es maßgeblich auf den Zeitpunkt eines möglichen Ausscheidens des Schiedsrichters an, wenn es um die Beantwortung der Frage des Vorliegens eines Verstoßes gegen den Unmittelbarkeitsgrundsatz geht.[780]

II. Keine Entwertung der bisher erbrachten Leistung

Zentrales Problem hinsichtlich der Möglichkeit der Kündigung ist die Entwertung der bisher erbrachten Schiedsrichterleistung. Einerseits soll schon nach dem allgemeinen Verständnis die Kündigung nur Rechtswirkung für die Zukunft entfalten, würde eine Kündigung die Entwertung der bisher erbrachten Schiedsrichterdienstleistung (zumindest in Teilen) bedeuten, hätte diese aber andererseits auch Wirkung für die Vergangenheit.[781] Es erscheint so möglich, dass eine Kündigung schon deswegen ausgeschlossen wäre. Auch sind Fälle denkbar, in denen die Leistung zwar entwertet werden würde, aber durch einen neu eingesetzten Schiedsrichter nachholbar oder wiederholbar erscheint, ähnlich wie im Zivilprozess. Es ist auch bei der Betrachtung des Schiedsverfahrens angezeigt, einzelne Verfahrensabschnitte auf ihre mögliche Entwertung durch die Schiedsrichterkündigung zu untersuchen. Liegt eine Nachholbarkeit oder

777 MüKoZPO/*Münch*, § 1042 Rn. 51; *Frank Spohnheimer*, Gestaltungsfreiheit bei Legalanerkenntnis, S. 207.

778 OLG Hamburg, ZZP(54) 1929, 124 (124f.); *Schütze/Tscherning/Wais*, Handbuch des Schiedsverfahrens, Rn. 304.

779 *Manuela Schäfer*, Die Verträge zur Durchführung des Schiedsverfahrens, S. 852.

780 *Lachmann*, Rn. 1412ff.

781 RGZ 101, 392 (395).

Reproduzierbarkeit vor, ist ein Verstoß gegen den Unmittelbarkeitsgrundsatz nicht gegeben und es verbleibt lediglich die Frage nach der Haftung für die entstandenen Mehrkosten.[782]

1. *Beweisaufnahme*

Wie im Zivilprozess müssen Ergebnisse einer Beweisaufnahme, falls diese nicht protokolliert und verwertbar sind, erneut produziert werden.[783] Dieses gilt aber, ebenso wie im Zivilverfahren, nicht uneingeschränkt. In Abwesenheit einer Vereinbarung ist zunächst zu ermitteln, nach welchen Regeln die Parteien eine Beweisaufnahme zum Zeitpunkt des Vertragsschlusses durchführen wollten. Zumindest im nationalen Kontext liegt es nahe, dass die Regeln der ZPO auf die schiedsrichterliche Beweisaufnahme anwendbar sind. Nach §§ 372 Abs. 2, 375, 402, 434, 451, 479 ZPO kann eine Beweisaufnahme einem anderen Richter übertragen werden, die kommissarische Erhebung von Beweisen scheint also auch im Schiedsverfahren nicht ausgeschlossen. Hinzu kommt, dass der Grundsatz der Unmittelbarkeit der Beweisaufnahme im Zivilverfahren der Parteidisposition unterliegt.[784] Deswegen für den Fall des Schiedsrichterwechsels oder des Schiedsrichterwegfalls strengere Maßstäbe als im Zivilverfahren anzulegen, scheint verfehlt.

Persönliche Eindrücke von der Integrität und Glaubwürdigkeit eines Zeugen bedürfen der Protokollierung, um einen konservierten Aussagewert für das nächste Verfahren oder den nächsten Verfahrensschritt zu haben.[785] Auch sonst gilt das zum Zivilverfahren Ausgeführte, in Abwesenheit einer Vereinbarung ist weder davon auszugehen, dass die Parteien hinsichtlich der Einhaltung des Unmittelbarkeitsgrundsatzes i.S.d. §§ 309, 355 ZPO disponieren wollten, noch davon, dass sie strengere Regeln für das Verfahren wollten.

2. *Beratung im Mehrpersonenschiedsgericht*

Die Möglichkeit eines Schiedsrichterwegfalls im Verfahrensstadium nach mündlicher Verhandlung und Beweisaufnahme erscheint vor dem Hintergrund des

---

782 Vgl. *Schwab/Walter*, Kap. 13 Rn. 13.

783 *Schwab/Walter*, Kap. 13 Rn. 13 nimmt dieses an, wenn es heißt: *„Ein […] Schaden wird sich namentlich dort nachweisen lassen, wo das Schiedsverfahren nahezu abgeschlossen war oder wo Kosten, etwa einer Beweisaufnahme, entstanden sind, die erneut aufgewendet werden müssen."*

784 BVerfG NJW 2008, 2243.

785 BGHZ 53, 245 (257); BGH NJW 1991, 1302 (1302); 1997, 1586 (1587).

oben Ausgeführten problematisch. Im ordentlichen Verfahren besteht die Möglichkeit des § 156 ZPO, durch das Schaffen des Wiedereröffnungstatbestands ist der Regelfall für das richterliche Vorgehen durch den Gesetzgeber festgesetzt.

Fällt der Schiedsrichter im Mehrpersonenschiedsgericht aus, steht fest, dass die Prämisse des § 309 ZPO nicht mehr eingehalten werden kann, ein Hinwegsetzen über die Vorschrift erscheint auch im Schiedsverfahren aufgrund der oben erörterten, fundamentalen Bedeutung des Unmittelbarkeitsgrundsatzes als wesentlicher Verfahrensfehler. Um einen absoluten Revisionsgrund i.S.d. § 547 Nr. 1 ZPO zu vermeiden, muss eine Möglichkeit gefunden werden, den Verstoß gegen § 309 ZPO zu verhindern. Auch im Schiedsverfahren, insbesondere vor dem Hintergrund des § 1059 Abs. 2 Nr. 1 lit. d ZPO, sind ähnliche oder dem § 547 ZPO sogar gleiche Konstellationen zu vermeiden. Der Tatbestand des § 1059 Abs. 2 Nr. 1 lit. d ZPO ist erfüllt, wenn ein Schiedsrichter aus tatsächlichen oder rechtlichen Gründen nicht an der schiedsrichterlichen Entscheidung mitwirken konnte, obwohl er es dem Besetzungswillen der Parteien nach hätte tun sollen.[786]

3. Schiedsspruch und Unterschriftenverweigerung

Kommt es zu einem Wegfall, einer dauerhaften Verhinderung oder zu einer Unterschriftenverweigerung eines Schiedsrichters nach der Beratung, aber vor der Ausfertigung und Zustellung des Schiedsspruches, so zwingt dieses nicht zur Wiedereröffnung der Schiedsverhandlung. Das Prinzip der Unmittelbarkeit ist gewahrt, denn das Urteil ist von Richtern gefällt worden, die auch der mündlichen Verhandlung beigewohnt haben.[787] Fällen bezeichnet hierbei den Akt der rechtsprechenden Tätigkeit, nicht die bloße formale Ausfertigung des Schiedsspruches.

Gleiches gilt für das Schiedsverfahren. Fälle der Unterschriftenverweigerung eines einzelnen Schiedsrichters lösen sich demnach nach der Vorschrift des § 1054 Abs. 1 ZPO. Das Ersetzen einer fehlenden Unterschrift nach § 1054 Abs. 1 ZPO ist also möglich, wenn hierfür Gründe vermerkt werden. Dieses ist auch für das Fehlen der Unterschrift des Vorsitzenden möglich und entspricht dem Vorgehen in der ordentlichen Gerichtsbarkeit gem. § 315 Abs. 1 S. 2 ZPO.[788] Eine Notwendigkeit der Verfahrenswiederholung besteht damit richtigerweise nicht.[789]

---

786 BeckOKZPO/*Wilske/Markert*, § 1059 Rn. 49.
787 BGH NJW 2002, 1426 (1428).
788 *Schwab/Walter*, Kap. 20 Rn. 5.
789 BGH NJW 1954, 1605 (1605ff.).

III. Rechtsfolge

Grundrechtlich gewährter Schutzbereich der Unmittelbarkeit im Zivilverfahren, egal ob vor einem staatlichen Gericht oder einem Schiedsgericht, muss gewahrt bleiben und unterliegt nur in sehr kleinen Teilen der Parteidisposition. Während diese Art von Disposition für das Beweiserhebungsverfahren noch getroffen werden darf, geht das Fehlen der Unmittelbarkeit ansonsten mit einem absoluten Revisionsgrund einher.[790] Die gleichen Regeln gelten für das Schiedsverfahren, hier kommt spätestens auf Vollstreckungsebene ein Verstoß gegen das Unmittelbarkeitsprinzip zum Tragen.

C. US-Amerikanisches Recht

Auch im US-amerikanischen Recht, gleich ob man die Beendigung als *resignation* oder *termination of contract* bezeichnen will, kommt es vor, dass Schiedsrichter während des laufenden Verfahrens ihre Tätigkeit nicht mehr ausüben können oder wollen. Genau wie im deutschen Recht stellt sich die Frage nach der Verletzung eines Unmittelbarkeitsgrundsatzes bei der Neueinsetzung eines Schiedsrichters während des laufenden Verfahrens.

I. Unmittelbarkeit im US-amerikanischen Recht

Im *common law* besteht der Unmittelbarkeitsgrundsatz in der wohl am wenigsten durchbrochenen Form. Unabhängig von dem hochgehaltenen Grundsatz in Strafverfahren[791] findet er auch im US-amerikanischen Zivilprozess Anwendung. Zur Konkretisierung haben sich verschiedene *Rules* herausgebildet, die den gleichen Zweck verfolgen wie im deutschen Zivilprozessrecht: Das Sicherstellen der Urteilsfindung durch den- oder diejenigen, die sich ein direktes Bild von der Sach- oder Personenlage machen konnten. Während das *principle of immediacy* als grundlegendes Prinzip der Unmittelbarkeit für das Zivilverfahren seltenst so benannt wird,[792] kennt das US-amerikanische Beweisrecht den Grundsatz sehr wohl in Form der *best evidence rule*[793] oder der *hearsay rule*.[794]

---

790 BGH NJW 1998, 377 (378).

791 Vgl. zum Strafverfahren überblicksweise: *Mei Wu*, Die Reform des chinesischen Beweisrechts vor dem Hintergrund deutscher und US-amerikanischer Regelungsmodelle, S. 139ff.

792 *Matthias Wallimann*, Der Unmittelbarkeitsgrundsatz im Zivilprozess, S. 99ff.

793 Article X, Rules 1001 bis 1008 of the Federal Rules of Evidence; vgl. *Waltz*, 52 Chi.-Kent L. Rev. 1975, 346 (366f.).

794 *Pardo*, 51 B.C.L. 2010, 1451 (1471ff.); *Sponsler*, 20 Loy. L. Rev. 1974, 449 (465f.).

II. Unmittelbarkeitserfordernisse in der Schiedsgerichtsbarkeit

Grundsätzlich hat sich in der US-amerikanischen Rechtsprechung die Auffassung etabliert, dass ein Schiedsverfahren bei Wegfall eines Schiedsrichters wiederholt werden muss.

Eine systematische Aufgliederung in einzelne Verfahrensschritte und eine daran anknüpfende Abhängigkeit einer Wiederholungspflicht wie im deutschen Recht lässt sich nicht erkennen. Stattdessen lassen jüngere Entscheidungen zum Thema einzelfallbezogene Ausnahmen in Form der *special circumstances* zu.

1. Grundsatz: Wiederholung aller Schiedsverfahrensschritte

Der noch heute geltende Grundsatz der Wiederholungsnotwendigkeit hat sich 1973 etabliert. In *Cia de Navegacion Omsil v. Hugo Neu Corp.*[795] ist der vom Beklagten ernannte Parteischiedsrichter im Verlauf des Verfahrens verstorben. Obwohl die mündliche Verhandlung bereits stattgefunden hatte, war das Schiedsgericht noch nicht in abschließende Beratungen hinsichtlich des Schiedsspruches eingetreten. Der Kläger beantragte den, durch den Beklagten zu ernennenden, Ersatzschiedsrichter nach Aktenstudium in die abschließenden Beratungen aufzunehmen, um das Verfahren zu einem schnellen Abschluss zu bringen.

Das Gericht stellte sich mit der Auffassung:

> *„Seine [es ist der verstorbene Parteischiedsrichter des Beklagten gemeint] Fragen an Zeugen und Parteivertreter, seine Kommentare auf dem Weg und seine Beobachtungen bei Zwischenberatungen könnten subtilen und möglicherweise entscheidenden Einfluss auf das Endergebnis gehabt haben. Was auch immer die Vorteile waren oder in einer solchen Darstellung gewesen sein mögen, sie sind jetzt unwiederbringlich verloren gegangen. Die beiden übrigen Schiedsrichter haben zusammengearbeitet und sich ebenfalls diesem möglichen Einfluss ausgesetzt. Die Ergebnisse davon können gut, schlecht oder nicht ausschlaggebend sein. Aber der Beklagte ist nicht in der Lage (ebenso wie das Gericht) dieses mit Sicherheit zu wissen und ist zudem nicht bereit, das somit Ungewisse zu riskieren. Eine hieran anknüpfende Risikoverteilung erscheint mangels entsprechender anfänglicher Zustimmung nicht gerecht.*
>
> *Der Verlust von Zeit und Mühe ist sicher bedauerlich, aber die Parteien haben kein schnelles Handeln als zwingende Voraussetzung des Verfahrens anfänglich vereinbart. Der Aufwand [einer Neuansetzung und Wiederholung des Schiedsverfahrens] ist deswegen nicht unverhältnismäßig.*
>
> *Die Parteien sollen ein neues Schiedsverfahren einleiten.“*

---

795 *Cia de Navegacion Omsil v. Hugo Neu Corp.*, 359 F.Supp. 898 (898f.) (1973).

> *"His* [es ist der verstorbene Parteischiedsrichter des Beklagten gemeint] *questions to witnesses and counsel, his comments along the way, his observations during interim deliberations may have subtle and possibly decisive impacts upon the end result. Whatever advantages there were, or might have been, in such representation have now been irretrievably lost to respondent. The two remaining arbitrators, "petitioner's" and the neutral, have worked together and been exposed to each other's influence. The results of that may have been good, bad, or nil for respondent. But respondent is unable (as is the court) to know and is unwilling to risk the unknown. It is not fair or fitting to impose the risk, which respondent never agreed to accept, by judicial command.*
>
> *The loss of time and effort is regrettable, to be sure. But the parties have not evinced a need for swift action. The expense is not disproportionate to the end in view.*
>
> *The parties are to commence a new arbitration proceeding."*[796]

auf die Seite des Beklagten und urteilte, dass vor dem nachzubenennenden Schiedsrichter neu zu verhandeln sei.

Diesem Grundsatz wird auch in einer weiteren Grundsatzentscheidung aus dem Jahr 1992 gefolgt. In *Marine Products Export Corp. v. M.T. Globe Galaxy*[797] starb einer der parteiernannten Schiedsrichter, nachdem das Tribunal zwar bereits Zwischenentscheidungen zur *discovery* und *document production* getätigt hatte, ein abschließender Schiedsspruch aber noch nicht gefällt worden war. Auch weitere mündliche Verhandlungstermine standen noch aus, auf Antrag des Klägers hatte der Court of Appeals zu entscheiden, ob die Order, ein neues Tribunal einzuberufen (anstatt den Verstorbenen bei aktuellem Verfahrensstand zu ersetzen), rechtmäßig war.

In *Marine Products Export Corp. v. M.T. Globe Galaxy* wird die generelle Rechtsprechung in den Vereinigten Staaten von Amerika bestätigt:

> *"[...] where one member of a three-person arbitration panel dies before the rendering of an award and the arbitration agreement does not anticipate that circumstance, the arbitration must commence anew with a full panel."*[798]

Weiterhin wurde in der Entscheidung versucht, die folgende, allgemeingültige Regel für die zwangsweise Neubesetzung des Tribunals und den Neubeginn des Schiedsverfahrens zu formulieren:

> *"[T]he original panel had not rendered a final decision on any question prior to the death of a member of the panel. Nor were there any other circumstances indicating that there should be a deviation from the general rule. As the vacancy here occurred in medias res*

---

796 *Cia de Navegacion Omsil v. Hugo Neu Corp.*, 359 F.Supp. 898 (898) (1973).

797 *Products Export Corp. v. M.T. Globe Galaxy*, 977 F.2d 66 (66f.) (1992).

798 *Products Export Corp. v. M.T. Globe Galaxy*, 977 F.2d 66 (68) (1992), bezugnehmend auf *CIA De Navegacion Omsil, S.A. v. Hugo Neu Corp.*, 359 F.Supp. 898 (899) (1973).

> *without any agreement by the parties as to the consequences of the vacancy and without any special circumstances.*"[799]

Gleiches wurde 2001 in *Association of Flight Attendants v. Aloha Airlines* entschieden.[800] In diesem Schiedsverfahren war es sogar bereits zum Schiedsspruch gekommen. Hieran mitgewirkt hatte allerdings ein Parteischiedsrichter, der zuvor durch den im staatlichen Verfahren Beklagten, *Aloha Airlines*, ausgewechselt worden war. Das Verfahren wurde nicht neu begonnen, sondern fortgesetzt. Der Kläger des staatlichen Verfahrens, die *Association of Flight Attendants* sah sich deswegen in ihren Rechten verletzt. Das Gericht urteilte auch hier zu Gunsten einer Wiederholung des gesamten Schiedsverfahrens:

> "*Aloha cannot substitute panel members when the original member is no longer able or willing to participate in the arbitration. […] The integrity of the entire arbitration process here has been fundamentally called into question and is fatally defective. The court, therefore, ORDERS that this matter be re-arbitrated.*"[801]

Entsprechend gilt der Grundsatz, dass beim Wegfall eines Schiedsrichters immer ein Neuanfang des Schiedsverfahrens geboten ist, es sei denn, besondere Umstände lassen etwas anderes zu.

2. Ausnahme: Besondere Umstände

Bisher hat lässt sich keine Tendenz in der Rechtsprechung ausmachen, die dem oben aufgestellten Grundsatz widerspricht. Stattdessen wird in einzelnen Fällen von der offenen Formulierung der *special circumstances* derart Gebrauch gemacht, eine Neubenennung ohne Wiederholungsnotwendigkeit im Einzelfall vorzunehmen.

In *Insurance Company of North America v. Public Service Mutual Insurance Company*[802] ist beispielsweise auf das Missbrauchsrisiko des entwickelten Grundsatzes der Wiederholungsnotwendigkeit hingewiesen worden. Auch in der Literatur wird auf das Missbrauchsrisiko durch Untätigkeit oder Nichtverhandeln und damit verbundenen Rücktritt hingewiesen. Einigkeit besteht, dass ein solches schiedsrichterliches Verhalten reguliert werden muss, um die Kredibilität der Schiedsgerichtsbarkeit nicht zu gefährden.[803] Ein Schiedsrichter, der in böser

---

799 *Products Export Corp. v. M.T. Globe Galaxy*, 977 F.2d 66 (68) (1992).

800 *Association of Flight Attendants v. Aloha Airlines*, 158 F. Supp. 2d 1200 (1200ff.) (2001).

801 *Association of Flight Attendants v. Aloha Airlines*, 158 F. Supp. 2d 1200 (1207f.) (2001).

802 *Insurance Co. of North America v. Public Service Mutual Insurance Co.*, 609 F.3d 157 (157ff.) (2010).

803 *Derains*, 27 Am. U. Int'l L. Rev. 2011/2012, 911 (915).

Absicht das Schiedsverfahren obstruieren will, könnte kurz vor Beendigung des gesamten Verfahrens eine komplette Wiederholung herbeiführen:

> *„Eine Partei, gegen die ungünstige Zwischenentscheidungen getroffen werden und die so möglicherweise absehen kann, dass auch eine ungünstige finale Entscheidung in Aussicht steht, würde einen Anreiz haben, den Rücktritt eines Schiedsrichters herbeizuführen. Während niemand behauptet, dass in diesem vorliegenden Fall eine solche Manipulation vorläge, wäre es doch verlockend für eine Partei, ihren Schiedsrichter implizit oder explizit zum Rücktritt zu drängen, um so möglicherweise einen weiteren „Versuch" vor einem neuen Tribunal zu bekommen. Diese Sorge ist im Falle des Todes eines Schiedsrichters allerdings nicht gegeben."*
>
> *"[A] party receiving unfavorable interim rulings would have an incentive to invite the member he designated to resign to forestall an anticipated ultimate defeat, or even after securing favorable rulings that are confirmable, to precipitate an arbitrator's resignation in the hope of avoiding confirmation of a later unfavorable award. While no one contends that the instant case involved such manipulation, it would be tempting for a party to pressure its party-arbitrator, implicitly or explicitly, to resign following an adverse ruling so that it could get another shot at winning before a new panel. This concern is not present in the case of an arbitrator's death."*[804]

Von der Wiederholungsnotwendigkeit soll also dann eine Ausnahme gemacht werden, wenn ein Missbrauch ausgeschlossen erscheint. Dieses ist für den Fall des Versterbens eines Schiedsrichters von einigen Gerichten nachvollziehbarerweise angenommen worden.[805]

Es sind in diesen Ausnahmefällen nicht Unmittelbarkeitsprobleme, die US-amerikanische Gerichte von einer Fortführung von Schiedsverfahren unter Mitwirkung „ausgewechselter" Schiedsrichter abhalten würden.

D. Kapitelzusammenfassung: Einschränkung des Kündigungsrechts aufgrund des Unmittelbarkeitsgrundsatzes

Zusammenfassend ist das jederzeitige Kündigungsrecht des Schiedsrichters, unabhängig von der Frage nach einem begründeten Schadensersatzanspruch, aus Unmittelbarkeitsgesichtspunkten im US-amerikanischen wie im deutschem Recht problematisch.

---

804 *Association of Flight Attendants v. Aloha Airlines*, 158 F. Supp. 2d 1200 (1207f.) (2001); *Zeiler v. Deitsch*, 500 F.3d 157 (157ff.) (2007).

805 *Association of Flight Attendants v. Aloha Airlines*, 158 F. Supp. 2d 1200 (1207f.) (2001); *Zeiler v. Deitsch*, 500 F.3d 157 (157ff.) (2007); *Trade & Transport, Inc. v. Natural Petroleum Charters Inc.*, 931 F.2d 191 (191ff.) (1991).

Der Unmittelbarkeitsgrundsatz würde in den Fällen der weitergeführten Entscheidungsfindung in Abwesenheit des gekündigten Schiedsrichters verletzt, deswegen muss der Zeitpunkt der Kündigung in die Problematik einbezogen werden. Aus dieser Überlegung ergeben sich für beide Rechtskreise zwei Überlegungen.

Kündigt der Schiedsrichter zu einem so späten Verfahrenszeitpunkt, dass eine inhaltliche Mitwirkung am Schiedsspruch nicht mehr stattfindet, beispielsweise weil es nur noch an der Niederlegung oder der Zustellung der Entscheidung fehlt, lässt dies die Wirksamkeit der Entscheidung unberührt.

Kündigt der Schiedsrichter zu einem Verfahrensstadium, in dem er passiv oder aktiv noch an der Entscheidungsfindung beteiligt werden kann, und sind nicht alle bisher erbrachten Leistungen des Schiedsrichters verwertbar konserviert worden, stünde der wirksamen Vollstreckung des Schiedsspruches ein *ordre public* Verstoß wahrscheinlich im Wege. Deswegen soll für diese Fälle das Verfahren, wie es viele institutionelle Schiedsregeln auch vorsehen, regelmäßig neu begonnen werden müssen.

§ 4. Herleitung möglicher Kündigungsgründe für den Schiedsrichter unter anhand möglicher Kündigungsgründe des Schiedsvertrages

Turning to the possible reasons for a termination of the contract of services by the arbitrator, the thesis strives to investigate different approaches. First there seems to be some value in comparing the arbitration agreement and the arbitrator's contract as both are the underlying formal basis of the rights and duties concerning the arbitral proceeding. It will be elaborated, that both are designed to develop, unfold and not to hinder the arbitral proceeding, both should be terminated in cases the proceeding cannot be held. After that legal history and caselaw are added to the general reasoning and the comparison between arbitrator's contract and arbitration agreement.

„Der Schiedsrichter sagt durch die Übernahme des Amtes zu, daß er mit seinem Spruche den Streit der Kompromittenten aus der Welt schaffen und endgültig unter ihnen festsetzen wolle, was Rechtens ist. Mit solcher Zusage ist es unvereinbar, daß er sich vor Erledigung der Sache und ohne sie zu dem erstrebten Ende gebracht zu haben, willkürlich zurückziehen dürfe".[806]

Obwohl die Rechtsprechung später von dieser Ansicht leicht abgekommen ist, so geht die herrschende Meinung auch heute davon aus, dass aufgrund des, zumindest teilweise vorhandenen, Prozesscharakters des Schiedsrichtervertrages eine grundlose Kündigung des Schiedsrichters nicht wirksam sei, auch in der Literatur wird diese Auffassung vertreten.[807] Eine Ausarbeitung und Analyse der bisherigen Rechtsprechung zu diesem Thema soll zunächst die bereits angewandten und somit möglicherweise akzeptierten Kündigungsgründe darstellen und gleichzeitig zur Entwicklung neuer möglicher Gründe beitragen.

Eine Orientierung für das Vorliegen eines Kündigungsgrundes kann die Rechtsprechung zu den §§ 611, 626, 627 BGB sein, ist doch festgestellt worden, dass der Schiedsrichtervertrag ein Vertrag eigener Art mit Nähe zum

---

806 RGZ 59, 247 (249ff.).

807 *Schwab/Walter*, Kap. 13 Rn. 10.

Dienstvertrag ist.[808] Eine Kündigung wäre demnach berechtigt, wenn dem Schiedsrichter unter Berücksichtigung aller Umstände des Einzelfalles und bei Abwägung mit den Parteiinteressen die Fortsetzung des Schiedsrichtervertrages unzumutbar wäre.[809] Bei Würdigung der derzeitigen Kasuistik und Kommentarliteratur wird man jedenfalls zu den folgenden, möglichen Gründen für eine Kündigung Stellung beziehen müssen.

A. Kündigung des Schiedsrichtervertrages i.S.d. §§ 611ff. BGB

Wenn das Reichsgericht einem möglichen Kündigungsrecht nach Maßgabe der §§ 611ff. BGB entgegnet, dass dieses Recht mit dem Versprechen des Schiedsrichters, den Streit zwischen den Parteien aus der Welt zu schaffen, unvereinbar sei, so muss diesem entgegengetreten werden. Zu Recht ist von dieser Auffassung auch in der Rechtsprechung immer weiter abgekommen worden.

Letztlich ist jede vertragliche Verpflichtung eine Typisierung gegebener Versprechen, gleichwohl ist es möglich und (teilweise ausdrücklich) vorgesehen, dass ebensolche Verträge aufgekündigt werden. Viele Verträge, nicht nur die Dienstverträge, sind durch den Gesetzgeber mit der Möglichkeit der Kündigung versehen worden. Eine ausführliche und überzeugende Begründung, was den Schiedsrichtervertrag (als Dienstvertrag) maßgeblich von anderen Verträgen unterscheiden soll, sodass ein Kündigungsrecht entfiele, liefert das Reichsgericht nicht. Auch eine Einordnung als Vertrag eigener Art vermag, für sich genommen, keine Begründung zu liefern. Schiedsrichter und Parteien gehen ein Dauerschuldverhältnis ein, welches beiderseitige Rechte und Pflichten eigener Art begründet. Warum aber gerade dieses Dauerschuldverhältnis unkündbar sein soll und sich deswegen von generischen Dauerschuldverhältnissen gerade in der Beendigungsmöglichkeit unterscheidet, ist weder bisher überzeugend begründet worden noch auf Anhieb ersichtlich. In die gleiche Richtung wendet sich, dem Grunde nach, auch der Bundesgerichtshof, als im Zusammenhang mit der Kündigung eines Schiedsgutachters festgestellt worden ist, dass auch

808 vgl. § 1, E. Einordnung des Vertragstypus nach deutschem Recht, S. 124.

809 RGZ 101, 392 (394); Anders/Gehle, Das Recht der freien Dienste, Rn. 788; MüKoZPO/*Münch*, Vorbem. zu den §§ 1034ff. Rn. 51.

„auf den Schiedsrichtervertrag jedenfalls die Kündigungsvorschriften der §§ 626, 627, 671 BGB angewandt werden.“[810]

I. Dienstvertragsrechtliche Wertung

Legt man das Dienstvertragsrecht zugrunde, so ist ein wichtiger Grund zur außerordentlichen Kündigung dann gegeben, wenn dem einen Vertragsteil unter Berücksichtigung aller Umstände des Einzelfalls nach Treu und Glauben nicht zugemutet werden kann, das Dienstverhältnis überhaupt oder für die Dauer der vorgeschriebenen ordentlichen Kündigungsfrist fortzusetzen.[811] Insofern gibt es keinen „absoluten“, d.h. immer zur fristlosen Kündigung berechtigenden Kündigungsgrund.[812] Gleichwohl besteht im Dienstvertragsrecht die Möglichkeit der Kündigung wegen wichtigen Grundes. Begreift man mit oben begründeter und herrschender Auffassung den Schiedsrichtervertrag als Vertrag eigener Art, der dem Dienstleistungsvertrag am nächsten ist, stellt sich die Frage nach der Übertragbarkeit der Kündigungsgründe. In der vorgenommenen Parallelwertung des Schiedsrichtervertrages tritt der Schiedsrichter quasi als Diensterbringer, die Schiedsparteien als Dienstherren i.S.d. §§ 611ff. BGB auf.

Zunächst besteht Uneinigkeit hinsichtlich der Frage, ob für den Dienstleister und den Dienstherren die gleichen Maßstäbe an das Vorliegen eines Kündigungsgrundes anliegen sollen. Einerseits sei dem Wortlaut des § 626 BGB keine Unterscheidung von Dienstherr und Dienstleister inhärent, für die Wirksamkeit einer vom Arbeitnehmer erklärten fristlosen Kündigung aus wichtigem Grund käme es also ebenfalls darauf an, ob ihm bei Abwägung aller vernünftigerweise in Betracht kommenden Umstände zuzumuten oder nicht zuzumuten ist, das Arbeitsverhältnis bis zum Ablauf der ordentlichen Kündigungsfrist fortzusetzen. Es würden insoweit dieselben Maßstäbe wie bei der fristlosen Kündigung durch den Arbeitgeber gelten.[813] Andererseits habe der Bestandsschutz des Arbeitnehmers Rückwirkungen auf die Reichweite des außerordentlichen Kündigungsrechts. Da dem Arbeitnehmer ein freies Kündigungsrecht zustehe, seien an den wichtigen Grund bei Arbeitnehmerkündigungen nicht die identischen Maßstäbe anzulegen, die für die außerordentliche Kündigung durch den Arbeitgeber gelten, von einem steten Gleichlauf der Interessen könne nicht die Rede sein, vielmehr seien unterschiedliche Maßstäbe im

---

810 BGH DB 1980, 967 (968).
811 MüKoBGB/*Henssler*, § 626 Rn. 62.
812 BAGE 134, 349 (351f.).
813 BAG NZA 2009, 840 (840f.); BAGE 14, 266.

Verhältnis von außerordentlicher Arbeitgeber- zur Arbeitnehmerkündigung im Bereich der einzelfallbezogenen Zumutbarkeitsprüfung anzuwenden.[814] In dieser Zumutbarkeitsabwägung wird zweistufig vorgegangen,[815] diese Herangehensweise wird auch durch die allermeisten Stimmen in der Literatur gestützt:[816] Bei der Prüfung, ob ein wichtiger Grund gegeben ist, der zum Ausspruch der Kündigung berechtigt, ist in einem ersten Schritt zu fragen, ob ein bestimmter Sachverhalt ohne die besonderen Umstände des Einzelfalls selbst geeignet ist, einen wichtigen Grund darzustellen.[817] In dem zweiten Schritt ist unter Berücksichtigung aller Umstände des Einzelfalls eine Interessenabwägung vorzunehmen.

Diese zweistufige Prüfung des § 626 Abs. 1 BGB und der damit verbundene Versuch einer Systematisierung des besonderen Kündigungsrechts führen allerdings hinsichtlich der Konkretisierung des Tatbestandes und der damit verbundenen Herstellung von Rechtssicherheit nicht weiter, ein Abwägen eines jeden Einzelfalls bleibt unerlässlich.[818] Mit *Preis*[819] wird man feststellen können, dass kaum ein Sachverhalt übrig bleibt, der nicht „an sich" geeignet ist, einen Kündigungsgrund i.S.v. § 626 Abs. 1 BGB darzustellen und es deswegen immer auf die Umstände des Einzelfalles ankommen wird. Wenn nicht gerade Tatsachen zum Kündigungsgrund gemacht werden, die „zum Mindeststandard unserer Gesellschaftsordnung gehören", bleibt jede Entscheidung der Würdigung im Einzelfall vorbehalten, „absolute" Kündigungsgründe gibt es nicht.[820]

II. Kündigung von Dauerschuldverhältnissen eigener Art

Nach § 314 BGB können Dauerschuldverhältnisse eigener Art durch einen Vertragsteil immer dann ohne Kündigungsfrist gekündigt werden, wenn ein wichtiger Grund vorliegt. Die Vorschrift ist damit allgemeine Regelung der Kündigung aus wichtigem Grund, § 626 BGB geht ihr für den Dienstvertrag als *lex specialis* vor.[821] Die Voraussetzungen für das Vorliegen eines wichtigen Grundes legt

---

814 Genauso: MüKoBGB/*Henssler*, § 626 Rn. 266.

815 BAGE 134, 349; BAGE 118, 104; zum Beispiel des Schiedsrichtervertrages: LG Köln NJW-RR 2013, 1273 (1273ff.).

816 MüKoBGB/*Henssler*, § 626 Rn. 74f. m.w.N.

817 BAG NJW 1985, 284 (284ff.).

818 BAGE 134, 349 (351ff.).

819 Staudinger/*Preis*, § 626 Rn. 50.

820 Staudinger/*Preis*, § 626 Rn. 50ff.

821 Hk-BGB/*Schulze*, § 314 Rn. 2.

Absatz 1 fest, nach herrschender Auffassung besteht eine Entsprechung zu den Gründen des § 626 BGB.[822]

III. Übertragbarkeit auf den Schiedsrichtervertrag

Über die Anwendbarkeit der dienstvertraglichen Vorschriften auf den Schiedsrichtervertrag herrscht weitgehend Einigkeit. In Rechtsprechung und Literatur werden die Vorschriften, bis auf wenige Ausnahmen, direkt angewandt.[823] Als Vertrag eigener Art, der aber mit verkehrstypischen und überwiegend dienstvertraglichen Pflichten einhergeht, können die Vorschriften des Dienstvertragsrechts insoweit angewandt werden, wie es der Vertragscharakter gebietet.[824] Wie die bisherige Untersuchung gezeigt hat, erscheint es geboten, die Parteien zwar durch Schadensersatzforderungen vor den wirtschaftlichen Folgen einer Kündigung zu schützen, gleichwohl muss der Schiedsrichtervertrag durch den Schiedsrichter aufzukündigen sein.

Einerseits weil dieser ohnehin nicht zur Durchführung gezwungen werden kann, andererseits weil auch der Schiedsrichter nicht seine Dienste in unzumutbarem Kontext erbringen und so beispielsweise eigene Rechtsgüter einer Gefahr aussetzen muss.[825]

Die Möglichkeit der Kündigung des Schiedsrichtervertrages ist mithin nicht nur denkbar, sondern auch geboten. Die dienstvertraglichen Regeln der §§ 611ff. BGB, insbesondere der § 627 BGB, halten die entsprechenden Regelungen bereit, deren Anwendung nicht ausgeschlossen ist.[826]

---

822 Hk-BGB/*Schulze*, § 314 Rn. 3.

823 LG Köln, NJW-RR 2013, 1273 (1273f.); *Altenkirch*, SchiedsVZ 2014, 113 (114ff.); *Gustav Real*, Der Schiedsrichtervertrag, S. 182; *Joachim Strieder*, Rechtliche Einordnung und Behandlung des Schiedsrichtervertrages, S. 113 (der stets von einer „entsprechenden“ Anwendung der §§ 611ff. BGB spricht).

824 *Joachim Strieder*, Rechtliche Einordnung und Behandlung des Schiedsrichtervertrages, S. 38.

825 vgl. § 1, E., III. 2. Keine Klagbarkeit auf Durchführung des Verfahrens, S. 129ff.

826 Anders/Gehle, Das Recht der freien Dienste, Rn. 788.

B. Parallelwertung aus dem Schiedsvertrag als Erkenntnisquelle

Die Schiedsvereinbarung ist die Vereinbarung der Parteien, alle oder einzelne Streitigkeiten, die zwischen ihnen in Bezug auf ein bestimmtes Rechtsverhältnis vertraglicher oder nichtvertraglicher Art entstanden sind oder künftig entstehen, der Entscheidung durch ein Schiedsgericht zu unterwerfen.[827] Da sie, freilich ihrem Schicksal nach trennbar, mit dem Schiedsrichtervertrag aber verbunden ist, kann sie als Erkenntnisquelle für den Schiedsrichtervertrag dienen.

Kündigungsgründe für eine Schiedsvereinbarung können Indizien für mögliche Kündigungsgründe des Schiedstrichtervertrages liefern, beispielsweise werden die mangelnde Durchführbarkeit der Vereinbarung oder die Gefährdung der persönlichen Sicherheit oder Integrität eines Beteiligten nicht nur in der Schiedsvereinbarung einen Kündigungsgrund darstellen. Folgt man dieser Idee, kann man fragen, ob die Gründe, aus denen die Parteien berechtigt sind, sich vom Schiedsverfahren loszusagen, auch die Schiedsrichter berechtigen, den Schiedsrichtervertrag zu kündigen.

Wenn die Parteien durch einverständliche Erklärung das ganze Schiedsverfahren beenden oder einzelne Schiedsrichter jederzeit des Amtes entheben können, muss es entsprechend möglich sein, auch den Schiedsrichtervertrag aufzukündigen.[828] Hierbei ist für Fälle der Undurchführbarkeit aufgrund von Faktoren, die von außen auf das Schiedsverfahren einwirken, das Vorliegen eines Kündigungsgrundes anerkannt. Teilweise wird sogar vertreten, dass die objektive Undurchführbarkeit die Erforderlichkeit einer Kündigungserklärung entfallen lasse.[829]

Fest steht, dass Undurchführbarkeit, Bedrohung, gesetzwidriges Verhalten, nicht aber die bloße Lüge oder Verstöße gegen das Verschwiegenheitsgebot, Gründe für eine Kündigung auf Parteienseite sein können. Eine Kategorisierung von Pflichtverletzungen, je nachdem, ob es sich um prozessuale Pflicht oder bloße prozessuale Last handelt, kann bei der Einordnung der Tauglichkeit als Kündigungsgrund sehr hilfreich sein, zuerst kann der Schiedsvertrag selbst beschrieben werden, um sicherzustellen, dass eine gewisse Vergleichbarkeit zum Schiedsrichtervertrag besteht. Würde es doch schwerfallen, Wertungen

---

827 § 1029 Abs. 1 ZPO.

828 *Gerstenmaier*, SchiedsVZ 2010, 281 (282f.); für den Sonderfall der Einigung bezüglich des gesamten Streitgegenstandes: *Bork*, NJW 2008, 1918 (1919f.).

829 *Lachmann*, Rn. 591.

aus einem beispielsweise prozessrechtlichen Vertrag auf einen möglicherweise materiell-rechtlichen zu übertragen.

I. Terminologisches

Die Begriffe Schiedsvertrag, Schiedsvereinbarung und Schiedsabrede unterscheiden sich nach deutschem Recht nicht.[830] Während mit der „Schiedsklausel" häufig eine einzelne Klausel in einem ganzen Vertragswerk gemeint ist, ist die „Schiedsvereinbarung" der Sammelbegriff für Schiedsabrede und Schiedsklausel und Schiedsvereinbarung[831]. Im internationalen Kontext und nach manchen ausländischen Rechtsordnungen muss aber zwischen „Schiedsabrede" und „Schiedsklausel" unterschieden werden. Im Folgenden wird, für den Teil des deutschen Rechts, Schiedsvertrag, Schiedsabrede und Schiedsvereinbarung synonym verwendet; Schiedsklausel soll nur dann genannt werden, wenn es tatsächlich darauf ankommt, sich auf eine Klausel unter vielen eines Regelungswerkes zu beziehen.

II. Klassifizierung des Schiedsvertrages

Vor einer Auseinandersetzung mit dem Kündigungsrecht bezüglich des Schiedsrichtervertrages kann zunächst das Rechtsinstitut des Schiedsvertrages untersucht werden. Generell regelt nämlich die Schiedsvereinbarung den Fall, dass anstatt eines staatlichen Richters ein Schiedsrichter über einen Rechtsstreit entscheidet. Die Rechtsnatur eines Vertrages bestimmt sich danach, welchem Rechtsgebiet er angehört.

Zu welchem Rechtsgebiet ein Vertrag gehört, wird nach ganz herrschender Auffassung danach beurteilt, wo er seine unmittelbare Hauptwirkung entfaltet.[832] Ein Vertrag, der auf materiell-rechtlichem Gebiet seine unmittelbare Hauptwirkung entfaltet, ist ein materiell-rechtlicher Vertrag; ein Vertrag, der diese Wirkung auf prozessrechtlichem Gebiet zeitigt, ein Prozessvertrag. Die Rechtsnatur der Schiedsvereinbarung ist sehr umstritten. Alle Ansichten werden vertreten. Die Klassifizierung des Schiedsrichtervertragstypus und dessen materielle und prozessuale Rechtsnatur sind bereits ausführlich in der Literatur behandelt worden.[833] In der Literatur finden sich sowohl Befürworter der Kategorisierung als materiell-rechtlichen Vertrag[834] als auch solche, die einen Prozessvertrag

830 *Schwab/Walter*, Kap. 3 Rn. 1.
831 Vgl. § 1029 Abs. 2 ZPO.
832 Z.B. *Schwab/Walter*, Kap. 7 Rn. 37.
833 MüKoZPO/*Münch*, Vorbem. zu den §§ 1034ff. Rn. 4.
834 *Lorenz*, AcP(157) 1958 S. 265ff.

annehmen wollen,[835] auch wird die Schiedsvereinbarung als Verhältnis mit Doppelfunktion, als sog. Hybridvertrag, eingeordnet.[836] Vertreter dieser Ansicht sprechen dem Schiedsvertrag gleichwertige prozessuale und materiell-rechtliche Wirkung zu, sodass ein Übergewicht, und mithin eine Gewichtung des gesamten Vertrages als prozessrechtlich oder materiell-rechtlich, nicht möglich sei. In höchstrichterlicher Rechtsprechung ist ebenfalls von einem materiell-rechtlichen Vertrag über einen prozessrechtlichen Gegenstand die Rede.[837]

1. Materiell-rechtliche Rechtsnatur

Die materiell-rechtliche Theorie rückt die Ansicht in den Vordergrund, dass die unmittelbare Hauptwirkung einer Schiedsvereinbarung auf bürgerlich-rechtlichem Gebiet, also auf materiell-rechtlicher Ebene, ist.[838] Hierzu werden verschiedene Begründungsansätze vertreten.

Zum einen sei die Schiedsvereinbarung ihrem Charakter nach, also sowohl ihrem Sinn und Zweck als auch ihrer Formulierung folgend, dem Vergleich sehr nahe. Sowohl beim Vergleich als auch bei der Schiedsvereinbarung werde die Normierung streitiger Umstände einer Rechtsbeziehung für die Zukunft angestrebt, und in beiden Fällen solle eine Streitigkeit oder Ungewissheit im Verhältnis zwischen den Parteien beseitigt werden. Die Schiedsvereinbarung entspreche einem Vergleich, der um die Besonderheit zu ergänzen sei, dass einem oder mehreren Schiedsrichtern die Bestimmung desselbigen obliege.[839]

Die Schiedsvereinbarung begründe im Wesentlichen Rechte und Pflichten, die überwiegend dem materiellen Schuldrecht zuzuordnen seien.[840]

Durch die Schiedsvereinbarung verpflichteten sich beide Parteien dazu, die Durchführung des Schiedsverfahrens bis hin zum Erlass des Schiedsspruchs zu ermöglichen (Verfahrens- oder Prozessförderungspflicht).[841] Hieraus ergäben sich weitere *vertragliche* Pflichten, z.B. die Pflicht des Unterlassens der Anrufung staatlicher Gerichte[842] oder die Verschwiegenheitspflicht.[843]

---

835 *Gerhard Schiedermair*, Vereinbarungen im Zivilprozess, S. 105; *Wagner*, Prozeßverträge, S. 578f.; Stein/Jonas/*Schlosser*, § 1029 Rn. 1.
836 *Schwab/Walter*, Kap. 7 Rn. 37 m.w.N.
837 Vgl. BGHZ 23, 198 (200); 40, 320 (322).
838 *Lorenz*, AcP(157) 1958 S. 265ff.
839 *Kisch*, ZZP(51) 1926, 321 (321f).
840 *Lorenz*, AcP(157) 1958 S. 265ff.
841 BGHZ 23, 198 (200); 41, 104 (108f.); 55, 344 (349).
842 Stein/Jonas/*Schlosser*, § 1029 Rn. 30.
843 Ebenda.

2. *Prozessrechtliche Rechtsnatur*

Nach der prozessrechtlichen Theorie liegt der Schwerpunkt einer Schiedsvereinbarung im Ausschluss der ordentlichen Gerichtsbarkeit. Die Einrede des § 1032 Abs. 1 ZPO sei Hauptwirkung der Vereinbarung. Mithin handele es sich bei der Schiedsvereinbarung um einen als prozessrechtlich zu qualifizierenden Vertrag.[844]

Da der Schiedsspruch lediglich einen Rechtsprechungsakt darstelle, der mit einem Urteil vergleichbar und kein materiell-rechtlicher Gestaltungsakt sei, sondern allenfalls materielle Nebeneffekte habe, könne auch die Schiedsvereinbarung kein wesentlich materiell-rechtlicher Vertrag sein.[845]

3. *Doppelnatur des Schiedsvertrages*

Eine überwiegende Anzahl an Stimmen klassifiziert den Schiedsvertrag als Vertrag mit Doppelnatur, einerseits soll er materiell-rechtlichen Charakter haben, sodass die Regeln des Bürgerlichen Gesetzbuches auf die Voraussetzungen und Rechtsfolgen von Gestaltungsrechten, wie z.B. Rücktritt, Kündigung oder Anfechtung, anwendbar sind. Andererseits handele es sich um nichts anderes als um einen Mechanismus, den die Parteien zwar auf der Grundlage des materiellen Rechts vereinbaren, der aber seinen Wirkungsschwerpunkt im Verfahrensrecht habe. Eben weil die Abrede, Streitigkeiten dem alternativen Streitbeilegungsmechanismus der Schiedsgerichtsbarkeit zuzuführen, darauf gerichtet sei, ein Ergebnis herbeizuführen, dass gem. § 1055 ZPO einem rechtskräftigen Urteil gleichstehe,[846] sei der Prozesscharakter nicht zu leugnen. Zum anderen entfalteten sich noch weitere bedeutende prozessuale Wirkungen dadurch, dass der Gesetzgeber Rechtsschutz durch die staatlichen Gerichte versage, wenn sich der Beklagte auf die Schiedseinrede berufe.[847]

4. *Gesellschaft bürgerlichen Rechts*

In der Literatur wird von wenigen Vertretern angenommen, die Schiedsvereinbarung diene, zumindest in vergleichbarer Art und Weise, zur Errichtung einer Gesellschaft bürgerlichen Rechts (GbR), deswegen könnten Vorschriften über

---

844 Hk-ZPO/*Saenger*, § 1029 Rn. 1 m.w.N; BGHZ 180, 221 (228).
845 OLG Oldenburg NJW 1971, 1461 (1461f.).
846 BT-Drucks. 13/5274, S. 56f.
847 Musielak/Voit/*Voit*, § 1029 Rn. 3.

die GbR zur Lösung nicht eindeutiger Rechtsfragen hinsichtlich der Schiedsgerichtsbarkeit fruchtbar gemacht werden.[848]

In keinem Rechtsgebiet sei der Vertrag so eingehend geregelt wie im bürgerlichen Recht und das Prozessrecht entbehre einer detaillierten Regelung des Prozessvertrages. Es müsse daher auf die Vorschriften des BGB zurückgegriffen werden können, soweit dies mit der Eigenart des betreffenden Prozessvertrages vereinbar sei.[849] Die gesetzliche Regelung der Schiedsvereinbarung weise Lücken auf, besonders weil die Untergangs- oder Erlöschensgründe hinsichtlich der Schiedsvereinbarung in der Zivilprozessordnung nicht hinreichend geregelt seien.[850] Nach der Auffassung einiger sollen die Regeln des Bürgerlichen Gesetzbuches zur GbR deswegen analoge Anwendung finden.

Richtig ist, dass eine Aufhebung[851] der Schiedsvereinbarung vom Gesetz vorausgesetzt wird und hierzu keine ausdrücklichen Regelungen im zehnten Buch der ZPO bestehen. Dennoch ist fraglich, ob für ein Konstrukt wie das eines Schiedsvertrages, die Regelungen des Gesellschaftsrechts analog angewandt werden sollten oder ob das Recht der Schuldverhältnisse nicht doch in der Lage ist, als Antwortgeber auch für Fragen hinsichtlich nicht ausdrücklich geregelter Verträge zu dienen.

Der Gesellschaftsvertrag ist kein typischer synallagmatischer Vertrag. Ein Leistungsaustausch im Gegenseitigkeitsverhältnis kann zwar Teil des Gesellschaftszwecks sein, ist aber nicht zwingende Voraussetzung. Das Verfolgen des gemeinsamen, erlaubten, Zwecks,[852] z.B. die endgültige Beilegung einer Streitigkeit vor einem nicht-öffentlichen Gericht, wird Schiedsparteien wohl zugesprochen werden können, weswegen unter anderem auch eine regelungstechnische Nähe zu anderen Personenmehrheiten des bürgerlichen Rechts, z.B. zum Verein oder einer Gemeinschaft nach Bruchteilen, ausscheidet.[853]

a) *Planwidrige Regelungslücke*

Zunächst ist Voraussetzung für die analoge Anwendung, dass eine planwidrige Regelungslücke besteht.[854] Gänzlich ungeklärt sei, nach welchen Vorschriften

848 *Philipp Heinrich Stürmer*, Die Vereinbarung von Verfahren privater Streitbeilegung, S. 25ff. m.w.N.

849 *Hausmann* in FS Lorenz, 359 (361).

850 MüKoZPO/*Münch*, § 1029 Rn. 120.

851 Vgl. 1059 Abs. 5 ZPO.

852 MüKoBGB/*Ulmer/Schäfer*, § 705 Rn. 142.

853 *Philipp Heinrich Stürmer*, Die Vereinbarung von Verfahren privater Streitbeilegung, S. 27f.

854 Larenz/Canaris, S. 190ff.

sich das Erlöschen einer Schiedsvereinbarung bestimme. Dass der Gesetzgeber von einer Möglichkeit des Erlöschens der Schiedsvereinbarung unter gewissen Umständen ausgehe, zeige sich zwar an der Formulierung des § 1059 Abs. 5 ZPO.

Es existieren hingegen keine Regelungen, die das Erlöschen der Schiedsvereinbarung ihrem Wortlaut nach anordneten. Der Gesetzgeber habe mithin seine Grundentscheidung der Regelung der Schiedsvereinbarung nicht umfassend realisiert. Eine planwidrige Regelungslücke, zumindest im Bereich des Erlöschens der Schiedsvereinbarung, läge somit vor.[855] Gleiches könne auf weitere Bereiche des Schiedsverfahrens übertragen werden, erschöpfende oder ausdrückliche Regelungen zu den Rechten und Pflichten der Beteiligten im Schiedsverfahren seien ebenfalls nicht im zehnten Buch der ZPO auffindbar.

b) Vergleichbare Interessenlage

Voraussetzung für die Übertragung der Rechtsfolge einer gesetzlichen Norm auf einen von ihr nicht geregelten Fall ist die Vergleichbarkeit des geregelten Sachverhalts mit dem ungeregelten, sodass unter Abwägung der Gesamtumstände ein gleiches Ergebnis angenommen werden kann.[856] Nach so vertretener Auffassung bestünden viele Ähnlichkeiten hinsichtlich der Rechte und Pflichten aus einer Gesellschaft bürgerlichen Rechts und der sog. Schiedsverfahrensgesellschaft, also der Gesellschaft beider Schiedsparteien im Schiedsgerichtsverfahren.[857] Eine Untersuchung einzelner Rechte und Pflichten kann deswegen angezeigt sein, um das Vorhandensein einer vergleichbaren Interessenlage überhaupt ausfindig zu machen.

aa) Haftungsmaßstab

Gem. § 708 BGB hat ein Gesellschafter bei der Erfüllung der ihm obliegenden Verpflichtungen nur für diejenige Sorgfalt einzustehen, welche er in eigenen Angelegenheiten anzuwenden pflegt.[858]

Es erscheint problematisch, den Gedanken des Gesetzgebers hinsichtlich dieses Haftungsmaßstabes auf das Schiedsverfahren zu übertragen. Der Gesetzgeber begründet diesen Sorgfaltsmaßstab damit, dass angenommen werden müsse,

---

855 Genau so: *Philipp Heinrich Stürmer*, Die Vereinbarung von Verfahren privater Streitbeilegung, S. 26.

856 BGHZ 105, 140 (143); 110, 183 (193); 120, 239 (252).

857 *Philipp Heinrich Stürmer*, Die Vereinbarung von Verfahren privater Streitbeilegung, S. 27ff.

858 BGH NJW 2013, 3572 (3572ff.).

dass sich Parteien, die miteinander einen Gesellschaftsvertrag einzugehen beabsichtigten, gegenseitig so nehmen wollten, wie sie einmal seien. Dass jeder Teil von vornherein die Individualität und die Eigenarten des anderen Teils ins Auge fassen würde und daher nur verlangt werden könne, dass in den gemeinschaftlichen Angelegenheiten dieselbe Sorgfalt wie in eigenen Angelegenheiten geübte werde. Wer eine Gesellschaft eingehe, beabsichtige, seine eigenen Interessen zu fördern; die Meinung, dass damit verpflichtet werde, ein höheres Maß von Verantwortlichkeit auf sich zu nehmen, liege deswegen fern.[859] Die Schiedsvereinbarung zeichnet sich gerade durch die verbindliche Zusage einem (oder mehreren) Dritten gegenüber aus. Es sollen nicht nur eigene Interessen gefördert werden, vielmehr ist in aller Regel nicht abzusehen, wer Schiedskläger oder Schiedsbeklagter sein wird, oder ob es überhaupt zum Schiedsverfahren kommt und wessen Interessen davon überwiegend gedient ist. Entsprechend sind auch die Schiedsparteien bei der Eingehung und während des Verfahrens nicht in ihrer Haftung privilegiert, wenn es um Verstöße im Zusammenhang mit der Schiedsvereinbarung geht.

bb) Mitwirkungs- und Geschäftsführungsrecht

Es wird vertreten, die Schiedsparteien hätten eine Aufteilung der Geschäftsführung der Schiedsverfahrensgesellschaft nach Tätigkeitsbereichen wie in § 710 BGB vereinbart.[860] Die jeweilige Partei hätte Einzelgeschäftsführungsbefugnis bezüglich aller ihr zustehenden Prozess- und prozessbegleitenden Handlungen. Ein Widerspruchsrecht, wie für die geschäftsführenden Gesellschafter in § 711 BGB vorgesehen,[861] bestünde indes nicht. § 711 BGB ist der Sache nach auch gar nicht einschlägig: Zwar haben beide Schiedsparteien Geschäftsführungsbefugnis, aber jeweils nur auf einen Teilbereich der Geschäfte bezogen – nämlich auf ihren Teil der Prozessführung. Es steht nicht i.S.d. § 711 BGB die Geschäftsführung der Geschäfte allen zu, sondern die Führung einzelner Geschäfte einzelnen Parteien exklusiv.

Nie sind beide Parteien bezüglich ein und desselben Geschäfts handlungsberechtigt. Wo keine Gesamtverantwortung besteht, muss es auch kein Mitspracherecht geben. Eine Gesamtverantwortung besteht abstrakt bezüglich der

---

859 Protokoll No. 2418f. in Mugdan II, S. 985.

860 *Philipp Heinrich Stürmer*, Die Vereinbarung von Verfahren privater Streitbeilegung, S. 38.

861 MüKoBGB/*Schäfer*, § 711 Rn. 2.

Erreichung des gemeinsamen Zwecks, aber nicht konkret bezüglich einzelner Handlungen auf dem Weg dorthin.

Es steht aber keiner Partei zu, über die prozessualen Rechte der anderen einseitig zu verfügen, auch die gemeinsame Zweckerreichung der alternativen Streitbeilegung scheint in ihrer Abstraktheit eher vage, um eine Nähe zur GbR herzustellen. Insbesondere, wenn man sich die potenzielle Streitigkeit eines Schiedsverfahrens vergegenwärtigt. Eine vergleichbare Interessenlage hinsichtlich der Geschäftsführung der Schiedsverfahrensgesellschaft besteht damit nicht.

cc) Gesellschaftsvermögen

Eine Schiedsverfahrensgesellschaft verfügt weder über eigenes Vermögen noch werden ihr Gegenstände zur Benutzung überlassen. Die Beteiligung an einer Schiedsverfahrensgesellschaft hat keinen Vermögenswert; die gemeinsame Erfüllung von Vorschusspflichten kann nicht als solcher gesehen werden, auch weil die Kostenentscheidung des Schiedsgerichts zumeist nach der Manier des § 91 ZPO ergehen wird. Insoweit besteht wenig Vergleichbarkeit zur Gesellschaft bürgerlichen Rechts.

dd) Kündigung

Gem. § 723 Abs. 1 BGB kann eine Gesellschaft bürgerlichen Rechts jederzeit von jedem Gesellschafter gekündigt werden, wenn sie nicht ohnehin nur für eine bestimmte Zeit eingegangen worden ist.

Die Gültigkeitsdauer der Schiedsvereinbarung ist nicht kalendermäßig festgelegt, die Verbindlichkeit der Schiedsvereinbarung soll aber, kommt sie zum Tragen, erst mit einer möglichen Streitbeilegung enden. Die Schiedsvereinbarung wird also für begrenzte Zeit eingegangen, was bestimmter Zeit i.S.d. § 723 Abs. 1 BGB entspricht und somit theoretisch eine Parallele zur GbR aufzeigen soll.[862] Der offene Beendigungstatbestand des § 723 Abs. 1 BGB wird dem Wesen der Schiedsvereinbarung, erst recht nicht einer gedachten „Schiedsverfahrensgesellschaft“ aber nicht gerecht, sie ist nicht einfach einseitig auflös- oder kündbar.[863]

Gem. § 723 Abs. 1 S. 2 BGB ist eine außerordentliche Kündigung aus wichtigem Grund auch bei auf bestimmte Zeit eingegangenen Gesellschaften

862 *Philipp Heinrich Stürmer*, Die Vereinbarung von Verfahren privater Streitbeilegung, S. 55.

863 BGHZ 41, 104 (108); *Schwab/Walter*, Kap. 8 Rn. 11.

bürgerlichen Rechts zulässig, somit könnte sich dieser Grund tatsächlich auf die Schiedsverfahrensgesellschaft übertragen lassen.[864] Ein solcher wichtiger Grund liegt immer dann vor, wenn die Fortsetzung der Gesellschaft bis zur nächsten ordentlichen Beendigungsmöglichkeit nicht zumutbar erscheint. In diese Zumutbarkeitserwägung sind insbesondere der Zweck, die Struktur, die Dauer und die Intensität der Zusammenarbeit innerhalb der aufzukündigenden Gesellschaft einzubeziehen.[865] Ist die Zusammenarbeit nicht mehr erträglich, der Gesellschaftszweck sinnvoll nicht mehr erreichbar oder das Vertrauensverhältnis der Gesellschafter, etwa durch eine wesentliche Pflichtverletzung, nachhaltig gestört, kann dies eine Kündigung begründen.[866]

Insoweit besteht zwar wesentlicher Gleichlauf mit den später gefundenen Arbeitsergebnissen in Richtung des Schiedsrichters: Die Erträglichkeit der Zusammenarbeit ist wesentlicher Faktor bei der Kündigung nach § 627 Abs. 1 BGB. Für die Parteien untereinander kann dieses aber nicht im gleichen Umfange gelten, zwar zeigt die spätere Untersuchung auch hier mögliche Kündigungsgründe auf,[867] fehlendes Vertrauen oder eine schwerliche Zusammenarbeit mit der anderen Schiedspartei gehören allerdings nicht dazu. Hier kommt es vielmehr auf die faktische Undurchführbarkeit des Schiedsverfahrens an, den Befindlichkeiten der Schiedsparteien untereinander kann nicht derartiger Raum beigemessen werden, dass ein einseitiges Lösen von der Schiedsvereinbarung ermöglicht würde; dieses trüge dem Charakter des Schiedsverfahrens als streitiges Verfahren nicht ausreichend Rechnung.

c) *Kritik*

Im Ergebnis ist einer analogen Anwendung der gesellschaftsrechtlichen Vorschriften auf Fragen des Schiedsverfahrens nicht zuzustimmen. Weder zur Festlegung von Erlöschensregeln noch zur anderen Beschreibung von Rechten und Pflichten der Parteien der Schiedsvereinbarung braucht es eine analoge Anwendung des Gesellschaftsrechts. Längst nicht alle Regeln des Gesellschaftsrechts sind auf die „Schiedsverfahrensgesellschaft" übertragbar, Rechte und Pflichten bedürfen hinsichtlich ihrer Übertragbarkeit auf das Schiedsverfahren genauso einer Einzelfalluntersuchung wie in dem Fall, in dem man diese direkt aus der

---

864 *Philipp Heinrich Stürmer*, Die Vereinbarung von Verfahren privater Streitbeilegung, S. 55f.

865 BGHZ 9, 157 (162f.); 116, 359 (369); 169, 270 (272ff.).

866 BGHZ 9, 157 (162f.).

867 vgl. § 5, A. Kündigungsgründe im Einzelnen, S. 240ff.

Schiedsvereinbarung und dem Schiedsrichtervertrag herleitet. Nach hier vertretener, vorzugswürdiger, Auffassung sind sowohl Schiedsvereinbarung als auch Schiedsrichtervertrag von materiell-rechtlichen Elementen gekennzeichnet und wirken nicht ausschließlich, nichtmal überwiegend prozessual,[868] sodass einer Entstehung von Rechten und Pflichten auf materieller Ebene nichts entgegensteht.

Hinsichtlich einer eindeutigen Systematisierung und Herleitung neuer Pflichten für einen Zweifelsfall ist aber gerade dann nichts gewonnen, wenn jede einzelne Pflicht der individuellen Übertragbarkeitsuntersuchung bedarf. Die analoge Anwendung von gesellschaftsrechtlichen Vorschriften erscheint deswegen und aufgrund der wenig vergleichbaren Interessenlage nicht angebracht.[869]

Richtigerweise mag in Einzelfällen eine Nähe zur Gesellschaft bürgerlichen Rechts bestehen, hieraus jedoch eine Übertragbarkeit aller gesellschaftsrechtlichen Regelungen ableiten zu wollen, wird dem eigenen Wesen der Schiedsgerichtsbarkeit nicht gerecht und bringt keinen Vorteil im Vergleich zur Konstruktion von Rechten und Pflichten aus den entsprechenden Vertragsverhältnissen. Letztlich kann man nicht nur die vergleichbare Interessenlage, sondern auch schon das Vorhandensein einer planwidrigen Regelungslücke bezweifeln: Die materiell-rechtlichen Elemente beider, das Schiedsverfahren gestaltenden, Verträge ermöglicht die problemlose Anwendung der schuldrechtlichen Entstehungs- und Erlöschensgründe sowie die Annahme von allen möglichen, schuldrechtlichen Nebenpflichten i.S.d. § 241 Abs. 2 BGB, sodass schwerlich wirklich ungeregelter Raum besteht, der durch Analogieschlüsse auszufüllen ist. Den gleichen Schluss lassen auch die Motive zum Entwurf der Vorschriften zu, hier heißt es:

> *„Der Entw. übergeht den Schiedsvertrag und hat ihn zu übergehen, weil die Vorschriften der CPO (§§ 851 - 872) vollkommen genügen. Es bedarf auch rücksichtlich des Vertrages, welcher die Uebernahme der schiedsrichterlichen Verpflichtungen zum Gegenstände hat (sog. receptum), besonderer Bestimmungen nicht. Nach dem Prinzipe des § 91 sind beide Verträge formfrei.“*[870]

---

868 vgl. § 1, B. Die Natur des Schiedsrichtervertrages, S. 56ff.

869 A.A. *Philipp Heinrich Stürmer*, Die Vereinbarung von Verfahren privater Streitbeilegung, S. 44.

870 Protokoll No. 657 in Mugdan II, S. 367.

5. Einordnung des Schiedsvertrages

Hinsichtlich der Klassifizierung der Rechtsnatur des Schiedsvertrages ergibt sich kein ganz einheitliches Bild. Die heute herrschende Meinung[871] wird den Schiedsrichtervertrag als gemischten Vertrag ansehen wollen. Jedoch werden auch in aktuellen Veröffentlichungen immer wieder Bedenken geäußert.[872]

Die Schiedsvereinbarung für sich genommen stellt kein Hindernis für die Durchführung eines staatlichen Prozesses dar, hat insofern keine unmittelbare prozessuale Wirkung. Gem. § 1032 Abs. 1 ZPO bewirkt sie zwar die Entstehung einer prozesshindernden Einrede, um ihrerseits eine Wirkung auf prozessualer Ebene zu erreichen, muss diese aber erst geltend gemacht werden. Der Beklagte nämlich muss vor Beginn der mündlichen Verhandlung zur Hauptsache rügen, dass Klage in einer Angelegenheit erhoben wurde, die Gegenstand einer Schiedsvereinbarung ist. Nur in diesem Fall weist das Gericht die Klage als unzulässig ab. Prozesshindernd ist daher die Geltendmachung der Einrede der Schiedsvereinbarung, nicht aber schon der Abschluss der Schiedsvereinbarung selbst. Der Vorrang der Schiedsgerichtsbarkeit gegenüber der ordentlichen Gerichtsbarkeit ist in der Einredemöglichkeit des § 1032 ZPO gerade schon angelegt.

Von der prozessrechtlichen Theorie wird angeführt, dass die Rechtsnatur des Verfahrens auf die Rechtsnatur des Schiedsvertrages Rückschlüsse erlaube.[873] Ein Streitbeilegungsverfahren ist entscheidend durch seinen Endpunkt gekennzeichnet. Dieser ist beim Schiedsverfahren der urteilsgleiche Schiedsspruch i.S.d. § 1055 ZPO. Wird ein Verfahren, das mit einem hoheitlichen Urteil endet, als prozessrechtlich angesehen, so muss das auch für das mit dem urteilsgleichen Schiedsspruch endende Verfahren gelten.[874] Ist das Verfahren prozessrechtlich und die Schiedsvereinbarung seine Quelle, so kann man schließen, die Schiedsvereinbarung sei ebenfalls prozessrechtlicher Natur.[875] Zwar wird das Verfahren nicht unmittelbar durch Schiedsvereinbarung eingeleitet, sondern erst dadurch, dass der Beklagte den Antrag empfängt,[876] ebendieser Antrag wäre aber unbeachtlich, würde er nicht von der Schiedsvereinbarung gestützt. Gegen eine Vergleichbarkeit von Schiedsvereinbarung und materiell-rechtlichem Vergleich

871 Musielak/Voit/*Voit*, § 1029 Rn. 3.
872 MüKoZPO/*Münch*, § 1029 Rn. 12.
873 Hk-ZPO/*Saenger*, § 1029 Rn. 1; Stein/Jonas/*Schlosser*, § 1029 Rn. 1.
874 BT-Drucks. 13/5274, S. 46.
875 *Philipp Heinrich Stürmer*, Die Vereinbarung von Verfahren privater Streitbeilegung, S. 18ff.
876 § 1045 ZPO.

i.S.d. § 779 BGB spricht allein ihre Andersartigkeit: Beide sind ihrem Wesen nach nämlich verschieden; einerseits vom Gedanken des gegenseitigen Nachgebens, andererseits vom Gedanken der streitigen Rechtsfindung geprägt. Zwar dienen sowohl der Vergleich als auch die Schiedsvereinbarung der Lösung eines Konfliktes auf vertraglicher Grundlage, damit enden jedoch die Gemeinsamkeiten schon beinahe: Während der Vergleich nämlich nur durch Konsens zu einem Abschluss kommen kann, so ist das einmal eingeleitete Schiedsverfahren streitig und nur der Abschluss der Schiedsvereinbarung von einer Freiwilligkeit getragen.[877] Die Schiedsvereinbarung selbst wird zwar noch übereinstimmend getroffen, wird aber das Schiedsverfahren eingeleitet und kommt es zu einem Schiedsspruch, beruhe dieser nicht auf einer einvernehmlichen Lösungsfindung durch die Parteien.[878] Er wäre nicht das Ergebnis „gegenseitigen Nachgebens", wie es der Vergleich gerade fordert. Das Schiedsgericht ordnet die Rechtsbeziehung der Parteien gerade nicht durch parteiautonome Gestaltung neu, vielmehr erkennt es das vorhandene Recht und wendet es auf den Fall der Parteien an, anders als bei einem Vergleich.

Damit ist der Schiedsvertrag auch keine Form der Gesellschaft bürgerlichen Rechts, keine Art des Vergleiches, sondern als ein Vertrag mit Doppelwirkung zu beurteilen, den man als *„Prozessvertrag mit materiell-rechtlichen* [Neben-] *Wirkungen"*[879] bezeichnen kann, letztlich handelt es sich dabei aber um Nomenklatur. Wichtig ist, dass nach Wertungsgesichtspunkten entschieden werden kann, sowohl prozessrechtliche als auch materiell-rechtliche Rechte und Pflichten herzuleiten. Offensichtlich ist, dass hinsichtlich dieser Eigenschaft eine gewisse Vergleichbarkeit zum Schiedsrichtervertrag besteht.[880]

III. Pflichten aus dem Schiedsvertrag

Die Einordnung des Schiedsvertrages als Prozessvertrag mit materiell-rechtlichen, klagbaren Pflichten bringt begrenzte Konsequenzen mit sich und wird auch häufig nach Wertungsgesichtspunkten zu entscheiden sein, abhängig davon, welche Norm man auf den Vertrag anzuwenden sucht.[881] Der Streit hinsichtlich der Rechtsnatur des Schiedsvertrages ist damit zwar oft akademischer Natur. Ein wesentlicher Unterschied besteht jedoch darin, welche Pflichten aus

877 Wieczorek/Schütze/*Schütze*, § 1035 Rn. 18.
878 *Habscheid*, NJW 1962, 5 (7).
879 BGHZ 180, 221 (228); 99, 143 (147); Hk-ZPO/*Saenger*, § 1029 Rn. 1.
880 BGHZ 41, 104 (108); MükoBGB/*Gaier*, § 314 Rn. 6.
881 *Christian Wolf*, Die institutionelle Handelsschiedsgerichtsbarkeit, S. 72ff., 75.

dem Schiedsvertrag erwachsen sollen: Während eine Klassifizierung als reiner Prozessvertrag lediglich dazu führte, dass die Parteien die Prozesslasten zu tragen hätten, würde eine materiell-rechtliche Einordnung des Vertrages bedeuten, dass der Schiedsrichtervertrag unmittelbare Pflichten für die Parteien des Schiedsverfahrens erzeugt.

In Teilen des Schrifttums werden Parteipflichten, die das Schiedsverfahren betreffen, als Ausnahme angesehen. In den meisten Fällen bestünden keine Pflichten, sondern lediglich sog. prozessuale Lasten. Bei den meisten Pflichten der Parteien stände nämlich noch Alternativverhalten offen, dieses wirke sich nur negativ für eine der Parteien aus. Den Parteien stehe die Möglichkeit der Nichtkonformität mit den vermeintlichen Pflichten offen, ob die Partei dann die nachteiligen Folgen der Nichtausübung verfahrensrechtlich tragen wolle, müsse sie selbst entscheiden. Mithin könne man nicht von echten Pflichten im materiell-rechtlichen Sinne sprechen.[882] Eine Mitwirkung der anderen Partei sei im Schiedsverfahren nicht erzwingbar, letztlich bleibt es dem Schiedsgericht überlassen aus, beispielsweise, einer unterlassenen Prozessförderungspflicht geeignete Schlüsse zu ziehen.[883]

Dem ist im Ergebnis nicht zuzustimmen. Die Durchsetzbarkeit einer Pflicht mit der Frage des Bestehens einer echten Pflicht als solcher gleichzusetzen, ist nicht richtig. Es gibt auch nicht durchsetzbare, echte Pflichten im Zivilprozess, wie z.B. die Wahrheitspflicht.[884]

Es ist zwar möglich, von dem Bestehen eines Zwangs auf eine Verpflichtung zu schließen, aber wo kein Zwang mangels Durchsetzbarkeit besteht, kann trotzdem eine Verpflichtung vorliegen.[885] Wann von Lasten und wann von Pflichten gesprochen wird, entscheidet sich demnach nicht nach der Durchsetzbarkeit, sondern nach der Interessenlage der Parteien und der geknüpften Rechtsfolge bei Nichterbringung:

Liegt das Handeln der belasteten Partei lediglich im Eigeninteresse und lässt sich auf keine konkrete Maßgabe zurückführen, kann von einer prozessualen Last gesprochen werden. Konsequenterweise kann eine bloß *belastete* Partei selbst entscheiden, ob sie der prozessualen Last nachkommt. Besteht dagegen eine Pflicht, dann bedeutet das die objektive Missbilligung der Nichterbringung

---

882 *Schwab/Walter*, Kap. 7 Rn. 20; *Gerhard Schiedermair*, Vereinbarungen im Zivilprozess, S. 105; *Schiedermair*, ZZP(74) 1961, 142 (143); *Lüke*, AcP(162) 1963, 534 (537).

883 *Schwab/Walter*, Kap. 7 Rn. 20.

884 *Lent*, ZZP(67) 1954, 344 (349).

885 *Lent*, ZZP(67) 1954, 344 (349).

durch Gesetz oder Vertrag. Als Vertrag kommt im Schiedsverfahren zunächst der Schiedsvertrag als Resultat der Schiedsvereinbarung in Frage. Welche materiell-rechtlichen Pflichten für die Parteien des Schiedsverfahrens entstehen, ist nicht unumstritten. Auch wird teilweise nicht das bloße Vorhandensein einer Pflicht bestritten, sondern lediglich der Charakter der entsprechenden Pflicht.

Damit wird klarer, warum die Einordnung des Schiedsvertrages von Bedeutung ist, als materiell-rechtlicher Vertrag begründet er materiell-rechtliche Pflichten. In den Fällen, in denen sich die Pflichten aus dem Schiedsrichtervertrag und dem Schiedsvertrag vergleichbar gegenüberstehen, kann die Verletzung einer echten Pflicht wohl einen Kündigungsgrund für den Schiedsrichter bedeuten. Versteht man die Obligation allerdings bloß als prozessuale Last einer Partei, wird das Nichttragen dieser Last den Schiedsrichter nicht zur Kündigung berechtigen, soll doch die Konsequenz des abweichenden Verhaltens nur auf Seite der Partei zu suchen sein. Damit gilt es zu untersuchen, welche Obligationen aus dem Schiedsvertrag erwachsen, ob diese prozessuale Last oder echte Pflicht sind und ob sie ein Äquivalent im Schiedsrichtervertrag finden.

1. Allgemeine Prozessförderungs- und Loyalitätspflicht

Im staatlichen Gerichtsverfahren ist eine allgemeine Prozessförderungspflicht anerkannt und gesetzlich normiert.[886] Sie gebietet den Parteien, in der mündlichen Verhandlung ihre Angriffs- und Verteidigungsmittel sowie Sachvortrag so zeitig vorzubringen, wie es einer sorgfältigen und verfahrensfördernden Prozessführung entspricht (§ 282 Abs. 1 ZPO).[887] Die Prozessförderungspflicht soll eine Prozessverschleppung verhindern und die Parteien anhalten, das Verfahren zu beschleunigen, und damit dem Allgemeininteresse an einem kurzen, effizienten Prozess dienen.

Die Mitwirkung im Verfahren, also die Förderung des Verfahrens, liegt im Interesse aller Schiedsparteien, unterstellte man etwas anderes, läge zumindest widersprüchliches Verhalten vor. Immerhin haben sich die Parteien zuvor auf den alternativen Streitbeilegungsmechanismus des Schiedsverfahrens verständigt.

Die Prozessförderungspflicht steht damit nicht nur im Interesse einer Partei, sondern grundsätzlich im Interesse beider Parteien und des Schiedsgerichtes. Quelle dieser Pflicht ist die Schiedsvereinbarung. Die Schiedsvereinbarung beinhaltet neben der aktiven Prozessförderungspflicht auch eine Pflicht zum

---

886 Musielak/Voit/*Foeste*, § 282 Rn. 1.

887 BT-Drucks. 7/2729, S. 38f.

Unterlassen in Form einer sog. Loyalitätspflicht. Die Parteien haben untereinander die Pflicht, das gemeinsam ausgedrückte Interesse an Streitentscheidung durch ein Schiedsgericht auch Wirklichkeit werden zu lassen. Sie verpflichten sich untereinander, das Verfahren von der Einleitung über die Ernennung der Schiedsrichter bis zum Schiedsspruch nicht zu blockieren oder Maßnahmen zur Verzögerung oder Verhinderung des Verfahrens zu ergreifen, die über die Verwendung von angemessenen Angriffs- und Verteidigungsmitteln hinausgehen.[888] Die Prozessförderungspflicht steht im Schiedsverfahren mithin nicht nur im Eigeninteresse dessen, den sie trifft. Auch wenn eine Verfahrensförderungspflicht in derartiger Abstraktheit tatsächlich schwerlich klagbar ist, handelt es sich nicht um eine lediglich prozessuale Last.[889] Sie ist eine echte Pflicht, dem Schiedsgericht stehen je nach Einzelfall auch Möglichkeiten zur Durchsetzung offen, auch trifft eine Partei, die schuldhaft das Verfahren verzögert, die Verpflichtung zum Schadensersatz.[890]

Gleichzeitig bedeutet dieses, dass, wenn eine ähnlich geartete Pflicht gegenüber dem Schiedsrichter besteht, eine Verletzung wohl zur Kündigung des Schiedsrichtervertrages möglich erscheint.

2. *Mitwirkung bei der Bildung des Schiedsgerichtes*

Die Bestellung eines Schiedsrichters durch eine der Schiedsparteien liegt ganz wesentlich im Interesse dieser Partei. Grundsätzlich ist es zwar richtig, dass Parteien an der Bildung des Schiedsgerichts mitzuwirken haben.[891] Gleichwohl nehmen die Parteien damit in aller Regel eher ihr Recht auf Mitwirkung wahr, als einer echten Pflicht nachzukommen. Für die Fälle, in denen die Mitwirkungshandlung in Form der Bestellung des Schiedsrichters ausbleibt, kommt nämlich das Schiedsverfahren nicht zum Erliegen.[892] Den anderen Beteiligten entsteht damit kein unmittelbarer Nachteil, der eine Annahme einer echten Pflicht wahrscheinlich erscheinen ließe.

Die Regelung des § 1035 Abs. 3 ZPO zeigt, dass lediglich der Partei selbst daran liegen sollte, eine Person auszuwählen, welche den eigenen Bedürfnissen gerecht wird. An der Bestellung dieser Person hat die Gegenpartei kein eigenes Interesse, zumal eine ausbleibende Schiedsrichterbestellung die Durchführung

---

888 BGHZ 38, 254 (258).
889 MüKoZPO/*Münch*, § 1029 Rn. 118; Musielak/Voit/*Voit*, § 1029 Rn. 26.
890 Musielak/Voit/*Voit*, § 1029 Rn. 26.
891 *Schwab/Walter*, Kap. 10 Rn. 1f.
892 *Schwab/Walter*, Kap. 10 Rn. 17.

des Schiedsverfahrens nicht verhindern kann. Im Gegenteil, der Schiedsverfahrensgegner könnte sogar von der unterlassenen Bestellung profitieren, wenn nach einem anderen, vermeintlich objektiveren, Verfahren ein Schiedsrichter benannt wird. In diesem Fall wird der Schiedsrichter normalerweise durch das Schiedsgericht bestellt (§ 1035 Abs. 3 ZPO), das in der Regel einen neutraleren Schiedsrichter auswählen wird, als ihn die Partei ausgewählt hätte. Die Bestellung des Schiedsrichters bei der Konstituierung des Schiedsgerichts wird deswegen eher als (bloße) prozessuale Last angesehen werden können, nicht als materiell-rechtliche Pflicht, welche aus dem Schiedsvertrag erwächst.[893]

3. *Wahrheitspflicht*

Aus § 138 Abs. 1 ZPO ergibt sich für den Zivilprozess eine echte zivilprozessuale Wahrheits- und Vollständigkeitspflicht,[894] die den Parteien auferlegt ist. Die Partei darf keine Tatsache behaupten, von deren Unwahrheit sie Kenntnis hat oder überzeugt ist.[895] Ebenfalls darf auch keine Behauptung wider besseres Wissen bestritten werden.[896] Auch im Schiedsverfahren besteht ein Interesse an der Wahrhaftigkeit des Vorbringens der Parteien. Es geht neben einer abschließenden Entscheidung eines Rechtsstreits auch darum, abschließende Klarheit über den zugrunde liegenden Lebenssachverhalt zu schaffen.[897] Nur dann kann der (Schieds-)Richterspruch von den Parteien als gerecht empfunden und angenommen werden, in der Wahrheitsabhängigkeit sind richterliches und schiedsrichterliches Urteil deswegen gleich, die Wahrheitspflicht gilt auch im Schiedsverfahren.[898] Eine Wahrheitsobliegenheit besteht auch im Schiedsverfahren, Urteilsakzeptanz und Rechtsfrieden sind, durch die Schiedsvereinbarung ausgedrücktes, Parteiinteresse.[899] Die Vollständigkeitspflicht ist hierbei, wie im Zivilprozess auch, als Teil der Wahrheitsobliegenheit aufzufassen. Die Vollständigkeit des Tatsachenvortrages liegt zwar wie die Wahrheitspflicht bereits im Interesse des Vortragenden selbst, da er einen zügigen Ablauf des Verfahrens anstrebt und die wahre Rechtslage festgestellt haben möchte. Die Pflicht

---

893 *Schwab/Walter*, Kap. 7 Rn. 20; *Schiedermair*, ZZP(74) 1961, 142 (143); *Lüke*, AcP(162) 1963, 534 (537).

894 OLG Brandenburg NJW-RR 2000, 1522ff.; Musielak/Voit/*Stadler*, § 138 Rn. 1.

895 MüKoZPO/*Wagner*, § 138 Rn. 2.

896 MüKoZPO/*Wagner*, § 138 Rn. 2.

897 *Musielak*, NJW 2000, 3593 (3594).

898 Musielak/Voit/*Voit*, § 1055 Rn. 1; *Schwab/Walter*, Kap. 16 Rn. 25.

899 Musielak/Voit/*Voit*, § 1055 Rn. 1.

zur Vollständigkeit als echte Pflicht dient aber in erster Linie dem Interesse der Gegenpartei, welche die fraglichen Informationen nicht hat und auf sie angewiesen ist. Darum ist eine Partei gehalten, gerade auch solche Tatsachen vorzubringen, die sich für sie ungünstig auswirken können.[900]

Nur in besonderen Ausnahmefällen und nur bei besonders groben Verletzungen berechtigt ein Verstoß gegen die Wahrheitspflicht zur Kündigung der Schiedsvereinbarung oder rechtfertigt Schadensersatzansprüche.[901]

4. Wahrung der Vertraulichkeit

Die Schiedsgerichtsbarkeit zeichnet sich regelmäßig durch die Nichtöffentlichkeit des Verfahrens aus. Das staatliche Gerichtsverfahren ist grundsätzlich öffentlich, dies ergibt sich aus dem Grundsatz der Öffentlichkeit als Bestandteil des Rechts auf ein faires Verfahren nach Art. 6 Abs. 1 S. 1 EMRK und ist in § 169 S. 1 GVG einfachgesetzlich konkretisiert. Er umfasst den freien Zugang zur Verhandlung für jedermann und die öffentliche Verkündung des Urteils einschließlich des Tenors und der Gründe.[902] Schiedsverfahren hingegen sind regelmäßig nicht öffentlich, es sei denn die Schiedsvereinbarung sieht dieses ausdrücklich vor.[903]

Nichtöffentlichkeit ist hierbei ein wichtiger, aber nicht der einzige, Teil der Vertraulichkeit. Unter der Wahrung der Vertraulichkeit im Schiedsverfahren wird darüber hinaus noch die Verschwiegenheitsverpflichtung der Parteien und Schiedsrichter begriffen, diese leitet sich entweder aus konkreter Parteivereinbarung, § 241 Abs. 2 BGB[904] oder gewohnheitsrechtlich her.

Ob Vertraulichkeit tatsächlich ein notwendiger, tragender Pfeiler der Schiedsgerichtsbarkeit ist, wird diskutiert.[905] Es gibt Stimmen, die eine Vertraulichkeit des Verfahrens kritisieren und z.B. argumentieren, dass so ein wichtiger Teil von Disputen der Öffentlichkeit – und damit der Rechtsfortbildung und dem rechtswissenschaftlichen Diskurs – entzogen würde.[906]

Andererseits liegt häufig ein besonderes Interesse der Parteien hinsichtlich der Geheimhaltung des Verfahrens und dessen Ausgangs vor. Wenn beispielsweise

900 BGH NJW 1961, 826 (828).
901 OLG München SchiedsVZ 2012, 96 (100).
902 EGMR NJW 2009, 2873.
903 *Schwab/Walter*, Kap. 16 Rn 43.
904 Vgl. *Heiner Kahlert*, Vertraulichkeit im Schiedsverfahren, S. 267ff.
905 *Nassim Eslami*, Die Nichtöffentlichkeit im Schiedsverfahren, S. 1ff.
906 *Lachmann*, Rn. 147; Lionnet/Lionnet, S. 458.

die Publizität des Schiedsverfahrens entfällt, entfällt die Notwendigkeit, sich in der Öffentlichkeit gegen Vorwürfe im Zusammenhang mit dem Schiedsverfahren zur Wehr setzen zu müssen. Ein Aspekt, der häufig vor dem Hintergrund eines Firmen- oder Markenimages der Schiedsparteien Beachtung findet.[907] Durch die Vertraulichkeit eines Schiedsverfahrens kann Spekulationen Dritter über den Ausgang des Verfahrens vorgebeugt und verhindert werden, dass Konkurrenten den durch das Verfahren hervorgerufenen „Schwebezustand" ausnutzen, um einer Partei des Schiedsverfahrens zu schaden. Die Nichtöffentlichkeit der alternativen Streitverfahren hat zur Folge, dass interne Betriebsabläufe und vertrauliche Geschäftsgeheimnisse nicht an die Öffentlichkeit getragen werden müssen, was durchaus Folge eines Gerichtsprozesses unter Einhaltung des Öffentlichkeitsprinzips sein kann.[908] Doch auch ohne die Offenbarung sensibler Informationen birgt schon die Einleitung eines Gerichtsverfahrens die Gefahr eines Imageschadens, insbesondere für die Beklagtenseite.[909]

Auch Geschäftsgeheimnisse und sensible Informationen sind vor Mitbewerbern und Konkurrenten besser geschützt.[910] Die Geheimhaltung sensibler Informationen oder Geschäftsbeziehungen ermöglicht möglicherweise erst eine vertrauensvolle Zusammenarbeit.[911]

Diese Selbstbestimmung ist für private Streitbeilegungsverfahren grundlegend, und Vertraulichkeit sichert nicht zuletzt auch die informationelle Selbstbestimmung der Parteien. Diese behalten weitgehend die Kontrolle darüber, welche Informationen über sie nach außen dringen und welche nicht,[912] wenn auch eine absolute Sicherheit wohl nicht gewährleistet werden kann. Die Vertraulichkeit des Schiedsverfahrens kann gefährdet sein, wenn die Nachprüfung des Schiedsspruchs durch ein staatliches Gericht erfolgt. Dessen Verhandlungen sind grundsätzlich öffentlich und die Entscheidungen stehen, theoretisch, jedermann zur Verfügung.[913] Dass tatsächlich nicht jedes Ergebnis eines Nachprüfungsverfahrens vor den Oberlandesgerichten veröffentlicht wird, entbindet keine der Parteien von der Einhaltung des Vertraulichkeitsgrundsatzes selbst. Die Vertraulichkeitspflicht steht in ihrer Wirkung und Einhaltung im wechselseitigen Interesse beider Schiedsparteien und dient nicht dem bloßen Eigeninteresse

907 *Günther* in FS Sandrock, 341 (342f.).
908 MüKoZPO/*Münch*, Vorbem. Zu den §§ 1025ff. Rn. 71f.
909 *Jens M. Scherpe,* Außergerichtliche Streitbeilegung in Verbrauchersachen, S. 27.
910 *Prütting,* JZ 1985, 261 (268).
911 *Pfaff* in FS von der Heydte, 1127 (1132).
912 *Schwab/Walter*, Kap. 1 Rn. 8.
913 *Ochmann*, GRUR 1993, 255 (259).

einer Partei, zur Wahrung der Vertraulichkeit kann das Schiedsgericht prozessleitend Weisungen erteilen, es handelt sich um eine echte Pflicht.

Entsprechend erscheint die Annahme eines Kündigungsgrundes wahrscheinlich, wenn zum Nachteil eines Schiedsrichters von dem Grundsatz der Vertraulichkeit abgewichen wird. Voraussetzung hierfür ist allerdings, dass eine Vertraulichkeitsverpflichtung seitens der Parteien gegenüber den Schiedsrichtern besteht. Diese Pflicht in Abwesenheit einer Vereinbarung anzunehmen, erscheint aufgrund der unterschiedlichen Interessenlage von Schiedsrichtern und Parteien schwierig.

5. *Vorschusszahlungspflicht*

Hinsichtlich der Untersuchung der Pflicht auf Zahlung eines Vorschusses erscheint die Unterscheidung zwischen bloßem Bestehen und einer Durchsetzbarkeit des Anspruches geboten. Während es unproblematischer erscheint, dass der Anspruch auf Vorschusszahlung grundsätzlich entsteht, trifft die Durchsetzung des Anspruchs durch das Schiedsgericht auf Bedenken in Form einer möglichen Befangenheit.[914]

a) Bestehen des Anspruches auf Vorschussleistung

Weiterhin trifft die Parteien die Pflicht zur Vorschussleistung auf die Kosten des Verfahrens, insbesondere auf die Schiedsrichterhonorare.[915] Dabei wird unterstellt, der oder die Schiedsrichter hätten einen Anspruch gegen die Parteien auf Zahlung eines Prozesskostenvorschusses, die Zahlung dient als Sicherung des später fällig werdenden Schiedsrichterhonorars. Obwohl eine ausdrückliche rechtliche Regelung in der deutschen Zivilprozessordnung fehlt, wird beinahe vollkommen übereinstimmend angenommen, dass ein Anspruch auf eine Vorschussleistung besteht, dessen Erfüllung sich Parteien auch gegenseitig schulden.[916] In der Schiedsvereinbarung kann zwar auch ausdrücklich festgelegt sein, dass die Parteien sich gegenüber dem Schiedsrichter verpflichten, ihm einen Vorschuss zu zahlen. Die Pflicht zur Vorschusszahlung ist aber derart verbreitet, dass sie auch ohne besondere Vereinbarung Vertragsbestandteil wird, vielfach ist deswegen von einem gewohnheitsrechtlichen Institut die Rede.[917]

---

914 MüKoZPO/*Münch*, § 1038 Rn. 43ff.

915 Z.B. BGHZ 102, 199 (199f.).

916 *Schwab/Walter*, Kap. 12 Rn. 16 m.w.N; auch für ad-hoc Verfahren: *Schlosser*, SchiedsVZ 2004, 21 (22).

917 MüKoZPO/*Münch*, § 1055 Rn. 9, Vor § 1034 Rn. 42; Musielak/Voit/*Voit*, § 1035 Rn. 27; *Schwab/Walter*, Kap. 12 Rn. 16.

b) Durchsetzung des Anspruches auf Vorschussleistung

Umstritten ist in diesem Zusammenhang die Frage der Rechtsdurchsetzung für den Schiedsrichter, also ob Schiedsrichter berechtigt sind, diesen Vorschuss von den Parteien auch einzuklagen. Gegen eine Klagemöglichkeit spricht, dass, obwohl die Schiedsrichter einen Anspruch gegen die Parteien auf Zahlung von Vorschüssen auf die Schiedsrichterhonorare haben, diese ihre (schieds-)richterlichen Befugnisse nicht mit ihren eigenen, persönlichen Interessen vermengen dürfen. Die neutrale und unabhängige Entscheidung der Schiedsrichter würde durch finanzielle Entscheidungen in eigener Sache beeinflusst werden.[918] Hiervon unabhängig – und hier ohne direkte Bewandtnis – ist die Frage, ob schon die Streitwertbestimmung (so diese Berechnungsgrundlage für das Schiedsrichterhonorar ist) eine Entscheidung in eigener Sache bedeutet.[919] Zumindest *Münch* will aber annehmen, dass dem Schiedsrichter die Klagemöglichkeit offensteht: Das Verbot in eigener Sache tätig zu werden (zu entscheiden), beschränke sich auf das Schiedsverfahren selbst, verboten sei lediglich, dem Säumigen schiedsverfahrensinterne Nachteile aufzubürden und freilich selbst über die Vorschusszahlung zu justizieren, andernfalls würde ein Vorschussanspruch gänzlich entwertet.[920] Problematisch bei dieser Sichtweise erscheint jedoch, dass sich ein Schiedsrichter mit Klageerhebung dem Vorwurf der Befangenheit aussetzt, als Lösung hierfür schlägt *Münch* vor, abzuwarten, um so die Parteiinitiative herauszufordern.[921] Von der zugestandenen, theoretischen Klagemöglichkeit bleibt also praktisch nichts übrig, im Gegenteil: Die Klage würde gegenteiligen Effekt haben und das Schiedsverfahren nicht in Gang, sondern wegen des Vorwurfes der Befangenheit noch weiter zum Erliegen bringen; zumindest aber verkomplizieren.[922]

Schiedsrichter müssen, aus rein praktischen Gründen, selten Gebrauch von einem (potenziellen) Klagerecht auf Vorschussleistung machen: Da sie ohne den Vorschuss nicht tätig zu werden brauchen,[923] kann eine ausbleibende Vorschussleistung das gesamte Verfahren zum Erliegen bringen.[924] Um ein Schiedsverfahren in Gang zu bringen, kann deswegen die nicht-säumige Partei gem. § 267

---

918 BGHZ 193, 38 (39f.); 94, 92 (95).

919 *Wolff*, SchiedsVZ 2006, 131 (131ff.).

920 MüKoZPO/*Münch*, § 1038 Rn. 43f.

921 MüKoZPO/*Münch*, § 1038 Rn. 44.

922 *Lachmann*, Rn. 1270.

923 BGHZ 193, 93 (93f.).

924 LG Bielefeld v. 21.10.2003 – 17 O 130/03 (DIS-Datenbank unter www.dis-arb.de); *Risse/Kuhli*, SchiedsVZ 2016, 1 (4).

Abs. 1 S. 1 BGB den Schiedsrichter hinsichtlich des auf die Gegenpartei entfallenden Vorschussanteils befriedigen.[925] Dann hätte sie jedoch keinen Regressanspruch gegen die säumige Partei. Diesen Regressanspruch hätte sie nur, wenn die Parteien dem Schiedsgericht gegenüber als Gesamtschuldner auf den Vorschuss hafteten. Dann wäre jene Partei aber je nach Verfahrensausgang u. U. mit einer Regressklage und dem Risiko der Insolvenz der Gegenpartei einseitig belastet.

Eine Gesamtschuld an dieser Stelle würde außerdem bedeuten, dass das Schiedsgericht, ggf. über die Schiedsinstitution, in der Lage wäre, eine Partei zur Zahlung des gesamten Vorschusses in Anspruch zu nehmen. Dieses kann nach momentan herrschender Auffassung nicht gewollt sein: Ein Raum für „individuelle Sorglosigkeit" (einer Partei) soll im Schiedsverfahren nicht bestehen dürfen.[926] Hinzu kommt, dass dann diese Partei aber mit einer Regressklage und dem Risiko der Insolvenz der Gegenpartei sehr einseitig belastet wäre. Eine Gesamtschuld der Schiedsparteien würde zudem bedeuten, dass ein Schiedsgericht eine der Parteien auf Zahlung des kompletten Vorschusses in Anspruch zu nehmen vermag.[927] Die einseitige Inanspruchnahme einer Partei ist jedoch offensichtlich geeignet, Zweifel an der Unparteilichkeit des Schiedsgerichts aufkommen zu lassen. Es gibt damit nachvollziehbare Gründe gegen die Annahme, die Parteien würden dem Schiedsgericht in Bezug auf den vorläufigen Vorschuss daher als Gesamtschuldner haften.

Nach anderer Auffassung haften die Parteien als Gesamtschuldner, eine Inanspruchnahme beider Parteien auf Vorschussleistung in gesamter Höhe sei möglich.[928] Vordergründig steht hier die Vereinfachung des Prozederes im Argumentationsmittelpunkt. Der Beginn des Verfahrens soll gerade nicht dadurch verzögert werden, dass eine Partei, regelmäßig wohl der Schiedsbeklagte, den angemessenen Vorschuss nicht zahlt. So stünde es einer Partei offen, durch einseitiges Fehlverhalten das Verfahren zu obstruieren. Da aber die Durchführung des Verfahrens gerade Grundlage der Einigung zwischen den Parteien und den Schiedsrichtern zumindest einmal gewesen ist, reiche der Anspruch auf Innenausausgleich einer Partei.[929]

925 *Philipp Heinrich Stürmer*, Die Vereinbarung von Verfahren privater Streitbeilegung (2006), S. 18.

926 BGH VersR 1972, 490 (490f.).

927 Vgl. § 421 BGB.

928 LG Bielefeld v. 21.10.2003 – 17 O 130/03 (DIS-Datenbank unter www.dis-arb.de); *Buchwitz/Schütt*, SchiedsVZ 2015, 1 (2); Wieczorek/Schütze/*Schütze*, § 1035 Rn. 87; *Ceffinato/Schlüter*, SchiedsVZ 2016, 145 (146); *Lachmann*, Rn. 1276.

929 BGHZ 94, 92 (96); *Martinek* in FS Ishikawa, 269 (284f.).

c) Fazit

Gewohnheitsrechtlich anerkannt entsteht die Pflicht zur Zahlung des Vorschusses an das Schiedsgericht in geeigneter Höhe immer dann, wenn keine ausdrückliche Vereinbarung zwischen den Schiedsparteien und Schiedsrichtern getroffen wurde. Da Schiedsrichter ohne Vorschuss nicht tätig zu werden brauchen, könnte eine nichtzahlende Partei ein Schiedsverfahren durch Nichtzahlung zum Erliegen bringen. Deswegen erscheint es geboten, die Schiedsparteien hinsichtlich der Vorschusszahlung gesamtschuldnerisch haften zu lassen. Unterlässt es eine der Schiedsparteien, den Vorschuss zu zahlen, muss sie nicht nur mit der Regressnahme im Innenverhältnis rechnen, auch das Schiedsverfahren kann solange ausgesetzt werden, wie die Inanspruchnahme vor dem staatlichen Gericht dauert.[930] Mithin wird man, mit der Annahme einer echten Pflicht, davon ausgehen müssen, dass die Nichtzahlung des Vorschusses auch einen Kündigungsgrund für den Schiedsrichter darstellt.[931] Unbeachtlich ist dabei, dass das Schiedsgericht selbst diese Forderung nicht gerichtlich gegenüber einer einzelnen Partei durchsetzen kann, sondern nur die objektive gerichtliche Durchsetzbarkeit der Zahlung und damit die objektive Missbilligung der Nichtzahlung. Die subjektive Missbilligung durch das Schiedsgericht soll gerade aus Unabhängigkeitsgesichtspunkten nicht bestehen.[932]

6. Nichtanrufen staatlicher Gerichtsbarkeit

Die Schiedsvereinbarung ist eine Vereinbarung der Parteien, alle oder einzelne Streitigkeiten, die zwischen ihnen in Bezug auf ein bestimmtes Rechtsverhältnis vertraglicher oder nichtvertraglicher Art entstanden sind oder künftig entstehen, der Entscheidung durch ein Schiedsgericht zu unterwerfen.[933] Der Wille der Parteien ist damit auf die Beilegung eines Streits gerichtet, dieses wird in der Regel durch das Schiedsgericht in Form des Schiedsspruches herbeigeführt. Der Schiedsspruch hat gem. § 1055 ZPO unter den Parteien die Wirkung eines rechtskräftigen gerichtlichen Urteils. Der Schiedsspruch steht damit einem Urteil über einen identischen Streitgegenstand durch ein staatliches Gericht entgegen. Umgekehrt soll nach einem Urteil eines staatlichen Gerichts auch ein Schiedsgericht nicht mehr zur Befassung mit der identischen Angelegenheit befugt sein.[934] Urteil und Schiedsspruch zu einem identischen Streitgegenstand

930 BGHZ 94, 92 (96).
931 *Schwab/Walter*, Kap. 13 Rn. 12.
932 BGHZ 94, 92 (96).
933 § 1029 Abs. 1 ZPO.
934 MüKoZPO/*Münch*, § 1055 Rn. 9.

sind also nicht möglich, hinsichtlich eines Verfahrensabschlusses schließen sich Schiedsgerichtsbarkeit und staatliche Gerichtsbarkeit somit unter den obigen Voraussetzungen aus. Eine Parallelbeschäftigung beider Gerichte wäre nicht nur widersprüchlich hinsichtlich des einmal geäußerten Willens, sondern auch wenig effizient, hierauf kann eine Partei mit der Rüge des § 1032 Abs. 1 ZPO reagieren. Indem die Parteien ihr beiderseitiges Interesse daran ausdrücken, im Fall einer Streitigkeit eine Streitbeilegung über einen Schiedsspruch zu erreichen, verpflichten sie sich auch gleichzeitig, auf die Anrufung eines staatlichen Gerichts zu verzichten.[935] Diese Pflicht konkretisiert die Maßgabe, sich nicht widersprüchlich zu verhalten. Diese Pflicht zur Nichtanrufung der staatlichen Gerichtsbarkeit ist direkte Konsequenz des beiderseitigen Interesses an der Schiedsgerichtsbarkeit und deswegen möglicherweise echte Pflicht. Bei einer Nichteinhaltung steht Parteien und Schiedsgericht allerdings *innerhalb des Schiedsverfahrens* nicht die Möglichkeit zu, ein Anrufen der staatlichen Gerichtsbarkeit unmittelbar zu verhindern. Vielmehr ist es an den Beteiligten, sich im ordentlichen Verfahren auf § 1032 ZPO zu berufen und innerhalb des angestrebten Verfahrens vor den ordentlichen Gerichten die Schiedseinrede geltend zu machen. Ob es sich also bei der Pflicht der Nichtanrufung eines staatlichen Gerichts um eine echte Pflicht des Schiedsverfahrens selbst handelt, mag bezweifelt werden.

Wird gegen diese Pflicht von beiden Seiten verstoßen und die potenziellen Schiedsparteien verhandeln ohne Vorbehalt oder Einredeerhebung vor dem ordentlichen Gericht in der Schiedssache, liegt eine konkludente Aufkündigung der Schiedsvereinbarung vor; übereinstimmend sind die Parteien dazu freilich in der Lage.[936]

7. Schlussfolgerung

Die dargestellten Pflichten sind essentiell, um ein funktionierendes Schiedsverfahren stattfinden zu lassen. Um dem alternativen Streitbeilegungsmechanismus zu Akzeptanz durch Durchsetzungsfähigkeit zu verhelfen, müssen diese teilweise auch klagbar sein. Literatur und Rechtsprechung gehen in weiten Teilen davon aus, dass zumindest einige der genannten Pflichten auf dem Klageweg durchgesetzt werden können. Mithin kann es sich schon deswegen nicht um einen rein prozessrechtlichen Vertrag handeln; materiell-rechtliche Pflichten entstehen gleichsam den prozessualen.

935 *Wolff*, SchiedsVZ 2015, 280 (281) m.w.N.

936 *Kersting*, SchiedsVZ 2013, 297 (298f.).

Ob die prozessualen Wirkungen einer Schiedsvereinbarung überwiegen oder ob ein Gleich- oder Übergewicht auf der materiell-rechtlichen Seite zu suchen ist, hängt häufig auch vom Einzelfall ab. Damit ist der Schiedsvertrag *Vertrag eigener Art*, der seinen Schwerpunkt durch seine Ausgestaltung und das Verfahren und das Verhalten der Beteiligten in jedem Einzelfall an anderer Stelle hat und prozessrechtliche Beziehungen einschließt.[937] Diese leichte Ambivalenz in der Klassifizierung wirkt sich ohnehin nur dann aus, wenn das materielle Recht und das Verfahrensrecht unterschiedliche Anforderungen stellen.[938] Schon hier kann festgestellt werden, dass das bloße Nachkommen einer prozessualen Last wenig geeignet sein kann, einen späteren Kündigungsgrund für den Schiedsrichter zu indizieren. Soweit oben zu dem Ergebnis gekommen ist, dass es sich um echte Parteipflichten handelt, mag ein Kündigungsgrund eher vorliegen, immerhin geht es hier um die Durchführbarkeit des schiedsrichterlichen Verfahrens selbst.

IV. Kündigungsgründe beim Schiedsvertrag

Während die Möglichkeit der beiderseitig gewollten Kündigung des Schiedsvertrages ganz überwiegend unabhängig vom Vorliegen eines wichtigen Grundes bejaht wird,[939] soll eine Beendigung des Schiedsvertrages durch nur eine der Parteien nach ganz herrschender Auffassung nur möglich sein, wenn dieser entsprechende wichtige Gründe zur Seite stehen.[940] Als Dauerschuldverhältnis ist der Schiedsvertrag grundsätzlich auch nach Einleitung des Verfahrens kündbar, also *ex nunc* wirkend,[941] wenn einer Partei die Fortführung des Verfahrens nicht weiter zuzumuten ist.[942] Als Dauerschuldverhältnis kann der Schiedsvertrag gem. § 314 Abs. 1 S. 2 BGB zumindest in diesem Fall gekündigt werden müssen.[943] Eine einseitige Kündigung des Schiedsvertrages ohne wichtigen Kündigungsgrund hingegen ist nicht denkbar; insoweit besteht Einigkeit in Literatur und Rechtsprechung.[944] Dieses widerspräche der Natur des Schiedsvertrages, der

937 *Lachmann*, Rn. 266.

938 Musielak/Voit/*Voit*, § 1029 Rn. 3.

939 BGHZ 77, 65 (66f.); *Kersting*, SchiedsVZ 2013, 297 (299); *Schwab/Walter*, Kap. 8 Rn. 7ff.

940 BGHZ 41, 104 (108); *Schwab/Walter*, Kap. 8 Rn. 11.

941 *Lachmann*, Rn. 615.

942 OLG München, SchiedsVZ 2012, 96 (99f.); *Kröll*, SchiedsVZ 2013, 185 (189).

943 BGH NJW 1986, 2765 (2765ff.).

944 *Manuela Schäfer*, Die Verträge zur Durchführung des Schiedsverfahrens, S. 176 (spricht von einer „quasi-Unwiderruflichkeit“, meint aber Unkündbarkeit ohne wichtigen Grund).

seinem Wesen nach ein Dauerschuldverhältnis mit gegenseitigen Verfahrensförderungspflichten zur Streitbeilegung, gerichtet auf die Lösung eines Rechtsstreits durch Schiedsspruch, begründet.[945] Eine rechtsgrundlose Kündigung, nachdem die Verfahrensförderungspflicht entstanden ist, womöglich das Verfahren bereits begonnen hat, widerspricht dem Sinn und Zweck der Verfahrensförderungspflicht und der Idee der Schiedsgerichtsbarkeit an sich. Auch ein Rücktritt einer Partei bei bereits begonnenem Schiedsverfahren kommt deswegen nicht in Betracht.[946] Gleichviel sei die Möglichkeit der Anfechtung, gerade wegen Täuschung oder Drohung, erwähnt.[947] Eine Anfechtung aufgrund des Irrtums über die Eigenschaften einer Person des Schiedsrichters kommt hingegen nicht in Betracht, das Ablehnungsverfahren gem. § 1036 ZPO ist die speziellere Regelung.[948]

Die Unmöglichkeit der Durchführung des Schiedsverfahrens und obstruktives Verhalten der Schiedsparteien, aus denen eine nachhaltige Vertrauensstörung oder Glaubwürdigkeitsstörung erwächst, sind die häufigsten Gründe für die berechtigte einseitige Kündigung der Schiedsvereinbarung. Allerdings darf eine böswillige Partei auch nicht dazu in der Lage sein, durch ein Berufen auf ein beliebiges, vertrauensstörendes Verhalten die Schiedsvereinbarung zu kündigen, daher ist ein strenger Maßstab hinsichtlich des Vorliegens von Kündigungsgründen anzulegen.[949] Entgegen der vorherrschenden Meinung in der Rechtsprechung[950] führt das Vorliegen einer Undurchführbarkeit nicht *ex lege* zu einem Wegfall der Schiedsvereinbarung, es bedarf der Kündigungserklärung durch eine der betroffenen Parteien allein aus Rechtssicherheitsgründen.[951] § 1032 Abs. 1 ZPO sieht für den Fall der Nichtigkeit, Unwirksamkeit oder Undurchführbarkeit einer Schiedsvereinbarung zwar vor, dass Verfahren vor staatlichen Gerichten trotz der Einrede der Schiedsvereinbarung fortgesetzt werden.[952] § 1056 Abs. 2 Nr. 3 ZPO ordnet an, dass im Fall der Unmöglichkeit der Fortsetzung des schiedsgerichtlichen Verfahrens das Schiedsgericht durch Beschluss die Beendigung des schiedsrichterlichen Verfahrens feststellt. Im Folgenden soll

945 BGH NJW 1986, 2765 (2766); *Lachmann*, Rn. 617.

946 *Schiedermair*, ZZP(74) 1961, 142 (144).

947 *Lachmann*, Rn. 613 (der die besondere Bedeutung der Grundsätze zur Fehleridentität hervorhebt).

948 BGHZ 17, 1 (7); *Lachmann*, Rn. 613; *Schwab/Walter*, Kap. 8 Rn. 9.

949 BGH NJW 1986, 2765 (2765ff.); MüKoZPO/*Münch*, § 1029 Rn. 128.

950 BGHZ 145, 116 (118).

951 Zöller/*Geimer*, § 1029 Rn. 98.

952 *Kersting*, SchiedsVZ 2013, 297 (298ff.).

genauer untersucht werden, in welchen Fällen von einer solchen Undurchführbarkeit gesprochen werden kann.

1. Vermögenslosigkeit

Hinsichtlich einer Vermögenslosigkeit als Grund für eine Undurchführbarkeit hat der BGH entschieden, dass die im Prozess vor dem staatlichen Gericht erhobene Schiedseinrede unbegründet ist, wenn der Kläger mittellos ist und so die Kosten für ein Schiedsverfahren nicht aufbringen können wird.[953] In diesem Fall sei die Schiedsklausel undurchführbar, würde eine solche Konstellation anders entschieden, stünde ein Kläger rechtsschutzlos da. Der BGH deutet an, dass dies selbst dann gelte, wenn die betreffende Partei die Undurchführbarkeit des Schiedsverfahrens selbst verursacht oder gar verschuldet habe. Das müsse im Grundsatz auch dann gelten, wenn eine Partei schon bei Abschluss des Schiedsvertrages die Kosten eines Schiedsverfahrens nicht aufbringen konnte und nur eine Aussicht auf ausreichende Einkünfte bestanden hätte.[954]

> *„Eine Partei kann einen Schiedsvertrag aus wichtigem Grund auch dann kündigen, wenn sie schon bei seinem Abschluß außerstande war, den für die Durchführung eines später von ihr eingeleiteten Schiedsverfahrens erforderlichen Vorschuß aufzubringen, sie aber erwarten konnte, aus der Durchführung des Hauptvertrages Einnahmen zu erzielen, und bei Vertragsschluß noch ungewiß war, ob es überhaupt zu einem Streit und zur Forderung eines Gebührenvorschusses durch das Schiedsgericht kommen werde.“*[955]

Das Schiedsverfahren wird undurchführbar, wenn eine Partei nicht in der Lage ist, den auf sie entfallenden Anteil des Vorschusses aufzubringen, die andere Partei sich weigert, diesen Anteil vorzustrecken, und das Schiedsgericht deshalb sein Verfahren nicht fortsetzt. Infolgedessen würde eine Partei ohne Rechtsschutz bleiben, wenn sie am Schiedsvertrag festhalten würde. Unter solchen Umständen erwächst ihr deshalb das Recht, den Schiedsvertrag zu kündigen. Eine solche Kündigung aus wichtigem Grund ist bei Schiedsverträgen grundsätzlich ebenso zulässig wie bei anderen Dauerschuldverhältnissen.[956] Der BGH hat später entschieden, dass in Fällen, in denen die Schiedsvereinbarung mangels finanzieller Mittel einer Partei nicht mehr durchgeführt werden kann, die bis dahin erforderliche materiell-rechtliche Kündigung der

953 BGHZ 77, 65 (65ff.).
954 BGH ZZP(114) 2001, 97 (97ff.).
955 Leitsatz: BGH, Urteil vom 10. 4. 1980 – III ZR 47/79 NJW 1980, 2136 (2136).
956 BGHZ 77, 65 (65f.).

Schiedsvereinbarung nicht nötig sei.[957] Die Einrede der Schiedsvereinbarung sei immer schon dann unbegründet, wenn festgestellt würde, dass die Schiedsvereinbarung undurchführbar ist, gerade ohne dass es einer Kündigung des Schiedsvertrages bedürfe. Es reicht aus, wenn das Gericht entsprechend dem Vortrag des Klägers feststellen kann, dass die Schiedsvereinbarung undurchführbar ist.[958] In der Literatur ist daraus vereinzelt gefolgert worden, dass eine Kündigung der Schiedsvereinbarung aus wichtigem Grund in diesen Fällen nun auch nicht mehr möglich sei.[959]

Dem ist nicht zuzustimmen. Der BGH hat zwar festgestellt, dass eine Kündigung in den Fällen der Undurchführbarkeit aufgrund von Mittellosigkeit nicht mehr nötig sei; er hat nicht ausgesprochen, dass eine Kündigung nicht mehr möglich ist.[960] Im Gegenteil, eine Kündigung ist im Falle der Vermögenslosigkeit einer Schiedspartei möglich, begründet und wirksam.[961] Daher gibt die Ansicht des BGH, der das Schiedsverfahren als „undurchführbar" ansieht und die Kündigung und den Rekurs zu den ordentlichen Gerichten für möglich hält, dem Kläger das richtige Wahlmittel an die Hand, um auf das pflichtwidrige Verhalten des zahlungssäumigen Beklagten zu reagieren. Der Kläger kann entweder das Schiedsverfahren alleine vorfinanzieren oder alternativ seine ursprünglich der Schiedsvereinbarung unterliegenden Ansprüche vor den ordentlichen Gerichten erstreiten.[962]

Auch die obige Einordnung der Vorschussleistungspflicht der jeweils einzelnen Partei als echte Prozesspflicht im Schiedsverfahren ergibt nichts anderes.[963] Die Nichtzahlung, sei es aufgrund von Vermögenslosigkeit oder beharrlicher, obstruierender Weigerung, ist eine, zur Kündigung berechtigende, Pflichtverletzung.

2. Verletzung von Verschwiegenheitsverpflichtungen

Verletzt eine der Schiedsparteien eine Geheimhaltungs- bzw. Verschwiegenheitspflicht zum Nachteil einer anderen Schiedspartei, könnte diese Pflichtverletzung im Einzelfall zur Kündigung berechtigen. Verfolgt man den oben

957 BGHZ 145, 116.
958 KG SchiedsVZ 2003, 239 (239ff.).
959 Lionnet/Lionnet, S. 210ff.
960 *Kersting*, SchiedsVZ 2013, 297 (298ff.).
961 *Walter*, ZZP(114) 2001, 99 (101ff.).
962 *Buchwitz/Schütt*, SchiedsVZ 2015, 1 (5).
963 vgl. § 4, B., III., 5. Vorschusszahlungspflicht, S. 216ff.

dargelegten Grundsatz der restriktiven Anerkennung von Kündigungsgründen, wird eine solche Pflichtverletzung aber in den wenigsten Einzelfällen zur Kündigung berechtigen. Durch die „bloße" Weitergabe von Informationen, die der Geheimhaltung unterliegen, wird der Ablauf des Verfahrens als solcher nicht obstruiert.[964] Zwar mag das Vertrauen der Beteiligten zueinander abgemildert und damit einhergehend das Verfahren schwieriger werden, von einer Nichtzumutbarkeit der Durchführung wird man per se aber nicht sprechen können.

Auch wäre eine Kündigung wegen einzelner Verschwiegenheitsverstöße widersprüchlich. Um den Rechtsstreit zu beenden, bliebe dann nur noch das Anrufen der staatlichen Gerichtsbarkeit; deren Verfahren finden beinahe ausschließlich öffentlich statt.[965]

Gleiches soll gelten, wenn ein Schiedsrichter die obliegende Geheimhaltungspflicht verletzt. In diesen Fällen kommt vorrangig die Auswechslung des Schiedsrichters durch Abberufung in Betracht, nicht aber die Aufkündigung des Schiedsvertrages.[966] Verletzt ein Schiedsrichter seine Verpflichtung zur Verschwiegenheit,[967] beweist er damit nämlich in aller Regel die persönliche Nichteignung für die weitere Tätigkeit als Schiedsrichter in dem Verfahren, jedenfalls dann, wenn die Verschwiegenheitspflichtverletzung zu Ungunsten einer Schiedspartei erfolgte.[968] Unabhängig von der Frage der Haftung des Schiedsrichters liegt kein Grund vor, die Schiedsvereinbarung als solche zu kündigen. Gem. § 1039 Abs. 1 S. 1 Var. 3 ZPO können die Parteien das Amt des Schiedsrichters beenden und den Schiedsrichtervertrag einvernehmlich (auch ohne Grund) kündigen. Problematischer sind dann nur noch solche Fälle, in denen eine der Parteien nicht bereit ist, an der Abberufung und Kündigung mitzuwirken, in diesen Fällen muss geprüft werden, ob die Voraussetzungen des § 1036 Abs. 1 S. 1 ZPO vorliegen. Lässt der Verschwiegenheitspflichtverstoß des Schiedsrichters beispielsweise an seiner Unparteilichkeit zweifeln oder ihn als nicht mehr unabhängig erscheinen, so ist das erfolgreiche Betreiben des Ablehnungsverfahrens durch nur eine Partei möglich, die Schiedsvereinbarung als solche muss und soll jedoch nicht materiell-rechtlich begründet aufgekündigt werden können.

964 A.A., leider ohne weitere Begründung: *Lachmann*, Rn. 622.

965 *Heiner Kahlert*, Vertraulichkeit im Schiedsverfahren, S. 385 spricht davon, in diesen Fällen „vom Regen in die Traufe" zu kommen.

966 *Lachmann*, Rn. 622.

967 *Schütze/Tscherning/Wais*, Handbuch des Schiedsverfahrens, Rn. 221.

968 *Heiner Kahlert*, Vertraulichkeit im Schiedsverfahren, S. 386.

3. *Beharrliche Hinderung*

Zudem ist jeder Umstand als Kündigungsgrund anerkannt, der es der kündigenden Partei aufgrund anderen Partei- oder Schiedsrichterverhaltens unzumutbar macht, das Verfahren fortzusetzen. Die grundsätzliche und beharrliche Behinderung des Verfahrens vor dem vereinbarten Schiedsgericht zählt hierzu.[969] Es werden beispielsweise das Unterlassen einer Schiedsrichterernennung oder die Nichtzahlung des Kostenvorschusses genannt.[970] Ein bloßes Aufzählen greift hier jedoch zu kurz, der oben dargestellte Grundsatz der Undurchführbarkeit des Schiedsverfahrens als Indikator für das Vorliegen eines Kündigungsgrunds muss angewandt werden: Ist es beispielsweise möglich, das Verfahren trotz der beharrlichen Hinderung bis zu einem weiteren Punkt unter zumutbarem Aufwand fortzusetzen (oder zu beginnen), ist dieser Aufwand auch zu betreiben. Die Frage ist einzig, wie weit die Zumutbarkeit dieser, typischerweise einseitigen, Zusatzbelastung gehen kann: So kann es unter Umständen möglich sein, die Ersatzbestellung eines Schiedsrichters, so durch das Regelwerk vorgesehen, oder eine Übernahme der Vorschusszahlung anzustreben, um die Schiedsverhandlung in Gang zu bringen.[971] Gleichwohl scheint es nicht geboten, das finanzielle Risiko der Durchführung des Schiedsverfahrens für den Insolvenzfall einer Partei durch Übernahme einer Vorschusszahlungspflicht auf die willige Partei abzuwälzen, insbesondere vor dem Hintergrund, dass Zahlungsverpflichtungen zwar häufig eine der ersten Mitwirkungshandlungen sind, nicht aber die einzigen bleiben. Nach hier vertretener,[972] aber nicht unumstrittener Auffassung haften die Parteien dem Schiedsgericht als Gesamtschuldner, wenn es um die Zahlung des angemessenen Vorschusses geht. Die beharrliche Hinderung, die zur Aufkündigung des Schiedsvertrages berechtigen soll, muss also über die bloße Nichtzahlung und die möglicherweise damit verbundene gerichtliche Inanspruchnahme der Gesamtschuldner im Innenverhältnis hinausgehen.

---

969 BGH NJW 1986, 2765 (2765); BGHZ 94, 92 (92ff.); 77, 65 (66f.).

970 *Lachmann*, Rn. 620.

971 So auch: OLG Oldenburg, veröffentlicht in der Entscheidungsdatenbank der DIS: http://www.dis-arb.de/de/47/datenbanken/rspr/olg-oldenburg-az-14-u-106-03-datum-2004-04-02-id359 (zuletzt besucht am 28.12.2017).

972 vgl. § 4, B., III., 5. Vorschusszahlungspflicht, S. 216ff.

4. *Verletzungen der Wahrheitspflicht*

Richtigerweise sehen Rechtsprechung und weite Teile der Literatur in einem Verstoß gegen die Wahrheitspflicht (auch nicht im Falle eines besonders groben Verstoßes) keinen Kündigungsgrund.[973] Was wahr ist und was nicht, hat grundsätzlich das Schiedsgericht selbst, nämlich als Teil des laufenden Verfahrens, zu würdigen. Damit ist das Vorliegen eines Verstoßes gegen die Wahrheitsobliegenheit maßgeblich von den Erkenntnissen abhängig, die erst während des schiedsrichterlichen Verfahrens gewonnen werden und damit selbst ein Teil dieses Verfahrens. Im Verfahren vor dem Schiedsgericht müsse, so der BGH, auch damit gerechnet werden, dass Parteivortrag und Tatsachen nicht immer übereinstimmen:

> *„Eine Ausnahme von diesem Grundsatz kann […] auch nicht […] bei besonders groben Verstößen gegen die Wahrheitspflicht zugelassen werden. Der Maßstab dafür, ob ein Verstoß als besonders grob anzusehen sei, ist ein durchaus subjektiver, und die Parteien des Schiedsgerichtsverfahrens werden, zumal wenn es sich um einen mit Erbitterung geführten Streit handelt, von vornherein geneigt sein, jede inhaltliche Abweichung des gegnerischen Sachvortrages von dem ihren als schwerwiegend zu empfinden; wollte man ihnen aber in diesem Falle das Recht zugestehen, nun zunächst durch die staatlichen Gerichte klären zu lassen, ob eine besonders grobe Wahrheitspflichtverletzung vorliege, so würde auch das die Tätigkeit des Schiedsgerichts auf lange Zeit hinaus lahm legen.“*[974]

Gerade vor dem Hintergrund, dass eine tatsächliche Täuschung des Schiedsgerichts über prozessrelevante Tatsachen Berücksichtigung im Antrag nach § 1059 ZPO finden kann, ist dieser Auffassung zuzustimmen. Durch ebendiese Möglichkeit wird der Wichtigkeit der (echten) Vollständigkeits- und Wahrheitspflicht Rechnung getragen, gleichviel aber auch dem Charakter des Schiedsverfahrens als streitigem Verfahren Raum gegeben.

5. *Undurchführbarkeit*

Weiterhin sollten die Parteien zur Kündigung des Schiedsvertrages und damit zur Aufgabe des Schiedsverfahrens berechtigt sein, wenn die Durchführung des Verfahrens aufgrund von Umständen, die in eine Risikosphäre fallen, auf absehbare Zeit sehr unwahrscheinlich ist. Beispielsweise kann ein Schiedsgericht aufgrund von Kriegswirren nicht mehr angemessen zugänglich sein.[975] Trägt man

---

973 BGHZ 23, 198 (203f.); OLG München SchiedsVZ 2012, 96 (98ff.).

974 BGHZ 23, 198 (203f.).

975 LG Kassel NJW 1992, 3107 (3107ff.), für den Fall, dass ein Schiedsgericht bei der Wirtschaftskammer der Sozialistischen Föderativen Republik Jugoslawien in Belgrad über Streitigkeiten aus einem Vertragsverhältnis entscheiden soll und infolge des

dem Gedanken Rechnung, dass den Parteien an einer Streitbeendigung zur Schaffung von Rechtsfrieden gelegen ist[976] und eine Schiedsvereinbarung grundsätzlich ihrem Inhalt, Sinn und Zweck nach die rechtliche Schlichtung bestimmter Streitigkeiten nur von staatlichen auf private Gerichte verlagern, nicht jedoch nachhaltig erschweren oder gänzlich ausschließen soll, ist somit für den Fall der Undurchführbarkeit ein Kündigungsrecht auch dem Parteiwillen entsprechend.[977]

Auch aufgrund des Rechtsstaatsprinzips ist ein derartiges Verständnis geboten, zu einem wirkungsvollen Rechtsschutz gehört notwendigerweise, dass dieser auch in angemessener Zeit erlangt werden kann.[978] Wegen seiner für den Bestand der Rechtsordnung wesentlichen Bedeutung kann dieser Rechtsschutz daher selbst durch Parteivereinbarung in einzelnen konkreten Ausgestaltungen, nicht jedoch von vornherein, in seiner Substanz im Voraus gänzlich abbedungen werden.[979] Da jedes Schiedsgerichtsverfahren darauf ausgerichtet ist, durch einen Schiedsspruch zwischen den Parteien alsbald Rechtsfrieden zu schaffen, muss deswegen eine Lösung vom Schiedsvertrag zumindest dann statthaft sein, wenn Umstände eintreten, aufgrund derer in diesem Verfahren nicht mehr mit einem effektiven Rechtsschutz gerechnet werden kann.

6. *Sonstige gravierende Pflichtverletzung*

Das Recht zur Kündigung aus wichtigem Grund seitens einer Partei des Schiedsverfahrens soll auch bei gravierenden Pflichtverletzungen der Gegenseite, die nicht beharrliche Hinderung sind, gelten. Hierbei wird die Begrifflichkeit der Undurchführbarkeit etwas durch das Abstellen auf die Unzumutbarkeit aufgeweicht. Eine solche Unzumutbarkeit soll beispielsweise vorliegen, wenn ein offensichtlich obstruktives Verhalten nur der Verzögerung oder der Sabotage wegen betrieben wird und keine feststellbare prozesstaktische Relevanz mehr hat. Hierzu zählt die o.g. grundsätzliche und beharrliche Behinderung des Verfahrens vor dem vereinbarten Schiedsgericht als wohl häufigste gravierende Pflichtverletzung.

---

herrschenden Kriegszustands zwischen Slowenien und Serbien das Schiedsgericht nicht erreichbar ist.

976 *Lachmann*, Rn. 625.

977 LG Kassel, NJW 1992, 3107 (3107ff.)

978 BVerfGE 82, 126 (155); 93, (99ff.).

979 BGHZ 106, 336 (336f.).

Auch wird zu Recht angenommen, dass der Versuch einer der Schiedsparteien, die Entscheidung durch Bestechung oder Bedrohung des Schiedsgerichts zu beeinflussen, einen Kündigungsgrund für die andere Schiedspartei darstellt.[980]

7. *Schlussfolgerung*

Ähnlich wie bei der Untersuchung der Parteipflichten gegenüber den Schiedsrichtern zeigt sich, dass eine Undurchführbarkeit des Schiedsverfahrens valider Kündigungsgrund für die Schiedsvereinbarung ist. Bloßes, oft innerprozessuales, Fehlverhalten der einzelnen Schiedsparteien hingegen kann im Regelfall nicht zur Kündigung berechtigen, wenn nicht der Erfolg oder die Durchführbarkeit des Schiedsverfahrens als solche ernsthaft gefährdet sind, beispielsweise bei Wahrheitspflichtverstößen oder Geheimhaltungspflichtmissachtungen. Wegen der Bedeutung des Rechtsschutzes hängt der Bestand eines Kündigungsrechts regelmäßig nicht davon ab, ob ein Schiedsgerichtsverfahren bereits eingeleitet worden ist oder nicht und ob der Kündigende es zu vertreten hat, dass das Verfahren nicht durchgeführt werden kann.[981] Mit dem Abschluss eines Schiedsvertrages verzichtet eine Partei zwar weitgehend auf den ordinären, gesetzlichen Richter und damit auf ein wichtiges Grundrecht i.S.d. Art. 101 Abs. 1 GG; dieser Wille geht allerdings nicht dahin, Rechtsschutz vor staatlichen Gerichten auch bei Undurchführbarkeit eines Schiedsvertrages nicht in Anspruch zu nehmen zu wollen.[982]

V. US-Amerikanisches Recht

Eine ähnliche Rechtslage stellt sich im Hinblick auf das US-amerikanische Recht dar. Die *termination of the arbitration agreement* ist in ihren Voraussetzungen mit der Beendigung der Schiedsvereinbarung nach deutschem Recht vergleichbar, wenngleich sich weniger verallgemeinerungsfähige Fallgruppen finden lassen, auch weil FAA und UAA (2000) zur *termination of the arbitration agreement* schweigen.

1. *Undurchführbarkeit*

Objektive Durchführbarkeitshindernisse berechtigen die Parteien zur Aufkündigung der Schiedsvereinbarung, ähnlich wie im deutschen Recht.

980 *Lachmann*, Rn. 621.
981 BGHZ 41, 104 (105f.).
982 BGHZ 77, 65 (66f.); LG Kassel NJW 1992, 3107 (3107).

Auch dem US-amerikanischen Recht ist ein Anspruch auf Justizgewähr bekannt, welcher Beachtung finden muss, wenn ein Schiedsverfahren undurchführbar ist oder geworden ist. Mit der Einigung auf den Verzicht staatlicher Gerichtsbarkeit zu Gunsten der Schiedsgerichtsbarkeit geht keinesfalls ein Verzichtswillen hinsichtlich jeden Rechtsschutzes einher. Kann deswegen das Schiedsgericht nicht oder nicht mehr zusammentreten, ist es einhellige Meinung, dass Rechtsschutz vor den ordentlichen Gerichten gesucht werden kann.[983]

An das Vorliegen dieser Undurchführbarkeit sind indes hohe Anforderungen zu stellen – der Wortlaut der „*null, void, inoperative or incapable of being performed*“[984] gibt hier den Interpretationsrahmen der Undurchführbarkeit vor. Artikel II.3 der New York Convention legt fest, dass ein nationales Gericht eines Staates, der Vertragspartei des Übereinkommens ist, die Verpflichtung hat, sein Verfahren auszusetzen und die Parteien auf das Schiedsgericht zu verweisen, es sei denn, dass die Schiedsvereinbarung *null, void, inoperative or incapable of being performed* ist.

Realistischerweise kommen hier nur tatsächliche und rechtliche Ausnahmefälle in Betracht. Fällt den Beteiligten auf, dass die Rechtssache nicht vor einem Schiedsgericht verhandelt werden kann,[985] wird ein Fall der *incapability of being performed*, also der Undurchführbarkeit vorliegen.[986] In tatsächlicher Hinsicht sind solche Schiedsvereinbarungen nicht durchführbar, die auf verstorbene Einzelschiedsrichter oder nicht (mehr) existierende Schiedsorganisationen verweisen, ohne dass ein gemeinsamer Wille der Parteien erkennbar wäre, den Streit weiter schiedsrichterlich beilegen zu lassen.[987]

2. *Nichtzahlung*

Die Nichtzahlung des geforderten Vorschusses darf auch nach US-amerikanischem Verständnis kein taktisches Mittel sein, einer Verurteilung (gleich ob durch staatliches oder schiedsrichterliches Urteil) zu entgehen.[988]

---

983 *Pre-Paid Legal Servs., Inc. v. Cahill*, 786 F.3d 1287 (1294) (2015).

984 Article II.3 New York Convention.

985 Typischerweise Strafsachen, bis 1985 beispielsweise auch kartellrechtliche Streitigkeiten, vgl. *Mitsubishi v. Soler Chrysler-Plymouth*, 473 U.S. 614 (614ff.) (1985).

986 *Tolosa v. N.L.R.C.*, (2003) G.R. No. 149578; *Bautista v. Star Cruises*, (2010) No. 03–15884.

987 *Van den Berg*, The New York Arbitration Convention of 1958, S. 158f.

988 *Eiseman/Farkas*, 20 Harv. Negot. L. Rev. Online 2015, 1 (5), ausschließlich in der Onlineausgabe verfügbar http://www.hnlr.org/wp-content/uploads/HNLR-Eiseman-and-Farkas-.pdf (zuletzt abgerufen am 28.12.2017).

Treffend wird hierzu formuliert:

"The pay-only-if-I'm-winning strategy is unfair—to the respondent as well as the arbitrators—and needs to be constrained."[989]

Kommt eine Partei ihrer Zahlungsverpflichtung nicht nach, so besteht die Auffassung, dass das *arbitration agreement „inoperable"* wird, also nicht mehr durchgeführt werden kann. Gerichte[990] und Gesetzgeber[991] gehen dabei davon aus, dass die Schiedsrichter nicht nur ihre Leistung in Form der Prozessführung nicht zu erbringen brauchen, sondern dass diese Nichtzahlung zu einer unterlassenen Teilnahme (*default to arbitrate*) führt, was die Schiedsrichter zur Beendigung des Verfahrens berechtigt.[992] Die Nichtzahlung des vereinbarten oder üblichen Kosten- oder Honorarvorschusses stellt zudem eine Pflichtverletzung hinsichtlich der Schiedsvereinbarung dar,[993] die ein Berufen auf die Schiedseinrede des § 3 FAA nicht mehr möglich macht.[994] Damit wird das Verfahren aus rein tatsächlicher Sicht weder von den Schiedsrichtern noch von der nichtzahlenden Partei fortgesetzt, aus rechtlicher Perspektive wird sich die zahlende, zumeist klagende, Partei sodann an ein staatliches Gericht wenden und spätestens so, gleichsam mit der nichtzahlenden Partei, die Kündigung des *arbitration agreements* konkludent erklären.

3. *Pflichtverletzung*

Es kommen auch andere Formen der Pflichtverletzung in Betracht, die das *arbitration agreement* undurchführbar werden lassen oder als Kündigungserklärung beider Schiedsparteien verstanden werden können.

---

989 *Eiseman/Farkas*, 20 Harv. Negot. L. Rev. Online 2015, 1 (5), ausschließlich in der Onlineausgabe verfügbar http://www.hnlr.org/wp-content/uploads/HNLR-Eiseman-and-Farkas-.pdf (zuletzt abgerufen am 28.12.2017).

990 *Pre-Paid Legal Servs., Inc. v. Cahill*, 786 F.3d 1287 (1294) (2015).

991 § 2 FAA: "*A written provision in . . . a contract evidencing a transaction involving commerce to settle by arbitration a controversy thereafter arising out of such contract or transaction . . . shall be valid, irrevocable, and enforceable, save upon such grounds as exist at law or in equity for the revocation of any contract.*"

992 *Pre-Paid Legal Servs., Inc. v. Cahill*, 786 F.3d 1287 (1294) (2015).

993 *Tahisha Roach v. BM Motoring*, LLC (077125) (A-69-15) (2017); *Pre-Paid Legal Servs., Inc. v. Cahill*, 786 F.3d 1287 (1294) (2015); *Sink v. Aden*, 352 F.3d 1197 (1197ff.) (2003); *Brown v. Dillard's*, Inc., 430 F.3d 1004 (1012) (2005).

994 *Pre-Paid Legal Servs., Inc. v. Cahill*, 786 F.3d 1287 (1294) (2015).

Von diesem Kreis der vertraglichen Pflichtverletzungen sind zunächst solche auszunehmen, welche den Hauptvertrag betreffen. Bis auf extreme Ausnahmefälle hat sich in der US-amerikanischen Rechtsprechung die *doctrine of separability* durchgesetzt, das Schicksal des Hauptvertrages schlägt danach grundsätzlich nicht auf das *arbitration agreement* durch – im positiven wie im negativen Sinne.[995]

Sind die Schiedsvereinbarung oder der Vertrag jedoch durch Betrug, Täuschung oder Willensbeugung, unter Zwang oder sonst mit illegalen Mitteln zustande gekommen, gehen die Gerichte davon aus, dass diese besonders schweren Pflichtverletzungen aus dem Hauptvertrag auf die Schiedsvereinbarung „durchschlagen" und dieser auch unwirksam ist, jedenfalls gekündigt werden kann.[996] Dieses soll grundsätzlich bei Pflichtverletzungen möglich sein, die als offensichtlich missbräuchlich qualifiziert werden können.[997]

4. *Konkludente Aufkündigung*

Haben sich beide Parteien vor einem staatlichen Gericht eingelassen und zur Sache verhandelt, wird dieses regelmäßig als eine konkludente Kündigung der Schiedsvereinbarung zu verstehen sein. Der genaue Zeitpunkt hängt von den Umständen des Einzelfalles ab, während vorbehaltliche Erklärung und das bloße Erheben der Schiedseinrede keine *terminiation of the arbitration agreement* darstellen, liegt eine solche konkludente Erklärung zumindest dann vor, wenn beide Parteien umfangreiche Dokumentenproduktion (*discovery*) durch ein ordentliches Gericht abwarten.[998]

Einhellige Meinung der Gerichte ist, dass das sog. *forum shopping*, also die bewusste Auswahl eines anderen Streitentscheidungsmediums nach der Erkenntnis, dass eine erste Beilegung nicht vorteilhaft verläuft, eingedämmt werden muss.[999] Jedenfalls muss deswegen, sobald jegliche Erklärung im Prozess erfolgt ist, ein besonderer Maßstab der Vorsicht gelten, Schiedsparteien sollen die Schiedsgerichtsbarkeit nicht nutzen, um in Aussicht stehende, unliebsame

995 *Stewart v. Favors*, 590 S.E.2d 186 (2003); *John B. Goodman Limited Partnership v. THF Construction, Inc.*, 321 F.3d 1094 (1094ff.) (2003); *Chastain v. Robinson-Humphrey Co.*, 957 F.2d 851 (1992); *Andrews*, Arbitration and Contract Law: Common Law Perspectives, S. 37f.

996 *Chicago, Inc. v. Kaplan*, 514 U.S. 938 (944) (1995).

997 *DiMercurio v. Sphere Drake Ins. PLC*, 202 F.3d 71 (80) (2000).

998 *S&R Co. of Kingston v. Latona Trucking, Inc.*, 159 F.3d 80 (80ff.) (1998).

999 *Doctor's Associates v. Distajo*, 66 F.3d 438 (441f.) (1995).

Urteile staatlicher Gerichte zu vermeiden. Schiedseinreden sind deswegen nur insoweit zulässig, als dass sich nicht zuvor der klare Wille beider Parteien manifestiert haben darf, mit dem Verfahren vor den ordentlichen Gerichten zu beginnen oder fortzufahren.[1000]

VI. Fazit

Schiedsvereinbarung und Schiedsrichtervertrag sind zwar in ihrem rechtlichen Schicksal unabhängig voneinander zu bewerten, dienen aber letztlich beide der Ausgestaltung der Parteiverhältnisse im Schiedsverfahren. Das Schiedsverfahren wird deswegen maßgeblich vom jeweiligen Pflichtenprogramm beeinflusst. Der Abschluss einer Schiedsvereinbarung ist Ausdruck des Willens der Parteien, die Schiedsgerichtsbarkeit als Streitentscheidungsmechanismus zu wählen, von dem nach ganz herrschender Auffassung ebenfalls nicht einseitig und nachträglich abgewichen werden kann. Ist jedoch die Durchführung der Schiedsvereinbarung gefährdet, muss es den Parteien möglich sein, von der Vereinbarung Abstand zu nehmen, um weiterhin Rechtsschutz in Anspruch nehmen zu können.

Gleiches muss in entsprechender Weise für den Schiedsrichtervertrag gelten. Nicht jede Widrigkeit kann zur Kündigung berechtigen. Wenn jedoch Interessen durch das Festhalten am Schiedsrichtervertrag zur Disposition stehen, die im Einzelfall als überwiegend qualifiziert werden können, muss eine Abwägung zur Möglichkeit der Kündigung gelangen können. Hierzu gehören, genau wie bei der Schiedsvereinbarung, jedenfalls das Rechtsstaatsprinzip und der Grundsatz der Justizgewähr. Damit ist eine verallgemeinerungsfähige Art von tauglichen Kündigungsgründen für Schiedsvereinbarung, *arbitration agreement*, Schiedsrichtervertrag und *arbitrator's contract* benannt: Durchführungshindernisse, Missbrauch und Undurchführbarkeitsaspekte.

C. Rechtshistorie als Erkenntnisquelle

Bei der Herausarbeitung von möglichen Kündigungsgründen kann eine rechtshistorische Betrachtung nützlich sein. Aus der bisherigen rechtshistorischen Umschau hat sich ergeben, dass das Amt des Schiedsrichters im römischen Recht stark von der Person des Schiedsrichters geprägt war. Die Parteien hatten in den Schiedsrichter und dessen Ansehen und Fähigkeiten ein besonderes Vertrauen. Schon damals schien die Beendigung des Rechtsstreits für alle Beteiligten im Mittelpunkt zu stehen, so mussten *Arbiter* mit empfindlichen

---

1000 *Doctor's Associates v. Distajo*, 870 F.Supp. 34 (43) (1994).

Strafen rechnen, wenn sie der ehrenvollen Aufgabe des Schiedsrichters nicht nachkamen. Andererseits kannte schon das römische Recht eine Reihe von möglichen Entschuldigungsgründen, die der Schiedsrichter vorbringen konnte, um sich, ohne Ansehensverlust und Haftung, aus dem Schiedsverfahren zurückzuziehen.

In der jüngeren Rechtsgeschichte ist der Schiedsrichtervertrag, als sog. *receptum*, schon früh anerkannt worden. Der Gesetzgeber hat sich bewusst dagegen entschieden, den Schiedsrichtervertrag eigenen Regeln zu unterwerfen, die vorhandenen Gesetze reichten zur Beschreibung der Rechte und Pflichten aus, eine Ausnahme in dieser Hinsicht ist nicht gewollt worden.[1001]

Das Verständnis der Schiedsrichterleistung als zu entlohnende Dienstleistung hat mit der Internationalisierung, Institutionalisierung und Professionalisierung des Schiedswesens Einzug gehalten, gleiches muss für die Kündbarkeit des Dienstverhältnisses gelten.

Eine Unkündbarkeit des Schiedsrichterpostens durch den Schiedsrichter, wie es noch vom Reichsgericht gesehen worden ist,[1002] erscheint vor dem Hintergrund der Ökonomisierung der schiedsrichterlichen Tätigkeit nicht mehr zeitgemäß. Der Gedanke aus dem römischen Recht, dass es sich bei der Schiedsrichtertätigkeit um die Erfüllung einer „Ehrenaufgabe" handele,[1003] hatte offensichtlich Einfluss auf die Auffassung des Reichsgerichts, dass der Schiedsrichter durch die Übernahme des Amtes zusagen würde, einen Streit endgültig der aus der Welt zu schaffen; und es mit einer solchen Zusage unvereinbar sei, vor Erledigung von dem Versprechen Abstand zu nehmen.[1004] Beiden Gedanken kann insofern Rechnung getragen werden, als dass rechtshistorisch Fälle der tatsächlichen, dauerhaften Undurchführbarkeit, wie Todfeindschaft, Abberufung in ein anderes Amt oder Ehrverlust, zur Kündigung berechtigen sollten.[1005]

Eine Kündbarkeit des Schiedsrichtervertrages, nicht nur nach § 626 BGB, sondern auch nach § 627 BGB erscheint deswegen nach rechtshistorischer Umschau insoweit konsequent, als dass sich das Verständnis von Schiedsgerichtsbarkeit stets in Richtung der freien, vertraglichen Gestaltung bewegt hat. Der Charakter der Schiedsgerichtsbarkeit hat sich von der tradierten, römischen Auffassung

---

1001 Protokoll No. 657 in Mugdan II, S. 367.
1002 RGZ 59, 247 (249ff.).
1003 vgl. Einleitung: § 1 Ausgangsfrage, S. 29.
1004 RGZ 59, 247 (249ff.).
1005 *Gustav Real*, Der Schiedsrichtervertrag, S. 182.

entfernt, selbst in dieser waren bereits Entschuldigungsgründe für die Nichterfüllung der Schiedsrichterleistung anerkannt.

Auch wenn ein traditionelles, amtsbezogenes Verständnis von Schiedsgerichtsbarkeit in den Vereinigten Staaten zu finden ist, entwickeln sich auch dort Rechtsprechung und Literatur in die Richtung, Schiedsrichter als *service provider* zu sehen, die ebenso Verträge kündigen und für Fehlverhalten haften wie andere Dienstleister.[1006] Auch wenn man sich dieser aktuelleren Auffassung (noch) nicht anschließen will, so kennen auch die Vertreter des älteren *status approach*, die Möglichkeit der *resignation for cause*, also der Möglichkeit, sich mit wichtigem Grund aus dem Amt des Schiedsrichters zurückzuziehen.[1007]

D. Kasuistik als Erkenntnisquelle

Während die ersten Entscheidungen des Reichsgerichts noch zu dem Ergebnis gelangen, dass eine ordentliche oder jederzeitige Kündigung des Schiedsrichtervertrages durch den Schiedsrichter nicht möglich sei, wird die Möglichkeit der außerordentlichen Kündigung nach § 626 BGB nicht in Frage gestellt.

Es wird lediglich festgestellt, dass wichtige Gründe vorliegen müssen, um sich wirksam von dem Schiedsvertrag zu lösen, dieses steht im Einklang mit der Vorschrift des § 626 BGB.

Jüngere Rechtsprechung bestätigt diese Sichtweise; das Landgericht Köln hat 2013 die Kündigung eines Schiedsrichters wegen wichtigen Grundes gem. § 626 BGB geprüft und kommt zu dem Ergebnis, dass eine Kündigung nach § 626 BGB grundsätzlich möglich sei, wenn die entsprechenden Gründe vorlägen.[1008] Eine Kündigung nach § 627 BGB hingegen käme einer jederzeitigen Kündigungsmöglichkeit gleich, obwohl der Tatbestand des § 627 BGB für den Schiedsrichter im Schiedsrichtervertrag auch nach Auffassung des Landgerichts vorliegt, verneint das Landgericht die Möglichkeit der Kündigung bei Vertrauensstellung. Die Rechtsprechung führt hier die „Unvereinbarkeit" von schiedsrichterlicher Tätigkeit und jederzeitiger Kündigungsmöglichkeit als Begründung an.[1009]

Zusammenfassend existiert Kasuistik zur Herleitung eines Kündigungsrechts für Schiedsrichter, für die Annahme eines jederzeitigen Kündigungsrechts nach § 627 BGB bestehen indes nicht genügend Anhaltspunkte.

1006 *Alessi*, 31 J. Int'l Arb. 2014, 735 (783).

1007 *Harrison v. Nissan Motor Corp.*, 111 F.3d 343 (350) (1997); Weigand, International Arbitration, Rn. 13.78.

1008 LG Köln, NJW-RR 2013, 1273 (1275f.).

1009 RGZ 59, 247 (247ff.).

E. Kapitelzusammenfassung: Herleitung möglicher Kündigungsgründe für den Schiedsrichter

Aufgrund bisheriger Erkenntnisse kann ein ordentliches Kündigungsrecht des Schiedsrichtervertrages für den Schiedsrichter weder aus der bisherigen Rechtsprechung zur Kündigung des Schiedsrichtervertrages noch aus einer möglichen Parallelwertung aus der Möglichkeit der Kündigung des Schiedsvertrages angenommen worden. Gleiches gilt für die außerordentliche, aber jederzeitige, Kündigungsmöglichkeit des § 627 BGB. Hinsichtlich der Möglichkeit der Kündigung nach § 626 BGB besteht jedoch weitestgehend Einigkeit.

Fraglich erscheint indes, warum dem Schiedsrichter nicht ein Kündigungsrecht nach § 627 BGB zugesprochen wird. Sowohl Literatur als auch Rechtsprechung begnügen sich mit der Begründung, dass eine Möglichkeit der Kündigung mit der Art des Versprechens, welches durch den Schiedsrichter abgegeben wird, nicht vereinbar sei. Obwohl mancherorts sogar anerkannt wird, dass der Tatbestand des § 627 BGB erfüllt ist,[1010] wird Schiedsrichtern die erleichterte Möglichkeit der Kündigung trotzdem nicht zugestanden. Hierbei wird selten präzise auf Tatbestandsseite argumentiert,[1011] stattdessen wird der Charakter der schiedsrichterlichen Tätigkeit als Begründung angeführt.

Tatsächlich besteht nach hier vertretener Auffassung kein Grund, § 627 BGB nicht auf den Schiedsrichtervertrag anzuwenden, zumal die Vorschrift des § 627 BGB nach überwiegend vertretener Auffassung als einzelvertraglich abdingbar angesehen wird.[1012] Bei einer Anwendung wird nicht nur der Gleichlauf von prozessualer und materieller Rechtslage hergestellt,[1013] auch muss keine unsystematische Ausnahme für die Schiedsgerichtsbarkeit gemacht werden.

Auch der Einwand, mit der verbindlichen Zusage des Streitentscheids durch den Schiedsrichter sei ein Kündigungsrecht nach § 627 Abs. 1 BGB nicht vereinbar, vermag nach hier vertretener Auffassung nicht durchzudringen: Bei der Beurteilung der Anwendbarkeit des § 627 BGB kann nicht darauf abgestellt werden, dass ein verbindlicher Vertrag mit einem verbindlichen Versprechen zwischen den Schiedspartien zustande gekommen ist. Der § 627 Abs. 1 BGB setzt gerade einen Vertrag voraus. Stellt man, um eine Ausnahme von der Anwendbarkeit der Kündigungsmöglichkeit zu machen, darauf ab, dass der

1010 LG Kassel, NJW 1992, 3107 (3107).

1011 Vgl. Staudinger/*Preis*, § 627 Rn. 20.

1012 BGH NJW 2010, 150 (151f.); RGZ 80, 29 (30); BeckOGKBGB/*Günther*, § 627 Rn. 65.

1013 *Altenkirch*, SchiedsVZ 2014, 113 (115f.).

Verpflichtete verbindlich eine Leistung zugesagt hat, so bliebe bei konsequenter Anwendung dieses Gedankens gar kein Raum mehr für die Anwendung des § 627 Abs. 1 BGB. Dieser soll gerade Vertragsverhältnisse beenden, in denen es Dienstberechtigte und Dienstverpflichtete gibt, die sich Leistungen zuvor verbindlich zugesagt haben, Vertragsverhältnisse zeichnen sich gerade durch die Verbindlichkeit einer Zusage aus, das bedeutet aber nicht die Unkündbarkeit von Vertragsverhältnissen.[1014]

Auch dem Einwand, dass das Schiedsverfahren eine Entwertung durch die Kündigung des Schiedsrichters erfahren würde, kann entgegengetreten werden. Einerseits können Maßnahmen ergriffen werden, Beweissicherung und Verwertbarkeit durch Nachfolge- oder Ersatzschiedsrichter sicherzustellen, sodass auch kein Problem hinsichtlich der Unmittelbarkeit des Verfahrens besteht.[1015] Andererseits sieht die Vorschrift des § 627 BGB gerade in Absatz 2 eine angemessene Regelung für unzeitige Kündigungen ohne wichtigen Grund vor, die Kosten produzieren und deswegen einer Partei wenig dienlich erscheinen.[1016]

Letztlich erlaubt es die schiedsrichterliche Tätigkeit, durch Untätigkeit oder anderes eigenes Fehlverhalten einen Kündigungsgrund nach § 626 BGB herbeizuführen und so leicht eine Situation zu schaffen, in der ein gegenseitiges Vertrauen nicht mehr vorhanden ist. Damit wäre ein Kündigungsgrund nach § 626 BGB durch ein Verhalten des Schiedsrichters selbst herbeigeführt. Eine Klage auf Durchführung des Verfahrens unter Inanspruchnahme des Schiedsrichters ist nämlich nicht möglich, § 888 ZPO stünde dem entgegen.[1017] Dieses spricht deutlich für ein jederzeitiges, außerordentliches Kündigungsrecht. Es ist nicht verständlich, warum ein obstruierendes oder sogar destruktives Verhalten durch einen der Beteiligten abgewartet werden muss, wenn eine Kündigung nach § 627 BGB ohnehin für den Schiedsrichter möglich ist. Die Frage nach einem Kündigungsgrund stellt sich hier im Rahmen der Schadensersatzverpflichtung, sodass keine der beteiligten Parteien rechtsschutzlos dasteht. Obwohl der Anknüpfungspunkt der Kündigungsgründe bei § 626 und § 627 BGB nicht

---

1014 *Joachim Strieder*, Rechtliche Einordnung und Behandlung des Schiedsrichtervertrages, S. 112.

1015 vgl. § 1, E., III. 2. Keine Klagbarkeit auf Durchführung des Verfahrens, S. 129ff.

1016 *Joachim Strieder*, Rechtliche Einordnung und Behandlung des Schiedsrichtervertrages, S. 113.

1017 Hk-ZPO/*Saenger*, Vorbem. zu §§ 1025–1066 Rn. 14; *Schütze/Tscherning/Wais*, Handbuch des Schiedsverfahrens, Rn. 220.

der selbe ist, liegt in beiden Fällen ein solcher vor, wenn die Durchführbarkeit des objektiven und neutralen Schiedsverfahrens gefährdet ist.

Diese These stützt die US-amerikanische Rechtsprechung mit ihrer Interpretation des § 2 FAA. Unterlässt es dort eine Partei pflichtwidrig, das Schiedsverfahren durch Nichtzahlung in Gang zu bringen, steht die Durchführung des ganzen Verfahrens zur Disposition und ein Kündigungsgrund hinsichtlich des *arbitration agreements* und des *arbitrator's contract* läge vor.[1018] Gleiches gilt für Durchführbarkeitshindernisse tatsächlicher Natur, z.B. der Auflösung der gewählten Schiedsorganisation. Hinzu kommt letztlich, dass auch im US-amerikanischen Recht etabliert ist, dass der Schiedsrichter nicht zur Diensterbringung gezwungen werden kann.[1019] Die Erwägungen zur jederzeitigen Kündigungsmöglichkeit nach § 627 BGB sind deswegen in diesem Punkt übertragbar.

1018 *Tahisha Roach v. BM Motoring*, LLC (077125) (A-69–15) (2017); *Pre-Paid Legal Servs., Inc. v. Cahill*, 786 F.3d 1287 (1294) (2015); *Sink v. Aden*, 352 F.3d 1197 (1197ff.) (2003); *Brown v. Dillard's, Inc.*, 430 F.3d 1004 (1012) (2005).

1019 *Florasynth v. Pickholz*, 750 F.2d 171 (1984).

§ 5. Die Kündigung

The termination of contract could only be able take effect, if a warning notice is given before. The thesis reasons, that because of the special relationship between arbitrators and parties to the arbitration this is not the case. In the event of a serious and continuously expressed will to terminate the contract of services, it seems most likely that the vital trust between arbitrator's and parties does not exist anymore – even more if there are reasons for the termination that hinder the proceedings. Any warning notice would in most cases not change anything to the reason for the termination and the already damaged relationship between arbitrator and parties. In the following part of the chapter single reasons for a termination of contract a developed and a distinction in responsibility is made. In the last part of the chapter it is elaborated what timeliness in context of an arbitrator's termination of contract means and who bears the burden of proof regarding the existence of possible reasons for the termination.

Die Untersuchung der Kündigung des Schiedsrichters selbst kann sich am bekannten Tatbestand der Kündigung orientieren. Nachdem oben aus einer Untersuchung des Interesses der Parteien, der Rechtsgeschichte, der bisherigen Rechtsprechung und einer Parallelbetrachtung des Schiedsvertrages festgestellt worden ist, dass die Ungewissheit oder Gefahr hinsichtlich der Durchführbarkeit des Verfahrens abstrakt zur Kündigung berechtigen sollen, können, unterschieden nach Verantwortlichkeit, mögliche konkrete Kündigungsgründe an dieser Erkenntnis gemessen werden.

Sodann gilt es zu untersuchen, ob als milderes Mittel zur Kündigung die Abmahnung der Kündigung vorauszugehen hat oder ob das besondere Verhältnis zwischen Parteien und Schiedsrichter dieses in aller Regel entbehrlich sein lassen wird. Letztlich wird zur Unzeitigkeit und zur Möglichkeit des Nachschiebens von Gründen auszuführen sein, evidente Abweichungen von den Regeln der Kündigung nach § 627 BGB sind, trotz der Besonderheit des Schiedsrichtervertrages, auch an dieser Stelle nicht zu erwarten. Die *termination of contract* durch den Schiedsrichter nach US-amerikanischem Recht scheint mit dem deutschen Kündigungsrecht nach § 627 BGB durchaus vergleichbar, wenngleich die deutschen Regelungen zum Dienstvertragsrecht und der Kündigung ausdifferenzierter erscheinen.

A. Kündigungsgründe im Einzelnen

Die bisher in der Rechtsprechung behandelten, akzeptierten und deswegen hinsichtlich ihrer Akzeptanz prognosefähigen Kündigungsgründe für Schiedsrichter sind sehr überschaubar. Umso mehr gilt es, anhand aller bisher gewonnenen Erkenntnisse Kündigungsgründe zu entwickeln. Nach der Feststellung, dass die materiell-rechtlichen Vorschriften auf den Schiedsrichtervertrag anzuwenden sind und eine besondere Nähe zu den dienstvertraglichen Rechten und Pflichten besteht, liegt es nahe, zur Herleitung von Kündigungsgründen den achten Titel des Bürgerlichen Gesetzbuches[1020] zu bemühen. Auch können Wertungen aus dem Schiedsvertrag und der Rechtsgeschichte einbezogen werden. Die wesentliche Verkürzung der Rechte eines Dienstleisters (auch bei Diensten höherer Art) kann mithin abstrakt als Kündigungsgrund benannt und nunmehr durch rechtsgeschichtliche und kasuistische Erkenntnisse konkretisiert werden, auch wenn es sich bei der entsprechenden Pflichtverletzung „nur" um eine Nebenpflichtverletzung handelt.[1021] Diese Erwägung gilt es, in die Aufzählung der entwickelten Kündigungsgründe einzubeziehen, weniger indes scheinen Rechtsprechung und Kommentierung vergleichsgeeignet, die sich mit dem Kündigungsschutzrecht befassen; hier ist die Schutzrichtung eine andere als in den §§ 626f. BGB und damit liegt keine ausreichende Vergleichbarkeit zum Schiedsrichter-Partei-Verhältnis vor.[1022]

In regelmäßiger Abwesenheit einer Vereinbarung zwischen den Parteien, worin ein Kündigungsgrund zu sehen sein soll, ist auch der Wille von Parteien und Schiedsrichtern in die Entwicklung von einzelnen Gründen zu berücksichtigen. Wenngleich sich der Wille der Beteiligten im Einzelfall unterscheiden mag, ist doch durch das Eingehen der Schiedsvereinbarung und des Schiedsrichtervertrages der grundsätzliche Wille zur Durchführung des Schiedsverfahrens bei allen Beteiligten zu unterstellen.

Als wichtiger Grund kann, vor dem Hintergrund des Arbeitsergebnisses der Anwendbarkeit des § 627 BGB auf die Schiedsrichterkündigung, vorab festgestellt werden, dass ein rechtfertigender Grund für die Kündigung genügt, es muss keine absolute Unzumutbarkeit der Vertragsfortführung vorliegen.[1023] Die Gründe des § 626 BGB sind insoweit nicht die gleichen wie die des § 627 BGB.

1020 Titel 8 – Dienstvertrag und ähnliche Verträge (§§ 611–630h).

1021 BAGE 137, 54 (54ff.); MüKoBGB/*Bachmann*, § 241 Rn. 61.

1022 Schaub/*Vogelsang*, § 8 Rn. 1ff.

1023 PWW/*Lingemann*, § 627 Rn. 2.

Vielmehr muss im Lichte des § 627 BGB lediglich für die Unzeitigkeit der Kündigung ein wichtiger Grund vorliegen. Nach gefestigter Meinung in Literatur und Rechtsprechung wird dieser in der Regel vorliegen, wenn der Dienstberechtigte die Tätigkeit selbst in besonderem Maße beanstandet oder ein objektiver Grund in Form von Durchführungshindernissen vorliegt.[1024]

Bereits in mehrfacher Hinsicht hat sich während der Arbeit eine starke Vergleichbarkeit von deutschem und US-amerikanischem Recht gezeigt. Wenngleich das US-amerikanische Recht im Einzelnen weniger dogmatisch und ausdifferenziert erscheint, so wird doch im Ergebnis häufig ein vergleichbares Ergebnis wie im deutschen Recht gefunden, vieles spricht dafür, dass Kündigungsgründe in beiden Rechtssystemen auf den gleichen Gedanken beruhen: Undurchführbarkeit und Unzumutbarkeit.

Im Folgenden sollen denkbare Kündigungsgründe für beide Rechtsordnungen entwickelt und bewertet werden.

I. Parteiverantwortlichkeit

Zunächst können mögliche Kündigungsgründe kategorisiert werden. Eine mögliche Unterscheidung kann zwischen solchen Gründen gemacht werden, deren Vorliegen oder Auftreten in den Verantwortungsbereich einer (oder beider) Schiedsparteien fällt und solchen, bei denen eine Verantwortlichkeit nicht klar auszumachen ist. Auch mag es Gründe geben, bei denen eine Mitverantwortlichkeit des Schiedsrichters an deren Bestehen existiert. Diese Kategorisierung erfolgt vor dem Hintergrund der Überlegung, dass, je höher der Mitverantwortlichkeitsanteil des Schiedsrichters ist, je weniger wahrscheinlich die Berechtigung zur Kündigung vorliegen kann. Dieses deckt sich mit dem Verständnis der Kündigungsvorschriften des achten Titels des Bürgerlichen Gesetzbuches, wenngleich sich die anzuknüpfende Rechtsfolge in § 626 BGB in der Unwirksamkeit der Kündigung, in § 627 BGB „lediglich" in der Schadensersatzverpflichtung ausdrückt.[1025] Dieser Grundsatz der Verschuldens- und Risikosphärenbeurteilung im Einzelfall ist auch dem US-amerikanischen Recht bezüglich der *termination of contract* bzw. der *resignation of an arbitrator* bekannt.[1026]

1024 BGH NJW 1987, 2808 (2808); LG Mannheim VersR 1973, 1175 (1176); Staudinger/*Preis*, § 627 Rn. 31.

1025 BGH NJW 1987, 2808 (2808).

1026 *Born*, International Commercial Arbitration (2014), S. 1982.

1. Nichtzahlung des Vorschusses

Wie festgestellt, gibt es divergierende Meinungen hinsichtlich der möglichen Klagbarkeit der Vorschusszahlung der Parteien an das Schiedsgericht.[1027] Nach höchstrichterlicher Rechtsprechung und einigen Stimmen in der Literatur ist der Anspruch nicht klagbar.[1028] Dagegen wird vorgebracht, der Anspruch müsse klagbar sein, andernfalls könne sich eine Partei durch Nichtzahlung ihres Anteils einseitig von der Schiedsvereinbarung immer dann lösen, wenn die Schiedsrichter ohne einen derartigen Vorschuss nicht tätig werden würden.[1029]

Unabhängig hiervon ist die Frage zu beurteilen, ob dem Schiedsrichter zuzumuten ist, den Vorschuss einzuklagen und seine Leistung entsprechend (bis zur erfolgten Zahlung) zurückzubehalten, oder ob in der Nichtzahlung eines Vorschusses ein Kündigungsgrund zu sehen ist.

Ausgehend von der Kasuistik der Kündigungsgründe und der herrschenden Meinung ist Letzteres der Fall.[1030] Die Fortführung des Schiedsverfahrens liefe den eigenen Interessen des Schiedsrichters zuwider und könnte eine Gefährdung des eigenen (oder institutionellen) Vermögens bedeuten.[1031] Auch institutionelle Regelwerke sehen das Recht des Schiedsrichters vor, bei Nichtzahlung eines angemessenen Vorschusses und Ablauf einer entsprechenden Frist das Amt niederzulegen.[1032]

Gleiches gilt für die US-amerikanische Rechtslage. In *Sink v. Aden*[1033] hatte der Court of Appeals 2003 unter Anwendung des FAA zu entscheiden, wie das Schicksal eines Schiedsverfahrens zu bewerten ist, in dem ein erforderlicher und vom Schiedsgericht veranschlagter Vorschuss nicht gezahlt worden ist.

Das Gericht entschied, dass eine Nichtzahlung des Vorschusses einem Verzicht auf Schiedsgerichtsbarkeit gleichkäme und die Schiedseinrede nach

---

1027 vgl. § 4, B., III., 5., b) Durchsetzung des Anspruchs auf Vorschussleistung, S. 217f.

1028 Insbes. BGHZ 41, 104 (104), 108; 94, 92 (94ff.).

1029 *Schwab/Walter*, Kap. 7 Rn. 21.

1030 *Lachmann*, Rn. 4377; BeckOKZPO/*Wolf/Eslami*, § 1035 Rn. 44; *Schwab/Walter*, Kap. 12 Rn. 19; Wieczorek/Schütze/*Schütze*, § 1035 Rn. 107; Zimmermann ZPO, § 1035 Rn. 8.

1031 *Joachim Strieder*, Rechtliche Einordnung und Behandlung des Schiedsrichtervertrages (1984), S. 142; *Lachmann*, Rn. 1269f.

1032 *Buchwitz/Schütt*, SchiedsVZ 2015, 1 (4) mit Verweis auf §§ 7, 8 und 25 DIS-SchO; z.B. R-57 der AAA Commercial Arbitration Rules and Mediation Procedures.

1033 *Sink v. Aden*, 352 F. 3d 1197 (1197ff.) (2003).

§ 3 FAA nicht mehr erhoben werden könne, andernfalls sei die Missbrauchsgefahr zu hoch.

"[...] [Non-payment] would also allow a party refusing to cooperate with arbitration to indefinitely postpone litigation."

„[...] [Die Nichtzahlung] würde der nicht kooperierenden Partei erlauben, mithilfe der Schiedsgerichtsbarkeit den Prozess vor den ordentlichen Gerichten bis in das Unendliche hinauszuzögern."

In *Sink v. Aden* hatten *Sink* und *Aden* zugestimmt, dass die geschätzten Kosten des angestrebten Schiedsverfahrens bis zum 06. August 2001 in Form eines Vorschusses gezahlt werden sollten.

Im weiteren Verlauf zahlte *Aden* den vereinbarten und festgesetzten Vorschuss nicht. Am 07. August 2001 forderte der Anwalt *Sinks* letztmalig zur Zahlung bis zum 20. August 2001 auf. Am 17. August 2001 teilte die Schiedsinstitution beiden Parteien mit, dass sie das geplante Schiedsgericht wegen Nichtzahlung der Gebühren nicht durchführen würde. *Sink* reichte darauf Klage bei dem zuständigen staatlichen Gericht ein. Im Verlauf des Prozesses hatte das staatliche Gericht zu entscheiden, ob es das Verfahren durchführen würde oder verpflichtet sei, das Verfahren aufgrund einer Schiedseinrede auszusetzen sei. *Aden* teilte in dem Gerichtsverfahren am 07. Dezember 2001 mit, dass nunmehr genügend Geld für die Vorschusszahlung an das Schiedsgericht vorhanden sei und somit das Verfahren alsbald angestoßen werden könne. Am 26. Februar 2002 entschied das staatliche Gericht, dass *Aden* das Recht auf Erheben einer Schiedseinrede verwirkt habe und urteilte, dass die Parteien ihren Streit nunmehr vor staatlichen Gerichten auszutragen hätten – die lange Nichtzahlung des Vorschusses und die Ungewissheit der Gegenseite über das Erreichen ihres Rechtsschutzziels seien so nicht tragbar.[1034]

Richtigerweise verhindert so die US-amerikanische Rechtsprechung ein Verschleppen des Schiedsverfahrens durch Nichtzahlung und stellt fest, dass das Verfahren von Schiedsrichterseite aus, nach erfolgloser Fristsetzung, beendet werden kann. Der „*default to arbitrate*" stellt damit einen, häufig in der Rechtsprechung der Vereinigten Staaten auftauchenden, Kündigungsgrund dar.[1035] Damit lässt sich der erste geeignete Kündigungsgrund für Schiedsrichter im

---

1034 *Sink v. Aden*, 352 F. 3d 1197 (1198f.) (2003).

1035 *Tahisha Roach v. BM Motoring*, LLC (077125) (A-69-15) (2017); *Pre-Paid Legal Servs., Inc. v. Cahill*, 786 F.3d 1287 (1294) (2015); *Sink v. Aden*, 352 F.3d 1197 (1197ff.) (2003); *Brown v. Dillard s, Inc.*, 430 F.3d 1004 (1012) (2005).

common wie im *civil law* festhalten, die Nichtzahlung eines Kostenvorschusses durch die Parteien.[1036]

2. Persönlicher Mehraufwand

Auch eine persönliche Mehrbelastung kann einen Kündigungsgrund für den Schiedsrichter darstellen. Ist der Schiedsrichter inhaltlich überfordert, muss genauer differenziert werden: Vom durchschnittlich gewissenhaften Schiedsrichter muss erwartet werden können, dass er das Verfahren hinsichtlich Schwierigkeit und Umfang richtig bewertet und entsprechend über persönliche Belange disponiert.[1037] Fehleinschätzungen stammen damit aus der Sphäre des Schiedsrichters und sind ihm anzulasten. Anders liegt es, wenn der Mehraufwand auf nicht voraussehbarem Parteiverhalten beruht. Hier ist in erster Linie an die Änderung und Abwahl alter Verfahrensregeln oder an die komplette Neuvereinbarung anderer Regelwerke zu denken, die die Parteien, als Herren des Verfahrens, theoretisch vornehmen können. Der gestiegene persönliche Mehraufwand kann auch in lokaler Hinsicht eine unzumutbare Mehrbelastung für den Schiedsrichter bedeuten, typischerweise, wenn die Parteien unvorhergesehen den Tagungsort vom Schiedsort unterscheiden wollen.[1038]

a) Inhaltlich

Nicht nur vor dem Hintergrund der zeitlichen Überforderung kann die Konstellation eine Rolle spielen, dass sich das Schiedsverfahren im Parteieinvernehmen derart geändert hat, dass eine de facto-Neubefassung des Schiedsgerichts erforderlich ist. Auch eine nicht absehbare, fachliche Überforderung des Schiedsrichters kann die Folge sein.[1039] Der hierdurch entstehende Aufwand ist durch die Schiedsrichter weder absehbar noch abschätzbar noch zu verantworten, dennoch steht es den Parteien frei, das Verfahren nach ihren Vorstellungen anzupassen:

> *„Party autonomy is the guiding principle in determining the procedure to be followed in an international arbitration."*[1040]

1036 *Patrik Schöldström*, The Arbitrator's Mandate, S. 365f.

1037 BGHZ 98, 32 (35); *Lachmann*, Rn. 4280.

1038 *Lachmann*, Rn. 1393.

1039 *Lachmann*, Rn. 1125.

1040 *Blackaby/Partasides/Redfern/Hunter*, International Arbitration, Rn. 6.07.

I.S.d. Art. 19 Abs. 2 UNCITRAL-Modellgesetz, der Grundlage des schiedsrichterlichen Ermessens, die sich so auch in § 1042 Abs. 4 ZPO findet, kommt die Verfahrensführung nach freiem Ermessen nur subsidiär in Betracht.[1041] Ein Verfahren, das vom Schiedsgericht nach freiem Ermessen geführt wird, kommt schon nach dem Wortlaut der Vorschrift nur in Abwesenheit einer anderen Vereinbarung (der Parteien) in Betracht.[1042] Selbst dann bleibt der Schiedsrichter selbstverständlich an Recht und Gesetz gebunden.[1043]

Dies drückt sich im Vorrang von Verfahrensvereinbarungen der Parteien gegenüber dem schiedsrichterlichen Verfahrensermessen aus, beispielsweise hinsichtlich der Bestimmung des anwendbaren Prozessrechts in Form von Schiedsregeln.[1044] Eine solche Verfahrensvereinbarung der Parteien kann zu jedem Zeitpunkt im laufenden Schiedsverfahren erfolgen und ist nicht nur zu Beginn des Schiedsverfahrens zulässig.[1045] Die Parteien können beispielsweise sogar die schiedsrichterlichen Verfahrensregeln aufheben und von eigenen, zuvor getätigten, Festlegungen abweichen.[1046] Für eine solche Verfahrensvereinbarung bedarf es auch nicht der Zustimmung der Schiedsrichter.[1047] Eine nachträgliche Verfahrensvereinbarung der Parteien kann so sehr schnell zu einer Mehrbelastung der Schiedsrichter führen, beispielsweise durch Erweiterung des Verfahrensstoffes oder eine notwendig gewordene Neueinarbeitung in bisher unbekannte Verfahrensregeln.

In diesem Zusammenhang muss deutlich zwischen der verfahrensrechtlichen und der vertragsrechtlichen Seite im Schiedsverfahren getrennt werden.[1048] Verfahrensrechtlich sind die Parteien die „Herren des Verfahrens“, sie bestimmen den Umfang und die Art und Weise des Verfahrens sowie das Verfahren selbst. Richtigerweise sind deswegen die Schiedsrichter bezüglich der Verfahrensgestaltung nicht schutzwürdig.[1049] Schließlich unterliegen Verfahrensvereinbarungen der Parteien auch nicht dem Formerfordernis des § 1031 ZPO.[1050] Was

---

1041 *Lachmann*, Rn. 1379.

1042 *Binder*, Rn. 5–027; *Jarvin*, 2 Arb. Int'l 1986, 140 (157).

1043 Zum *amiable compositeur* im *civil* und *common law*: *Jarvin*, 2 Arb. Int'l 1986, 140 (157ff.).

1044 MüKoBGB/*Münch*, § 1042 Rn. 74; *Schwab/Walter*, Kap. 15 Rn. 29.

1045 MüKoBGB/*Münch*, § 1042 Rn. 44.

1046 MüKoBGB/*Münch*, § 1042 Rn. 79; *Wolf/Hasenstab*, RIW 2011, 612 (613f.); a.A. *Manuela Schäfer*, Die Verträge zur Durchführung des Schiedsverfahrens, S. 346.

1047 Zöller/*Geimer*, § 1042 Rn. 22.

1048 *Christian Wolf*, Die institutionelle Handelsschiedsgerichtsbarkeit, S. 77ff.

1049 MüKoZPO/*Münch*, § 1042 Rn. 80.

1050 MüKoZPO/*Münch*, § 1042 Rn. 77; *Schwab/Walter*, Kap 15 Rn. 30.

die Verfahrensgestaltung angeht, kann also von den Parteien eine derartige Verfahrensänderung ausgehen, dass sich der Schiedsrichter mit einer völlig neuen Verfahrenssituation konfrontiert sieht. Unter diesen Voraussetzungen muss der Schiedsrichter aber dazu in der Lage sein, die materielle Seite des Schiedsrichtervertrages neu zu evaluieren, das Verfahren selbst kann er nämlich nicht beeinflussen, wenn es die Parteien schon getan haben. Führt diese Evaluation zu dem Ergebnis, dass das geänderte Verfahren zu einer erheblichen Mehrbelastung der Schiedsrichter führt, können diese den Schiedsrichtervertrag kündigen. Zwar ist es richtig, dass das Eingehen eines Dauerschuldverhältnisses aufgrund der fehlenden Abschätzbarkeit und Überschaubarkeit typischerweise bedeutet, dass sich das konkrete Pflichtenprogramm der Beteiligten verändern kann.[1051] Gleichviel versucht gerade das Gesetz für diese Art von möglicher Mehrbelastung durch das Einräumen eines Kündigungsrechtes einen Ausgleich zu schaffen.[1052] Hinzu kommt, dass dem Schiedsrichter auf der verfahrensrechtlichen Seite kein Anpassungsinstrumentarium zur Seite steht, letztlich bleiben die Parteien nämlich Herren des Verfahrens.[1053] Insbesondere vor diesem Hintergrund scheint eine Kündigung in den oben beschriebenen Fällen begründet.[1054]

b) Lokal

Die Festlegung des Schiedsortes – sei es durch die Parteien oder das Schiedsgericht – ist grundsätzlich aus Gründen der Planungssicherheit wünschenswert. Je eher sich die Parteien auf den Schiedsort einigen, desto besser können die Beteiligten die Anwesenheit, Anreise und Durchführung planen und möglicherweise Verfahrenskosten reduzieren. Trotzdem können die Beteiligten durch zusätzliche Vereinbarungen einer flexiblen Verfahrensführung gerecht werden und den Belangen verschiedener Beteiligter Rechnung tragen, indem der Ort der Verhandlungen auch während des laufenden Verfahrens neu festgelegt werden kann.[1055] Hinsichtlich des persönlichen Mehraufwandes für Schiedsrichter scheint problematisch, dass diese grundsätzlich an die Wahl des Verfahrensortes

---

1051 BGHZ 133, 316 (321); BGH NJW 1999, 1177 (1178).

1052 MüKoBGB/*Gaier*, § 314 Rn. 5.

1053 MüKoZPO/*Münch*, § 1042 Rn. 80f.

1054 Zöller/*Geimer*, § 1024 Rn. 22; MüKoZPO/*Münch*, § 1042 Rn. 80; *Schwab/Walter*, Kap. 15 Rn. 30, so auch *Lachmann*, Rn. 4134, der begrifflich auf die Störung der Geschäftsgrundlage abstellt, da diese bei Dauerschuldverhältnissen (wie dem Schiedsrichtervertrag) ja unter den Voraussetzungen des § 313 BGB auch ein Recht zur Kündigung gewährt.

1055 BT-Drucks. 13/5274, S. 47.

durch die Parteien gebunden sind.[1056] Hierbei können begrifflich noch Verfahrensort und Tagungsort unterschieden werden, während der Schiedsort rechtliche Bedeutung hinsichtlich der Anwendung nationaler Vorschriften hat und sich nicht verändert, kann der Tagungsort flexibel und ohne direkte rechtliche Relevanz jederzeit neu und abweichend vom Verfahrensort festgelegt werden.[1057] Die Änderung des Tagungsortes kann jedenfalls dann mittelbare rechtliche Konsequenzen haben, wenn diese einen Kündigungsgrund für den Schiedsrichter darstellt. Dieses ist in Ausnahmefällen möglich, nämlich immer dann, wenn konstatiert werden kann, dass der spätere Wechsel des Ortes empfindlich in die Interessen des Schiedsrichters eingreift.[1058]

3. Beleidigung

Beleidigungen und Diffamierungen eines Schiedsrichters können jedenfalls dann einen Kündigungsgrund darstellen, wenn sie von beiden Parteien ausgehen.[1059]

Geht das ehrverletzende Verhalten nur von einer Partei aus, muss hinsichtlich der Zumutbarkeit der Fortführung des Verfahrens stärker zu Gunsten des Verfahrens abgewogen werden, sonst würde die Möglichkeit eröffnet, ohne rechtlichen Grund und ohne einschneidende Konsequenzen fürchten zu müssen, einen Schiedsrichter zur Aufgabe zu bewegen.[1060]

Generell ist die Beleidigung hinsichtlich der Aufkündigung eines Dienstverhältnisses im deutschen Recht ein wichtiger Grund i.S.d. § 626 Abs. 1 BGB.[1061] Auch i.S.d. § 627 BGB stellt sie regelmäßig einen wichtigen Grund dar,[1062] auch für den Schiedsrichter.[1063] Jedenfalls wird in der Regel bei dem Vorliegen von Beleidigungsdelikten indiziert, dass, unter Würdigung der Umstände des Einzelfalls, die Fortsetzung des Arbeits- und Dienstverhältnisses unzumutbar erscheint.[1064] Hierbei ist die strafrechtliche Würdigung des beleidigenden Verhaltens zwar ein mögliches Indiz, das Vorliegen eines Kündigungsgrundes kann

---

1056 *Lachmann*, Rn. 1398; *Borges*, ZZP(111) 1998, 487 (504f.).
1057 *Lachmann*, Rn. 1393.
1058 Derains/Schwartz, S. 182ff.; *Lachmann*, Rn. 1398.
1059 *Altenkirch*, SchiedsVZ 2014, 113 (117); *Thorsten Häberlein*, Unwilligkeit im nationalen und internationalen Schiedsverfahren, S. 15f.
1060 *Patrik Schöldström*, The Arbitrator's Mandate, S. 366.
1061 MüKoBGB/*Henssler*, § 626 Rn. 181.
1062 BeckOGKBGB/*Maties*, § 627 Rn. 63.
1063 Wieczorek/Schütze/*Schütze*, § 1035 Rn. 107.
1064 MüKoBGB/*Henssler*, § 626 Rn. 181.

jedoch hiervon zeitlich und sachlich unabhängig bejaht oder verneint werden.[1065] Das Verhältnis zwischen dem Dienstherren und dem Dienstleister ist entscheidend, von welcher Seite die Beleidigung ausgeht ist in der Regel nicht maßgeblich. Wie oben festgestellt, gelten grundsätzlich die gleichen Maßstäbe bezüglich der Anforderungen an das Vorliegen eines Kündigungsgrundes für beide Parteien des Dienstvertrages.[1066]

Während manche eine Wiederholungsgefahr nach einmal erfolgter Beleidigung fordern,[1067] ist dem entgegenzuhalten, dass Grundlage des Schiedsrichter-Partei-Verhältnisses auch immer ein Vertrauensverhältnis ist. Die Tätigkeit des Schiedsrichters ist maßgeblich durch eine Vertrauensstellung geprägt,[1068] entfällt die Grundlage für eine fruchtbare Zusammenarbeit durch den Wegfall der Vertrauensbasis aufgrund – auch einmaliger – Beleidigung, kann ein Kündigungsgrund vorliegen. Genau hierauf rekurriert auch die höchstrichterliche Rechtsprechung, wenn vom einzelfallbedingten Entscheiden die Rede ist: Wenn es nach Abwägung mit den Parteiinteressen unzumutbar erscheint, eine Fortsetzung des Vertragsverhältnisses anzustreben, soll eine Kündigung berechtigt sein.[1069]

Dieses bedeutet gerade, dass auch einmalige Beleidigungen zu einer Kündigung berechtigen können, je nachdem, wie sehr eine, zur Vertragsfortführung erforderliche, Vertrauensstellung beeinträchtigt ist. Besonders wenn die Beleidigung im Zusammenhang mit der schiedsrichterlichen Tätigkeit steht, kann ein solches Zusammenarbeitsverhältnis schon bei erstmaliger Äußerung nachhaltig gestört sein.[1070]

4. Drohung

Ebenso steht auch eine Kündigungsmöglichkeit offen, wenn eine Partei ernste Drohungen gegen einen Schiedsrichter ausspricht. Dies sollte aber nur in

---

1065 BAGE 3, 340 (341f.).

1066 Infra #.

1067 MüKoZPO/*Münch*, vor §§ 1034ff. Rn. 52.

1068 *Armbrüster*, SchiedsVZ 2016, 81 (89); *Joachim Strieder*, Rechtliche Einordnung und Behandlung des Schiedsrichtervertrages (1984), S. 94.

1069 RGZ 101, 392 (394); vgl., obwohl im Verhältnis Arbeitnehmer – Arbeitgeber, LAG Rheinland-Pfalz BeckRS 2016, 122996 Rn. 76 für Beispiele der Beleidigung, die die außerordentliche Kündigung begründen.

1070 *Schwab/Walter*, Kap. 13 Rn. 12; im Falle des Rechtsbeugungsvorwurfes: RG WarnRspr 19, 256 (258).

Extremfällen gelten, zum Beispiel wenn ein Schiedsrichter um seine körperliche Unversehrtheit fürchten muss.[1071] Hiervon können begrifflich zunächst die Fälle der Bedrohung i.S.d. § 241 StGB unterschieden werden, bei denen das strafbare Verhalten des Bedrohenden an sich den Kündigungsgrund darstellt. Damit bleibt für die Frage nach der Berechtigung der Kündigung der Bereich der Drohung übrig, der nicht von § 241 StGB umfasst ist, also solche Drohungen, die nicht ein Verbrechen gegen den Schiedsrichter oder eine nahestehende Person zum Gegenstand haben.

In höchstrichterlicher Rechtsprechung ist anerkannt, dass die Drohung mit einem empfindlichen Übel – unabhängig von der Verwirklichung des objektiven Tatbestandes des § 240 StGB – einen Kündigungsgrund i.S.d. § 626 BGB darstellen kann.[1072] Bei der anzustellenden Einzelfallabwägung ist in Rechnung zu stellen, ob die Drohung geeignet erscheint, die Zusammenarbeit nachhaltig zu stören; insbesondere ist dieses der Fall, wenn sich der Schiedsrichter durch die Drohung tatsächlich zu abweichendem Verhalten veranlasst sieht, Wiederholungsgefahr besteht[1073] oder die Drohung eine von vielen Nebenpflichtverletzungen ist, die in der Gesamtschau eine gedeihliche Zusammenarbeit als unwahrscheinlich erscheinen lassen.[1074]

Insbesondere kommt hier das in Aussicht stellen einer Diskreditierung der Arbeitsweise des Schiedsrichters in den einschlägigen Kreisen in Betracht, zum Beispiel über mündliche Berichterstattung oder eine Bewertung auf einem Bewertungsportal.[1075]

Während ausnahmsweise auch die Geheimhaltung der Beteiligung eines Schiedsrichters am Verfahren schon Nebenpflicht der Parteien sein kann,[1076] führt nicht jede Drohung in diese Richtung auch gleichzeitig zu einer zur Kündigung berechtigenden Pflichtverletzung. Vielmehr ist, auch aufgrund des streitigen Charakters des Schiedsverfahrens eine gewisse Standfestigkeit vom

---

1071 APS/*Vossen*, § 626 Rn. 231 m.w.N und Beispielen.

1072 BAGE 142, 188 (188ff.); BAG NZA 2014, 1258 (1258ff.); APS/*Vossen*, § 626 Rn. 225 m.w.N.

1073 BAGE 134, 349 (349ff.); BAG NZA 2014, 1258 (1259).

1074 BAGE 134, 349 (349);

1075 Insbesondere ist hier *Arbitrator Intelligence* (http://www.arbitratorintelligence.org) zu nennen, einer non-profit Internetseite, die es Mitgliedern ermöglicht, Entscheidungen von Schiedsgerichten zu veröffentlichen und Feedback zu einzelnen Schiedsrichtern in einer abrufbaren Datenbank abzugeben.

1076 vgl. § 1, D., II., 2. Geheimhaltung, S. 108ff.

Schiedsrichter zu erwarten.[1077] Erwähnenswert scheint vor diesem Hintergrund, dass nach derzeitiger deutscher Rechtsprechung den Betreiber eines unabhängigen Bewertungsportals bei der Aufdeckung von missbräuchlich unwahren Bewertungen und bei der Wahrung der Persönlichkeitsrechte des Bewerteten hohe Mitwirkungspflichten treffen.[1078] Keinesfalls steht also ein Schiedsrichter bei einer möglichen Persönlichkeitsrechtsverletzung durch den vermeintlich Benachteiligten im Schiedsverfahren rechtsschutzlos da, vielmehr muss von ihm erwartet werden können, auch diesen Rechtsweg zu beschreiten, statt schon bei der Ankündigung einer Negativbewertung – ohne jede Leidensfähigkeit – das eingegangene Vertragsverhältnis durch eine Kündigung nach § 626 BGB oder § 627 BGB über Bord zu werfen. Gleich, in welcher Art und Weise mit einer Diskreditierung des Schiedsrichters gedroht wird, ist bei der möglichen Persönlichkeitsrechtsverletzung stets die Eigenart des Persönlichkeitsrechts als sog. Rahmenrecht zu berücksichtigen, das bedeutet, dass die Reichweite des Schutzbereiches des Persönlichkeitsrechts nicht feststeht, sondern im Einzelfall ermittelt werden muss; insbesondere wenn andere grundrechtlich geschützte Belange, wie das Recht auf freie Meinungsäußerung, betroffen sind.[1079]

Unter Berücksichtigung dieser Eigenschaft des Persönlichkeitsrechts und der „Obergrenze" der jedenfalls zur Kündigung berechtigenden Bedrohung i.S.d. § 241 StGB verbleibt ein kleiner, im Einzelfall zur Kündigung berechtigender Fall der Drohung in solchen Konstellationen, in denen die wiederholte Drohung über jedes erträgliche Maß hinausgeht und aufgrund ihrer Ernsthaftigkeit und Nachhaltigkeit jedes Zusammenarbeiten im Verfahren unmöglich macht.

5. *Improper Procedure*

Schöldström bejaht die Rücktrittsmöglichkeit mit einhergehender Kündigungsmöglichkeit des Schiedsrichtervertrages durch den Schiedsrichter, wenn er von beiden Parteien zu kriminellem oder unethischem Verhalten aufgefordert wird oder sich Parteivertreter oder Mitschiedsrichter ebenso verhalten.[1080] Das Maß an Erträglichkeit muss, wie die nachfolgende Überlegung zeigen soll, ähnlich wie bei Fällen der Drohung oder Beleidigung, hoch angelegt werden und von

1077 *Thorsten Häberlein*, Unwilligkeit im nationalen und internationalen Schiedsverfahren, S. 15.

1078 Vgl. BGHZ 209, 139 (139ff.) zur Pflicht des Hostproviders eines Bewertungsportals für Ärzte.

1079 BGHZ 199, 237 (237ff.); 209, 139 (139ff.).

1080 *Patrik Schöldström*, The Arbitrator's Mandate, S. 366.

Schiedsrichtern ist eine gewisse Standfestigkeit und Unbeirrbarkeit zu erwarten.[1081] Hierbei muss insbesondere der streitige Charakter des Verfahrens in die Abwägung der Erträglichkeit einbezogen werden, hat das Schiedsverfahren erst begonnen, steht es in Sachen Streitbarkeit dem ordentlichen Verfahren in nichts nach.

Geht man zunächst von einem gewöhnlichen Verständnis der *improper procedure* aus, kann man hierunter jedwedes Verhalten der Parteivertreter fassen, das nicht den geltenden berufsrechtlichen Standards entspricht. Problematisch erscheint vor diesem Hintergrund in erster Linie, wie das Verhalten von Parteivertretern angesichts der Unterschiede im anwendbaren Berufsrecht zu klassifizieren ist, was für den einen Anwalt *best practice* ist, kann für einen anderen bereits, insbesondere im internationalen Verfahren, einen Integritätsverlust darstellen.[1082] Die zusätzliche Vereinbarung von Ethikstandards hilft dabei, Klarheit über die Grenzen des integren Verhaltens zu schaffen, gleichwohl können auch die umfangreichsten Regelwerke nicht jede praktische Frage regeln.[1083]

So wird die Entscheidung, ob eine *improper procedure* vorliegt, regelmäßig dem Einzelfall überlassen bleiben. Stellt die Aufforderung zur *improper procedure* oder die Vornahme einer solchen einen Grund dar, den Schiedsspruch für nicht vollstreckbar zu erklären, liegt es nahe, dass ein Kündigungsgrund ebenso vorliegt. Anders liegt es hingegen bei der einfachen Besorgnis der Parteilichkeit von Mitschiedsrichtern, hier ist es an der im Zweifel belasteten Partei, weitere Schritte einzuleiten, nicht an den Mitschiedsrichtern.[1084]

Es handelt sich somit bei Fällen der *improper procedure* um Fälle von Verfahrensverstößen, die aufgrund ihrer Unheilbarkeit mit an Sicherheit grenzender Wahrscheinlichkeit eine Unvollstreckbarkeit des Schiedsspruches bedeuten, aber nicht schon strafrechtlich relevant sind. Als Beispiel nennt *Schöldström* die Aufforderung, das Verfahren immer weiter zu verzögern oder zu verschieben.[1085] Nicht jedoch sollen Fälle als Kündigungsgrund taugen, bei denen der Schiedsrichter durch Prozessleitung eine Waffengleichheit zwischen den Parteien unproblematisch (wieder)herstellen kann.[1086] *Schütze* führt die Kenntnis des Schiedsrichters über die Unzulässigkeit der Erlangung eines

1081 *Schütze/Tscherning/Wais*, Handbuch des Schiedsverfahrensrechts, Rn. 305.
1082 *Wittinghofer*, SchiedsVZ 2017, 110 (110).
1083 *Schima/Sesser*, SchiedsVZ 2016, 61 (62f.).
1084 RGZ 126, 379 (382).
1085 *Patrik Schöldström*, The Arbitrator's Mandate, S. 366.
1086 *Wittinghofer*, SchiedsVZ 2017, 110 (110ff.).

entscheidungserheblichen Beweismittels unter der Aufforderung es zu würdigen an.[1087]

6. *Strafbare Handlung der Schiedsparteien*

Eine strafbare Handlung von einer oder beiden Schiedsparteien kann den Grund zur Kündigung von Seiten des Schiedsrichters begründen. Dabei kommen nicht alle Handlungen in Betracht, die Intensität der Vertrauensverletzung durch die Handlung muss ein Fortführen des Schiedsrichtervertrages nach Abwägung unangemessen erscheinen lassen. Während diese Unangemessenheit bei beweisbaren strafbewehrten Handlungen vorliegen wird, stellt sich auch die Frage nach der Übertragbarkeit der Grundsätze der Verdachtskündigung auf die Kündigung des Schiedsrichtervertrages.

a) Vorliegen strafbarer Handlungen

Die Kenntnis von strafbaren Handlungen der Parteien kann zur Kündigung aus wichtigem Grund berechtigen.[1088] Dieses gilt sowohl im Arbeitnehmerverhältnis, wie auch, aufgrund der besonderen Beziehung zwischen Schiedsrichtern und Parteien, für den Schiedsrichtervertrag. Hierbei ist grundsätzlich weniger erheblich, wann die strafbare Handlung vollzogen worden ist. Vorfälle, die vor oder bei Abschluss des Dienstvertrages geschehen sind und fortwirken, dem Kündigungsberechtigten aber erst im Vollzug des Arbeitsverhältnisses bekannt werden, können nämlich nach ganz herrschender Auffassung eine außerordentliche Kündigung rechtfertigen, mithin als Kündigungsgrund dienen.[1089]

Ein direkter Bezug zum Verfahren, beispielsweise zum Streitgegenstand, mag zwar in der Regel vorliegen, ist aber nicht erforderlich. Keine Güterabwägung oder Berücksichtigung von Interessen im Einzelfall wird mehr erforderlich sein, wenn sich innerhalb des Schiedsverfahrens zeigt, dass die Streitigkeit im Rahmen einer Geldwäsche erfolgt. Der Schiedsrichter ist in diesem Fall berechtigt, aus wichtigem Grund zu kündigen.[1090]

b) Verdacht strafbarer Handlungen

Problematischer erscheinen die Fälle der Verdachtskündigung, also solche Fälle, bei denen der Verdacht eines strafbaren Verhaltens besteht, gesicherte

---

1087 Wieczorek/Schütze/*Schütze*, § 1035 Rn. 107.

1088 BAG NJW 2014, 244 (244ff.); kritisch: *Klinkhammer*, ArbRAktuell 2017, 320 (320).

1089 MüKoBGB/*Henssler*, § 626 Rn. 122 m.w.N.

1090 *Lachmann*, Rn. 4379 m.w.N.

Erkenntnisse aber (noch) nicht vorliegen. Es gibt Fälle, in denen der bloße Verdacht einer strafbaren Handlung, insbesondere einer Form von Korruption, ausreichend sein kann, einen derartigen Vertrauensbruch zwischen den Parteien anzunehmen, sodass eine Fortführung des Dienstverhältnisses nicht mehr möglich erscheint.[1091]

Der Verdacht hinsichtlich des Vorliegens einer Straftat, wie Betrug, Bestechung, Bestechlichkeit oder Vorteilsnahme, kann deswegen bereits, wie eine erhebliche Pflichtverletzung gegenüber dem Arbeitgeber, zur Kündigung aus wichtigem Grund berechtigen.[1092]

Für eine solche Verdachtskündigung muss allerdings ein belegter, schwerwiegender Verdacht vorliegen, ist der Verdacht ausreichend begründet – was gerade nicht bedeutet, dass diese vermutete Pflichtverletzung auch tatsächlich vorliegen muss – liegt ein besonderer Kündigungsgrund vor. Anknüpfungspunkt ist hierbei nicht die Pflichtverletzung selbst, sondern der übermäßige Vertrauensbruch, der durch das Vorliegen der Verdachtsmomente entsteht.[1093]

Klärungsbedürftig erscheint vor diesem Hintergrund, ob diese Grundsätze auch auf das Verhältnis von Schiedsrichtern und Parteien übertragbar sind, insbesondere in der Konstellation, dass der Schiedsrichter den Schiedsrichtervertrag aufzukündigen sucht: Die Verdachtskündigung ist auch in anderen Dauerschuldverhältnissen bekannt, Führungspersonal, insbesondere Organmitgliedern, kann gekündigt werden, die Möglichkeit der Beendigung der Organstellung bei entsprechendem Verdacht besteht ebenfalls.[1094] Entsprechend muss ein Schiedsrichter auch befähigt sein, sein eigenes Dauerschuldverhältnis durch Verdachtskündigung zu beenden, solange taugliche Verdachtskündigungsgründe vorliegen. Der Verdacht strafbaren Verhaltens kann bei der Zusammenarbeit mit einer (oder mehreren) Schiedsparteien derart problematisch sein, dass er per se zur Kündigung berechtigt,[1095] auch können als Folge eines derartigen Verdachts moralische Bedenken für den Schiedsrichter entstehen, sodass eine Ausfüllung des Schiedsrichteramtes nicht mehr möglich erscheint.[1096]

Mit einer gewissen Verallgemeinerung lässt sich auf Grundlage der vorstehenden Ausführungen der Satz aufstellen: Ein wichtiger Grund für die Kündigung

---

1091 Wieczorek/Schütze/*Schütze*, § 1035 Rn. 107 (Geldwäscheverdacht); *Rieder/Schönemann*, NJW 2011, 1169 (1174).

1092 APS/*Vossen*, § 626 BGB Rn. 345.

1093 BAG NJW 2014, 810 (811) m.w.N.

1094 Vgl. § 84 Abs. 3 AktG; BGH NJW 1997, 2055 (2056).

1095 BeckOGKBGB/*Günther*, § 626 Rn. 284.

1096 BeckOGKBGB/*Günther*, § 626 Rn. 280.

eines Dauerschuldverhältnisses i.S.d. §§ 626, 627 BGB ist gegeben, wenn konkrete Tatsachen vorliegen, die eine (Korruptions-)Straftat überwiegend wahrscheinlich erscheinen lassen und deswegen das Vertrauensverhältnis für die weitere Zusammenarbeit derart untergraben, dass ein konstruktives Zusammenwirken nicht mehr möglich erscheint.[1097]

7. Provokation

Die Provokation des Schiedsrichters durch eine Partei reicht in der Regel nicht aus, einen validen Grund für die Beendigung des Schiedsrichtervertrages von Schiedsrichterseite darzustellen.[1098] Grundsätzlich ist zwar nach der jeweiligen Intensität im Einzelfall zu unterscheiden, in Abgrenzung zur Drohung, also dem strafbaren Verhalten, scheint die bloße Provokation jedoch zu wenig eingriffsintensiv, um einen Kündigungsgrund darzustellen. Wie bei der Suche nach anderen Kündigungsgründen müssen die Interessen der Parteien und die Interessen des Schiedsrichters abgewogen werden. Das einmal geäußerte und nunmehr bindende Interesse an der Wahl der schiedsrichterlichen Beilegung des Rechtsstreits ist ebenfalls in die Wertung mit einzubeziehen. So kann es nicht angehen, dass sich ein Schiedsrichter durch einfache provozierende Handlung von der Fortführung seines Amtes zu Recht abbringen ließe, es hinge sonst nur von der subjektiven Empfindlichkeit des Schiedsrichters und dem bösen Willen einer Partei ab, das Schiedsverfahren zum Scheitern zu bringen.[1099]

Ein Zusammenwirken der Parteien, den Schiedsrichter zur Kündigung durch provozierendes Verhalten zu bewegen, scheint aus mehrerlei Grund unwahrscheinlich: Einerseits wird man wohl von den Parteien ein Mindestmaß an Professionalität im Schiedsverfahren erwarten können.[1100] Darüber hinaus können die Parteien den Schiedsrichter auch ohne den Umweg der Provokation, sollte Einigkeit bestehen, aus seinem Amt entfernen. Es braucht das Vehikel der gemeinschaftlichen Provokation nicht, wenn sich die Parteien darüber einig sind, dass das Amt des Schiedsrichters mit einer anderen Personalie zu besetzen ist.[1101]

1097 *Rieder/Schönemann*, NJW 2011, 1169 (1172ff.).

1098 *Altenkirch*, SchiedsVZ 2014, 113 (117).

1099 MüKoZPO/*Münch*, vor §§ 1034ff. Rn. 52.

1100 *Altenkirch*, SchiedsVZ 2014, 113 (117).

1101 Infra #.

II. Keine Parteiverantwortlichkeit

Ist keine der Schiedsparteien für das Vorliegen oder Eintreten des potenziellen Kündigungsgrundes verantwortlich, wird der Maßstab hinsichtlich der Zumutbarkeit des Festhaltens an dem Schiedsrichtervertrag in keine Richtung modifiziert. Der potenzielle Kündigungsgrund muss, im Einzelfall, aus sich heraus genügen, ein Festhalten an dem Schiedsrichtervertrag aus Sicht des Schiedsrichters nicht zumutbar erscheinen zu lassen. Hier kommen insbesondere Gründe in Betracht, die auf höhere Gewalt zurückzuführen sind.

1. Krankheit

Eine dauerhafte relevante Erkrankung, die dazu führt, dass der Dienstverpflichtete seinen Dienst nicht mehr ausüben kann, berechtigt zur Kündigung. Grundsätzlich besteht zwar nur in wenigen Ausnahmefällen die Möglichkeit des Dienstleisters, aufgrund einer dauerhaften eigenen Erkrankung fristlos zu kündigen, also wenn die Krankheit dauerhaft zu einer Arbeitsunfähigkeit führt.[1102] Bei eingeschränkter Arbeitsfähigkeit hat der Dienstberechtigte dem Dienstverpflichteten zunächst die Gelegenheit zu geben, einen der Krankheit entsprechenden Arbeitsplatz auszufüllen und den Dienst so weiterhin zu erbringen.[1103] Diese Möglichkeit zur alternativen Beschäftigung stellt hinsichtlich der eigenen Kündigung ein milderes Mittel dar und entspringt ihrem Regelungscharakter deutlich dem klassischen Arbeitnehmerarbeitsrecht.

Sie ist schlechterdings auf die Tätigkeit des Schiedsrichters übertragbar. Die Zuweisung eines anderen „Arbeitsplatzes“ durch den Arbeitgeber liefe mit der Kündigung des Schiedsrichters durch die Schiedsparteien – welche in Übereinstimmung ohnehin möglich ist – gleich, denn die Obliegenheit des Schiedsrichters – das rechtsverbindliche Entscheiden des oder der Streitgegenstände durch Anwendung einer Rechtsnorm auf den Sachverhalt – ist ureigene und in dieser Form einzige Aufgabe des Schiedsrichters. Kann er dieser Aufgabe, wie auch immer sie im konkreten Einzelfall ausgestaltet sein mag, nicht mehr nachkommen, ist es nicht denkbar, den Schiedsrichter stattdessen zur Erbringung anderer Dienste einzusetzen. Auch das mildere Mittel des Abwartens der Frist der ordentlichen Kündigung wird dem Interesse der Beteiligten bei krankheitsbedingter Arbeitsunfähigkeit des Schiedsrichters nicht gerecht, weder den Parteien noch dem Schiedsrichter ist während des Fristlaufes gedient.

1102 ErfK/*Müller-Glöge*, § 626 Rn. 165.

1103 APS/*Vossen*, § 626 Rn. 398.

Dem Schiedsrichter im Krankheitsfalle ein Kündigungsrecht einzuräumen, hängt zwar regelmäßig von den Umständen des Einzelfalles ab, grundsätzlich wird hierbei die (zeitige) Durchführbarkeit des Verfahrens und der Wille der Parteien, einen Rechtsstreit effektiv zu beenden, zu berücksichtigen sein.[1104] Das bedeutet, dass jedenfalls ein Kündigungsgrund i.S.d. §§ 626, 627 BGB auf Seiten des Schiedsrichters zumindest immer dann vorliegt, wenn dessen Genesung ungewiss oder von ungewisser Dauer ist.[1105]

In die gleiche Richtung geht die einschlägige Rechtsprechung im US-amerikanischen Rechtsraum. Vor dem Hintergrund einer Erkrankung, die letztlich im Tod des Schiedsrichters endete, ist seit 2001[1106] der Grundsatz entwickelt worden, dass eine Missbrauchsprüfung im Einzelfall die Schadensersatzpflicht[1107] des Schiedsrichters nachzuvollziehen hat, diese Prüfung aber für Fälle der dauerhaften Krankheit oder sogar des Todes offensichtlich zu dem Ergebnis des Nichtmissbrauches kommen soll.[1108] Der Krankheitsfall des Schiedsrichters stellt mithin einen validen Kündigungsgrund dar, sowohl nach US-amerikanischer als auch nach deutscher Rechtsauffassung.[1109]

2. *Nichtbestehen einer Nebentätigkeitsgenehmigung*

Auch das Nichtbestehen einer Nebentätigkeitsgenehmigung kommt als Kündigungsgrund von Schiedsrichtern in Betracht. Geht dieser der Schiedsrichtertätigkeit nach, ohne die erforderliche Genehmigung zur Nebentätigkeit zu haben, drohen dem Schiedsrichter persönliche Konsequenzen.[1110] In aller Regel sind diese dienstrechtlicher, beamtenrechtlicher oder arbeitsrechtlicher Natur. Unabhängig von derartigen Konsequenzen muss beurteilt werden, wie sich die fehlende Nebentätigkeitsgenehmigung auf das Schiedsverfahren, genauer auf die

1104 Wieczorek/Schütze/*Schütze*, § 1035 Rn. 107; *Lachmann*, Rn. 1128f.; *Patrik Schöldström*, The Arbitrator's Mandate, S. 367.

1105 *Lachmann*, Rn. 4377; *Schütze/Tscherning/Wais*, Handbuch des Schiedsverfahrens, Rn. 306.

1106 *Association of Flight Attendants v. Aloha Airlines*, 158 F. Supp. 2d 1200 (1207f.) (2001); *Zeiler v. Deitsch*, 500 F.3d 157 (157ff.) (2007); *Trade & Transport, Inc. v. Natural Petroleum Charters Inc.*, 931 F.2d 191 (191ff.); *Insurance Co.* of *North America v. Public Service Mutual Insurance Co.*, 609 F.3d 157 (157ff.) (2010).

1107 vgl. *Association of Flight Attendants v. Aloha Airlines*, 158 F. Supp. 2d 1200 (1207f.) (2001).

1108 *Insurance Co. of North America v. Public Service Mutual Insurance Co.*, 609 F.3d 157 (157ff.) (2010).

1109 Vgl. *Manuela Schäfer*, Die Verträge zur Durchführung des Schiedsverfahrens, S. 802.

1110 BGH NJW-RR 2016, 892 (893).

Konstituierung des Schiedsgerichts, auswirkt. Wie es zu bewerten ist, dass eine Aufnahme der Tätigkeit als Schiedsrichter ohne das Vorliegen einer erforderlichen Genehmigung ein wohl schuldhaftes Verhalten darstellt, muss in die Erwägung einbezogen werden.

a) Berufsrichter

Die Problematik einer fehlenden Nebentätigkeitsgenehmigung ist vor allem in Deutschland von Belang, das Vertrauen in die persönliche und fachliche Eignung als Richter im Schiedsverfahren geht häufig mit der Ausübung der staatlichen Richtertätigkeit einher.[1111] Mögliche Nebentätigkeiten (als Schiedsrichter) des staatlichen Richters sind in Deutschland reguliert, sowohl dienst- als auch beamtenrechtlich. Nach §§ 99, 100 BBG ist es Beamten nicht erlaubt, entgeltliche Nebentätigkeiten ohne vorherige Genehmigung auszuüben. Die zeitliche Überforderung und eine mögliche Abträglichkeit für das Ansehen der öffentlichen Verwaltung können mögliche Versagungsgründe i.S.d. § 99 Abs. 2 BBG sein. Während die Möglichkeit einer zeitlichen Überforderung des Richters aufgrund einer schiedsrichterlichen Tätigkeit nachvollziehbar erscheint, wird auch die Auffassung vertreten, das Ansehen der Justiz leide unter der Übernahme von schiedsrichterlicher Tätigkeit durch staatliche Richter. Beispielweise hat sich das Bundesverwaltungsgericht[1112] in diesem Zusammenhang hinter die Regelung einer Höchstgrenze des Zuverdienstes für Richter im hessischen Justizdienst gestellt. Im hessischen Richtergesetz sind gem. §§ 7h Abs. 1 S. 1 Nr. 2, 7i jährliche Hinzuverdienstgrenzen für Richter auf 30% des jährlichen Grundgehalts der Besoldungsgruppe R2 festgelegt.[1113] Die Alimentation eins Richters stelle den Lebensunterhalt des Richters und seiner Familie sicher, um wirtschaftlich unabhängige und mit vollem Einsatz für das Hauptamt entstehende Entscheidungen sicherzustellen. Keinesfalls dürfe die Möglichkeit bestehen, die Wahrnehmung des Hauptamtes des Richters leide unter einer Nebentätigkeit. Dem Eindruck, dass der Richter seiner Nebentätigkeit einen höheren Stellenwert einräume als der Wahrnehmung seines Hauptamtes, könne man mit einer (Hinzu-)Vergütungsgrenze wirksam und zumutbar begegnen.[1114]

Richterrechtlich kommt ebenfalls eine Versagung der Nebentätigkeitsgenehmigung gem. § 40 Abs. 1 DRiG in Betracht. Vorbefasste oder möglicherweise

1111 *Lachmann*, Rn. 831, 840.
1112 BVerwGE 124, 347 (347ff.).
1113 23.553,36 Euro (Stand: 25.09.2016).
1114 BVerwGE 124, 347 (347ff.).

zukünftig befasste Berufsrichter dürfen eine Nebentätigkeit als Schiedsrichter nicht ausüben. Ein Verstoß gegen § 40 Abs. 1 DRiG führt nicht zur Nichtigkeit der Schiedsrichterbestellung nach § 134 BGB und dementsprechend auch nicht zu einer Unzulässigkeit i.S.v. § 1059 Abs. 2 ZPO.[1115] Die Bestimmung des § 134 BGB ordnet für ein Rechtsgeschäft, das gegen ein gesetzliches Verbot verstößt, nicht ausnahmslos die Nichtigkeit an. Die Rechtsfolge ist davon abhängig, ob sich aus dem Gesetz nicht etwas anderes ergibt. § 134 BGB kann daher nicht ohne Rückgriff auf das verletzte Verbot angewendet werden, ordnet das Verbot selbst eine Rechtsfolge an, so muss diese eintreten.[1116] Fehlt es an einer verbotseigenen Rechtsfolge, ist auf den Sinn und Zweck der Verbotsnorm abzustellen. Dies erfordert eine Abwägung, ob es mit Sinn und Zweck des Verbots vereinbar oder unvereinbar ist, die durch das Rechtsgeschäft getroffene Regelung hinzunehmen oder nicht.[1117] Das Verbot einer schiedsrichterlichen Nebentätigkeit bei einseitiger Bestellung durch eine Partei ist eine besondere Ausprägung des in § 39 DRiG niedergelegten Gebots, dass der Richter sich innerhalb und außerhalb seines Amtes so zu verhalten hat, dass das Vertrauen in seine Unabhängigkeit nicht gefährdet wird.[1118] Dem Verbot liegt die Erwägung zugrunde, dass die Nebentätigkeit als Schiedsrichter dem öffentlichen Amt des Richters funktionell und inhaltlich sehr nahe kommt, sodass das Vertrauen in die Unabhängigkeit des Richters gefährdet sein könnte, wenn dieser außerhalb seines Richteramtes auf „einseitige" Bestellung durch eine Partei eine Nebentätigkeit als Schiedsrichter übernimmt und damit parteinah, befangen oder nicht objektiv erscheint.[1119]

Im Tätigwerden des Schiedsrichters ohne Vorhandensein einer Nebentätigkeitsgenehmigung ist kein Grund zu sehen, den Schiedsspruch aufzuheben.[1120] Ein Schiedsspruch kann nach § 1059 Abs. 1 Nr. 1 lit. d ZPO zwar aufgehoben werden, wenn die Konstitution des Schiedsgerichts nicht ordnungsgemäß i.S.d. §§ 1032ff. ZPO verlaufen ist, also z.B. einzelne Schiedsrichterpersönlichkeiten nicht vom Konsens der Parteien gedeckt sind. Anders liegt es bei der fehlenden Nebentätigkeitsgenehmigung eines Schiedsrichters, sie hindert die ordnungsgemäße Bestellung und damit die ordnungsgemäße Konstitution des

1115 BGH NJW-RR 2016, 892 (893); BeckOKZPO/*Wilske/Markert*, § 1059 Rn. 52.

1116 BGH NJW-RR 2016, 892 (894).

1117 BGH NJW 2003, 3962 (3692); 2014, 3568 (3574f.).

1118 BGH NJW-RR 2016, 892 (894).

1119 BGHZ 55, 313 (313ff.); KG SchiedsVZ 2003, 185 (186); BeckOKZPO/*Wilske/Markert*, § 1059 Rn. 52.

1120 BGH NJW-RR 2016, 892 (893); *Nacimiento/Geimer*, SchiedsVZ 2003, 88 (91).

Schiedsgerichts gem. § 1059 Abs. 1 ZPO nicht.[1121] Vielmehr handelt es sich um ein persönliches, im Dienst- oder Disziplinarrecht zu verortendes Problem.[1122] In den seltensten Fällen wird ein Kündigungsgrund für den Schiedsrichter vorliegen, der zur außerordentlichen Kündigung des Schiedsrichtervertrages berechtigt.[1123] Da das Erfordernis der Genehmigung einer solchen Nebentätigkeit jedoch allein dem Schutz des Vertrauens der Allgemeinheit in die Unabhängigkeit der staatlichen Rechtspflege dient, führt das Fehlen der Genehmigung nicht zu einer fehlerhaften Bildung des Schiedsgerichts und rechtfertigt daher nicht die Aufhebung des Schiedsspruchs.[1124] Damit stehen weder das Schiedsverfahren selbst in seiner Durchführbarkeit noch sein Sinn und Zweck in Frage, sollte es an der erforderlichen Nebentätigkeitsgenehmigung fehlen. Die Einhaltung des Nebentätigkeitsgenehmigungserfordernisses hängt also nicht nur vom Schiedsrichter selbst ab, auch berührt sie die Durchführbarkeit und den Sinn und Zweck des Schiedsverfahrens nicht. Damit wird die gebotene Einzelfallabwägung hinsichtlich der Feststellung eines Kündigungsgrundes i.S.d. § 627 BGB in aller Regel in Richtung des Nichtvorliegens und der damit einhergehenden Schadensersatzverpflichtung ausfallen.[1125]

b) Andere Berufsgruppen

Nicht lediglich Berufsrichter bedürfen der Genehmigung einer Nebentätigkeit. Zuvorderst müssen auch Beamte eine Nebentätigkeit genehmigen lassen.[1126] Während dieses Genehmigungsbedürfnis vom Gesetzgeber normiert worden ist, kommt das Erfordernis der Genehmigung auch aus arbeitsvertraglicher Sicht in Betracht. In beiden Fällen kann nichts anderes gelten: Eine fehlende Nebentätigkeitsgenehmigung ist in allererster Linie Pflichtverletzung gegenüber demjenigen, dem sich der Tätigwerdende zur Einholung verpflichtet hat.

Durch das bloße Bestehen des Genehmigungsbedürfnisses oder aus der Unterlassung, sich um eine solche zu bemühen, kann aber nicht die Möglichkeit der Kündigung geschlossen werden. Der Schiedsrichter ist auch den Schiedsparteien gegenüber verpflichtet, diese haben im Zweifel keinen Einfluss und keine Kenntnis über ein arbeitsvertragliches Genehmigungsbedürfnis des

1121 BGH NJW-RR 2016, 892 (893); *Kröll*, SchiedsVZ 2016, 864 (866).

1122 BGH NJW-RR 2016, 892 (894).

1123 Wohl konsequenterweise so zu verstehen: *Lachmann*, Rn. 862.

1124 OLG Stuttgart SchiedsVZ 2003, 84 (86f.); MüKoZPO/*Münch*, Vorbem. zu den §§ 1034ff. Rn. 58; Musielak/Voit/*Voit*, § 1035 Rn. 17.

1125 a.A. MüKoZPO/*Münch*, Vorbem. zu den §§ 1034ff. Rn. 52.

1126 Vgl. § 99 BBG.

Schiedsrichters. Auch in diesen Fällen ist das Fehlverhalten des ohne Genehmigung Tätigwerdenden kein Grund für eine Aufhebung nach § 1059 Abs. 1 ZPO, es gelten die Ausführungen zur berufsrichterlichen Nebentätigkeitsgenehmigung entsprechend.

3. Wohn- oder Arbeitsplatzwechsel des Schiedsrichters

Ebenfalls ist denkbar, dass sich ein Schiedsrichter persönlichem Mehraufwand ausgesetzt sieht, der mit der schiedsrichterlichen Tätigkeit nur mittelbar zusammenhängt. Wechselt der Schiedsrichter beispielsweise seinen Wohnsitz oder seine berufliche Tätigkeit, muss ebenfalls eine Einzelfallabwägung vorgenommen werden.[1127] Bei der Verteilung des Risikos ist auch auf die Verantwortlichkeit hinsichtlich des Eintretens des Hinderungsgrundes abzustellen.[1128]

Fällt das Entstehen des persönlichen Mehraufwandes nicht in die Verantwortlichkeit des Schiedsrichters oder ist nicht seiner Sphäre zuzuordnen, wird diese Einzelfallabwägung eher zu seinen Gunsten ausfallen. Gleichwohl scheint es nicht ausgeschlossen, dass auch Kündigungsgründe aus der Sphäre des Schiedsrichters nach Abwägung aller Belange bestehen können.

Der ICC Court billigt beispielsweise einen Rücktritt, wenn ein Schiedsrichter im Lauf des Verfahrens seinen Beruf oder seine Kanzlei wechselt, sodass Konflikte mit der weiteren Ausübung des Schiedsrichteramtes auftreten.[1129] Hier müsse insbesondere berücksichtigt werden, dass ein Kanzleiwechsel einerseits nicht der Regelfall des beruflichen Alltags eines Schiedsrichters darstelle und andererseits, dass durch Neutralitäts- und Befangenheitsprobleme das Schiedsverfahren in seiner Durchführung behindert werde.

Anderes soll hingegen gelten, wenn die berufliche Veränderung schon bei Annahme des Schiedsrichteramtes absehbar war.[1130] Obwohl bereits in entsprechender Richtung entschieden worden ist, ist der Erwägung im Grunde nicht zuzustimmen.

Bei der Beurteilung der Frage nach einer Haftung geht es weniger um die Häufigkeit oder Besonderheit des haftungsauslösenden Ereignisses als darum, in wessen Sphäre das entsprechende Risiko fällt.[1131] Betätigt sich ein Schiedsrichter

---

1127 *Thorsten Häberlein*, Unwilligkeit im nationalen und internationalen Schiedsverfahren, S. 15.

1128 *Thorsten Häberlein*, Unwilligkeit im nationalen und internationalen Schiedsverfahren, S. 15.

1129 Derains/Schwartz, S. 182ff.

1130 Derains/Schwartz, S. 182ff.

1131 *Patrik Schöldström*, The Arbitrator's Mandate, S. 367.

als Rechtsanwalt, ist dieses Tätigwerden und die organisatorischen Haupt- und Nebenpflichten, die es mit sich bringt, allein Sache des Schiedsrichters. Die Tätigkeit als Rechtsanwalt geht zwar häufig mit der Mandatierung als Schiedsrichter einher, ist aber keineswegs zwingende Voraussetzung dafür. Rührt nun aus dieser – ausschließlich schiedsrichterfremden – Tätigkeit der geltend gemachte Kündigungsgrund her, fällt dieser allein in den Risikobereich des Schiedsrichters, auch unabhängig davon, wie besonders oder selten ein möglicher Kanzleiwechsel sein mag.

Schöldström formuliert deswegen knapp aber eingängig zu Berufs- oder Wohnortwechsel eines Schiedsrichters vor dem Hintergrund der Frage einer möglichen Kündigung:

> *"Persons do not choose to become ill, but choose to move. When an arbitrator moves to a place hindering from continuing as arbitrator, he has the options to stay put and continue the arbitration or to move and disengage himself from the arbitration.*[1132]

Weder Schiedsrichter noch Parteien haben in einem Überforderungsszenario ein Interesse daran, dass der Schiedsrichter weiterarbeitet. Diesem Gedanken wird die Regel des § 627 BGGB gerecht: Der Schiedsrichter kann demnach kündigen, haftet aber richtigerweise wegen seiner Pflichtverletzung, nämlich weil er selbst verpflichtet ist, das Verfahren derart zu fördern, dass er nach gewissenhafter Prüfung hätte darüber aufklären müssen, dass er nicht der richtige Schiedsrichter für den Fall ist.[1133]

4. *Andere Schiedsrichter*

Ein Verdacht der Parteilichkeit eines oder mehrerer Mitschiedsrichter oder das Überstimmtwerden stellen, für sich genommen, keinen Kündigungsgrund des überstimmten Schiedsrichters dar.[1134] Schon in früher Rechtsprechung ging auch das Reichsgericht davon aus, dass es nicht an den Schiedsrichterkollegen des vermeintlich parteiischen Schiedsrichters ist, die Herbeiführung einer Rechtsfolge an Zweifeln hinsichtlich der Neutralität einzuleiten. Vielmehr ist das gesetzlich normierte Ablehnungsverfahren der richtige Weg,[1135] welcher von der, im Zweifelsfall hierdurch belasteten, Partei zu beschreiten sei:

1132 *Patrik Schöldström*, The Arbitrator's Mandate, S. 366.

1133 *Altenkirch*, SchiedsVZ 2014, 113 (117).

1134 *Manuela Schäfer*, Die Verträge zur Durchführung des Schiedsverfahrens, S. 402.

1135 KG, BeckRS 2010, 21520; Wieczorek/Schütze/*Schütze*, § 1035 Rn. 29f.

„Selbst wenn die Tätigkeit des parteiernannten Schiedsrichters Grund zum Zweifel an seiner Unparteilichkeit bot, war nicht der Beklagte berechtigt, deshalb sein Schiedsrichteramt niederzulegen, vielmehr war es Sache der gefährdeten Partei, die Beanstandung im Wege der Ablehnung des Schiedsrichters geltend zu machen.“[1136]

Verzichten die Parteien und der Schiedsrichter selbst auf die Durchführung eines Ablehnungsverfahrens bzw. auf den Rücktritt vom oder die Kündigung des Schiedsrichtervertrages, müssen die Mitschiedsrichter dieses hinnehmen.[1137] Manche sind deswegen der Auffassung, dass sich die Schiedsrichter untereinander nichts schulden, nicht einmal die ordnungsgemäße Mitwirkung im Verfahren.[1138] Während diese These dahingehend diskutabel erscheint, dass zumindest die ordnungsgemäße und verzögerungsfreie Verfahrensführung auch im Interesse der anderen Schiedsrichter ist, wird man gewöhnliche Differenzen zwischen den Schiedsrichtern nicht zum Kündigungsgrund erheben können; vielmehr können Schiedsrichter und Parteien erwarten, dass sich die Mitglieder des Schiedsgerichts zusammenraufen und das Verfahren professionell führen.[1139]

Anders liegt es, wenn es zu einem schwerwiegenden Zerwürfnis zwischen den beteiligten Schiedsrichtern im Mehrpersonenschiedsgericht kommt.[1140] Nur dann, wenn keine Möglichkeit mehr besteht, dass Beratungen und der Austausch von Rechtsauffassungen zu einem gemeinsamen Ergebnis führen können, ist die Kündigung eines Schiedsrichters rechtmäßig. Auch hier zeigt sich, dass der Maßstab zur Beurteilung der Rechtsmäßigkeit einer Schiedsrichterkündigung weniger die persönlichen Befindlichkeiten der Parteien sind, sondern die Durchführung des Schiedsverfahrens entscheidender Beurteilungsfaktor ist.

5. *Gefährdung der Unparteilichkeit oder Unabhängigkeit*

Werden dem Schiedsrichter während des Bestehens des Schiedsrichtvertrages Tatsachen gewahr, welche die eigene Unparteilichkeit oder Unabhängigkeit gefährden und gar negieren, liegt es anders. Den Schiedsrichter trifft in diesem Zusammenhang eine Offenbarungspflicht,[1141] das Recht zur Kündigung ergibt sich auch aus der Rechtsfolge eines Verstoßes gegen diese Offenlegungspflicht.

1136 RGZ 126, 379 (382).
1137 *Altenkirch*, SchiedsVZ 2014, 113 (118).
1138 *Lachmann*, Rn. 1156.
1139 *Lachmann*, Rn. 4377.
1140 RGZ 101, 392 (392ff.).
1141 BT-Drucks. 13/5274, S. 40; vgl. § 1, C., III. US-Amerikanisches Recht, S. 93ff.

Die Verletzung der Offenbarungspflicht durch einen Schiedsrichter verpflichtet nämlich zum Schadensersatz.[1142] Würde der Schiedsrichter bei einem nicht lösbaren Interessenkonflikt nicht gleichzeitig auch den Schiedsrichtervertrag kündigen können, wäre es möglich, dass ein parteilicher oder abhängiger Schiedsrichter materiell zur Durchführung des Schiedsverfahrens verpflichtet bleibt. Nämlich immer in den Fällen, in denen eine (gemeinsame) Kündigung der Schiedsparteien oder das Ablehnungsverfahren nicht angestoßen werden. Zudem ist auf prozessualer Ebene an die Aufhebung des Schiedsspruches nach § 1059 Abs. 2 Nr. 1d Var. 1 ZPO zu denken. Ein Schiedsrichter kann ohnehin nicht gezwungen werden, das Schiedsverfahren durchzuführen,[1143] gleichsam scheint es aber auch unzumutbar, das Fortbestehen der materiell-rechtlichen Verpflichtungen des Schiedsrichtervertrages für Fälle der unauflösbaren Parteilichkeit oder Abhängigkeit allein in die Hände der Schiedsparteien zu legen. Der Schiedsrichter muss nicht nur durch seinen Rücktritt vom prozessualen Amt des Schiedsrichters in der Lage sein, „reinen Tisch" zu machen, auch materiell muss er selbst den Gleichlauf beider Rechtslagen, prozessualer und materieller, herstellen können.

Etwa um nicht mehr verpflichtet zu sein, das, für ihn kompromittierte, Verfahren weiter zu fördern oder den Interessenkonflikt aufzulösen, der das Vorankommen der konfliktbezogenen, anderen Sache hindert.

Auch wird jeder integre Schiedsrichter ein eigenes Interesse an dieser Kündigung haben, um nicht an Ansehen und Kredibilität in der Schiedsszene zu verlieren. Der Schiedsrichter kann demnach kündigen, haftet aber wegen Nebenpflichtverletzung, wenn er die Parteien zu einem früheren Zeitpunkt hätte darüber aufklären können, dass er seine Neutralität gefährdet sieht.[1144] Gleiches gilt für Schiedsrichter im US-amerikanischen Recht, die in diesem Zusammenhang ihre Offenlegungspflichten (*duty to disclose*) verletzen,[1145] aber auch spätestens ab dem Zeitpunkt des (unverschuldet) späten Gewahrwerdens zur Kündigung berechtigt sein müssen.[1146]

1142 MüKoZPO/*Münch*, vor § 1036 Rn. 23.

1143 vgl. § 1, E., III. 2. Keine Klagbarkeit auf Durchführung des Verfahrens, S. 129ff.

1144 *Altenkirch*, SchiedsVZ 2014, 113 (117).

1145 vgl. § 1, C., III. US-Amerikanisches Recht, S. 93ff.

1146 *Park*, 46 San Diego L. Rev. 2009, 629 (648f.).

6. *Undurchführbarkeit*

Gleich zum Kündigungsrecht der Parteien wird man auch für Schiedsrichter ein Kündigungsrecht in solchen Fällen annehmen können dürfen, in denen es ausgeschlossen, unwahrscheinlich oder unabsehbar erscheint, dass das Schiedsverfahren durchgeführt wird. Hierbei darf es sich nicht nur um ein vorübergehendes Hindernis handeln, zudem reicht nicht jedes Maß der Durchführungserschwernis aus. Vielmehr muss es unter vernünftiger Abwägung aller beteiligten Interessen dem Schiedsrichter nicht zumutbar sein, weiter zur Teilnahme am Schiedsverfahren verpflichtet zu sein. Die Dispositionsfreiheit über die eigenen Kapazitäten muss dabei mit der Verpflichtung des Schiedsrichters aus dem Schiedsrichtervertrag abgewogen werden.

Keine Fälle der Undurchführbarkeit liegen hingegen vor, wenn die Parteien irrtümlich die Zuständigkeit eines nicht existierenden institutionellen Schiedsgerichts vereinbart haben.[1147] Einer Annahme eines möglichen Kündigungsgrundes oder gar einer Teilnichtigkeit soll in geeigneten Fällen der ergänzenden Vertragsauslegung vorausausgehen, um dem generellen Wunsch nach der Durchführung eines Schiedsverfahrens ausreichend Rechnung zu tragen.[1148] Erlischt die Schiedsvereinbarung durch ausdrückliches oder konkludentes Verhalten der Parteien, so wird kein Schiedsverfahren mehr durchgeführt werden. Das rechtliche Schicksal des Schiedsrichtervertrages ist jedoch von dem der Schiedsvereinbarung zu trennen. Gerade deswegen liegt aber in den Fällen der Undurchführbarkeit der Schiedsvereinbarung auch ein Kündigungsgrund hinsichtlich des Schiedsrichtervertrages für den Schiedsrichter.

Sicher ist nicht ausreichend, dass das Schiedsverfahren auf Wunsch der Parteien für eine absehbare Zeit pausiert wird. Zu unterscheiden sind grundsätzlich zwei Fälle, entweder wird das Schiedsverfahren für einen absehbaren und bestimmbaren Zeitraum aufgeschoben bzw. nicht durchgeführt oder eine Verzögerung auf ungewisse Zeit liegt vor.

a) *Absehbare Zeiträume*

Eine Verzögerung des Schiedsverfahrens aufgrund terminlicher, persönlicher oder anderer organisatorischer Probleme von Schiedsrichter oder Parteien ist keine Seltenheit und kann nicht bei einmaliger Aufschiebung von Verhandlungsterminen zur Kündigung berechtigen. Gleichwohl müssen die Parteien

---

1147 BGH NJW 2014, 3655 (3656f.); BGH SchiedsVZ 2007, 163 (164).

1148 KG NJW 2011, 2978 (2979f.); OLG Frankfurt a.M. NJW-RR 2010, 788 (799).

eine Gewähr haben, dass das Verfahren in angemessener Kürze und Eile sowie mit der gebotenen Effizienz geführt wird, immerhin sind alle Beteiligten zur Verfahrensförderung verpflichtet.

b) Unabsehbare Zeiträume

Anders liegt es bei der Nichtdurchführung des Schiedsverfahrens für unabsehbare Zeiträume. Ist für keinen der Beteiligten abschätzbar, wann, oder sogar ob, eine Fortsetzung des Verfahrens möglich erscheint, steht der Zweck des Schiedsverfahrens selbst in Rede, nämlich das Beilegen eines Rechtsstreits.[1149] Es ist den Beteiligten in diesen Fällen nicht zuzumuten, in Ungewissheit abzuwarten, wenn sie die Rechtslage als Reaktion auf die Ungewissheit umgestalten wollen. Typisches, wenngleich auch seltenes, Beispiel für eine derartige Ungewissheit ist die Nichtdurchführbarkeit des Verfahrens aufgrund politischer Verwicklung des Verfahrensstaates.[1150] In diesem Fall sind nicht nur die Parteien zur Kündigung berechtigt, auch den Schiedsrichtern muss ein Kündigungsgrund zur Seite stehen.

c) Entgegenstehende Rechtskraft

Die Durchführung eines schiedsrichterlichen Verfahrens ist nicht möglich, wenn die Entscheidung eines staatlichen Gerichts über den der Schiedsvereinbarung unterworfenen Streitgegenstand rechtskräftig ist. Parteien ist es zwar grundsätzlich möglich, die Einrede des § 1032 ZPO zu erheben, gleichwohl sind natürlich Fälle denkbar, in denen das staatliche Gericht zu der Auffassung gelangt, dass die Schiedseinrede nicht durchgreift und sich deswegen auch mit der Sachentscheidung befasst. In solchen Fällen liegt die ausschließliche Zuständigkeit bei dem staatlichen Gericht.[1151]

Es verbleibt den Schiedsparteien sodann die Möglichkeit anderweitiger vertraglicher Regelung: Es kann, in neuer Schiedsvereinbarung, die Regelung getroffen werden, nach welcher ein Schiedsgericht zur Nachprüfung einer gerichtlichen Entscheidung, also als Rechtsmittelschiedsgericht, eingesetzt wird.

1149 BGHZ 144, 146 (148); Lionett/Lionett, S. 54; MüKoZPO/*Münch*, Vorbem. zu den §§ 1025ff. Rn. 4ff. m.w.N

1150 *Lachmann*, Rn. 625; LG Kassel NJW 1992, 3107 (3107ff.), für den Fall, dass ein Schiedsgericht bei der Wirtschaftskammer der Sozialistischen Föderativen Republik Jugoslawien in Belgrad über Streitigkeiten aus einem Vertragsverhältnis entscheiden soll und infolge des herrschenden Kriegszustands zwischen Slowenien und Serbien das Schiedsgericht nicht erreichbar ist.

1151 *Schwab/Walter*, Kap. 8 Rn. 4.

Dieses ändert jedoch nichts an der entgegenstehenden Rechtskraft in der Ausgangssache.

Ähnlich gelagert sind solche Fälle, in denen sich die Parteien trotz einer Schiedsvereinbarung auf einen Prozess vor den ordentlichen Gerichten einlassen. Gleich zu welchem Zeitpunkt des schiedsrichterlichen Verfahrens dies geschieht, lassen sich beide Parteien ohne Vorbehalte auf das ordentliche Gerichtsverfahren ein, nehmen Sie von der Schiedsvereinbarung Abstand. Aufgrund der gemeinsamen Verfahrensdispositionsbefugnis der Parteien wird die Schiedsvereinbarung aufgehoben und lebt auch bei Klagerücknahme im ordentlichen Verfahren nicht wieder auf.[1152] Die mit dem Schiedsrichtervertrag einhergehende Verpflichtung des Schiedsrichters wird mit dem Aufheben der Schiedsvereinbarung obsolet, entsprechend muss ihm ein Kündigungsgrund zur Seite stehen.

7. *Eigenes vertragswidriges Verhalten*

Hat der Schiedsrichter durch vertragswidriges Verhalten eine Kündigung der Parteien veranlasst oder seiner eigenen Kündigung Vorschub geleistet, hat er grundsätzlich keinen vollständigen Vergütungsanspruch, da kein tauglicher Kündigungsgrund i.S.d. § 627 BGB vorliegt. In diesen Fällen muss der Schiedsrichter Schadensersatz insoweit leisten, als dass erbrachte Leistungen im Zusammenhang mit dem Schiedsverfahren wertlos geworden sind und erneut, kostenverursachend, erbracht werden müssen.[1153] Denkbar ist, dass i.S.d. § 628 BGB Teilleistungen erbracht worden sind, die vergütungsfähig sind. Hierzu muss allerdings bedacht werden, dass die Parteien wohl Teilvergütungsansprüche mit möglichen Ansprüchen auf Schadensersatz aufrechnen werden und so im Ergebnis in den allermeisten Fällen keine Teilvergütung mehr übrigbleiben wird.[1154]

B. Abmahnung

Nicht nur das Vorliegen eines wichtigen Grundes ist für die berechtigte Kündigung erforderlich, auch wird in der Regel eine Abmahnung erforderlich sein. Etwas anderes muss wegen des besonderen Charakters des § 627 BGB und der Tätigkeit des Schiedsrichters nicht zwingend gelten, obwohl naheliegt, dass die

1152 *Schwab/Walter*, Kap. 8 Rn. 5.
1153 *Schwab/Walter*, Kap. 13 Rn. 14.
1154 *Lachmann*, Rn. 4350; *Mankowski*, SchiedsVZ 2004, 304 (306ff.).

Vorschrift und das besondere Verhältnis zwischen Parteien und Schiedsrichter eine Abmahnung häufig wenig erfolgversprechend erscheinen lassen.

Bei der Kündigung von Dauerschuldverhältnissen soll grundsätzlich das vorherige Abmahnen des pflichtwidrigen Verhaltens des Kündigungsempfängers erforderlich sein.[1155] Im Regelfall dient die Abmahnung der notwendigen Objektivierung einer angestellten Negativprognose.[1156] Der Abmahnende soll vor der Auflösung des Vertragsverhältnisses sicherstellen, dass ein zukünftiges vertragsgerechtes Verhalten nicht mehr zu erwarten ist.[1157] Wird dem Abgemahnten das Fehlverhalten durch die Abmahnung aufgezeigt, dient dieses als Anknüpfungspunkt für eine angestellte Prognoseentscheidung in der Form, dass Pflichtverletzungen gleicher Art nach dem Erhalt der Abmahnung das Vertrauen in die zukünftige, störungsfreie Vertragserfüllung stören.[1158] Das Prinzip der vorherigen Abmahnung als milderes Mittel zur Kündigung hat durch die seit dem 01.01.2002 geltende Regelung zur außerordentlichen Kündigung von Dauerschuldverhältnissen in § 314 Abs. 2 BGB gesetzgeberische Bestätigung erfahren.[1159] Wie festgestellt, handelt es sich bei dem Schiedsrichtervertrag um ein Dauerschuldverhältnis eigener Art, welches im Wesentlichen dienstvertragliche Rechte und Pflichten begründet.[1160] Als milderes Mittel muss damit der außerordentlichen Kündigung grundsätzlich eine Abmahnung vorangegangen sein, gleich ob die Kündigung vom Dienstberechtigten oder vom Dienstverpflichteten ausgeht,[1161] wenn es sich um verhaltensbedingte Kündigungen handelt. Die Anwendung dieses Rechtsgedankens hindert die Spezialität des § 626 BGB gegenüber dem § 314 Abs. 2 S. 2 BGB nicht.[1162]

Klärungsbedürftig erscheint in diesem Zusammenhang deswegen zunächst, in welchen Fällen eine Abmahnung erforderlich ist und in welchen Fällen hiervon eine Ausnahme gemacht werden kann. Insbesondere unter Differenzierung der, nebeneinander anwendbaren,[1163] Kündigungsmöglichkeiten nach § 626 BGB einerseits und § 627 BGB andererseits.

1155 BT-Drucks. 14/6040, S. 178.

1156 BAG NZA 2011, 1029 (1031).

1157 BAGE 134, 349 (351f.).

1158 BAG NZA 2011, 1342 (1345f.).

1159 BT-Drucks. 14/6040, S. 178; BAGE 142, 176 (177f.); BAG NZA 2014, 965 (966).

1160 vgl. § 1, E. Einordnung des Vertragstypus nach deutschem Recht, S. 124.

1161 MükoBGB/*Henssler*, § 626 Rn. 89.

1162 BeckOGKBGB/*Günther*, § 626 Rn. 24; MükoBGB/*Henssler*, § 627 Rn. 5; *Schlachter*, NZA 2005, 433 (437).

1163 RGZ 69, 363 (365); MükoBGB/*Henssler*, § 627 Rn. 5.

I. Erforderlichkeit der Abmahnung

Besteht der wichtige Grund in der Verletzung einer Pflicht aus dem Vertrag, ist die Kündigung nach § 626 BGB grundsätzlich erst nach erfolglosem Ablauf einer zur Abhilfe bestimmten Frist oder nach erfolgloser Abmahnung zulässig.[1164] Kündigt der Schiedsrichter den Schiedsrichtervertrag nach § 626 BGB, gilt nichts anderes.[1165] Dieses bedeutet zunächst, dass eine Abmahnung hinsichtlich der verhaltensbezogenen Kündigung erforderlich ist, liegen allerdings Gründe vor, welche an kein steuerbares Verhalten der Beteiligten anknüpfen, ist eine Abmahnung nicht erforderlich.[1166]

Dieses kann für die Kündigung nach § 627 Abs. 1 BGB nicht gelten. Das Institut der Abmahnung ist im Hinblick auf die soziale Schutzbedürftigkeit abhängig Beschäftigter entwickelt worden,[1167] eine Anwendung des Abmahnungserfordernisses auf Kündigungen nach § 627 Abs. 1 BGB wird deswegen mehrheitlich verneint.[1168] Dies gilt insbesondere dann, wenn prognostizierbar ist, dass das für § 627 BGB typische Vertrauensverhältnis bereits geschädigt ist.[1169]

II. Entbehrlichkeit der Abmahnung

Handelt es sich bei dem vertragswidrigen Verhalten eines der Beteiligten um ein steuerbares und zurechenbares Fehlverhalten, kommt das Erfordernis der Abmahnung grundsätzlich bei der Anwendung des § 626 BGB in Betracht. Da §§ 626 und 627 BGB grundsätzlich nebeneinander angewandt werden können, lohnt sich die Überprüfung der Möglichkeit der Entbehrlichkeit der Abmahnung.

Die Frage der Entbehrlichkeit der Abmahnung richtet sich maßgeblich nach dem Sinn und Zweck der Abmahnung selbst. Zur Wahrung des Grundsatzes der Verhältnismäßigkeit taugt diese nur dann, wenn sie als milderes Mittel überhaupt geeignet ist, eine erforderliche Änderung im pflichtverletzenden Verhalten des Abzumahnenden herbeizuführen.[1170] Eine Abmahnung ist demnach nur dann entbehrlich, wenn eine Negativprognose für den weiteren Vertragsverlauf

---

1164 BT-Drucks. 14/6040, S. 178; BAGE 142, 176 (177f.); BAG NZA 2014, 965 (966).

1165 LG Köln, NJW-RR 2013, 1273 (1275f.).

1166 MükoBGB/*Henssler*, § 626 Rn. 89, dazu im Folgenden unter „Entbehrlichkeit der Abmahnung".

1167 BGH NJW 2000, 1638 (1639).

1168 KG, NJW-RR 2002, 708 (708ff.).

1169 MükoBGB/*Henssler*, § 627 Rn. 2f.

1170 *Schaub*, NJW 1990, 872 (874f.).

besteht, beispielsweise weil eine Änderung des Verhaltens objektiv nicht möglich ist.[1171] Eine Beendigung des Schiedsrichtervertrags als Dauerschuldverhältnis bedarf also schon keiner Abmahnung, weder durch den Dienstberechtigten noch durch den Dienstverpflichteten, wenn Umstände außerhalb der Gestaltungsmacht der Parteien als Kündigungsgrund herangezogen werden.

Exemplarisch seien hier die Undurchführbarkeit des Verfahrens aufgrund äußerer Umstände, die andauernde und beeinträchtigende Krankheit unter Ausschluss der Vertretungsmöglichkeit, das Gewahrwerden nicht zu beseitigender Umstände, welche die Unparteilichkeit gefährden, sowie das Nichtbestehen einer erforderlichen Nebentätigkeitsgenehmigung genannt.[1172]

Von diesem Erfordernis einer Abmahnung kann jedoch abgewichen werden. Schon durch die Formulierung des § 314 Abs. 2 S. 2 BGB wird deutlich, dass der Gesetzgeber Ausnahmetatbestände vorgesehen hat, in denen ein Dauerschuldverhältnis ohne vorherige Abmahnung beendet werden können soll. Es sollen § 323 Abs. 2 Nr. 1 und 2 BGB entsprechende Anwendung finden, darüber hinaus soll eine Entbehrlichkeit auch vorliegen, wenn besondere Umstände vorliegen, die unter Abwägung der beiderseitigen Interessen die sofortige Kündigung rechtfertigen.[1173]

In der Regel hat der Kündigung eine Abmahnung vorauszugehen, die jedoch entbehrlich ist, wenn ein Erfolg nicht zu erwarten oder das Vertrauensverhältnis so nachhaltig gestört ist, dass eine sofortige Beendigung des Vertrags gerechtfertigt erscheint.[1174] Insgesamt hat sich die Kündigung aus wichtigem Grund bei Dauerschuldverhältnissen auf der Grundlage von Rechtsprechung und Rechtslehre zu einem allgemein anerkannten Rechtsinstitut entwickelt.[1175] Insoweit lassen sich hinsichtlich der Entbehrlichkeit der Abmahnung die Gründe für die fristlose Kündigung aus wichtigem Grund fortschreiben,[1176] wiegt eine Pflichtverletzung so schwer, dass es den Beteiligten nach objektivem Maßstab nicht zumutbar ist, das Vertragsverhältnis trotz erfolgter Abmahnung fortzusetzen, kann auf diese verzichtet werden.[1177] Zusammen mit der Erkenntnis, dass eine Abmahnung ohnehin nur für verhaltensbezogene Kündigungen erforderlich

---

1171 MükoBGB/*Henssler*, § 626 Rn. 99.
1172 vgl. § 5, A. Kündigungsgründe im Einzelnen, S. 240ff.
1173 MükoBGB/*Henssler*, § 626 Rn. 90.
1174 BT-Drucks. 14/6040, S. 177.
1175 BT-Drucks. 14/6040, S. 177.
1176 MükoBGB/*Henssler*, § 626 Rn. 90.
1177 BAG NZA 2015, 294 (296); BAG NJW 2013, 954 (956f.).

sein soll, verengt sich der Anwendungsbereich des Abmahnerfordernisses für die Fälle der Schiedsrichterkündigung merklich.

Die vorliegende Untersuchung zeigt, dass eine Vielzahl der überhaupt tauglichen Kündigungsgründe nicht solche sind, die durch ein Verhalten der Schiedsparteien indiziert werden oder durch das Aussprechen der Abmahnung beeinflussbar, der Abmahnung also überhaupt nicht zugänglich sind.[1178] Richtigerweise muss nämlich der Schiedsrichter bei Kündigungsgründen, die nicht aus der Sphäre der Schiedsparteien stammen, keine Abmahnung aussprechen. Nur wenn eine verhaltensbedingte Kündigung durch prognosefähiges, durch die Abmahnung abänderliches, Parteiverhalten herbeigeführt werden soll, soll eine Pflicht zur Abmahnung bestehen.[1179] Eine Undurchführbarkeit des Verfahrens, eigene schwere Krankheit oder das Gewahrwerden von Unabhängigkeitsproblemen führen keine Abmahnpflicht des Schiedsrichters herbei. Hinzu kommt, dass es selbst verhaltensbedingte Gründe gibt, die trotzdem nicht abgemahnt werden müssen, zum Beispiel die Drohung oder das Begehen von Straftaten durch die Schiedsparteien.

III. Fazit

Für die Kündigung des Schiedsrichters nach § 627 Abs. 1 BGB besteht kein Abmahnerfordernis, kündigt der Schiedsrichter nach dem, daneben anwendbaren, § 626 Abs. 1 BGB, so besteht in konsequenter Anwendung der Rechte des Dienstvertrages grundsätzlich die Verpflichtung, zur Wahrung der Verhältnismäßigkeit eine Abmahnung bei verhaltensbedingter Kündigung auszusprechen. Allzu häufig wird sich aber der wichtige Grund des § 626 Abs. 1 BGB nicht auf ein Verhalten der Schiedsparteien beziehen oder das Verhalten der Schiedsparteien ist für den Schiedsrichter derart eingriffsintensiv, dass das Abmahnerfordernis entfällt.

Die Kündigungsgründe entziehen sich im Einzelfall einer abschließenden Systematisierung, gleichwohl bestätigt sich auch hier das Ergebnis der vorangegangenen Betrachtung. Handelt es sich bei dem vorgebrachten Kündigungsgrund um einen solchen, der eine rechtliche oder praktische Undurchführbarkeit, eine nachhaltige Störung des grundlegenden Vertrauens oder eine Gefährdung für die persönliche Integrität des Schiedsrichters bedeutet, wird in aller Regel eine begründete Kündigung vorliegen. Im Gegensatz dazu sind

1178 BAG NZA 2009, 1198 (1202ff.); MükoBGB/*Henssler*, § 626 Rn. 89f.
1179 LG Köln, NJW-RR 2013, 1273 (1275).

Gründe der bloßen Überforderung oder aus der Pflichtensphäre des Schiedsrichters, beispielsweise das Nichtbestehen einer Nebentätigkeitsgenehmigung, kein Zeichen für eine Undurchführbarkeit oder Gefahr für das Schiedsverfahren und berechtigen konsequenterweise nicht zur Kündigung, ziehen also Haftungsfolgen nach sich.[1180]

C. Unzeitigkeit

Die fristlose Kündigung bei Vertrauensstellung i.S.d. § 627 Abs. 1 BGB sieht eine Schadensersatzverpflichtung desjenigen vor, der ohne wichtigen Grund zur Unzeit kündigt. Mit der grundsätzlichen Annahme eines Kündigungsrechts für den Schiedsrichter nach § 627 Abs. 1 BGB stellt sich damit die Frage nach der Unzeitigkeit der Kündigung im Schiedsverfahren. Diese Ausnahme von der Schadensersatzhaftung muss bei konsequenter Anwendung der §§ 626, 627 BGB auch für den Schiedsrichter gelten.

Wenngleich der Schiedsrichter in der Praxis nur in seltenen Fällen **nicht** zur Unzeit kündigen wird, kann diese Ausnahme dennoch in wenigen Fällen eine Haftung ausschließen.

Insgesamt muss die Ausnahme der „Zeitigkeit" strenger ausgelegt werden, als es der Wortlaut vermuten lässt.[1181] Die Kündigung des Schiedsrichters wird in aller Regel zur Unzeit erfolgen, schon nach der Durchführung der allerersten Verfahrensschritte können sich die Schiedsparteien nicht ohne Probleme die Dienste des Schiedsrichters anderweitig beschaffen, ohne dass zusätzliche Kosten entstehen, die eine Unzeitigkeit indizieren.[1182]

Ein neuer Schiedsrichter kann das Schiedsverfahren in keinem denkbaren Fall genauso fortführen wie der Vorgänger. Für den Idealfall, dass noch keine Beweiserhebung stattgefunden hat oder jeder bisher erhobene Beweis in protokollierter Form vorliegt bzw. Urkundenbeweis ist, muss sich der Schiedsrichter trotzdem in den Verfahrensstoff einarbeiten, erhobene Beweise studieren und bewerten und den weiteren Verfahrensablauf planen. Tätigkeiten, die durch den jeweiligen Vorgänger bereits (teilweise) erledigt gewesen sein können und durch ihre Wiederholung Kosten verursachen. Richtigerweise wird deswegen in der Literatur die Auffassung vertreten, dass sich ein Schiedsrichter zumindest schon

1180 *Altenkirch*, SchiedsVZ 2014, 113 (116f.).
1181 *Altenkirch*, SchiedsVZ 2014, 113 (116f.).
1182 *Schütze/Tscherning/Wais*, Handbuch des Schiedsverfahrens, Rn. 304.

dann nicht mehr auf die erste Ausnahme von der Schadensersatzpflicht berufen kann, wenn bereits eine mündliche Verhandlung und eine Beweisaufnahme stattgefunden haben.[1183]

Der Schwerpunkt der Untersuchung einer möglichen Schiedsrichterhaftung nach § 627 Abs. 2 BGB wird deswegen nicht auf der Feststellung einer Unzeitigkeit liegen, sondern sich vielmehr der Frage des Vorhandenseins von wichtigen Gründen widmen.[1184]

D. Nachschieben von Gründen

Die Rechtsprechung gestattet bei einer Kündigung aus wichtigem Grund das Nachschieben von Kündigungsgründen, die im Zeitpunkt der Kündigungserklärung gegeben waren, mit der Wirkung, dass die zunächst unzureichend begründete Kündigung rückwirkend wirksam wird.[1185]

Das Nachschieben eines wichtigen Grundes wird gerade zugelassen, um denjenigen Vertragsteil, der es verstanden hat, einen wichtigen Grund zu verheimlichen, nicht besser zu stellen.[1186] Nichts anderes gilt für den Schiedsrichter im Schiedsrichtervertrag, es wäre unsinnig, dass ein Schiedsrichter, der einmal die Kündigung ausgesprochen hat, dieses erneut tun müsste, wenn sich während der Kündigung ein strafbares Verhalten der Parteien aufklärt oder dem Schiedsrichter ein besonderes Näheverhältnis zu einer der Parteien gewahr wird, das vorher nicht aufgedeckt werden konnte.

E. Beweislastverteilung

Das Vorliegen eines wichtigen Grundes wird in aller Regel spätestens der gerichtlichen Überprüfung unterzogen werden, wenn gegen den untätigen Schiedsrichter Schadensersatzansprüche geltend gemacht werden.

Kündigt ein Schiedsrichter, ohne dass ihm ein wichtiger Grund zur Seite steht, und nehmen ihn die Schiedsparteien darauf in Anspruch, so muss der

---

1183 *Jens Gal*, Die Haftung des Schiedsrichters in der internationalen Handelsschiedsgerichtsbarkeit, S. 316f.; *Schütze/Tscherning/Wais*, Handbuch des Schiedsverfahrens, Rn. 304.

1184 *Jens Gal*, Die Haftung des Schiedsrichters in der internationalen Handelsschiedsgerichtsbarkeit, S. 316.

1185 BGHZ 65, 300 (300f.) m.w.N.

1186 BGH DB 1980, 967 (968).

Schiedsrichter beweisen, dass ein wichtiger Grund für die Kündigung nach § 626 BGB bestand.[1187]

Gleichwohl muss die konkrete Störung des Vertrauensverhältnisses nach § 627 Abs. 1 BGB nicht nachgewiesen werden. Bei einer Geltendmachung von Schadensersatzansprüchen nach § 627 Abs. 2 BGB ist es am Dienstberechtigten, also den Schiedsparteien, den Grund für die Unzeitigkeit der Kündigung zu belegen; der Dienstverpflichtete, also der kündigende Schiedsrichter, hat sodann die Tatsachen darzulegen, die das Vorliegen eines wichtigen Grundes ergeben sollen.[1188]

F. Kapitelzusammenfassung: Die Kündigung

Waincymer fasst die unterschiedlichen Interessen hinsichtlich der Kündigung des Schiedsrichters treffend zusammen:

> *"On the one hand, arbitrators obviously should not be compelled to continue where they have a reasonable excuse. On the other hand, once a mandate is accepted, it should not be unilaterally rejected without valid excuse. Furthermore, resignation of an arbitrator disrupts proceedings and causes delay. There is also a need to ensure that unethical arbitrators do not resign for partisan reasons, including a wish to disrupt and delay".*[1189]

Die Untersuchung des obigen Kapitels zeigt, dass die Kündigung des Schiedsrichters genau wegen der unterschiedlichen und gegensätzlichen Interessen von Schiedsrichter und Schiedspartei einer rechtlichen Würdigung bedarf, die in der Lage ist, diese Interessen auszugleichen. Auf einer Seite steht das Interesse des Schiedsrichters nach Rechtsgestaltungsfreiheit bezüglich der ihn bindenden Rechte und Pflichten, nach deutschem Recht einhellig auf Grundlage eines Dauerschuldverhältnisses, namentlich dem Schiedsrichtervertrag. Auf der anderen Seite steht das Interesse der Schiedsparteien an einem Verfahrensabschluss, meistens dem Schiedsspruch. Ist das Erreichen dieses Interesses besonders gefährdet oder nur durch Kündigung (und späteres Auswechseln des Schiedsrichters) zu erreichen, wird interessensgerechterweise auch ein Kündigungsgrund vorliegen.[1190]

Genau für die Fälle, in denen ein Dienstleister sich nicht in der Lage sieht, den Dienst weiter zu verrichten und hierdurch ein Schaden entsteht, gibt es die

1187 *Joachim Strieder*, Rechtliche Einordnung und Behandlung des Schiedsrichtervertrages, S. 142.

1188 Staudinger/*Preis*, § 627 Rn. 32.

1189 *Waincymer*, Procedure and Evidence in International Arbitration, S. 57f.

1190 *Patrik Schöldström*, The Arbitrator's Mandate, S. 367.

Regelung des § 627 BGB. Die Vorschrift fragt hinsichtlich der Ausführung nicht nach einem möglichen Grund zur Kündigung und würdigt so die Entscheidungs- und Entschlussfreiheit des Schiedsrichters. Richtigerweise verortet sie die Frage nach dem Kündigungsgrund, wie auch in den Vereinigten Staaten von Amerika zu beobachten, auf Haftungsfolgenseite.

§ 6. Haftung des Schiedsrichters

In principle, arbitrators in Germany are liable according to general contract law, whereby they benefit from a liability privilege, the judicial immunity. However, an arbitrator's liability because of an unrightfully termination of contract is not privileged as it generally is not related to the judicial actions of the arbitrator.

Generally, the American arbitration law, is not different. If the arbitrator resigns without good cause, it is a case of non-performance which, according to American arbitration law, is not privileged by any kind immunity. Last the chapter deals with possible reimbursement claims and suggests that possible reimbursement and compensation claims for non-performance will often cancel out.

„*Arbitration is no longer a gentlemanly and somewhat academic exercise following which all concerned shake hands and walk away with a smile.*“.[1191] Auch aus diesem Grund wird immer häufiger von der unterlegenen Partei versucht, einen Schiedsrichter in Haftung zu nehmen. Ein Schiedsrichter kann sich mit dem Vorwurf und letztlich der Klage einer Partei eines Schiedsverfahrens konfrontiert sehen, in der ihm vorgeworfen wird, seine Entscheidung sei inhaltlich oder prozessual fehlerhaft zustande gekommen.[1192] Gleichwohl ist die Schiedsrichterhaftung in der Praxis (noch) von bisher geringer Relevanz. Bislang sind nur wenige Entscheidungen veröffentlicht, die sich überhaupt mit der Frage der Schiedsrichterhaftung wegen Kündigung beschäftigen, hiervon liegen die meisten schon lange zurück.[1193]

Vor dem Hintergrund einer Kündigung durch den Schiedsrichter ist nicht nur die Frage aufzuwerfen, welches Verhalten eines Schiedsrichters bei Kündigung auch einen Haftungsgrund darstellen kann und ob es auch rechtmäßige Kündigungen gibt, die keine Schadensersatzpflicht auslösen. In einem zweiten Schritt muss in diesem Zusammenhang konsequenterweise die Frage einer möglichen Privilegierung der Haftung ebenfalls behandelt werden.

Zugunsten des staatlichen Richters gilt nämlich gem. § 839 Abs. 2 S. 1 BGB das sog. Spruchrichterprivileg, wonach der staatliche Richter nur haftet, wenn

---

1191 *Hunter*, Arb. 1987, 219 (220).

1192 *Jens Gal*, Die Haftung des Schiedsrichters in der internationalen Handelsschiedsgerichtsbarkeit, S. 160f.

1193 *Lachmann*, Rn. 4308; PWW/*Lingemann*, § 627 Rn. 4; BGHZ 15, 12 (12ff.).

er sich strafrechtlich relevant verhalten hat. Bei der Übertragung von privaten Streitigkeiten vor ein Schiedsgericht ist umstritten, ob das Spruchrichterprivileg i.S.d. § 839 Abs. 2 BGB überhaupt uneingeschränkt gilt oder unter welchen Voraussetzungen es auf die schiedsrichterliche Tätigkeit übertragbar ist.

Auch besteht, wie festgestellt, die Möglichkeit, den Schiedsrichtervertrag zu kündigen.[1194] Stehen dem Kündigenden allerdings keine besonderen Kündigungsgründe für die willentliche Beendigung des Schiedsrichtervertrages zur Seite, muss der Schiedsrichter auf Schadensersatz haften.[1195] Der Schiedsrichtervertrag ist Haftungsgrundlage und damit auch Voraussetzung einer Haftung des Schiedsrichters gegenüber den Parteien. Zwar ist grundsätzlich auch eine Haftung aus §§ 823ff. BGB denkbar, diese bestünde jedoch allenfalls parallel zur vertraglichen Haftung.[1196] Hinzu kommt, dass das Vermögen nicht vorgesehenes Schutzgut der §§ 823ff. BGB ist[1197] und eine Pflichtverletzung eines Schiedsrichters im hier untersuchten Kontext regelmäßig einen potenziellen Vermögensschaden bedeutet.

Zur Haftung des Schiedsrichters existiert das Werk von *Gal*, hier beschreibt *Gal* den Schiedsrichtervertrag selbst für die Quelle einer Haftungsbeschränkung des Schiedsrichters.[1198] Rechtsprechung und weite Teile der Literatur gehen davon aus, dass das Haftungsprivileg eines Schiedsrichters auf einer stillschweigend von den Parteien mitgeschlossenen Haftungsreduzierung beruht.[1199] Andere wiederum leiten ein Haftungsprivileg des Schiedsrichters aus einer Analogie zum § 839 Abs. 2 BGB her.[1200] Während die nationale Gesetzgebung zur Schiedsgerichtsbarkeit in den Vereinigten Staaten zur Frage der Schiedsrichterhaftung schweigt,[1201] ist anhand der Rechtsprechung zur richterlichen Haftungsprivilegierung, der *absolute* oder *judicial immunity*, auch die Schiedsrichterhaftung entwickelt worden. Hier gilt es zunächst die Haftungsreichweite abzustecken und sodann zu untersuchen, welches Verhalten nach US-amerikanischer Rechtsauffassung

1194 vgl. § 5, A. Kündigungsgründe im Einzelnen, S. 240ff.
1195 *Altenkirch*, SchiedsVZ 2014, 113 (115f.).
1196 RGZ 41, 251 (257); *Lachmann*, Rn. 4311.
1197 BGHZ 41, 123 (126f.).
1198 *Jens Gal*, Die Haftung des Schiedsrichters in der internationalen Handelsschiedsgerichtsbarkeit, S. 194ff.
1199 Z.B.: *Lachmann* Rn. 4337 m.w.N.; Staudinger/*Wöstmann*, § 839 Rn. 332.
1200 *Honsell*, JuS 1976, S. 621 (623).
1201 *Mattera*, 12 Ohio St. J. on Disp. Resol. 1997, 779 (787).

nicht mehr privilegiert ist. Problematisch erscheint, dass der Schiedsrichter sich zwar in seiner Funktion nicht wesentlich vom staatlichen Richter unterscheidet, gerade aber hinsichtlich der potenziellen Kündigungs- bzw. Rücktrittmöglichkeit ein wesentlicher Unterschied zum staatlichen Richter besteht.[1202]

A. Privilegierung der Haftung

Für Schäden, die ein (Berufs-)Richter im Rahmen seiner Tätigkeit verursacht, haftet der Richter gem. Art. 34 S. 1 GG nicht selbst. Die Haftung, so sie überhaupt in Betracht kommt, trifft vielmehr den jeweiligen Dienstherren. Sofern der Schaden durch die Verletzung einer Amtspflicht bei einem Urteil verursacht wird, haftet allerdings gem. § 839 Abs. 2 BGB i.V.m. Art. 34 S. 1 GG die Körperschaft, bei der der Richter angestellt ist, nur dann, wenn Rechtsbeugung vorliegt. Der Begriff des Urteils i.S.d. § 839 Abs. 2 BGB umfasst neben Urteilen im technischen Sinn gerade auch Beschlüsse, soweit es sich um eine richterliche Entscheidung handelt.[1203]

Während eine Dienstherrenhaftung in Bezug auf die Schiedsparteien nicht in Betracht kommt, gibt es viele Stimmen in der Literatur und Rechtsprechung, die eine Haftungsprivilegierung für Schiedsrichter nach den Grundsätzen des Spruchrichterprivilegs annehmen.

Während die Existenz eines Spruchrichterprivilegs bei Berufsrichtern unumstritten und gesetzlich geregelt ist, ist nicht abschließend geklärt, in welchem Umfang Schiedsrichter eine Haftungsprivilegierung erfahren sollen. Relativ eindeutig ist das Bild hinsichtlich des Ob der Privilegierung, diese wird, mit guten Gründen, zuallermeist bejaht.[1204] Umfang und Herleitung der genannten Privilegierung sind aber bis heute nicht unumstritten. Einerseits wird angenommen, die Parteien würden in Abwesenheit einer ausdrücklichen Vereinbarung eine Haftungsprivilegierung konkludent dergestalt vereinbaren, dass sie dem Spruchrichterprivileg gleiche. Andernorts wird das Spruchrichterprivileg analog auf die entsprechende schiedsrichterliche Tätigkeit angewandt. Beide Auffassungen vermögen letztlich nicht hundertprozentig zu überzeugen, fest steht nur, dass die schiedsrichterliche Tätigkeit haftungsprivilegiert sein muss. Unabhängig von

1202 *Jones v. Brown*, 54 Iowa 74, 6 N.W. 140 (1880); *Baar v. Tigerman*, 140 Cal. App.3d 979 (1983).

1203 BGHZ 10, 55 (61); 13, 142 (144); 57, 33 (45); 64, 347 (348f.); 155, 306 (308).

1204 *Jens Gal*, Die Haftung des Schiedsrichters in der internationalen Handelsschiedsgerichtsbarkeit, S. 160ff.; *Gunnar Sachs*, Verhaltensstandards für Schiedsrichter, S. 236.

der Frage, welche Art von Herleitung der Haftungsprivilegierung vorliegen mag, ist auch noch zu beurteilen, ob die rechtsgrundlose Kündigung und die daran anknüpfende Schadensersatzforderung überhaupt von einer derartigen Privilegierung erfasst sein kann.

I. Deutsches Recht

1. Fehlen einer Privilegierung

Einige Autoren übertragen weder die Grundsätze des § 839 Abs. 2 BGB auf die schiedsrichterliche Haftung, noch nehmen diese an, dass der Schiedsrichtervertrag durch eine, meist konkludente, Mitvereinbarung einer Haftungsprivilegierung modifiziert würde.[1205] Vertreter dieser Auffassung kämen damit immer zu dem Ergebnis, dass eine unbegründete Kündigung einen Haftungsfall darstellt.

Aus der Vergleichbarkeit der schiedsrichterlichen und der richterlichen Tätigkeit und aus der, hier vertretenen, Auffassung, dass das Parteiinteresse der Schiedsparteien beiderseitig eindeutig in die Richtung der Privilegierung geht, kann dem nicht zugestimmt werden. Die Untersuchung wird zeigen, dass eine Übertragbarkeit der Haftungsprivilegien nach § 839 Abs. 2 BGB nicht daran scheitert, dass keine Notwendigkeit danach besteht, sondern vielmehr daran, dass die Analogievoraussetzungen nicht vorliegen. Gleichwohl wird eine Haftungsprivilegierung aufgrund rechtspolitischer Notwendigkeit, getragen vom Interesse aller Schiedsparteien, anzunehmen sein.[1206]

Ebenso darf nicht verkannt werden, dass auch die Privilegierung des Spruchrichters nicht unendlich weit reicht, strafbares Handeln und solches Fehlverhalten, das nicht klassischerweise mit der spruchrichterlichen Tätigkeit zusammenhängt, sind nicht privilegiert.

2. Spruchrichterprivileg

Das Spruchrichterprivileg ist nach Auffassung einiger auf den Schiedsrichter übertragbar. Zu zeigen sein wird, ob diese Auffassung auch rechtsgrundlose Kündigungen privilegieren kann.

1205 *Otto Averdieck*, Die Haftung des Schiedsrichters, S. 91; *Werner Kauffmann*, Schiedsrichtervertrag (receptum arbitri) nach geltendem Recht, S. 95ff; *Bernward Machens*, Der Schiedsrichtervertrag, S. 24ff.; *Gustav Müser*, Das Receptum arbitri und die Haftung des Schiedsrichters, S. 123ff.

1206 *Jens Gal*, Die Haftung des Schiedsrichters in der internationalen Handelsschiedsgerichtsbarkeit, S. 185.

a) Das Spruchrichterprivileg für Berufsrichter

Die Mitglieder der zweiten Kommission zur Ausarbeitung des Bürgerlichen Gesetzbuches waren bereits der Auffassung, dass es mit dem Gedanken der Rechtskraft und der Aufrechterhaltung der Rechtsordnung nicht vereinbar sei, wenn die richterliche Entscheidung aufgrund jedes Fehlverhaltens des entscheidenden Richters überprüft werden würde.[1207] Die Integrität des Urteils ist damit nach ganz herrschender Meinung Schutzzweck der Regelung des § 839 Abs. 2 S. 1 BGB.[1208] Darüber hinaus ist die richterliche Unabhängigkeit damit zusammenhängendes Schutzgut der Vorschrift.[1209] Kündigte nämlich eine Partei, womöglich schon vor Prozessbeginn oder währenddessen, Klage an, so wäre zu befürchten, eine mögliche Haftung des Richters könnte zu einer Entscheidung bewegen, die weniger vom Recht getragen ist als von der ausgesprochenen Drohung.[1210] Insoweit ist eine weitere Schutzrichtung des Spruchrichterprivilegs nicht die richterliche Unabhängigkeit i.S.d. Art. 97 Abs. 1 GG i.V.m. § 25 DRiG. Hierbei geht es nämlich um Weisungsfreiheit und Amtsenthebungsschutz,[1211] es geht gerade um die Sicherstellung einer unbeeinflussten Entscheidung.[1212]

Ein Amtshaftungsprozess tastet zwar die Rechtskraft der richterlichen Entscheidung nicht an, trotzdem findet eine inhaltliche Überprüfung der Entscheidung statt, der Richter soll sich nicht der (unterbewussten) Beeinflussung durch die Gefahr eines möglichen Regressverfahrens ausgesetzt sehen.[1213] Kommt das Gericht dabei zu einem vom ursprünglichen Urteil des Richters abweichenden Ergebnis, könnte der einst entschiedene Streit erneut entfacht werden, Rechtsfrieden und Rechtssicherheit würden nicht erreicht.[1214] Der Gesetzgeber duldet dieses gerade deswegen nur bei strafbarem Verhalten des Richters:[1215]

> *„Eine [...] ausgedehnte, nach obigem auch im Allgemeinen dem geltenden Rechte nicht entsprechende Verantwortlichkeit des Spruchrichters verträgt sich jedoch nicht mit der zur Aufrechterhaltung der Rechtsordnung unentbehrlichen Unabhängigkeit der Gerichte. Der*

1207 Protokoll No. 824 in Mugdan II, S. 460.

1208 BGHZ 50, 14 (19f.); 51, 326 (327); MüKoBGB/*Papier*, § 839 Rn. 323; Staudinger/*Wöstmann*, § 839 Rn. 314.

1209 Maunz/Dürig/*Hillgruber*, Art. 92 Rn. 87ff.

1210 BGHZ 50, 14 (19f.).

1211 BVerfGE 12, 67 (71).

1212 MükoBGB/*Papier*, § 839 Rn. 323.

1213 *Leipold*, JZ 1967, 737 (739); *Christina Zantis*, Das Richterspruchprivileg in nationaler und gemeinschaftsrechtlicher Hinsicht, S. 44.

1214 BGHZ 50, 14 (20); 57, 33 (45).

1215 vgl. § 580 Nr. 5 ZPO; § 836 Abs. 2 BGB.

Spruchrichter darf sich der Gefahr nicht ausgesetzt sehen, nachträglich wegen irrtümlicher Auslegung des Gesetzes, wegen irriger Anwendung des letzteren auf den zu entscheidenden Fall, wegen unrichtiger oder unterbliebener Würdigung eines Parteivorbringens oder eines Beweismittels und dergl. vor einem anderen Richter zur Verantwortung gezogen zu werden.“[1216]

Auch Art. 34 S. 2 GG ändert an dieser Einschätzung nichts, die Abgrenzung zwischen normaler und grober Fahrlässigkeit ist für die Fälle der richterlichen Pflichtverletzung nicht einfach,[1217] der Richter kann sich nicht darauf verlassen, sie falle stets zu seinen Gunsten aus.[1218]

Hieraus folgt die Haftungsprivilegierung des Spruchrichters nach dem deutschen Recht: Der Richter haftet nicht gem. § 839 Abs. 1 S. 1 BGB gegenüber einem geschädigten Rechtsuchenden, vielmehr haftet der Staat. Diesem ist es zwar grundsätzlich möglich, den Richter in Regress zu nehmen, die Frage der Reichweite der Privilegierung ist hierdurch hingegen nicht beantwortet. Während das Reichsgericht eine Privilegierung in Fällen einer Rechtspflichtverletzung bei dem Urteil annahm, also eine Privilegierung im engeren Sinne für Teil-, Zwischen- und Endurteile ausurteilte,[1219] erweiterte der Bundesgerichtshof die sachliche Anwendbarkeit einer Haftungsprivilegierung auf alle Entscheidungsformen, die urteilsvertretende Erkenntnisse darstellen, und auf Beschlüsse.[1220] Urteilsvertretende Entscheidungen sind dabei solche, die eine interimistische Befriedungsfunktion für die Hauptsache entfalten oder solche, die eine Hauptsacheentscheidung entbehrlich werden lassen.[1221] In sachlicher Hinsicht hat die höchstrichterliche Rechtsprechung damit den Anwendungsbereich des Spruchrichterprivilegs stark ausgebaut, seit 2004[1222] werden damit, außer Justizverwaltungsaufgaben, einstweiligen Anordnungen und Maßnahmen, die keine Befriedungsfunktion haben,[1223] alle Entscheidungen des Spruchrichters haftungsprivilegiert.

Ebenfalls von der sachlichen Reichweite der Privilegierung sind alle Maßnahmen betroffen, die darauf gerichtet sind, einen Rechtsstreit zu entscheiden, insbesondere solche, die ein Urteil vorbereiten.[1224]

1216 Protokoll No. 2644 in Mugdan II, S. 824.
1217 Protokoll No. 824 in Mugdan II, S. 460.
1218 *Götz*, SchiedsVZ 2012, 311 (312) m.w.N.
1219 RGZ 62, 367 (369); 89, 13 (14f.); 116, 90 (91ff.); 170, 333 (338).
1220 BGHZ 10, 55 (60f.); 13, 142 (144); 36, 379 (382); 155, 306 (308).
1221 BGHZ 161, 298 (302ff.).
1222 BGHZ 161, 298.
1223 Für die vorläufige Unterbringung in BGHZ 155, 306 (308) verneint.
1224 BGHZ 50, 14 (16).

Die Formulierung *„bei einem Urteil"* in § 839 Abs. 2 S. 1 BGB gebietet dieses gerade durch die Abgrenzung von der Formulierung *„durch ein Urteil"*. Nicht erforderlich ist hingegen, dass es auch zu einem Urteil selbst kommt, jede ergriffene, objektiv zur Sachentscheidung führende, Maßnahme kann auch für sich genommen privilegiert sein.[1225] Solange also die richterlich ergriffene, verletzende Maßnahme objektiv dazu geeignet ist, eine Entscheidung in der Sache zu fördern, unterfällt sie dem Anwendungsbereich des Spruchrichterprivilegs und es gilt nur noch zu fragen, ob die Ausnahme des § 839 Abs. 2 S. 1 a.E. BGB greift, nämlich ob es sich bei der Handlung um eine Straftat handelt.

b) Übertragbarkeit auf den Schiedsrichter

Eine Übertragung dieser Privilegierung auf den Schiedsrichter liegt auf den ersten Blick nahe. Die direkte Anwendung der Vorschrift gebietet sich zwar allein deswegen nicht, weil der Schiedsrichter kein öffentliches Amt innehat[1226] und, anders als der Richter, privatgerichtlich tätig wird.[1227] Gleichwohl bleibt die Möglichkeit einer analogen Anwendung des § 839 Abs. 2 BGB auf die schiedsrichterliche Tätigkeit. Immerhin soll dieser eine rechtsprechungsähnliche Funktion erfüllen, der Schiedsspruch im Wesentlichen urteilsgleich sein, Schiedsgerichte sprechen materiell Recht.[1228]

aa) Reichsgericht

Am Anfang der reichsgerichtlichen Rechtsprechung zur schiedsrichterlichen Haftung, aber bereits nachdem die Notwendigkeit einer Haftungsprivilegierung schon erkannt worden ist,[1229] hatte das Reichsgericht Stellung zur Frage der Herleitung der Begrenzung zu nehmen.[1230]

In dem Fall hatte ein Schiedsrichter einen Streit zwischen einer Baugenossenschaft und einem Unternehmer zu entscheiden. Nach Auffassung des Zessionars der Baugenossenschaft war die Entscheidung des Schiedsrichters, Abzüge von der Baurechnungssumme vorzunehmen, fehlerhaft. Der Schiedsrichter soll das Projekt nicht ausreichend besichtigt und (deswegen) auch seine Entscheidung

1225 BGHZ 10, 55 (62); BGHZ 123, 1 (7f.); Staudinger/*Wöstmann*, § 839, Rn. 337.

1226 RGZ 65, 175 (176); BGHZ 15, 12 (15).

1227 Wieczorek/Schütze/*Schütze*, § 1035 Rn. 97; *Joachim Strieder*, Rechtliche Einordnung und Behandlung des Schiedsrichtervertrages, S. 151.

1228 Vgl. § 1055 ZPO; BGHZ 51, 255 (258); 54, 392 (394); *Habscheid*, NJW 1962, 5 (7); *Ramm*, ZRP 1989, 136 (138).

1229 RGZ 38, 338 (338ff.).

1230 RGZ 41, 251 (251ff.).

nicht ausreichend begründet haben. Der Zessionar verklagte den Schiedsrichter auf den von ihm getätigten Abzug von der Rechnungssumme, um am Ende den von Anfang an vertraglich verlangten Preis für das Bauvorhaben zu bekommen.

Das Reichsgericht urteilte, dass sich

> *„die Annahme der Haftung des Schiedsrichters wegen Versehens, auch wegen groben Versehens, bei Abgabe des Spruches“*

nicht mit der Aufgabe des Schiedsrichters vertrage. Vielmehr

> *„soll und muss der Schiedsrichter möglichst unbefangen und frei von der Furcht, nach Abgabe des Schiedsspruches wegen eines solchen Versehens in Anspruch genommen zu werden, seine Aufgabe erfüllen können.“*[1231]

Das Reichsgericht widmet sich einem Vergleich von richterlicher und schiedsrichterlicher Tätigkeit und kommt zu dem Schluss, dass, aus einer gewissen Notwendigkeit,

> *„die Gesetze die Funktion des Schiedsrichters ähnlich wie diejenigen des Richters betrachten und unter staatlichen Schutz stellen. Diese Erwägungen nötigen zu der Annahme, dass ein Schiedsrichter in Beziehung auf seinen Spruch, wo nicht aus positiven gesetzlichen Bestimmungen eine weitergehende Haftung zu entnehmen ist, von der Partei nur unter den Voraussetzungen in Anspruch genommen werden kann, wie der Richter, im Gebiete des preußischen Rechtes also nur dann, wenn er vorsätzlich das Recht gebeugt hat.“*[1232]

Das Reichsgericht nimmt also in seiner ersten Entscheidung zur Herleitung schiedsrichterlicher Haftungsprivilegierung eine Analogie zum Allgemeinen Landrecht an.

Später soll, vom Reichsgericht begonnen und vom Bundesgerichtshof fortgesetzt, eine Abkehr von dieser Sichtweise beginnen.

bb) Analogieschluss

Nach einer Auffassung ist Haupterwägungsgrund für die analoge Anwendung des Spruchrichterprivilegs der Integritätsschutz des rechtskräftigen Schiedsspruches. Der Schiedsspruch – gleich dem Urteil – sei schützenswert, somit sei eine Haftungsbeschränkung nach dem Prinzip des § 839 Abs. 1 BGB erforderlich und die analoge Anwendung angezeigt.[1233] Dabei bildet § 1055 ZPO den möglichen Anfang der Überlegung, hiernach ist der Schiedsspruch in seiner Wirkung urteilsgleich. Er ist, ebenso wie das Urteil, für die Parteien bindend und

---

1231 RGZ 41, 251 (255).
1232 RGZ 41, 251 (256).
1233 *Götz*, SchiedsVZ 2012, 311 (312ff.).

beendet den Rechtsstreit zwischen ihnen. Dass es gesonderte Aufhebungs- und Vollstreckungsvorschriften gibt, ändert an dem urteilsgleichen Charakter des Schiedsspruches nichts, sie werten den urteilsgleichen Charakter des Schiedsspruches nicht ab. Gerade dieses urteilsgleiche Schaffen von Rechtsfrieden wäre nicht gewährleistet, wenn die schiedsrichterliche Entscheidung im Rahmen einer möglichen gerichtlichen Inanspruchnahme des Schiedsrichters vollständig überprüft werden kann.[1234]

Allein die Tatsache, dass deswegen die analoge Anwendung geboten erscheint, macht diese aber nicht möglich, ob von einer planwidrigen Regelungslücke und einer vergleichbaren Interessenlage die Rede sein kann, ist zweifelhaft.

(1) Planwidrigkeit der Nichtregelung in § 839 Abs. 2 BGB

Vielmehr müssen auch die Voraussetzungen der Analogie insoweit vorliegen, dass eine planwidrige Regelungslücke hinsichtlich der Haftungsprivilegierung des Schiedsrichters derart besteht, dass die Ausfüllung der Privilegierung mit der Vorschrift der richterlichen Privilegierung interessensgleich und vergleichbar ist.

Dieses ist nicht der Fall. Das Spruchrichterprivileg stellt ohnehin eine Ausnahme vom (Haftungs-)Regelfall bei Pflichtverletzung dar, deswegen ist in der erweiterten und analogen Anwendung des Tatbestandes restriktives Vorgehen geboten.[1235]

Die Privilegierung der spruchrichterlichen Haftung für Schiedsrichter ist zwar nicht in die Vorschrift des § 839 Abs. 2 BGB oder, fernliegender, in das zehnte Buch der ZPO aufgenommen, gleichwohl kann von einer Planwidrigkeit nicht die Rede sein. Das Bilden der Analogie hinsichtlich ihrer Planwidrigkeit wird unter anderem durch den Umkehrschluss begrenzt, knüpft das Gesetz eine festgelegte Rechtsfolge an einen Tatbestand, ist grundsätzlich zu vermuten, dass der Gesetzgeber diese Rechtsfolge auch nur in dem tatbestandlichen Fall eintreten lassen wollte.[1236] Auf diesen Willen des Gesetzgebers wird vor allem dann geschlossen werden können, wenn er Kenntnis der ungeregelten, vergleichbaren Fälle zum Zeitpunkt der Regelung hatte, diese aber nicht in den Tatbestand mit aufgenommen hat. Zum Zeitpunkt der Beratung über die Vorschrift

---

1234 *Joachim Strieder*, Rechtliche Einordnung und Behandlung des Schiedsrichtervertrages, S. 149.

1235 RGZ 65, 175 (176); 90, 228 (230); 116, 90 (91); BVerfGE 22, 387 (423f.); *Götz*, SchiedsVZ 2012, 311 (312ff.).

1236 *Joachim Strieder*, Rechtliche Einordnung und Behandlung des Schiedsrichtervertrages, S. 149.

und des § 839 Abs. 2 BGB sind sowohl die Schiedsgerichtsbarkeit als solche, die Kündigung von Schiedsrichtern und eine mögliche Haftung bereits Teil der Rechtsprechung und Literatur gewesen, von einer ungeplanten Auslassung kann deswegen nicht die Rede sein.[1237] In die gleiche Richtung geht das Argument, dass der Gesetzgeber den Schiedsrichter sehr wohl in den §§ 331 Abs. 2, 332 Abs. 2, 333 Abs. 2, 334 Abs. 2 und 339 StGB explizit erwähnt hat, um ihn dem Richter gleichzusetzen; die Nichterwähnung in einer anderen Norm scheint deswegen umso aussagekräftiger, offensichtlich ist dem Gesetzgeber die Tätigkeit des Schiedsrichters im Haftungsgefüge bekannt.[1238]

(2) Vergleichbarkeit der Interessenlage

Zudem ist die Interessenlage hinsichtlich der Haftungsbeschränkung von Schiedsrichter und Richter nur auf den ersten Blick wirklich vergleichbar. Neben der, hier nicht fruchtbaren, Diskussion, ob die Vorschrift des § 839 Abs. 2 BGB nicht nur die Unbefangenheit, sondern auch den Rechtsfrieden[1239] schützt, fehlt vor allen Dingen in einem Punkt eine Vergleichbarkeit der Interessen. § 839 BGB kann auch in seiner analogen Anwendung nicht unendlich weit ausgedehnt werden, erst recht, weil es sich bei § 839 BGB schon um eine Ausnahmevorschrift handelt. Die Vorschrift soll die deliktische Haftung privilegieren,[1240] in erster Linie wird der Schiedsrichter bei einer Pflichtverletzung jedoch aus dem Schiedsrichtervertrag haften, eine mögliche Haftungsquelle, vor der auch die analoge Anwendung des § 839 BGB nicht schützen kann.[1241] Die Interessenlage des Haftungsausschlusses im Vergleich zum staatlichen Richter besteht also ebenfalls nicht, den staatlichen Richter und die Parteien verbindet kein Vertrag, aus dem ein Anspruch aus Pflichtverletzung hergeleitet werden könnte, den Schiedsrichter und die Schiedsparteien allerdings schon. Begreift man den Schiedsrichter nach allem bisher Gesagten konsequenterweise als Dienstleister, der Dienste höherer Art erbringt, so ist offensichtlich, dass ein (ausuferndes) analoges Spruchrichterprivileg dem Verständnis aller Beteiligten von

---

1237 RGZ 38, 338 (338); Protokoll No. 194 in Mugdan II, S. 107.

1238 *Götz*, SchiedsVZ 2012, 311 (316).

1239 Vgl. *Jens Gal*, Die Haftung des Schiedsrichters in der internationalen Handelsschiedsgerichtsbarkeit, S. 180; *Joachim Strieder*, Rechtliche Einordnung und Behandlung des Schiedsrichtervertrages, S. 150, die zutreffend auf die mögliche, unendliche Amtshaftungskette hinweisen und damit richtigerweise auch den Rechtsfrieden als Schutzgut des § 839 Abs. 2 BGB erkennen.

1240 Vgl. BeckOGKBGB/*Dörr*, § 839 Rn. 39.

1241 a.A. *Götz*, SchiedsVZ 2012, 311 (316f.).

Schiedsgerichtsbarkeit nicht gerecht wird. Eine materiell-rechtliche Haftung nach Maßgabe des Spruchrichterprivilegs in analoger Anwendung auszuschließen hieße, den Schiedsrichter hier analog dem staatlichen Richter zu behandeln: Ein Verständnis, das Parteien durch privatautonome Verfahrensgestaltung, gemeinsame Abberufung des Schiedsgerichts, Festlegung des Schieds- und Tagungsortes oder der Bestimmung von eigenen Verfahrensregeln nicht fördern.

(3) Ergebnis

Die analoge Anwendung des § 839 Abs. 2 BGB auf die schiedsrichterliche Haftung, besser, deren Privilegierung, erscheint nach hier vertretener Auffassung nicht geboten. Weder ist die notwendige Planwidrigkeit der Nichtregelung im § 839 Abs. 2 BGB zu konstatieren noch ist die Interessenlage von Schiedsrichter und staatlichem Richter genau vergleichbar.[1242] Zwar sind das Schaffen von Rechtsfrieden und die Urteilsintegrität, also der Zweck beider Institute, vergleichbar, allerdings ist die Vorschrift des § 839 Abs. 2 S. 1 BGB in ihrem Anwendungsbereich auf deliktisches Verhalten beschränkt, in der Hauptsache wird sich eine Schadensersatzverpflichtung gegen einen Schiedsrichter allerdings aus einer Verletzung des Schiedsrichtervertrages herleiten. Insoweit besteht geringe Vergleichbarkeit von Schiedsrichter- und Spruchrichterprivileg.

c) Privilegierung für rechtsgrundlose Kündigung

Letztlich kann die Frage nach der Privilegierung der Kündigung ohne entsprechenden Rechtsgrund beantwortet werden. Aufgrund einer Spruchrichterprivilegierung ist es nicht möglich, keine Haftungsfolgen an das Verhalten des kündigenden Schiedsrichters bei rechtsgrundloser Kündigung zu knüpfen.

Zuerst soll die Haftungsprivilegierung nach § 839 Abs. 2 BGB nicht für Schiedsrichter gelten, auch nicht analog.

Darüber hinaus wären der sachliche Anwendungsbereich und, auch der vermeintlich interessengleiche, übertragene der Analogie, nicht eröffnet, selbst wenn man eine analoge oder direkte Anwendung des Spruchrichterprivilegs auf den kündigenden Schiedsrichter zuließe. Das Spruchrichterprivileg schützt solche Handlungen, die objektiv dazu geeignet sind, eine Entscheidung in der Sache zu fördern. Wie oben dargestellt, ist tragender Gedanke der spruchrichterlichen Privilegierung die Urteilsintegrität, privilegiert können deswegen nur solche Handlungen sein, die mit der Urteilsfindung in Zusammenhang stehen und diese zumindest fördern.[1243]

1242 Staudinger/*Wöstmann*, § 839 Rn. 332.

1243 Vgl. Prütting/Gehrlein/*Prütting*, § 1035 Rn. 10.

Dieses ist bei der rechtsgrundlosen Kündigung des Schiedsrichtervertrages durch den Schiedsrichter nicht der Fall. Die Kündigung hat zum Ziel, den Schiedsrichtervertrag für die Zukunft zu beenden, führt also nicht dazu, dass eine Entscheidung in der Sache gefördert, geschweige denn herbeigeführt wird. Die Beendigung des Schiedsrichtervertrages ist materielles Gestaltungsinstrument der Parteien des Schiedsrichtervertrages und dient damit nicht, auch nicht mittelbar, der Förderung des Urteils. Im Gegenteil, mit der Kündigung sind die Beteiligten nicht mehr zur Prozessförderung verpflichtet, der Schiedsspruch ist bei erfolgter Kündigung also in weniger greifbare Nähe gerückt.

Hinzu kommt, dass § 839 BGB als Vorschrift deliktische Schäden betrifft, eine Konstellation, immer auch solche Schäden zu erfassen, die eine Nebenpflichtverletzung i.S.d. § 241 Abs. 2 BGB darstellen, scheint in der analogen Anwendung des § 839 Abs. 2 BGB nicht gegeben.

3. *Zweckmäßigkeitserwägungen*

Reichsgericht und Bundesgerichtshof haben außerdem zur Begründung des Haftungsprivilegs auf die unbedingte Wahrung der Unabhängigkeit der Entscheidung des Schiedsrichters abgestellt.[1244] Diese, vornehmlich in der Rechtsprechung vertretene, Auffassung wurde zeitig vom Bundesgerichtshof selbst wieder aufgegeben. Nach neuerer Auffassung des BGH bedeute Unabhängigkeit nicht das Loslösen aus einem Haftungsgefüge, sondern in erster Linie Weisungsfreiheit. Auch wird angeführt, dass es mit dem Wesen der Rechtskraft von Schiedssprüchen nicht zu vereinbaren sei, wenn in Regressverfahren die Richtigkeit schiedsrichterlicher Entscheidungen überprüft würde.[1245] Zwar erscheint diese Inzidentüberprüfung von Schiedssprüchen gelegentlich misslich, wenn es um die Glaubwürdigkeit der Schiedsgerichtsbarkeit geht. Gleichwohl muss auch hier differenziert werden. Die Überprüfung der Richtigkeit eines Schiedsspruches im Regressverfahren ändert nichts an der Rechtskraft der Entscheidung zwischen den Parteien, ist dieser also auch nicht unmittelbar abträglich.[1246]

4. *Vereinbarung eines vertraglichen Haftungsprivilegs*

Auch wird die Auffassung vertreten, Schiedsrichter seien durch die konkludente Vereinbarung eines Haftungsprivilegs einer ähnlichen Privilegierung ausgesetzt

1244 BGHZ 42, 313 (316); *Lachmann*, Rn. 4334ff. (m.w.N.).
1245 Lionnet/Lionnet, S. 264.
1246 *Lachmann*, Rn. 4336.

wie nach dem Spruchrichterprivileg.[1247] Die Annahme einer konkludenten Privilegierung der Schiedsrichter entspringt schon der frühen höchstrichterlichen Rechtsprechung[1248] und ist auch in der neueren Rechtsprechung aufrechterhalten worden.[1249] Hiernach gilt eine Privilegierung des Schiedsrichters von den Parteien als stillschweigend vereinbart, die Vorstellung beider Parteien gehe übereinstimmend in die Richtung, die rechtsprechende Tätigkeit des Schiedsrichters nach der Maßgabe des § 839 Abs. 2 BGB zu privilegieren, ohne dass die Vorschrift selbst (direkt oder analog) auf den Schiedsrichter oder sein Tätigwerden Anwendung finden würde.[1250]

a) Rechtsprechung

Während in der frühen reichsgerichtlichen Rechtsprechung noch eine analoge Haftungsbeschränkung nach (dem heutigen) § 839 Abs. 2 BGB für Schiedsrichter angenommen worden ist, hat sich diese Ansicht in der Rechtsprechung nicht durchgesetzt. 1907 wandte sich das Reichsgericht von den bisherigen Entscheidungen ab und lehnte eine Anwendung des § 839 Abs. 2 S. 1 BGB auf die schiedsrichterliche Tätigkeit ab.[1251] Die genannte Vorschrift sei schon hinsichtlich der persönlichen Voraussetzungen des Schiedsrichters nicht anwendbar, hier sei eine Position als Beamter erforderlich, die der Schiedsrichter nicht innehabe.[1252] Vielmehr, so die reichsgerichtliche Entscheidung, ginge der verpflichtete Schiedsrichter bei Vertragsschluss davon aus, in seiner Haftung derart privilegiert zu sein wie ein staatlicher Richter, durch Schweigen würden die Schiedsparteien, die diese Annahme des Schiedsrichters nicht verkennen könnten, in die Haftungsbeschränkung einwilligen.[1253]

In dieser Weise fielen auch folgende Entscheidungen des Reichsgerichts aus,[1254] ebenso der Bundesgerichtshof entschied entsprechend.[1255]

1247 RGZ 65, 175 (176); BGHZ 15, 12 (15); Hk-ZPO/*Saenger*, Vorbemerkung zu §§ 1025–1066 Rn. 13.

1248 RGZ 65, 175 (175ff.).

1249 BGHZ 15, 12 (15).

1250 Anders/Gehle, Das Recht der freien Dienste, Rn. 786; Zimmermann ZPO, § 1035 Rn. 8a.

1251 RGZ 65, 175 (176).

1252 RGZ 65, 175 (176).

1253 RGZ 65, 175 (176).

1254 RG JW 1933, 217 (217f.).

1255 BGHZ 15, 12 (15).

1954 sah sich der Bundesgerichtshof mit der Frage einer möglichen Schiedsrichterhaftung konfrontiert. Auch der BGH entschied sich gegen die Möglichkeit einer analogen Anwendung des § 839 Abs. 2 S. 1 BGB und setzte damit die Linie der reichsgerichtlichen Entscheidungen fort.[1256] Der Bundesgerichtshof urteilte:

> *„Der Kläger muss daher hinsichtlich der Verantwortlichkeit des Schiedsrichters für schuldhaftes vertragswidriges Verhalten die Beschränkungen gegen sich gelten lassen, die für die Haftung des staatlichen Spruchrichters gesetzlich bestimmt sind, und zwar in dem Umfang, in dem Haftungsbeschränkung nach vertraglichen Gesetzen zulässig ist."*[1257]

Nicht nur unterstreicht der BGH deutlich, dass nicht von einer analogen Haftungsprivilegierung ausgegangen wird, auch setzt er fest, wie mit vorsätzlichen Pflichtverletzungen umzugehen ist: Sie sind nicht privilegierungsfähig. In der nachfolgenden Rechtsprechung konkretisiert der BGH das gefundene Ergebnis noch, geändert wurde die oben beschriebene Auffassung bis heute nicht mehr.[1258]

b) Literatur

Obwohl die Auffassung, eine (konkludente) Vereinbarung hinsichtlich der Haftungsprivilegierung von Schiedsrichtern anzunehmen, auch als „*mehr eine Behauptung als die rechtsdogmatisch überzeugende Begründung eines als richtig empfundenen Ergebnisses*" beschrieben wird,[1259] findet diese Auffassung auch Anhänger in der Literatur.[1260]

Vertreter der Auffassung stellen darauf ab, dass der Schiedsrichter, genau wie der staatliche Richter auch, einen Rechtsstreit durch Unterordnung des Tatbestandes unter Rechtssätze entscheiden soll, nur seine Befugnis unterscheide sich aufgrund des Schiedsrichtervertrages vom staatlichen Richter. Der Wille der Parteien sei es, den Streit entscheiden zu lassen, alles was der Entscheidungsfindung dient, könne damit grundsätzlich mitvereinbart worden sein.

Gleichwohl muss an dieser Stelle der Widerspruch von § 839 Abs. 2 BGB und § 276 Abs. 3 BGB angesprochen werden. Wenn einige Meinungen in der Literatur darauf abstellen, dass die Parteien wollen, dass der Schiedsrichter *gleich* dem

1256 BGHZ 15, 12 (15).
1257 BGHZ 15, 12 (15).
1258 BGHZ 42, 313 (316).
1259 *Lachmann* Rn. 4337.
1260 MüKoZPO/*Münch*, Vorbem. zu den §§ 1034ff. Rn. 16; Musielak/*Voit*, § 1035 Rn. 25; *Schütze/Tscherning/Wais*, Handbuch des Schiedsverfahrens, Rn. 230; *Schwab/Walter*, Kap. 12 Rn. 9.

staatlichen Richter haften soll und ebendieses (konkludent) verabreden, ist dem entgegenzutreten.

Die Reichweite des vertraglichen Haftungsausschlusses darf sich nicht an der Ausnahme des § 839 Abs. 2 BGB hinsichtlich ihrer Zulässigkeit orientieren, sondern hat sich zunächst an die allgemeine Regel des § 276 Abs. 3 BGB zu halten. Nach § 276 Abs. 3 BGB ist es nicht möglich, einen Ausschluss für vorsätzlich begangene Pflichtverletzungen zu vereinbaren. § 839 Abs. 2 BGB kann diese Regelung für den Personenkreis der Vorschrift selbst zwar umgehen, eine vertragliche Vereinbarung einer inhaltsgleichen Reichweite auch für andere Personengruppen ist jedoch aufgrund des klaren Wortlauts des Gesetzes nicht möglich. Im Zweifel ist anzunehmen, dass die Parteien den Schiedsrichter *„möglichst genauso"* wie den staatlichen Richter haften lassen wollen, eine Unwirksamkeit der gesamten Haftungsprivilegierung zu riskieren, weil den Parteien der Wille unterstellt wird, auch vorsätzliches Handeln auszuschließen, kann nicht im Interesse der Parteien sein und ist deswegen abzulehnen. Dieses Problem wird wegen der eindeutigen Formulierung in § 839 Abs. 2 BGB und § 276 Abs. 3 BGB nur relevant werden, wenn es strafbare Handlungen gibt, die auch § 839 Abs. 2 BGB nicht privilegiert, die aber trotzdem eine vorsätzliche Pflichtverletzung darstellen und deswegen nicht mehr von § 276 Abs. 3 BGB umfasst werden können. Straffähiges Delikt stellt in erster Linie die Rechtsbeugung im Sinne von § 339 StGB dar, längst nicht jedes Verhalten des Schiedsrichters, das eine vorsätzliche Pflichtverletzung ist, lässt sich aber unter die Vorschrift subsumieren.

Gebeugt im strafrechtlichen Sinne ist das Recht nämlich erst dann, wenn auch ein bestimmter Rechtsbeugungserfolg eintritt. Dieses setzt voraus, dass die Entscheidung nicht mit der objektiven Rechtslage vereinbar ist und die Unvereinbarkeit gerade durch ein Rechtsbeugungsverhalten herbeigeführt worden ist.[1261] Das Rechtsbeugungsverhalten wiederum setzt eine fehlerhafte Anwendung von Prozessrecht oder materiellem Recht voraus, auch eine fehlerhafte Ermessensausübung ist denkbar.[1262] Nach ständiger Rechtsprechung wird der Tatbestand sehr restriktiv gehandhabt, es ist nicht gewollt, jede fehlerhafte Rechtsanwendung als Rechtsbeugung zu bestrafen. Es muss vielmehr zu einem elementaren Verstoß gegen die Rechtspflege kommen,[1263] der regelmäßig nur

1261 *Fischer*, § 339 Rn. 27f.

1262 BGHSt 40, 125 (125ff.).

1263 BGHSt 32, 357 (363f.); 34, 146 (149); 38, 381 (383); 40, 30 (40); 41, 247 (250f.); 44, 258 (260), 47, 105 (113f.).

bei willkürlichen Menschenrechtsverletzungen angenommen werden kann.[1264] Damit sind noch einfacher Verhaltensweisen eines Schiedsrichters denkbar, die vorsätzlich erfolgen und keine Rechtsbeugung i.S.d. Strafgesetzbuches darstellen, sodass die Vereinbarung eines spruchrichtergleichen Haftungsprivilegs im Widerspruch zu § 276 Abs. 3 BGB stehen kann.

Dem kann letztlich auch nicht entgegenstehen, dass den Schiedsparteien das Spruchrichterprivileg, bzw. die genaue Reichweite des Spruchrichterprivilegs, unbekannt gewesen ist. Die Vereinbarung der Haftungsprivilegierung erfolgt in aller Regel nicht ausdrücklich, erst recht nicht in konkretem Bezug zu § 839 Abs. 2 BGB. Die konkludente Mitvereinbarung der Privilegierung ist vielmehr, unabhängig von der Vorschrift des § 839 BGB, mit dem Spruchrichterprivileg deswegen im Rahmen des rechtlich Zulässigen inhaltsgleich, weil hiermit der gleiche Zweck verfolgt wird: Die Unbefangenheit des Schiedsrichters und die Integrität des Schiedsspruches als Form der endgültigen Streitbeilegung.[1265]

c) Kritik

Neben der Tatsache, dass eine konkludente Mitvereinbarung einer Haftungsprivilegierung in Konflikt mit § 276 Abs. 3 BGB stehen kann und man deswegen den Willen der Parteien auf das rechtlich Zulässige beschränken müsste, gibt es ein weiteres Problem mit der Auffassung, auf das *Gal* zutreffend hinweist: Vereinbaren die Parteien (über eine Schiedsinstitution) als Allgemeine Geschäftsbedingung die umfangreiche Privilegierung des Schiedsrichters auch für Vorsatz, ist die Klausel nicht nur nach § 276 Abs. 3 BGB, sondern auch nach §§ 309 Nr. 7 lit. b BGB unwirksam. Im Falle des Eingreifens von § 310 Abs. 1 BGB und aller Wahrscheinlichkeit nach bei Anwendung von § 307 Abs. 1 BGB ebenfalls.

Im Falle der Nichtigkeit nach den o.g. Vorschriften ist nach deutschem Recht auch die geltungserhaltende Reduktion verboten,[1266] der Schiedsrichter würde dann, entgegen der Intention aller Beteiligten, für jedes pflichtwidrige Verhalten haften.[1267] Zudem verlässt sich die oben dargestellte Auffassung darauf, dass die

---

1264 *Fischer*, § 339 Rn. 4, 27 m.w.N.; *Lehmann*, NStZ 2006, 127 (127ff.); Schönke/Schröder/*Heine*, § 339 Rn. 5f.

1265 *Joachim Strieder*, Rechtliche Einordnung und Behandlung des Schiedsrichtervertrages, S. 155.

1266 BeckOGKBGB/*Bonin*, § 306 Rn. 26ff.

1267 *Jens Gal*, Die Haftung des Schiedsrichters in der internationalen Handelsschiedsgerichtsbarkeit, S. 191.

Schiedsparteien keine Vereinbarung getroffen haben, um sodann eine konkludente Mitvereinbarung anzunehmen. Mit dem Vorliegen von weniger weiten Haftungsprivilegierungen oder, wie oben angesprochen, nichtigen Enthaftungsklauseln vermag sie auf den ersten Blick nicht umzugehen.

d) Privilegierung für rechtsgrundlose Kündigung

Kommt es zu einer Kündigung, ohne dass ein geeigneter Kündigungsgrund vorliegt, kann nichts anderes gelten. Es gilt zu bewerten, ob der Schiedsrichter eine mögliche Haftungsfolge durch eine Handlung ausgelöst hat, die von der Haftungsprivilegierung umfasst ist.

Dieses ist, wie festgestellt, von den Parteien immer gewollt, wenn sich im Rahmen einer rechtsprechenden oder prozessleitenden Funktion fehlverhalten worden ist und der Schiedsspruch in seiner Integrität und seinem Zustandekommen geschützt werden soll. Die versuchte Beendigung des Schiedsrichtervertrages durch Kündigung geschieht jedoch außerhalb der prozessualen Komponente des Schiedsverfahrens, sie dient weder der Rechtsfindung noch der Prozessleitung, sondern soll die materielle Rechtslage zwischen den Parteien (neu) gestalten.

Aus Haftungsperspektive liegt bei der rechtsgrundlosen Kündigung durch den Schiedsrichter aber vielmehr eine Pflichtverletzung vor, die ohne Bezug zum Schiedsspruch erfolgt, die Rechtsfindung und den Schiedsspruch in keiner Art und Weise fördert und deswegen nicht privilegiert ist. Ein anderes Ergebnis ist auch aufgrund einer eventuellen Überforderung oder Übervorteilung des Schiedsrichters nicht geboten, gibt es doch Kündigungsgründe, die den pflichtverletzenden Charakter der Kündigung gerade entfallen lassen.[1268]

Unterstellt man, dass die Schiedsparteien die spruchrichtergleiche Haftungsprivilegierung bei dem Abschluss des Schiedsrichtervertrages in ihre Willensbildung mit aufgenommen haben, so wird man ebenso unterstellen können, dass auch die obigen Erwägungen, in Kenntnis der §§ 626, 627 BGB, in die Willensbildung aufgenommen worden sind. Eine demnach unbegründete Kündigung und damit die bloße Nichtleistung des Schiedsrichters zu privilegieren ist weder i.S.d. § 839 Abs. 2 BGB noch im Sinne der Beteiligten, erst recht nicht der Schiedsparteien.[1269] Diese Pflichtverletzung löst eine unprivilegierte Haftung nach den §§ 280ff. BGB aus.[1270]

1268 vgl. § 5, A. Kündigungsgründe im Einzelnen, S. 240ff.
1269 Anders/Gehle, Das Recht der freien Dienste, Rn. 786.
1270 Prütting/Gehrlein/*Prütting*, § 1035 Rn. 10.

e) Zusammenfassung

Nach Auffassung des BGH soll der Schiedsrichter bei der zur Entscheidung unterbreiteten Rechtssache eine dem ordentlichen Richter im Wesentlichen gleiche Tätigkeit entfalten, so erklärt sich der Wille der Partien, ihn gleich zu privilegieren.[1271] Die Annahme der Haftung des Schiedsrichters wegen Versehens, auch wegen groben Versehens, bei der Abgabe des Spruches vertrage sich hiermit nicht, ihn soll bei dieser Tätigkeit nicht mehr Verantwortlichkeit treffen als den staatlichen Richter.[1272] Im Rahmen der zulässigen vertraglichen Privilegierung müsse man deswegen davon ausgehen, dass die Schiedsparteien in Abwesenheit einer Vereinbarung einen Willen haben, der dahin gerichtet ist, den Schiedsrichter nicht anders als den staatlichen Spruchrichter haften zu lassen.[1273]

5. Gewohnheitsrechtliche Haftungsprivilegierung

Vereinzelte Stimmen in Rechtsprechung und Literatur leiten eine spruchrichtergleiche Haftungsprivilegierung auch gewohnheitsrechtlich her.

a) Bestehen der Privilegierung

Durch eine Entscheidung des Hanseatischen Oberlandesgerichts Hamburg und wenige Stimmen in der Literatur wird auch die Auffassung vertreten, dass Schiedsrichter gewohnheitsrechtlich in ihrer Haftung privilegiert sind.[1274] Ein Schiedsgericht, in dem der in dem anschließenden Haftungsverfahren beklagte Schiedsrichter als Vorsitzender tätig gewesen ist, hatte einen Schiedsspruch erlassen, der später von einem ordentlichen Gericht aufgehoben worden ist. Als Begründung wurde angeführt, dass dem im Schiedsverfahren Beklagten nicht ausreichendes rechtliches Gehör ermöglicht worden war. Der Kläger nahm den Schiedsrichter auf Schadensersatz in Anspruch und verlangte die Erstattung der aufgewendeten Schiedsgerichtskosten, weil der Vorsitzende seine Pflichten als Vorsitzender des Schiedsgerichts schuldhaft verletzt habe.[1275]

1271 BGH NJW 1954, 1763 (1764).

1272 RGZ 41, 251 (255), 65, 175 (175ff.).

1273 BGH NJW 1954, 1763 (1764).

1274 HansOLG, MDR 1950, 480 (480f.); *Birte Osterthun*, Schadensfälle im Schiedsverfahren, S. 367ff.; *Manuela Schäfer*, Die Verträge zur Durchführung des Schiedsverfahrens, S. 376.

1275 HansOLG, MDR 1950, 480 (480).

Das Hanseatische Oberlandesgericht kommt zu dem Ergebnis, dass

> *„Die[...] Gesamteinstellung der rechtsuchenden Parteien gegenüber dem gerade in den Hansestädten angesehenen und verbreiteten Schiedsgerichtswesen der Auslegung jedes Schiedsrichtervertrages zu Grunde gelegt werden [muss], wenn nicht ausdrücklich etwas anderes vereinbart ist. Sie schließt die privatrechtliche Haftung des Schiedsrichters für j e d e s Verschulden aus. Wenn auch das Gesetz in § 839, II BGB den Schiedsrichter nicht ausdrücklich wie den staatlichen Spruchrichter in gewissem Umfange von der Haftung befreit, so daß eine unmittelbare Anwendung des § 839, II BGB auf den Schiedsrichter unmöglich ist und eine entsprechende Anwendung an dem Fehlen der Beamteneigenschaft des Schiedsrichters nach Auffassung des Gerichts scheitert [...], so muß doch eben auf Grund der oben erwähnten Gesamteinstellung zum Schiedsgerichtswesen angenommen werden, daß dem Schiedsrichter, wenn eben nicht ausdrücklich Vorbehalte gemacht worden sind, die Haftungsbefreiung des staatlichen Spruchrichters zugebilligt wird, wie das RG seit seinen leitenden Erkenntnissen im 41. Bd. S. 251ff. und im 65. Bd. S. 175 bisher unangefochten entschieden hat.“*[1276]

Aufbauend auf der Entscheidung nimmt *Osterthun*[1277] an, dass sich zumindest für solche Branchen ein Gewohnheitsrecht entwickelt hat, die sich regelmäßig der Schiedsgerichtsbarkeit bedienen, insoweit könnte von einem Handelsbrauch nach § 346 HGB gesprochen werden.[1278]

Zu Recht wird von *Moschel*[1279] und *Gal*[1280] Kritik an der Auffassung geübt. Zuerst sei es für die schiedsrichterliche Tätigkeit selbst schwierig, von Handelsbräuchen auszugehen, weil es insgesamt nur wenige Urteile zu dem Thema gebe und es sich bei der schiedsrichterlichen Tätigkeit selbst um keine Tätigkeit handeln würde, die den Anforderungen an das Herausbilden eines Handelsbrauches i.S.d. § 346 HGB zugänglich wäre.[1281] Weiterhin macht *Gal* zu Recht geltend, dass die inhaltliche Ausgestaltung des potenziellen Gewohnheitsrechts auch im Lauf der Zeit zu einer allgemeinen Rechtsüberzeugung, der *opinio necessitatis*, heranwachsen muss.[1282] Hierbei sei insbesondere nicht ausreichend, dass die Übung einer entsprechend gewohnheitsrechtlich zu etablierenden Praxis der

---

1276 HansOLG, MDR 1950, 480 (481).

1277 Leider ohne weitere Begründung auch: *Manuela Schäfer*, Die Verträge zur Durchführung des Schiedsverfahrens, S. 376.

1278 *Birte Osterthun*, Schadensfälle im Schiedsverfahren, S. 367ff.

1279 *Moschel*, KTS 1975, 174 (174ff.).

1280 *Jens Gal*, Die Haftung des Schiedsrichters in der internationalen Handelsschiedsgerichtsbarkeit, S. 193.

1281 *Moschel*, KTS 1975, 174 (175).

1282 *Jens Gal*, Die Haftung des Schiedsrichters in der internationalen Handelsschiedsgerichtsbarkeit, S. 193.

allgemeinen und herrschenden juristischen Meinung entspreche, sondern alle Rechtsanwender müssten die zu etablierende Rechtsauffassung teilen. Dieses sei, und dieser Erkenntnis ist zuzustimmen, aber für die kontroverse und gesellschaftlich gelegentlich kritische Betrachtung des schiedsrichterlichen Haftungsprivilegs nicht der Fall.[1283]

Hinzu kommt, dass man über viele Verfahren aufgrund der zugehörigen Vertraulichkeit uninformiert bleibt, die gesellschaftliche Komponente einer gewohnheitsrechtlichen Etablierung einer Rechtsauffassung kann sich auch deswegen nicht herausbilden.

Zudem vermag auch der gewohnheitsrechtliche Ansatz zur Herleitung einer Haftungsprivilegierung nicht die Frage zu beantworten, in welchem Verhältnis der Haftungsausschluss zu § 276 Abs. 3 BGB steht. Hinzu kommt, dass auch das Problem einer unwirksamen Enthaftungsklausel von den Vertretern nicht gelöst werden kann.[1284]

b) Privilegierung für rechtsgrundlose Kündigung

Ginge man von einer gewohnheitsrechtlichen Haftungsprivilegierung des Schiedsrichters aus, könnte hiervon in der Theorie auch eine Haftungsprivilegierung bei rechtsgrundloser Kündigung umfasst sein.

Tatsächlich spricht nicht nur einiges gegen die Annahme der gewohnheitsrechtlichen Privilegierung selbst, sondern auch gegen die – hypothetische – Subsumtion der unberechtigten Schiedsrichterkündigung ohne wichtigen Grund hierunter: Von einer Praxis und allgemeinen Anerkennung aller Betroffenen dieser Praxis hinsichtlich der Kündigung des Schiedsrichtervertrages ohne wichtigen Grund von Seiten des Schiedsrichters kann allein mangels bestehender Fälle und damit bestehender Etablierung nicht ausgegangen werden. Es ist äußerst fraglich, ob inhaltliche Ausgestaltung einer allgemeinen Rechtsauffassung dahingehend vorliegt, dass auch unbegründete Schiedsrichterkündigungen von der Haftung ausgenommen werden sollen, insbesondere scheint dieses nicht im Interesse der Schiedsparteien zu sein, auch die Vorschrift des § 839 Abs. 2 BGB erfasst die unbegründete Nichtleistung nicht.[1285] Auch neuere Rechtsprechung

---

1283 *Jens Gal*, Die Haftung des Schiedsrichters in der internationalen Handelsschiedsgerichtsbarkeit, S. 193.

1284 Vgl. *Jens Gal*, Die Haftung des Schiedsrichters in der internationalen Handelsschiedsgerichtsbarkeit, S. 193.

1285 Anders/Gehle, Das Recht der freien Dienste, Rn. 786.

zeigt ein solches Bild, Schadensersatzansprüche wegen unberechtigter Kündigung nach §§ 626, 627 BGB werden zugesprochen.[1286]

6. *Zusammenfassung und Stellungnahme*

Dass eine Haftungsprivilegierung beim Schiedsspruch nach der *ratio legis* des § 839 Abs. 2 BGB bestehen muss, um die schiedsrichterliche Unbeeinflusstheit, die Integrität des Schiedsspruches und damit letztlich das Ansehen der Institution der Schiedsgerichtsbarkeit zu wahren, ist unbestritten.

Problematischer ist hingegen die Herleitung einer derartigen Privilegierung. Während an dieser Stelle Uneinigkeit herrscht, so ist nach obenstehender Untersuchung dennoch klar, dass hinsichtlich der unbegründeten oder untauglich begründeten Schiedsrichterkündigung das Haftungsprivileg des Schiedsrichters ohnehin nicht greift.[1287] Die Kündigung ist Rechtsgestaltungakt des Schiedsrichters für die Zukunft ohne Bezug zum Schiedsspruch, erst recht nicht mit Bezug zur Streitentscheidung, sodass unter keiner der obigen Herleitungen der Anwendungsbereich des analogen, konkludent vereinbarten, ausgelegten oder gewohnheitsrechtlich anerkannten „Schiedsrichterprivilegs" berührt ist.

Will man sich nun für eine der Auffassungen entscheiden, wird man gewohnheitsrechtliches Bestehen der Privilegierung und analoge Anwendung des § 839 BGB besser ablehnen können als die Annahme einer konkludenten Mitvereinbarung.

Überzeugend erscheint vor diesem Hintergrund insbesondere, dass innerhalb der Analogiebildung eine Planwidrigkeit verneint werden kann; vor allem aber eine vergleichbare Interessenlage hinsichtlich der Privilegierung von Schiedsrichtern und Richtern nicht zwangsläufig besteht. Gegen eine gewohnheitsrechtliche Haftungsprivilegierung spricht deutlich, dass sich der zu etablierende Rechtsbrauch in allen relevanten Rechtskreisen etabliert haben muss. Während man wohl auf Seiten der Schiedsrichter noch davon ausgehen könnte, dass diese möglicherweise eine eigene Privilegierung sehen, so wird man dieses von allen Schiedsparteien wohl nicht sagen können. Hinzu kommt, dass diese Auffassung häufiger Kritik in der Literatur begegnet, was ein wirkliches „Etablieren" der Rechtsauffassung in dem, von Juristen beherrschten, Rechtskreis ebenfalls unwahrscheinlich erscheinen lässt. Die Annahme einer konkludenten Vereinbarung erscheint praktikabel und auch am ehesten mit der Grundidee der Schiedsgerichtsbarkeit vereinbar. Die Parteien können jederzeit von einer

---

1286 LG Köln, NJW-RR 2013, 1273 (1273f.).

1287 Vgl. Prütting/Gehrlein/*Prütting*, § 1035 Rn. 10.

konkludenten Vereinbarung durch eine ausdrückliche abweichen. Es entsteht ein erstrebenswerter Opt-out-Mechanismus, der auch Schiedsrichtern ermöglicht, ihr Verhalten, also in der Regel die Entscheidung über die Annahme des Schiedsrichtervertragsangebotes, an der eindeutigen Rechtslage auszurichten.

Die Untersuchung zeigt, dass eine Privilegierung der schiedsrichterlichen Haftung, egal welcher Privilegierungsherleitung man folgt, die rechtsgrundlose Kündigung nicht umfasst.

II. US-Amerikanisches Recht

Während in der deutschen Rechtsprechung kaum Fälle entschieden sind, in denen sich dezidiert mit der Haftung und Haftungsprivilegierung des Schiedsrichters auseinandergesetzt worden ist, scheint dieses Phänomen in den USA verbreiteter zu sein. Hierzu wurden bereits Grundsatzentscheidungen getroffen, die es an dieser Stelle darzustellen und zu bewerten gilt.

Wie auch im deutschen Recht werden Parallelen zur Haftung des Schiedsrichters und des Richters gezogen. Am Anfang soll die Haftung des Richters im US-amerikanischen *common law* dargestellt werden, bevor sich der Haftung des Schiedsrichters zugewandt wird, sie bildet die Grundlage für das weitere Vorgehen. Die allerwenigsten Vertreter lehnen eine schiedsrichterliche Haftungsprivilegierung gänzlich ab.[1288]

1. *Haftung des Richters*

Es scheint deswegen zunächst angebracht, die Rolle des Richters innerhalb des Systems der richterlichen Haftung in den Vereinigten Staaten von Amerika darzustellen. Das *common law* Prinzip der richterlichen Haftungsprivilegierung, der Immunität, ist tief im anglo-amerikanischen Rechtssystem verankert. Die Haftungsprivilegierung hat den gesetzlichen Richter schon lange[1289] vor Schadensersatzprozessen und anderen Rechtsmitteln der zivilen Gerichtsbarkeit bewahrt, lediglich dienstrechtlich wurde die Reichweite einer Haftungsprivilegierung gelegentlich weniger weit verstanden.[1290]

1288 *Alessi*, 31 J. Int'l Arb. 2014, 735 (781f.).

1289 Das Prinzip der Haftungsprivilegierung war schon in der damaligen Kolonialmacht Groß-britanniens bekannt und fand so Einfluss in die US-amerikanische Rechtsprechung. 1864 wurde der erste Fall zur höchstrichterlichen Entscheidung angestoßen, 1868 sodann vom Supreme Court entschieden.

1290 *Pierson v. Ray*, 386 U.S. 547 (547ff.) (1967).

Obwohl rechtsprechende Handlungen eines Richters von einem Berufungsgericht aufgehoben werden können, können bei möglichen Opfern der nachteilig ergangenen Entscheidung in der Zwischenzeit oder im Nachhinein Schäden entstehen. Den Ersatz dieser Schäden vom Spruchrichter selbst verlangen zu können, ist, wie der Fortgang der Darstellung zeigen wird, nur unter engen Voraussetzungen möglich. Zentraler Gedanke des US-amerikanischen Rechts ist es, zukünftige Fehlentscheidungen zu vermeiden und deswegen präventiv disziplinarrechtlich vorzugehen, nicht jedoch die richterliche Unbeeinflusstheit durch die Eröffnung der Möglichkeit persönlicher Inanspruchnahme zu gefährden.[1291]

Zwei Voraussetzungen müssen erfüllt sein, bevor ein Richter im Zivilprozess haftungsprivilegiert wird. Zum einen kann eine solche Privilegierung nur dann geltend gemacht werden, wenn der Richter in einer ermessensbehafteten, richterlichen und nicht in einer (abgeordneten) ministeriellen, verwaltenden oder lediglich administrativen Rolle gehandelt hat. Zudem muss der Richter auch innerhalb seiner Zuständigkeit für den Fall gehandelt haben.[1292]

Liegen beide Voraussetzungen vor, kommt es zur Haftungsprivilegierung, der *immunity*.

Letztlich wird begrifflich zwischen qualifizierter Haftungsprivilegierung (*qualified immunity*) und absoluter Haftungsprivilegierung (*absolute immunity*) unterschieden.

Die einschlägigen Vorschriften des Abschnitts 1983 des sog. Civil Rights Acts,[1293] der maßgeblich die Haftung von Richtern reguliert, sehen grundsätzlich keine Unterscheidung zwischen absoluter und qualifizierter Immunität vor.

Gleichwohl hat die Rechtsprechung die Unterscheidung in Anlehnung an die Anfänge der Haftungsprivilegierung in England eingeführt und beibehalten.

Absolute Immunität bezeichnet dabei jeden Schutz vor zivilrechtlicher Inanspruchnahme, solange im Rahmen der eigenen Zuständigkeit gehandelt wird, und wird Richtern, Staatsanwälten und Mitarbeitern der Legislative zuteil.[1294]

1291 *O'Bryon v. Chandler*, 352 F.2d 987 (987ff.) (1965); *Nolan/Abrams*, 11 Berkeley J. Emp. & Lab. L. 1989, 228 (230f.).

1292 *Bradley v. Fisher*, 80 U.S. 335 (355ff.) (1871).

1293 Auch unter dem (inoffiziellen) Namen „*Ku Klux Klan Act*" bekannt, da erklärtes Ziel des Legislativaktes war, Wiedergutmachungsmöglichkeit für Opfer von Ku Klux Klan Mitgliedern zu schaffen, die damals in offizieller Funktion tätig gewesen sind.

1294 *Lockhart v. Hoenstine*, 411 F.2d 455 (455f.) (1969); *Bogan v. Scott-Harris*, 523 U.S. 44 (55) (1998); *Fisher v. Pickens*, 225 Cal. App. 3d 708 (708ff.) (1990)

Richtern kommt dieses absolute Haftungsprivileg solange zugute, wie sie richterlich tätig sind, hier wird maßgeblich auf das Vorliegen der Zuständigkeit abgestellt.[1295]

Der Supreme Court kennt ebenfalls eine qualifizierte Haftungsprivilegierung. Regierungsbeamte sind nach dieser Doktrin für unrechtmäßiges Handeln nur dann haftbar zu machen, wenn ihre Handlungen unrechtmäßig sind und sie im Rahmen ihrer Ermessensentscheidung verfassungsrechtlich geschützte Individualinteressen verletzt haben.

Der Supreme Court formuliert zur Reichweite der Haftungserleichterung:

> *"[...] insofar as their conduct does not violate clearly established statutory or constitutional rights of which a reasonable person would have known."*[1296]

Auf die allermeisten Beamten sind die Grundsätze der qualifizierten Haftungsprivilegierung anwendbar, ausdrücklich zugesprochen worden ist die Erleichterung bereits Schulleitungen, Gefängnisleitungen, Disziplinarausschüssen, Gesundheitsbeamten und staatlich beschäftigten Gefängniswärtern.[1297]

Zusammenfassend lässt sich die *qualified immunity* also als Haftungsprivilegierung für Regierungsbeamte mit vorangeschalteter, einfacher Plausibilitätskontrolle bezeichnen. Den Maßstab der Plausibilitätskontrolle des zu privilegierenden Handelns legt der Supreme Court bewusst niedrig an.[1298] Die *qualified immunity* soll also alle, außer denen

> *"[who are] plainly incompetent or those who knowingly violate the law"*

schützen.[1299]

a) Grundsatz: Randall v. Brigham

Der Supreme Court hat sich erstmals mit der richterlichen Haftungsprivilegierung im Jahre 1868 auseinandergesetzt. Im Fall *Randall v. Brigham*[1300] wurden

---

1295 *Pierson v. Ray*, 386 U.S. 547 (547ff.) (1967); *Stump v. Sparkman*, 435 U.S. 349 (349ff.) (1978).

1296 *Harlow v. Fitzgerald*, 457 U.S. 800 (1982).

1297 *Wood v. Strickland*, 420 U.S. 308 (1975); *O'Connor v. Donaldson*, 422 U.S. 563 (1975); *Pierson v. Ray*, 386 U.S. 547(1967); *Procunier v. Navarette*, 434 U.S. 555 (1978); *Scheuer v. Rhodes*, 416 U.S. 232 (1974); *Thompson v. Burke*, 556 F.2d 231 (1977); *Fowler v. Cross*, 635 F.2d 476 (1981); *Richardson v. McKnight*, 521 U.S. 399 (1997).

1298 *Anderson v. Creighton*, 483 U.S. 635 (1987).

1299 *Malley v. Briggs*, 475 U.S. 335 (1986).

1300 *Randall v. Brigham*, 74 U.S. 523 (523ff.) (1868).

auf Antrag des Anwalts der Klägerseite vom Massachusetts Superior Court[1301] mehrere Berufsrechtsverstöße[1302] festgestellt. Das Gericht urteilte daraufhin, dass die Zulassung als Rechtsanwalt im Commonwealth in Massachusetts zurückgenommen werde. Die Rücknahme wurde Gegenstand der Überprüfung durch den Supreme Court, neben der Rechtmäßigkeit der Zulassungsentziehung konnte sich das Obergericht in diesem Zusammenhang mit einer möglichen Haftung der Richter der Vorinstanz auseinandersetzen.

Der Supreme Court nahm englische Konzepte in die erstmalig höchstrichterlich etablierte Immunitätsdoktrin auf.[1303] Während in England zu dieser Zeit nicht nur zwischen verschiedenen Richtern unterschieden worden ist, kannte man auch eine Unterscheidung zwischen *acts in good faith* und *malicious acts*, wenn es um die Frage einer Haftung des Richters ging, diese Unterscheidung nahm der Supreme Court 1868 in seine Entscheidung mit auf:

> „Es ist allgemein anerkannter Grundsatz, dass alle Justizbeamten nicht für eine solche Handlung haftbar sind, die innerhalb ihrer Zuständigkeit liegt. In Bezug auf Richter mit eingeschränkten Befugnissen wird vertreten, dass sie nur dann geschützt seien, wenn sie innerhalb ihrer Zuständigkeit handeln. Falls dieses in Bezug auf den vorliegenden Fall in Rede stehen sollte, besteht eine solche Beschränkung hinsichtlich dieser Richter nicht. Sie sind nicht für ihre richterlichen Handlungen zivilrechtlich haftbar, auch wenn diese Handlungen über ihre Zuständigkeit hinausgehen, es sei denn, es läge ein zuständigkeitsüberschreitendes, böswilliges oder korruptes Verhalten vor."
>
> *"[It] is a general principle applicable to all judicial officers, that they are not liable to a civil action for any judicial act done within their jurisdiction. In reference to judges of limited and inferior authority, it has been held that they are protected only when they act within their jurisdiction. If this be the case with respect to them, no such limitation exists with respect to judges of superior or general authority. They are not liable to civil actions for their judicial acts, even when such acts are in excess of their jurisdiction, unless perhaps where the acts, in excess of jurisdiction, are done maliciously or corruptly."*[1304]

1301 *Randall v. Brigham*, 74 U.S. 523 (526) (1868).

1302 Darunter ungebührliches Verhalten vor Gericht, Bedrohung und Beleidigung des Richters.

1303 Großbritannien erlaubte ursprünglich Zivilklagen gegen Richter. Diese Prozesse wurden gegen den Spruchrichter in Form einer Klage bezüglich eines „falschen Urteils" angestrengt. Nur Richter des Hofes des Königs konnten in diesen Verfahren entscheiden. Hatte der König durch seine Richter entschieden, dass das Urteil unrechtmäßig zustande gekommen war, wurde es annulliert und Schadensersatz wurde zugesprochen. Obwohl Großbritannien später die richterliche Immunität annahm, wurden solche Richter weiterhin verurteilt, die absichtlich „falsch" urteilten.

1304 *Randall v. Brigham*, 74 U.S. (7 Wall.) 523 (526) (1868).

So etablierte die erste Entscheidung des Supreme Courts nicht nur eine richterliche Immunität, sondern sah auch sogleich Ausnahmen von dieser Haftungsprivilegierung für böswilliges oder korruptes Verhalten vor. Noch nicht zur Voraussetzung gemacht worden war das Handeln innerhalb der eigenen Zuständigkeit, dieses sollte erst im Verlauf der weiteren Rechtsprechung zu einem wichtigen Kriterium werden.[1305]

b) Ausweitung der Haftungsprivilegierung: Bradley v. Fisher

Drei Jahre später hatte der Supreme Court die Gelegenheit, die jüngst entwickelte Doktrin der richterlichen Haftungsprivilegierung in *Bradley v. Fisher*[1306] zu überdenken. Während des Prozesses gegen John Suratt wegen der Ermordung von Präsident Lincoln drohte einer der Verteidiger, Joseph Bradley, dem vorsitzenden Richter.

Der Richter ordnete später an, den Namen Bradleys von der Anwaltsrolle des Districts of Columbia zu streichen, sprich: ihm seine Zulassung zu entziehen. Daraufhin reichte Bradley eine Zivilklage gegen den Richter ein und forderte Wiedergutmachung von Schäden in Höhe von $ 20.000.[1307]

Der Supreme Court hatte sodann, mit offensichtlicher Gleichgültigkeit gegen die in *Randall v. Brigham* etablierte Immunitätsdoktrin, festgestellt, dass *„Richter der Gerichte nicht zivilrechtlich für ihre richterlichen Handlungen haftbar sind, auch wenn diese Handlungen über ihre Zuständigkeit hinausgehen und angeblich böswillig oder korrupt vollzogen werden.“*[1308] Um die frühere Rechtsprechung nicht zu obsolet werden zu lassen und einen Widerspruch so gering wie möglich erscheinen zu lassen, begründete der Vorsitzende die Entscheidung wie folgt:

> „Die qualifizierten Worte [in der Randall-Stellungnahme] wurden auf den Vorschlag eingefügt, daß die vorhergehende Sprache die Lehre von der gerichtlichen Befreiung von der Haftung gegenüber Zivilklagen breiter begründete, als für den vorliegenden Fall erforderlich sei. Sie waren nicht gedacht, eine Haftung in manchen Fällen zu begründen, sondern sollten vielmehr ausschließlich den Ausdruck einer gegensätzlichen Lehre vermeiden.“
>
> *“The qualifying words [in the Randall opinion] were inserted upon the suggestion that the previous language laid down the doctrine of judicial exemption from liability to civil actions in terms broader than was necessary for the case under consideration, and that if the language remained unqualified it would require an explanation of some apparently*

1305 *Carroll*, 1991 J. Disp. Resol. 1991, 137 (140).
1306 *Bradley v. Fisher*, 80 U.S. 335 (355ff.) (1871).
1307 *Bradley v. Fisher*, 80 U.S. 335 (338f.) (1871).
1308 *Bradley v. Fisher*, 80 U.S. 335 (351) (1871).

conflicting adjudications found in the reports. They were not intended as an expression of opinion that, in the cases supposed such liability would exist, but to avoid the expression of a contrary doctrine."[1309]

Nach der Entscheidung *Bradley v. Fisher* war eine Person, die durch möglicherweise böswilliges, vorsätzliches oder korruptes richterliches Verhalten verletzt worden war, daran gehindert, eine Klage gegen den Richter zu erheben. Da genau diese Art von Klage (*tort action*) das einzige Vehikel war, mit dem eine richterliche Verfehlung kompensiert werden konnte, hatte die Entscheidung von *Bradley v. Fisher* zunächst das Verbot aller Zivilklagen gegen Richter zur Folge. Der vorsitzende Richter Field führt hierzu weiterhin in der Urteilsbegründung aus:

„Wenn streitige Fragen entschieden werden, insbesondere wenn diese umfangreiche Rechtsgüter betreffen, von allgemeiner, öffentlicher Bewandtnis sind oder eine große Anzahl von Beteiligten aufweisen, findet die damit einhergehende Enttäuschung oft ein Ventil in dem Versuch, die Entscheidenden zu beschuldigen oder zurechtzuweisen. Wegen der Unvollkommenheit der menschlichen Natur ist dies kaum ein Wunder. Wenn zivilrechtliche Klagen gegen den Richter in solchen Fällen schon zulässig sein können, nur weil die unterlegene Partei behaupten kann, dass die Handlungen des Richters böswillig oder korrupt gewesen sind, so wäre der für die richterliche Unabhängigkeit wesentliche Schutz ausgelöscht. Nur wenige Personen, die schon genügend gereizt oder betroffen sind, um eine Klage gegen einen Richter für seine richterlichen Handlungen zu erheben, würden zögern, diesen Handlungen auch einen böswilligen oder korrupten Charakter zuzuschreiben.

Wenn bei dieser Art von Vorwürfen jeder Richter gezwungen wäre, sich im Rahmen der Klageerwiderung zu verteidigen, so würden nicht nur sein Amt ausgehöhlt und seine Nützlichkeit vernichtet werden, sondern er würde ebenso der Notwendigkeit unterworfen sein, eine vollständige Aufzeichnung aller möglichen Beweise, die jemals in einem Rechtsstreit mit seiner Beteiligung vorgebracht wurden, zu bewahren. Nur so kann der Richter überhaupt gegenüber einem zweiten Richter dazu vortragen, dass er integer gehandelt hat. Und selbst dann sähe sich noch der zweite Richter einer ähnlichen Belastung ausgesetzt, denn er könnte seinerseits auch von der Verliererpartei verklagt werden."

"When the controversy involves questions affecting large amounts of property or relates to a matter of general public concern, or touches the interests of numerous parties, the disappointment occasioned by an adverse decision, often finds vent in imputations of this character, and from the imperfection of human nature this is hardly a subject of wonder. If civil actions could be maintained in such cases against the judge, because the losing party should see fit to allege in his complaint that the acts of the judge were done with partiality, or maliciously, or corruptly, the protection essential to judicial independence would be entirely swept away. Few persons sufficiently irritated to institute an action against a judge for

---

1309 *Bradley v. Fisher*, 80 U.S. 335 (351) (1871).

his judicial acts would hesitate to ascribe any character to the acts which would be essential to the maintenance of the action.

If upon such allegations a judge could be compelled to answer in a civil action for his judicial acts, not only would his office be degraded and his usefulness destroyed, but he would be subjected for his protection to the necessity of preserving a complete record of all the evidence produced before him in every litigated case, and of the authorities cited and arguments presented, in order that he might be able to show to the judge before whom he might be summoned by the losing party—and that judge perhaps one of an inferior jurisdiction—that he had decided as he did with judicial integrity; and the second judge would be subjected to a similar burden, as he in his turn might also be held amenable by the losing party."

Somit war der Grundstein für die weitergehende richterliche Haftungsprivilegierung gelegt, auf eine tatsächliche Zuständigkeit des Spruchrichters oder eine behauptete Böswilligkeit kam es nicht mehr an. Nach der Entscheidung des Supreme Courts in Sachen *Randall v. Brigham*, aber während des Verfahrens *Bradley v. Fisher* verabschiedete der Kongress den Civil Rights Act von 1871.[1310]

c) Civil Rights Act: Picking v. Pennsylvania Railroad Co.

Zum ersten Mal schien es mit dem Civil Rights Act von 1871 dann so, als gäbe es eine klare (zivil-)rechtliche Handhabe in Fällen richterlicher Falschbehandlung.[1311] Doch um die Jahrhundertwende hatte die Möglichkeit von Klagen gegen Justizbeamte nach Abschnitt 1 des Civil Right Acts von 1871 nur äußerst wenig Beachtung gefunden. Obwohl die Kongressdiskussionen über das Bürgerrechtsgesetz darauf hindeuteten, dass Richter durchaus häufiger als Beklagte auftauchen könnten, dauerte es bis 1945, bis ein Bundesgericht dieses Thema eingehend erörterte. In *Picking v. Pennsylvania Railroad*[1312] erörterte der Court of Appeals, dass richterliche Immunität nicht immer eine Verteidigungsmöglichkeit gegen eine nach Section 1983, dem Nachfolger von Section 1 des Civil Rights Act von 1871, erhobene Klage war. Die Kläger in *Picking v. Pennsylvania Railroad* hatten nach ihrer Verhaftung eine Verletzung ihres Rechts auf ein faires Verfahren geltend gemacht, nachdem diese vor und während ihrer Inhaftierung nicht angehört worden waren.[1313] In der nachfolgenden Klageschrift wurden auch Richter als Beklagte genannt. Der Court of Appeals führte hierzu aus:

1310 Civil Rights Act of 1871, ch. 22, 17 Stat. 13 (now 42 U.S.C. § 1983 (1970)).

1311 Vgl. *Imbler v. Pachtman*, 424 U.S. 409 (1976).

1312 *Picking v. Pennsylvania R. Co.*, 151 F.2d 240 (1945). Abweichende, spätere Entscheidung in: *Bauers v. Heisel*, 361 F.2d 581 (1966).

1313 *Picking v. Pennsylvania R. Co.*, 151 F.2d 240 (245) (1945).

„Die [Haftungs-]Privilegierung war, wie bereits ausgeführt, eine der Grundregeln im common law. Der Kongress hat die Macht diese auszulöschen, wir denken, dass sich der Schluss aufdrängt, dass der Kongress mit dem Civil Rights Act eine Haftungsprivilegierung abschaffen wollte und dieses auch tatsächlich getan hat. Abschnitt 1 des Civil Rights Act von 1871 bezieht sich eindeutig auf „jede Person". Wir können uns keine weitere Definition [als Möglichkeit, Beklagter in einem Verfahren nach dem Civil Rights Act von 1871 zu sein][1314] vorstellen. Die Norm muss so verstanden werden, dass sie auch Mitglieder der Judikative einschließt, die in offizieller Funktion gehandelt haben. Dieses Ergebnis stellt schicksalhafte Vorzeichen für die Justiz weiterer Staaten."

"But the privilege as we have stated was a rule of the common law. Congress possessed the power to wipe it out. We think that the conclusion is irresistible that Congress by enacting the Civil Rights Act sub judice intended to abrogate the privilege to the extent indicated by that act and in fact did so. Section 1 of the third Civil Rights Act explicitly applied to "any person." R.S. Section 1979 applies to "every person." We can imagine no broader definition. The statute must be deemed to include members of the state judiciary acting in official capacity. The result is of fateful portent to the judiciary of the several states."[1315]

In Folgeentscheidungen ist die Möglichkeit der Haftung von Richtern sodann bis 1955[1316] bestätigt worden.[1317] Einige Jahre später, 1967, wurden diese Entscheidungen negiert und eine neue Grundsatzentscheidung wurde mit *Pierson v. Ray* getroffen.[1318]

d) Letzte Ausnahme: Pierson v. Ray

Anfangs ist der Möglichkeit einer zivilrechtlichen Verantwortlichkeit von Richtern im Zivilverfahren starke Ablehnung entgegengebracht worden. Eine der letzten Entscheidungen, die eine Anwendung des Civil Rights Act, entgegen eines eindeutigen Wortlauts und entgegen der eindeutigen Intention, ablehnten, ist in *Pierson v. Ray* zu sehen. Die *dissenting opinion*[1319] zu dieser Entscheidung war und ist maßgebend für das heutige, weniger weitreichende, Haftungsgefüge, in das sich Richter in den Vereinigten Staaten einfügen müssen.

1314 Einfügung durch Verfasser.

1315 *Picking v. Pennsylvania R. Co.*, 151 F.2d 240 (250) (1945).

1316 Andeutung einer Änderung: *Tate v. Arnold*, 223 F.2d 782 (785) (1955).

1317 *McShane v. Moldovan*, 172 F.2d 1016 (1949).

1318 *Pierson v. Ray*, 368 U.S. 547 (1967).

1319 Sondervotum. Mit dem Sondervotum, wird in diesem Fall eine abweichende Meinung eines oder mehrerer Richter bei der Entscheidungsfindung eines Spruchkörpers bezeichnet, die mit der mehrheitlichen Auffassung und, deswegen, mit dem ausgesprochenen Urteil nicht übereinstimmt.

Im Fall *Pierson v. Ray*[1320] hatte eine Gruppe schwarzer Geistlicher versucht, in einem Bushaltestellenwartebereich nur für Weiße auf das Erscheinen des Busses zu warten. In Jackson, Mississippi wurden diese sodann festgenommen und wegen Störung des öffentlichen Friedens angeklagt.[1321]

Bereits im Jahr zuvor war in *Boynton v. Virginia*[1322] festgestellt worden, dass Rassendiskriminierung bei Busfahrgästen durch den Interstate Commerce Act abgeschafft sein sollte.[1323] Obwohl die Verteidiger das Gericht auf die zuvor ergangene, wirksame Entscheidung hinwiesen, urteilte das Gericht die härtest mögliche Strafe aus.[1324] Diese Entscheidung wurde sodann vom zuständigen Berufungsgericht aufgehoben,[1325] die Geistlichen führten den Rechtsstreit aber unter einem anderen Aspekt weiter: Sie wollten vom hierfür zuständigen District Court festgestellt wissen, dass sie zum einen zu Unrecht festgenommen und darüber hinaus auch anfangs zu Unrecht verurteilt worden waren und dafür entsprechenden Schadensersatz zugesprochen bekommen müssten.

Während vom zuständigen Gericht hinsichtlich der handelnden Polizeibeamten nur eine eingeschränkte Haftungsimmunität zugestanden und das Bestehen einer Privilegierung von einer gewissen Aufrichtigkeit der Handlungsmotive abhängig gemacht worden ist, fiel die Entscheidung hinsichtlich der Privilegierung des aburteilenden Richters eindeutiger aus.[1326]

Ohne weitere Erörterung ist ausgeführt worden, dass es sich bei der richterlichen Haftungsimmunität um eines der etabliertesten Prinzipien des *common law* handelt, das auch hier Anwendung finden müsse.[1327] Sodann wandte sich das Gericht der Gesetzgebungsgeschichte des Civil Rights Act zu. Der vorsitzende Richter, Chief Justice Warren, kam zu dem Schluss, dass durch die Gesetzgebungsmaterialien nicht ausgedrückt würde, dass der Kongress beabsichtigte,

---

1320 *Pierson v. Ray*, 386 U.S. 547 (1967).

1321 Die damalige Vorschrift, MISS. CODE ANN. § 2087.5 (Supp. 1971), sah vor, dass es ein sanktionierbares Fehlverhalten darstellt, wenn man der, von der Polizei ausgesprochenen, Aufforderung einen Ort zu verlassen, nicht sofort nachkam. Nach dem Verfahren in *Pierson v. Ray* wurde die Vorschrift als zu eingriffsintensiv und rechtswidrig empfunden und für verfassungswidrig erklärt, vgl. *Thomas v. Mississippi*, 380 U.S. 524 (1965).

1322 *Boynton v. Virginia*, 364 U.S. 454 (1960).

1323 *Boynton v. Virginia*, 364 U.S. 454 (463f.) (1960).

1324 In diesem Fall eine empfindliche Geldstrafe in Höhe von 200 US-Dollar und eine Gefängnisstrafe von vier Monaten.

1325 *Pierson v. Ray*, 386 U.S. 547 (550) (1967).

1326 *Pierson v. Ray*, 386 U.S. 547 (557) (1967).

1327 *Pierson v. Ray*, 386 U.S. 547 (554f.) (1967).

„alle Immunitäten massenhaft und ohne weiteres abschaffen zu wollen" und dass der Kongress sich *„spezifisch zur Abschaffung des Grundsatzes der richterlichen Immunität"* hätte äußern müssen.[1328]

Aus heutiger Sicht kann die damalige Argumentation nicht mehr ganz überzeugen, auch 1967 stieß die Rechtsauffassung auf Kritik, beispielsweise in der *dissenting opinion* des Richters Douglas.[1329] Einerseits hatten, weder im englischen noch im amerikanischen *common law*, Richter unterster Gerichte uneingeschränkte Immunität, auch kann die Abwesenheit einer konkreten Formulierung hinsichtlich der Aufgabe einer Haftungsprivilegierung nicht dahingehend gedeutet werden, dass diese unbedingt aufrecht erhalten werden soll.[1330]

Tatsächlich zeigen Protokolle aus den Verhandlungen zur Beschlussfassung des Civil Rights Act, dass viele Mitglieder der Legislative davon überzeugt waren, dass, gerade im Süden der Vereinigten Staaten, eine richterliche Haftung geboten sei. Hier wurden viele Rechtsanwendungsfehler und richterliche Untätigkeit vermutet und verortet.[1331]

Hinzu kommt, wie höchstrichterliche Rechtsprechung und Literatur feststellen, dass es nicht an den bundesstaatlichen Gerichten ist, die Weisheit des Kongresses zu prüfen oder zu übergehen, indem Gegeninterpretationen von Gesetzen formuliert werden; vielmehr die Gerichte dafür zuständig sind, die Wünsche des Kongresses, formuliert und spezifiziert in Gesetzen, umzusetzen.[1332]

e) Andeutung der funktionalen Theorie: Butz v. Economou

Die Entscheidung *Butz v. Economou* ist Grundsteinlegung der Haftung von anderen Beamten in offizieller Funktion außer Richtern.[1333]

Nach einem erfolglosen Widerspruch gegen die Eintragung als Rohstoffhandelsunternehmen durch das Landwirtschaftsministerium erhob der Beschwerdegegner Klage gegen die im Ministerium beschäftigten Beamten. Er brachte vor, dass er durch die jeweiligen individuellen Entscheidungen aller am Entscheidungsprozess des Ministeriums Beteiligten in seinen verfassungsmäßigen

1328 *Pierson v. Ray,* 386 U.S. 547 (554f.) (1967).

1329 *Pierson v. Ray,* 386 U.S. 547 (561) (1967).

1330 *Pierson v. Ray,* 386 U.S. 547 (559ff.) (1967); *Kates,* 65 Nw. U.L. Rev. 615 (621ff.) (1970).

1331 *Pierson v. Ray,* 386 U.S. 547 (559) (1967).

1332 *O'Brien v. United States,* 391, U.S. 367 (384f.) (1968); *Kates,* 65 Nw. U.L. Rev. 615 (604) (1970).

1333 *Butz v. Economou,* 438 U.S. 478 (508) (1978).

Rechten verletzt wäre. Die Klage wurde, ohne viel Begründungsaufwand auf die Sachentscheidung des Ministeriums zu verwenden, abgewiesen.

Das letztlich entscheidende Berufungsgericht kam zu der Auffassung, dass die Beklagten nur Anspruch auf die qualifizierte Immunität haben, nicht auf absolute. Damit sind die Voraussetzungen für eine Haftungserleichterung klarer umrissen worden, hinzugekommen ist die Erkenntnis, dass es weniger darauf ankommt, ob ein Richter privilegiert werden soll, als darauf, dass die Entscheidung von offizieller Seite subordinativ und nach bestem Wissen und Gewissen herbeigeführt werden soll, um eine Rechtsfrage zu klären oder ein Rechtsverhältnis zu beschreiben. Liegen diese Kriterien vor, so können nicht nur Richter in der Haftung privilegiert werden, sondern auch Verwaltungsbeamte:

> *"A public officer, acting to the best of his judgment and from a sense of duty, in a matter of account with an individual [is not] liable in an action for an error of judgment."*[1334]

Die Haftungserleichterung sei ebenfalls maßgeblich davon abhängig, ob sich der Verwaltungsbeamte mit der Entscheidung innerhalb seiner Zuständigkeit bewege oder nicht, bei Unzuständigkeit könne auch keine Privilegierung erfolgen:

> *"As […] cases demonstrate, a federal official […][is] protected for action tortious under state law only if his acts […][are] authorized by controlling federal law. To make out his defence, he must show that his authority was sufficient in law to protect him."*[1335]
>
> "[…] *in a case involving military discipline, the Court issued a similar ruling, exculpating the defendant, officer because of the failure to prove that he had exceeded his jurisdiction or had exercised it in a malicious or willfully erroneous manner."*[1336]

Während noch in weiteren Einzelfällen zu Gunsten der jeweils staatlich Handelnden entschieden worden ist,[1337] ist in *Butz v. Economou* der Grundsatz einer Haftungsprivilegierung anhand der Funktion des Entscheidenden am deutlichsten ablesbar, es kommt entscheidend auf die Art der Tätigkeit an, nicht unbedingt auf den Berufsstand des Richters.[1338]

1334 *Butz v. Economou*, 438 U.S. 478 (491) (1978) unter Bezugnahme auf: *Kendall v. Stokes*, 3 How. 87 (1845).

1335 *Butz v. Economou*, 438 U.S. 478 (490) (1978) unter Bezugnahme auf: *Cunningham v. Macon & Brunswick R. Co.*, 109 U.S. 446 (452) (1883) und *Berlknap v. Schild*, 161 U.S. 10 (19) (1896).

1336 *Wilkes v. Dinsman*, 48 U.S. 89 (131f.) (1849).

1337 Weitere Beispiele mit Nachweisen: *Carroll*, 1991 J. Disp. Resol. 1991, 137 (140f.).

1338 *Carroll*, 1991 J. Disp. Resol. 1991, 137 (141).

Damit wurden entscheidende Grundsätze für die Übertragbarkeit der Haftungsprivilegierung von Richtern auf Schiedsrichter gelegt, ohne dieses ausdrücklich zu erwähnen. Auch Schiedsrichter entscheiden neutral über Rechtsfragen oder Rechtsverhältnisse aufgrund einer, durch parteiautonome Entscheidung herbeigeführten, Subordination und könnten so nach der „funktionalen Theorie" privilegiert werden.[1339]

f) Gegenwart: Stump v. Sparkman

In *Stump v. Sparkman* formulierte der Supreme Court noch einmal grundlegend zum Haftungsprivileg des Richters.[1340] Der Fall wird aufgrund seiner eindeutigen Formulierung, Aktualität und grundlegenden Begründung auch heute noch als *leading-case* zitiert, wenn es um richterliche Haftungsprivilegierung geht.

Kernthese der Urteilsbegründung ist, dass der Richter nicht seiner Immunität beraubt wird, wenn er falsch, böswillig oder in Überschreitung seiner inhaltlichen Befugnisse gehandelt hat, sondern nur, wenn er eindeutig und offensichtlich entgegen jeder eigenen Zuständigkeit tätig wird.

> *"A judge will not be deprived of immunity because the action he took was in error, was done maliciously, or was in excess of his authority; rather, he will be subject to liability only when he has acted in the clear absence of all jurisdiction."*[1341]

Der Fall *Stump v. Sparkman* ist aufgrund seiner inhaltlichen Besonderheit und der Eingriffsintensität der richterlichen Entscheidung besonders eingängig.

Der im Ausgangsfall entscheidende Richter Stump handelte, nach einhelliger Meinung in Rechtsprechung und Literatur, rechtswidrig und unter Missachtung fundamentaler Rechtsgrundsätze.[1342] Trotzdem kommt die gerichtliche Überprüfung der Frage nach Stumps Haftung zu dem Schluss, dass die richterliche Haftungsprivilegierung greift.

1971 urteilte Richter Harold D. Stump, dass eine Mutter ihre 15-jährige Tochter sterilisieren lassen könne. Am 9. Juli 1971 stellte Ora Spitler McFarlin of Auburn durch ihren Anwalt Warren G. Sunday den Antrag, ihre 15-jährige Tochter Linda Spitler chirurgisch sterilisieren lassen zu dürfen. Im Antrag wurde vorgebracht, Linda Spitler sei „etwas zurückgeblieben" und lasse sich „sowohl mit älteren Jugendlichen und jungen Männern ein". Es sei im besten Interesse

---

1339 *Carroll*, 1991 J. Disp. Resol. 1991, 137 (141).
1340 *Stump v. Sparkman*, 435 U.S. 349 (349ff.) (1978).
1341 *Stump v. Sparkman*, 435 U.S. 349 (349ff.) (1978).
1342 *Stump v. Sparkman*, 435 U.S. 349 (368f.) (1978).

der Tochter, Linda Spitler, eine Tubenligatur[1343] durchführen zu lassen, „um unglückliche Umstände zu vermeiden".

Richter Stump zeichnete den Antrag noch am Tag der Antragstellung ab. Von der Antragstellung und dem geplanten Vorhaben hatte die Tochter der Antragstellerin bis weit nach der Operation keine Kenntnis, weder ist ihr Rechtsbeistand gewährt worden noch ist sie angehört worden noch wurde sie über den Zweck des Eingriffs informiert. Unter dem Vorwand einer Blinddarmoperation wurde bereits sechs Tage später der Eingriff durchgeführt.

Erst als sie mehrere Jahre mit Leo Sparkman verheiratet gewesen war und ihr Kinderwunsch unerfüllt geblieben ist, erfuhr sie 1975 von einem der operierenden Ärzte, dass sie sterilisiert worden war. Die Sparkmans reichten eine Schadensersatzklage ein, die unter anderem gegen Richter Stump gerichtet gewesen ist.

Unter Bezugnahme auf die bereits entwickelten Grundsätze zur richterlichen Haftungsprivilegierung urteilte der Supreme Court, dass die Voraussetzungen der Privilegierung erfüllt seien: Die Antragstellerin sei Richter Stump in seiner Funktion als Richter gegenübergetreten und Stump habe nicht eindeutig und offensichtlich unzuständig gehandelt.[1344]

Die Entscheidung begegnete scharfer Kritik, vor allem in der Literatur. Formuliert wird einerseits, dass wegen der besonderen Schwere des Eingriffs und der Gefühllosigkeit des Urteils eine Ausnahme vom haftungsprivilegierenden Grundsatz gemacht werden müsse, und andererseits, dass die Voraussetzung „nicht eindeutig und offensichtlich unzuständig" an kleinen Gerichten ohne ausgeprägte Spezialisierungsstruktur immer erfüllt sei.[1345] Ein derartiges Privileg sei anachronistisch und hielte einer modernen Überprüfung des Rechtssystems keinesfalls stand.[1346] Gleichwohl halten die Gerichte an den Voraussetzungen für die *absolute immunity* fest,[1347] die Rechtsprechung hat bisher in der Anwendung der Privilegierungsvoraussetzungen keine Abweichung von der Herangehensweise und Privilegierung in *Stump v. Sparkman* gezeigt.

1343 Auch: Eileiterverschluss, ein chirurgischer Eingriff zur Sterilisation von Frauen.

1344 *Stump v. Sparkman*, 435 U.S. 349 (362ff.) (1978)

1345 *Nolan/Abrams*, 11 Berkeley J. Emp. & Lab. L. 1989, 228 (230f.).

1346 *Block*, Duke 1980 L. J. 1980, 879 (921).

1347 In diesem Zusammenhang auch oft als *judicial immunity* bezeichnet.

g) Zusammenfassung

Die richterliche Haftungsprivilegierung, *immunity*, erfolgt nach amerikanischem Verständnis aus den gleichen Gründen wie die Spruchrichterprivilegierung im deutschen Recht: Zur Sicherung der Unabhängigkeit und Unbeeinflusstheit des Urteils.[1348]

Entsprechend ist zur Privilegierung erforderlich, dass die Entscheidung innerhalb der richterlichen Zuständigkeit liegt und auch rechtsprechenden Charakter hat, also der Rechtsfindung dient. Rein administrative Tätigkeiten sind nicht von der Privilegierung umfasst. Nur bei einem Missbrauch oder fehlender Zuständigkeit der richterlichen Entscheidung kommt eine Haftung in Betracht.[1349]

2. Haftung des Schiedsrichters

Auch nach amerikanischem Verständnis ist aber die Haftungsprivilegierung des Richters nicht allein zum Schutz der Person des Richters eingerichtet; wäre dieses der Fall, wäre der Schutzbereich klar abgesteckt und es wäre nicht diskutabel, auch Schiedsrichter zu umfassen, zumal die wichtigste Gesetzgebung hierzu schweigt.[1350] Mehrheitlich wird vertreten, dass es nicht nur der Richter persönlich ist, für den es die Haftungsprivilegierung gibt, es sind auch nach amerikanischem Recht eher Unabhängigkeit und Endgültigkeit der Entscheidung.[1351] Deswegen sind auch andere Entscheidungsträger zu privilegieren. Es gibt hierbei eine Vielzahl von Entscheidungsträgern, sowohl im öffentlichen als auch im privaten Bereich, die von einer Haftungsprivilegierung profitieren können. Schiedsrichter und andere Entscheidungsträger müssen deswegen frei von Angst vor Haftung sein, um ihre Aufgaben mit vollständiger Unparteilichkeit ausüben zu können.[1352]

Angesichts dieses Grundsatzes hat die Rechtsprechung, entsprechend dem „quasi-gerichtlichen Tätigwerden" von Schiedsrichtern, bereits auch „quasi-Immunität" gegenüber Parteien ausgesprochen, die Haftungsforderungen gegen das Schiedsgericht hatten. Grundsätzlich wird auch hier unterschieden: Nicht jede Handlung des Schiedsrichters ist „quasi-gerichtlich" oder „quasi-richterlich",

1348 *Hausmaninger*, 7 J. Int'l Arb. 1990, 7 (8f.).

1349 *Bradley v. Fisher*, 80 U.S. 335 (355ff.) (1871).

1350 *Mattera*, 12 Ohio St. J. on Disp. Resol. 1997, 779 (787).

1351 *Carroll*, 1991 J. Disp. Resol. 1991, 137 (142); *Mattera*, 12 Ohio St. J. on Disp. Resol. 1997, 779 (783).

1352 *Domke*, 3 U. Tol. L. Rev. 1971, 99 (99f.).

regelmäßig wird zur Voraussetzung gemacht, dass einem anderen bewusst in entscheidender Funktion gegenübergetreten wird.

Je näher also die Rolle eines Entscheidungsträgers an den Aufgaben eines Richters ist, desto eher wird eine Haftungsimmunität zugesprochen. Geschworene und Jurymitglieder sind nach herrschender Auffassung in ihrem Tätigwerden deswegen auch gänzlich haftungsprivilegiert,

> *„damit sie nicht mit der Angst vor einer bösartigen Klage leben müssen, nur weil sie in der Entscheidung ihrem Gewissen folgen.“*[1353]

Aus diesem Grund ist auch ganz herrschende Meinung, dass Schiedssprüche nur sehr eingeschränkt überprüfbar sind, für die Frage der Haftung ist nämlich auch nach amerikanischer Auffassung weniger die materielle Richtigkeit des Schiedsspruches entscheidend als das Vorliegen von evidenten Rechtsverletzungen durch den Schiedsrichter.[1354] So sind Schiedssprüche nicht umfassend auf Richtigkeit überprüfbar, sondern der Umfang einer Kontrolle durch ordentliche Gerichte wird als „kleinstmöglich“ beschrieben:

> *"Our review of the arbitration panel's decision under the FAA is strictly limited; this highly deferential standard has been described as among the narrowest known to the law."*[1355]

Auch Teilen der Exekutive wird diese Immunität zugesprochen, nämlich immer dann, wenn sich die Entscheidungstätigkeit mit der eines Richters funktional vergleichen lässt und ein derartiges Interesse nicht ausgeschlossen ist.[1356] Auch Gutachtern wird eine Haftungsprivilegierung zugesprochen.[1357]

Genau wie bei der Frage nach der Haftung eines staatlichen Richters ist auch das Vorliegen der schiedsrichterlichen Haftungsprivilegierung an Voraussetzungen geknüpft, das Bestehen der Privilegierung aber schon lange etabliert.[1358]

Um das Haftungsprivileg aufrecht zu erhalten, darf der Schiedsrichter nicht grob fahrlässig oder vorsätzlich falsch gehandelt haben, auch ist umstritten, wie Entscheidungen zu privilegieren sind, die unter der Annahme der eigenen

---

1353 *Nolan/Abrams*, 11 Berkeley J. Emp. & Lab. L. 1989, 228 (232).

1354 *Dominion Video Satellite, Inc. v. Echostar Satellite LLC*, 430 F.3d 1269 (1275) (2005).

1355 *Bowen v. Amoco Pipeline Co.*, 254 F.3d 925 (932) (2001), bezugnehmend auf *ARW Exploration Corp. v. Aguirre*, 45 F.3d 1455 (1462) (1995).

1356 *Imbler v. Pachtman*, 424 U.S. 409 (423) (1976); *Tamari v. Conrad*, 552 F.2d 778 (781) (1977).

1357 *Nolan/Abrams*, 11 Berkeley J. Emp. & Lab. L. 1989, 228 (232f.).

1358 *Nolan/Abrams*, 11 Berkeley J. Emp. & Lab. L. 1989, 228 (233).

Zuständigkeit getroffen worden sind, in Wahrheit aber ein staatliches Gericht zuständig gewesen ist.

Bemerkenswert erscheint hierbei, dass die, unzweifelhaft bestehende, Haftungsprivilegierung ganz mehrheitlich nicht aus (konkludenter) vertraglicher Vereinbarung hergeleitet wird, sondern dass es die Tätigkeit des Schiedsrichters selbst ist, die eine Privilegierung indiziert.[1359] Vor dem Hintergrund, dass der *arbitrator's contract* immer noch nicht vorherrschende Beschreibung des Schiedsrichter-Partei-Verhältnisses in den Vereinigten Staaten ist, erscheint dieses nur konsequent.

a) Grundsatz: Jones v. Brown

Obwohl es schon zuvor Entscheidungen in die gleiche Richtung gegeben hatte,[1360] ist die 1880 getroffene Entscheidung *Jones v. Brown*[1361] die wohl am häufigsten zitierte und genannte, wenn es um die grundsätzliche Frage der Haftung eines Schiedsrichters geht. In *Jones v. Brown* hatte die unterlegene Partei behauptet, die Schiedsrichter hätten zusammengearbeitet, um sie absichtlich und ohne rechtlich haltbaren Grund im Schiedsverfahren verlieren zu lassen.

Die Richter urteilten, dass ein Richter eines Gerichts, gleich welcher Art, nicht für seine Handlungen haftet, wenn diese in seiner richterlichen Funktion und in korrekter Zuständigkeit vorgenommen worden sind. Solange er rechtsprechend tätig wird, ändert daran auch die (unbewiesene) Behauptung nichts, dass die beanstandeten Handlungen böswillig und korrupt waren:

> *"[…] that a judge of any court, whether of limited or general jurisdiction, is not liable in a civil action for acts done in his judicial capacity, and within his jurisdiction, even though it be alleged that the acts complained of were done maliciously and corruptly."*[1362]

Diese Entscheidung, die auch mit der Etabliertheit dieser Privilegierung in England begründet worden ist, wurde sodann von Gerichten in Massachusetts und New York aufgegriffen und weitergeführt.[1363] Auch auf Bundesebene erfuhr die Entscheidung schnell Zuspruch, immer deutlicher ist darauf abgestellt worden, dass es weniger darauf ankomme, ob es sich bei dem Entscheidungsträger um

---

1359 *Malik v. Ruttenberg*, 942 A.2d 136 (2008).

1360 Vgl. *Shiver v. Ross*, 3 S.C.L. (I Brev.) 293 (1803).

1361 *Jones v. Brown*, 54 Iowa 74, 6 N.W. 140 (1880).

1362 *Jones v. Brown*, 54 Iowa 74, 6 N.W. 140 (142) (1880).

1363 *Hoosac Tunnell Dock & Elevator Co. v. O'Brien*, 137 Mass. 424 (1884); *Babylon Milk & Ice Cream Co. v. Horvitz*, 151 N.Y.S. 2d 221 (1956).

einen staatlichen Richter handele, sondern eine richterähnliche Entscheidungsfunktion privilegierungsindizierend sei.[1364]

b) Fortführung und weitere Begründung der funktionalen Theorie

Obwohl die allermeisten Fälle der Haftungsprivilegierung zunächst Personen in einem öffentlich-rechtlichen Beschäftigungsverhältnis, meistens Beamte, betrafen, ist dies nicht Voraussetzung für eine Haftungsprivilegierung.[1365]

Die amerikanische Rechtsprechung erkannte immer häufiger, dass Streitigkeiten nicht nur von offizieller, staatlicher Seite beigelegt oder entschieden werden, sondern dass allzu häufig Private bei der Streitbeilegung eine entscheidende Rolle spielen. Diese nicht zu privilegieren, wäre für die Streitparteien wenig dienlich, ihnen ist nur mit Objektivität und Neutralität gedient, also gerade mit dem Vorliegen einer Privilegierung.[1366]

Mithin haben Gerichte, dem funktionellen Ansatz und dem Bedarf nach Unbeeinflusstheit in der privaten Streitbeilegung folgend, Architekten und Ingenieure,[1367] Landvermesser,[1368] Schätzer,[1369] Arbeitsbeschwerdeausschüsse,[1370] und Börsenschiedsrichter[1371] im Hinblick auf ihre Haftungsprivilegierung als funktional mit Richtern vergleichbar erklärt. Seitdem wird konsequenterweise auch Schiedsrichtern die gleiche Haftungsprivilegierung – mit gleicher Begründung – zuteil.[1372]

Auch in der Schiedsgerichtsbarkeit ist der Anknüpfungspunkt für die Privilegierung die Funktion als streitentscheidende Autorität. Auf dieser Grundlage

---

1364 *Burchell v. Marsh*, 58 U.S. 344 (349) (1855).

1365 *Nolan/Abrams*, 11 Berkeley J. Emp. & Lab. L. 1989, 228 (233).

1366 *Nolan/Abrams*, 11 Berkeley J. Emp. & Lab. L. 1989, 228 (233).

1367 *Lundgren v. Freeman*, 307 F.2d 104 (1962); *Wilder v. Crook*, 250 Ala. 424, 34 So. 2d 832 (1948); *Craviolini v. Scholer & Fuller Assoc. Architects*, 89 Ariz. 24, 357 P.2d 611 (1960); *Meer Corp. v. Farmella Trading Corp.*, 14 Misc. 2d 242, 178 N.Y.S. 2d 784 (1958).

1368 *Hutchins v. Merrill*, 109 Me. 313, 84 A. 412 (1912).

1369 *Wasyl, Inc. v. First Boston Corp.*, 813 F.2d 1579 (1987).

1370 *Larry v. Penn Truck Aids, Inc.*, 567 F. Supp. 1410 (E.D. Pa. 1983); *Larry v. Penn Truck Aids, Inc.*, 94 F.R.D. 708 (1982); *Goodwin v. Teamsters Local 150*, 113 L.R.R.M. (BNA) 3029 (E.D. Cal. 1982); *Shropshire v. International Bhd. of Teamsters Local* 957, 102 L.R.R.M. (BNA) 2751 (1979); *DeVries v. Interstate Motor Freight Sys.*, 91 L.R.R.M. (BNA) 2764 (1976), *DeVries v. International Bhd. of Teamsters*, 620 F.2d 302 (1980).

1371 *Corey v. New York Stock Exch.*, 691 F.2d 1205 (1982); *Melady v. South St. Paul Live Stock Exch.*, 142 Minn. 194, 171 N.W. 806 (1919).

1372 *Burchell v. Marsh*, 58 U.S. 344 (349) (1855).

steht Schiedsrichtern nach amerikanischem Verständnis grundsätzlich die gleiche Haftungsprivilegierung zu wie Richtern.[1373]

Nach anfänglicher Zurückhaltung ist diese Auffassung auch im UAA (2000) kodifiziert worden, im Gegensatz zur vorangegangenen Version sieht das Regelwerk in Section 14 nunmehr die Haftungsprivilegierung für Schiedsrichter in der Art vor, dass sie wie Richter privilegiert sein sollen.

Hiermit wird vernünftigerweise auf die bereits etablierten Voraussetzungen einer Privilegierung Bezug genommen, die Reichweite des Privilegs ist nicht unendlich, wie die Erwägungen aus *Stump v. Sparkman*[1374] zeigen.

c) Gegenwart: Malik v. Ruttenberg und United States v. City of Hayward

Den Gegenwartszustand der schiedsrichterlichen Haftung und ihrer Privilegierung in den Vereinigten Staaten beschreiben *Malik v. Ruttenberg*[1375] und *United States v. City of Hayward*[1376] treffend.[1377]

In *Malik v. Ruttenberg* hatte ein Gericht erstmalig vor dem Hintergrund einer bundesstaatlich geregelten Haftungsprivilegierung über eine Schiedsrichterhaftung zu urteilen.[1378]

Im Fall war es zu einem Streit zwischen einem Auftragnehmer und einem Hauseigentümer gekommen, die Streitigkeit wurde gemäß den Vertragsbedingungen einer Entscheidung durch Schiedsverfahren zugeführt. Das Schiedsverfahren wurde von beiden Parteien streitig geführt, seinen Höhepunkt erreichte die Streitigkeit der Verhandlung, als der Schiedsrichter dem Antrag auf Entfernung des Anwalts der Gegenseite nicht nachkam. Der Anwalt des Werkunternehmers hatte geltend gemacht, vom Anwalt der Gegenseite auf dem Gerichtsflur angegriffen worden zu sein. Dieser angebliche Angriff wurde allerdings von dem Schiedsrichter nicht beobachtet.

Der Auftragnehmer verklagte in der Folge den Anwalt des Hauseigentümers, die Anwaltskanzlei, den Schiedsrichter und die nationale Schiedsgerichtsvereinigung. In der Klagebegründung gegen den Schiedsrichter und die Vereinigung

1373 *P.T. v. Richard Hall Cmty. Mental Health Ctr.*, 364 N.J.Super. 546 (551) (2000).

1374 *Stump v. Sparkman*, 435 U.S. 349 (367f.) (1978).

1375 *Malik v. Ruttenberg*, 942 A.2d 136 (2008).

1376 *United States v. City of Hayward*, 36 F.3d 832 (1994).

1377 *Brown*, J. Disp. Resol. (2009), 225 (225f.).

1378 NJ Rev Stat § 2A:23B-14, nach Vorlage des UAA (2000) in die bundesstaatliche Gesetzgebung von New Jersey überführt, vgl. http://www.uniformlaws.org/LegislativeFactSheet.aspx?title=Arbitration%20Act%20(2000) (zuletzt aufgerufen am 28.12.2017).

behauptete er, dass jeder von den gewalttätigen Tendenzen des Anwalts des Hauseigentümers wusste, alle Beteiligten es aber schuldhaft versäumten, den Anwalt und das Verfahren unter Kontrolle zu halten.

Der Schiedsrichter und die Vereinigung beantragten Klageabweisung, sie seien hinsichtlich dieser Frage in der Haftung privilegiert.

In zweiter Instanz bekamen die Beklagten Recht, bei der Verfahrensführung handele es sich um eine quasi-richterliche Tätigkeit, die unmittelbar der Beendigung des Streits zwischen den Parteien diene. Auch darüber hinaus seien die Streitparteien dem Schiedsrichter in seiner Funktion und Zuständigkeit als Schiedsrichter gegenübergetreten; mithin seien die Voraussetzungen für die Haftungsprivilegierung erfüllt.[1379]

In *United States v. City of Hayward* wird der Grundsatz der schiedsrichterlichen Haftungsprivilegierung erneut unter den Voraussetzungen der vorhandenen Zuständigkeit und der Rechtsprechungsähnlichkeit bekräftigt. Hinzukommen soll in diesem Fall auch die Freiwilligkeit der Unterwerfung unter die Schiedsvereinbarung; andernfalls könnte beispielsweise jeder Stadtangestellte durch Verordnung zum Schiedsrichter über Verwaltungssachen seiner Zuständigkeit bestimmt werden, um so nicht wie ein Angestellter, sondern wie ein Richter für Fehlentscheidungen zu haften.

aa) Fehlende Zuständigkeit

Wie hinsichtlich der richterlichen Haftungsprivilegierung muss auch der zu privilegierende Schiedsrichter innerhalb seiner Zuständigkeit tätig werden, um eine Haftungserleichterung zu erfahren. Auch hier soll der Begriff der Zuständigkeit weit verstanden werden, um den Sinn und Zweck der Privilegierung nicht obsolet werden zu lassen.[1380]

Als generelle Orientierung wird in der Literatur vorgeschlagen, dass ein Fallbezug allein bereits ausreicht, um den Schiedsrichter zu privilegieren.[1381] Es ist unter dieser Einschätzung ebenfalls in *Cahn v. International Ladies' Garment Workers Union*[1382] entschieden worden, dass es nicht ausreicht zu rügen, dass der Schiedsrichter außerhalb der eigenen Zuständigkeit gehandelt habe. Vielmehr muss, um eine Haftung des Schiedsrichters überhaupt möglich werden zu lassen, konkret dargelegt werden, welche Handlung zu welchem Schaden geführt

---

1379 *Malik v. Ruttenberg*, 942 A.2d 136 (2008).

1380 *Olsen*, 21 Cal. W. L. Rev. 1985, 564 (585).

1381 *Brown*, J. Disp. Resol. (2009), 225 (228).

1382 *Cahn v. International Ladies' Garment Workers Union*, 203 F. Supp. 191 (1962).

hat und warum diese außerhalb jeder Zuständigkeit des Schiedsgerichts gelegen haben soll. Die generelle Geltendmachung von „Angriffen" oder „vorwerfbarem Schiedsrichterverhalten" reicht hierfür gerade nicht aus, weil es nicht ausreichend ein Tätigwerden außerhalb jeder Zuständigkeit beschreibt.[1383]

bb) Kein Rechtsprechungscharakter

Die Voraussetzung des rechtsprechenden Tätigwerdens der richterlichen Haftungsprivilegierung hat sich widerspruchslos in der amerikanischen Rechtsprechung und Literatur etabliert.[1384] Gleichsam wird für das Privileg des Schiedsrichters gefordert, dass sein Tätigwerden ebenfalls der Rechtsfindung dienlich sein soll. Typischerweise soll auch dieses Kriterium weit gefasst werden und nur rein administratives Handeln, das in keiner Art und Weise zur Entscheidungsfindung oder Tatsachenerhebung oder Verhandlung des Verfahrens beiträgt, ausschließen. Typischerweise fehlt dieser sachdienliche Charakter bei Handlungen, die keinen Bezug zum Verfahren aufweisen, oder bei Handlungen, die das Verfahren behindern und nicht geeignet sind, das Verfahren überhaupt einer Lösung zuzuführen, zum Beispiel die Nichtleistung des Schiedsrichters.[1385]

cc) Kein freiwilliges Element bei der Wahl des Streitbeilegungsmechanismus

In *United States v. City of Hayward*[1386] wurde eine weitere mögliche Einschränkung der schiedsrichterlichen Haftungsprivilegierung etabliert. Das Gericht hatte sich mit der Frage auseinanderzusetzen, ob die Stadt Hayward für die Entscheidung eines Schiedsrichters, die gegen geltendes Recht verstößt, einstehen muss.

Borello & Sons, Inc. war Eigentümer und Betreiber einer Wohnwagensiedlung in Hayward, Kalifornien. Aufgrund der gesetzlichen Verpflichtung durch den FHA (Fair Housing Act), erlaubten Borello & Sons, Inc. nunmehr auch Familien in der Wohnwagensiedlung, zuvor waren lediglich Erwachsene (ohne Kinder) gestattet. Mieter reichten hierauf Beschwerde ein und wollten feststellen lassen, dass mit der Zulassung von Familien in dem Trailerpark auch eine Mietminderung einhergehen müsse, das Wohnen sei weniger exklusiv und das Zulassen von Kindern komme einer Wenigerleistung durch den Vermieter gleich.[1387]

1383 *Cahn v. International Ladies' Garment Workers Union*, 203 F. Supp. 191 (1962).
1384 *Stump v. Sparkman*, 435 U.S. 349 (1978).
1385 *E.C. Ernst, Inc. v. Manhattan Constr. Co.*, 551 F.2d 1026 (1031f.) (1977)
1386 *United States v. City of Hayward*, 36 F.3d 832 (1994).
1387 *United States v. City of Hayward*, 36 F.3d 832 (834f.) (1994).

Die Mietsteuerungsverordnung der Stadt Hayward sah für derartige Belange eine schiedsrichterliche Entscheidung vor. Der durch die Stadt bestellte Schiedsrichter gab den Mietern Recht und stellte fest, dass die Mieter weniger Miete zu zahlen hätten Daraufhin reichte Borello & Sons, Inc. Verwaltungsbeschwerde ein, die Mietminderung sei ungerecht, weil diese ihre einzige Begründung in dem Befolgen der Vorschriften des FHA finde.[1388]

Daraufhin hatte das Gericht zu entscheiden, ob, eine falsche Anwendung des Rechts vorausgesetzt, der Schiedsrichter persönlich oder die Stadt für den Schaden von Borello & Sons, Inc. aufkommen müsse. Das Gericht stellte besonders heraus, dass sich Schiedsgerichtsbarkeit durch freiwillige und privatautonome Einlassungsentscheidung kennzeichnet und dass der Schiedsrichter im vorliegenden Fall vielmehr sachlich durch Rechtsverordnung und persönlich durch die Entscheidung der Stadt eingesetzt worden war.[1389]

Der Ninth Circuit Court sah hierin keine Bestellung eines Schiedsrichters, sondern das bloße Tätigwerden eines Vertreters der Stadt Hayward, der in einem Verwaltungsverfahren tätig geworden ist. Der von der Stadt angestrebten, beliebig anmutenden, Ausweitung einer schiedsrichterlichen Haftungsprivilegierung schob die Entscheidung damit einen Riegel vor: Kennzeichnend für Schiedsgerichtsbarkeit und damit verbundene Haftungsfreistellung der Entscheidungsträger sei die allseitige Freiwilligkeit beim Abschluss der Schiedsvereinbarung.

3. *Zusammenfassung*

Eine quasi-richterliche Immunität für Schiedsrichter ist unerlässlich, um die Endgültigkeit ihrer Schiedssprüche sowie ihre Unabhängigkeit und Unparteilichkeit zu gewährleisten, dieses haben Literaturmeinungen und Rechtsprechung in den Vereinigten Staaten erkannt.[1390]

In Orientierung an *Stump v. Sparkman* wird diese Haftungsprivilegierung für jedes schiedsrichterliche Tätigwerden gewährt, soweit nicht offensichtlich außerhalb der eigenen Zuständigkeit gehandelt worden ist.[1391] Umfasst von der Zuständigkeit im haftungsprivilegierenden Sinne sind auch solche Entscheidungen, die die Zuständigkeit selbst betreffen, nicht jedoch solche, die vor der

---

1388 *United States v. City of Hayward*, 36 F.3d 832 (835) (1994).

1389 *United States v. City of Hayward*, 36 F.3d 832 (838) (1994).

1390 *Jones v. Brown*, 54 Iowa 74, 6 N.W. 140 (142) (1880); *Cahn v. International Ladies' Garment Workers Union*, 203 F. Supp. 191 (1962); *Nolan/Abrams*, 11 Berkeley J. Emp. & Lab. L. 1989, 228 (233).

1391 *Stump v. Sparkman*, 435 U.S. 349 (349ff.) (1978).

Tätigkeit als Schiedsrichter im anderen geschäftlichen Kontakt mit den Parteien getroffen worden sind.[1392] Die generelle Regel ist dabei, dass ein Schiedsrichter, so er in funktionaler Vergleichbarkeit zum Richter tätig wird, haftungsprivilegiert ist.[1393]

Unberührt hiervon bleibt stets die Möglichkeit der strafrechtlichen Verfolgung im amerikanischen Recht.[1394]

Bei der Privilegierung der zivilrechtlichen Haftung wird regelmäßig nicht auf ein etwaiges Vertragsverhältnis und die entsprechende Pflichtverletzung innerhalb dieses Verhältnisses abgestellt, erst recht wird die schiedsrichterliche Haftungsprivilegierung nicht vertraglich verstanden.

So formuliert *Alessi* 2014 in einem umfassenden Aufsatzbeitrag zu diesem Thema:

> *„Die grundlegende Idee dieses Beitrages ist, dass der Schiedsrichter als solcher Verträge eingeht und deswegen auch als Vertragspartei haftet, beispielsweise für vertragsbrüchiges Verhalten. Folgte man dieser Auffassung, so wären Schiedsrichter so haftbar wie normale Dienstleister höherer Art auch. An dieser Idee ist nichts Radikales; die Prinzipien des allgemeinen Vertragsrechts auch in der Schiedsgerichtsbarkeit anzuwenden, würde auch nicht generell zur Gefahr für die Immunität oder die Schiedsgerichtsbarkeit selbst."*
>
> *„The basic idea underlying this article is that the arbitrator as a contracting party is to be held liable for breaches of the contract she has agreed to enter into. Application of the ideas proposed in this article would lead to the situation where arbitrators would be liable as normal intellectual service providers. There is no radicalism in endorsing application of basic contract law principles to arbitration, nor would arbitration be endangered by abolition of immunity as many intellectual service providers are subject to same standards of liability."*[1395]

Diese, wie eine Rechtfertigung für das Anwenden von Vertragsrecht anmutende, Zusammenfassung gibt den momentanen Meinungsstand in der amerikanischen Literatur und Rechtsprechung treffend wieder: Es gibt noch wenige, die einen *arbitrator's contract* als Quelle von Rechten, Pflichten und Haftung erkennen. Vielmehr scheinen Vertreter dieser Auffassung selbst Rechtfertigungsbedarf für das Vertreten dieses Verständnisses von Schiedsgerichtsbarkeit zu sehen. Der Ansatz der Rechtsprechung erscheint, obwohl nicht in Unkenntnis des Schiedsrichtervertrages,[1396] pragmatischer. Aufgrund der Vergleichbarkeit von

---

1392 *Grane v. Grane*, (Ill. App. 1986) 479 N.E.2d 1112, 1117 (1986).

1393 *Nolan/Abrams*, 11 Berkeley J. Emp. & Lab. L. (1989), 228 (238).

1394 *Mattera*, 12 Ohio St. J. on Disp. Resol. 1997, 779 (795f.).

1395 *Alessi*, 31 J. Int'l Arb. 2014, 735 (783).

1396 *Baar v. Tigerman*, 140 Cal. App.3d 979 (984ff.).

Schiedsrichter und Richter ist es auch geboten, diese nach den gleichen Regeln zu privilegieren, wenn man sicherstellen will, dass auch Schiedsgerichtsbarkeit gleichwertig in Sachen Unbeeinflusstheit und Objektivität der Entscheidungsfindung ist.

4. Die Kündigung als Haftungsfall

Die unbegründete Kündigung stellt nach etablierter Auffassung grundsätzlich einen Haftungsfall dar, soweit den Schiedsparteien hierdurch Schäden entstehen. Letztlich erscheint klärungsbedürftig, ob Konstellationen denkbar sind, in denen die unbegründete und untauglich begründete Kündigung von dem schiedsrichterlichen Haftungsprivileg umfasst ist.

a) Deutsches Recht

Die vorangegangene Untersuchung in der Herleitung einer schiedsrichterlichen Haftungsprivilegierung zeigt, dass weder in einer analogen Anwendung des Spruchrichterprivilegs, einer gewohnheitsrechtlichen Herleitung einer schiedsrichterlichen Haftungsfreistellung, einer rein Zweckmäßigkeitserwägungen folgenden Privilegierung oder der Annahme einer vereinbarten, vertraglichen Haftungsprivilegierung die rechtsgrundlose Kündigung des Schiedsrichters privilegiert ist. Er muss für entstandene Schäden aufkommen, soweit die Kündigung für diese ursächlich ist.[1397]

b) Amerikanisches Recht

Auch nach der ganz herrschenden Auffassung im amerikanischen Recht kann ein Schiedsrichter, wenn keine geeigneten Gründe für den Rückzug aus seinem Amt vorgebracht werden, hierfür haftbar gemacht werden.[1398]

Es liegt nahe, egal ob man einer *contract theory* oder dem *status approach* folgen möchte, dass die Haftungsprivilegierung des Schiedsrichters nach amerikanischem Recht Fälle der unberechtigten Kündigung nicht umfasst.[1399] Eine Ausnahme von der Haftungsprivilegierung des Schiedsrichters wurde bereits mehrfach in der amerikanischen Rechtsprechung für den grundlos untätigen Schiedsrichter gemacht. Diese unberechtigte Untätigkeit kann zum Beispiel Folge einer unberechtigten Kündigung in Verbindung mit dem faktischen Niederlegen der Tätigkeit sein. Untätigkeit und unberechtigte Kündigung des

---

1397 Prütting/Gehrlein/*Prütting*, § 1035 Rn. 10.
1398 *Domke*, 3 U. Tol. L. Rev. 1971, 99 (102f.).
1399 Weigand, International Arbitration, Rn. 13.79.

Schiedsrichters dienen nicht der Rechtsfindung oder dem Schiedsverfahren als solchem und sind deswegen auch aus der Perspektive des *common law* nicht von einer Haftungsprivilegierung umfasst.[1400]

aa) E. C. Ernst, Inc. v. Manhattan Construction Co.

Einer der früheren Fälle, auf den heute noch Bezug genommen wird, wenn es um Schiedsrichterhaftung geht, ist *EC Ernst, Inc. v. Manhattan Construction Co.*[1401]

Wie bei Bauverträgen in den Vereinigten Staaten nicht unüblich, hatte der Architekt des Bauvorhabens eine gewisse schiedsrichterliche Funktion inne, er konnte bei Streitigkeiten im Zusammenhang mit der Einhaltung vertraglicher Spezifikationen hinsichtlich des Bauprojekts tätig werden.

Das Gericht nahm eine Haftung des Schiedsrichters wegen Untätigkeit an, ohne sich einer *contract theory* oder einem *status approach* anzuschließen. Eine Haftungsprivilegierung könnte jedenfalls dann nicht wie bei einem staatlichen Richter erfolgen, egal ob mitvereinbart oder aus der Natur der Sache abgeleitet, wenn der Schiedsrichter aus Gründen der Nichtleistung haften soll. In dem Moment der Nichtleistung verliere der Schiedsrichter jede Ähnlichkeit mit dem staatlichen Richter und der einhergehenden Privilegierung.[1402]

> *"The arbitrator's "quasi-judicial" immunity arises from his resemblance to a judge. The scope of his immunity should be no broader than this resemblance. The arbitrator serves as a private vehicle for the ordering of economic relationships. He is a creature of contract, paid by the parties to perform a duty, and his decision binds the parties because they make a specific, private decision to be bound. His decision is not socially momentous except to those who pay him to decide. The judge, however, is an official governmental instrumentality for resolving societal disputes. The parties submit their disputes to him through the structure of the judicial system, at mostly public expense. His decisions may be glossed with public policy considerations and fraught with the consequences of stare decisis. When in discharging his function the arbitrator resembles a judge, we protect the integrity of his decisionmaking by guarding against his fear of being mulcted in damages. But he should be immune from liability only to the extent that his action is functionally judge-like. […]* ***Where his action, or inaction, can fairly be characterized as delay or failure to decide rather than timely decisionmaking (good or bad), he loses his claim***

1400 *Lew/Mistelis/Kröll*, Comparative International Commercial Arbitration, Kap. 12 Rn. 57f.

1401 *E.C. Ernst, Inc. v. Manhattan Constr. Co.*, 551 F.2d 1026 (1977).

1402 *E.C. Ernst, Inc. v. Manhattan Constr. Co.*, 551 F.2d 1026 (1031f.) (1977).

to immunity because he loses his resemblance to a judge. He has simply defaulted on a contractual duty to both parties."[1403]

bb) Baar v. Tigerman

Letztlich gilt es noch die potenziell einflussreichste Entscheidung hinsichtlich des Pflichtverletzungsverständnisses von Schiedsrichterseite darzustellen, *Baar v. Tigerman.*[1404] Während sich ohnehin nur wenige Entscheidungen mit der Anerkennung von schiedsrichterlicher Haftungsprivilegierung im Einzelnen beschäftigen, ist *Baar v. Tigerman* besonders vor dem Hintergrund der Schiedsrichterkündigung bedeutsam.

Die Entscheidung bricht mit der relativ undifferenzierten Haftungsprivilegierungspraxis von Schiedsrichtern und wurde deswegen lange kritisch gesehen, es zeigt sich jedoch, dass das Gericht nachvollziehbar und aus heutiger Perspektive richtig entschieden hat.[1405] Die beinahe bedingungslose, absolute Privilegierung aus der Parallelwertung zu *Stump v. Sparkman* ist durch eine Einzelfallkontrolle ersetzt worden, die untersucht, in wie weit es sich bei der jeweilig angegriffenen Entscheidung noch um einen Teil des privilegierten Entscheidungsfindungsprozesses handelt oder nicht.[1406]

Die Schiedsparteien wählten Bert Z. Tigerman über die AAA zu ihrem Schiedsrichter. Von 1976 bis 1980 fanden insgesamt 53 Verhandlungstage statt, die Parteien stellten am 18.07.1980 ihre Schlussanträge. Die Schiedsregeln der AAA sahen für das Verfahren vor, dass innerhalb der nächsten 30 Tage ein Schiedsspruch ergehen soll. Nachdem die Dreißigtagesfrist verstrichen war, räumten die Parteien Tigerman übereinstimmend eine Entscheidungsfrist bis zum 30. November 1980 ein. Auch mehrere Monate nach erneutem Fristablauf erging keine Entscheidung, daraufhin entzogen die Parteien Tigerman übereinstimmend die Entscheidungsbefugnis und verklagten sowohl Tigerman als auch die AAA wegen vertraglicher Pflichtverletzung.

Nach zuvor durch den District Court ergangener, anderer Entscheidung, stellte der Court of Appeals fest, dass eine Haftungsprivilegierung für Schiedsrichter auf mögliches Fehlverhalten *auf dem Weg zu einer Entscheidung* beschränkt

---

1403 *E.C. Ernst, Inc. v. Manhattan Constr. Co.*, 551 F.2d 1026 (1031f.) (1977) (Hervorhebung durch Verfasser).

1404 *Baar v. Tigerman*, 140 Cal. App.3d 979 (1983).

1405 *Olsen*, 21 Cal. W. L. Rev. 1985, 564 (564).

1406 *Olsen*, 21 Cal. W. L. Rev. 1985, 564 (564).

sei.[1407] Nicht privilegiert sei das bloße Nichtentscheiden oder eine Untätigkeit, weil diese gerade nicht der Entscheidungsherbeiführung diene:

> *"Arbitral immunity covers only the arbitrator's quasi-judicial actions, not failure to render an award."*[1408]

Das Gericht begründet diese nachvollziehbare und deutlich formulierte Ausnahme auch mit dem Verhältnis der Parteien untereinander. Der Schiedsrichter habe sich vertraglich verpflichtet, einen Rechtsstreit der Erledigung zuzuführen. Während er sich nicht verpflichtet, dieses auch garantiert fehlerfrei zu tun, muss doch bedacht werden, dass es den Schiedsparteien gerade auf die Beendigung des Rechtsstreits ankommt. Viele Parteien würden sich hauptsächlich wegen dieser Sicherheit und der vergleichsweise raschen Erledigung gerade für Schiedsgerichtsbarkeit entscheiden.[1409]

Nichterfüllung, so die einhellige Rezeption der Entscheidung in der Literatur, sei eine der wenigen begründeten Ausnahmen für die Anwendung einer schiedsrichterlichen Haftungsprivilegierung.[1410]

cc) Schlussfolgerung

Der Weg von der nichtprivilegierten Nichterfüllung (*nonperformance*) des Schiedsrichters durch Untätigkeit zur nicht privilegierten Haftung im Fall der unberechtigten Kündigung ist nicht weit. Kündigt der Schiedsrichter den *arbitrator's contract* durch Erklärung oder konkludent durch Nichtfortführung des Verfahrens, ist das Resultat jedenfalls nicht Nichterfüllung der Schiedsrichterpflichten. Diese wird, genau wie im deutschen Recht, nicht privilegiert, da sie nicht mit der rechtsprechenden Tätigkeit des Schiedsrichters zusammenhängt, also in keiner Weise der Rechtsfindung dient.[1411] Schiedsrichter haften also bei gegebener Zuständigkeit im rechtsprechenden Kontext auch nach amerikanischem Recht privilegiert, dieser Kontext fehlt aber für den Haftungsfall der Kündigung.

1407 *Baar v. Tigerman*, 140 Cal. App.3d 979 (1983).

1408 *Baar v. Tigerman*, 140 Cal. App.3d 979 (982) (1983).

1409 *Baar v. Tigerman*, 140 Cal. App.3d 979 (985) (1983).

1410 *Mattera*, 12 Ohio St. J. on Disp. Resol. 1997, 779 (795); *Hausmaninger*, 7 J. Int'l Arb. 1990, 7 (29f.).

1411 *Hausmaninger*, 7 J. Int'l Arb. 1990, 7 (29f.).

5. *Fazit*

Im amerikanischen wie im deutschen Recht ist die schiedsrichterliche Haftung aufgrund der anerkannt rechtsprechenden Funktion des Schiedsrichters privilegiert. Diese Privilegierung erfolgt jedoch nicht voraussetzungslos. Neben anderen, leicht unterschiedlichen Voraussetzungen ist beiden Rechtsordnungen gemein, dass eine Handlung nur dann hinsichtlich ihrer Haftungsfolge privilegiert werden kann, wenn sie im Zusammenhang mit der rechtsfindenden oder rechtsprechenden Tätigkeit des Schiedsrichters steht. Dieses ist jedoch bei Kündigungen des Schiedsrichters, gleich ob begründet oder unbegründet, nicht der Fall. Während die rechtmäßig begründete Kündigung keine Haftungsfolge nach sich zieht, bleibt damit die untauglich oder gar nicht begründete Kündigung ein Haftungsfall für Schiedsrichter.

B. Vergütungsanspruch

Eine vorzeitige Beendigung des Schiedsrichtervertrages oder des *arbitrator's contract* bedeutet nicht, dass der Vergütungsanspruch des Schiedsrichters vollständig entfallen muss. Während einerseits abgrenzbare Teilleistungen nach den Vorschriften über die Vergütung von Dienstverträgen weiter zu vergüten sind,[1412] wird andererseits eine Aufrechnung mit dem Schadensersatzanspruch gegen den Schiedsrichter zumeist dazu führen, dass kein Teilvergütungsanspruch des Schiedsrichters übrig bleibt.[1413]

Auch hinsichtlich der Vergütung des Schiedsrichters gelten die dienstvertraglichen Vorschriften der §§ 611ff. BGB.[1414] Die Vorschriften entsprechen dem Rechtsgedanken, dass sich ein Lohnanspruch nach bereits erbrachten Leistungen richtet und damit auch abgrenzbare Teilleistungen grundsätzlich vergütungsfähig sind.[1415] Ist keine Vergütung vereinbart, ist im Zweifel nicht anzunehmen, dass die Leistung unentgeltlich erfolgen soll, vielmehr ist eine übliche Vergütung zu ermitteln. Das Schiedsrichterhonorar wird in der Regel fällig, wenn die Dienste des Schiedsrichters erbracht sind. Gem. § 614 BGB wird die Vergütung nach der Leistung der Dienste fällig und ist deswegen auch erst dann zu entrichten. Der Schiedsrichter verdient demnach sein Honorar grundsätzlich erst mit Abschluss des Schiedsverfahrens durch Schiedsspruch, es sei denn, es werden

---

1412 BGH NJW 2014, 2715; *Greiner/Nießen*, ZZP(126) 2013, 447 (451).

1413 *Mankowski*, SchiedsVZ 2004, 304 (306f.)

1414 *Armbrüster*, SchiedsVZ 2016, 81 (82); MüKoBGB/*Müller-Glöge*, § 611 Rn. 138.

1415 RGZ 76, 367 (370); *Henssler*, NJW 2005, 1 (1).

individuelle (Teil-)Vergütungsabreden getroffen.[1416] Denkbar ist aber im Sinne der Vorschrift des § 628 BGB, dass es abgrenzbare und verwertbare Teilleistungen des kündigenden Schiedsrichters gibt, die einen Teilvergütungsanspruch entstehen lassen.[1417] Dieser wird aller Wahrscheinlichkeit nach mit einem Schadensersatzanspruch des Schiedsrichters wegen unberechtigter Kündigung aufgerechnet werden.[1418]

Diese Teilvergütung des Schiedsrichters hängt nicht davon ab, ob der Schiedsrichter berechtigt oder unberechtigt gekündigt hat, sondern davon, ob er *„durch vertragswidriges Verhalten des anderen Teils [zur Kündigung] veranlasst"* wurde.[1419] Falls die Kündigung des Schiedsrichters nicht durch vertragswidriges Verhalten der Schiedsparteien veranlasst wurde, *„steht ihm ein Anspruch auf die Vergütung insoweit nicht zu, als seine bisherigen Leistungen infolge der Kündigung für den anderen Teil kein Interesse haben."*[1420] Dies wird im Schiedsverfahren der Regelfall sein, denn die Leistungen des „alten" Schiedsrichters sind für die Schiedsparteien nach seiner Kündigung häufig nichts mehr wert. Diese Veranlassungsbegrifflichkeit ist von einem Verschulden i.S.d. § 276 BGB zu unterscheiden. In § 628 BGB ist bewusst der Terminus der Veranlassung gewählt, um auch solche Fälle in die Sphäre des kündigenden Dienstverpflichteten aufzunehmen, die ihn schuldlos treffen.

Kündigt der Schiedsrichter also schuldlos, beispielsweise krankheitsbedingt, und führt deswegen das Schiedsverfahren nicht zu Ende, muss er die vergütungsrechtlichen Konsequenzen tragen und mit einer Teil- statt der Gesamtvergütung rechnen.[1421]

Trotzdem können Fälle verbleiben, in denen eine verwertbare Schiedsrichterteilleistung verbleibt und sich der Schiedsrichter keiner Haftung ausgesetzt sieht und zudem für die erbrachte Teilleistung vergütet werden kann.[1422]

1416 *Schwab/Walter*, Kap. 12 Rn. 14.

1417 Wieczorek/Schütze/*Schütze*, § 1035 Rn. 109ff. nennt den Abschluss des Schiedsverfahrens über den Grund, nicht aber den Abschluss des Schiedsverfahrens über die Höhe eines Anspruchs als Beispiel.

1418 *Mankowski*, SchiedsVZ 2004, 304 (306f.); Anders/Gehle, Das Recht der freien Dienste, Rn. 784.

1419 LG Köln, NJW-RR 2013, 1273 (1274f.).

1420 *Schwab/Walter*, Kap. 13 Rn. 15.

1421 Für das Beispiel zur Kündigung des Mandatsvertrages durch den Rechtsanwalt nach gleichen Grundsätzen: *Henssler/Deckenbrock*, NJW 2005, 1 (4); für den Schiedsrichter genauso: *Altenkirch*, SchiedsVZ 2014, 113 (119).

1422 *Armbrüster*, SchiedsVZ 2016, 81 (82).

I. Veranlasste Kündigung

Die Teilvergütungsregel des § 628 BGB gilt für die Beendigung des unabhängigen Dienstvertrages und regelt die Folgen einer außerordentlichen Kündigung nach §§ 626, 627 BGB für Fälle der veranlassten Kündigung bei Schiedsrichtern.[1423] Kündigt ein Schiedsrichter vor Abschluss des Schiedsverfahrens, sieht § 628 BGB eine Sonderregelung für die Vergütung der bisher erbrachten Leistung insoweit vor, als dass die (fremd-)veranlasste Kündigung ihn besser stellt als die ausschließlich selbstveranlasste.[1424]

Demnach ist bei fristloser Kündigung des Vertrags für die Vergütung auf den Umfang der bisherigen Leistungen und auf deren Abgrenzbarkeit abzustellen. Auf die vorzeitige Beendigung von Schiedsverfahren übertragen, wären dabei insbesondere der Zeitaufwand, die tatsächliche und rechtliche Komplexität des Falls, der Umfang prozessleitender Maßnahmen und (aber nicht nur) deren Verwertbarkeit für den Ersatzschiedsrichter von Bedeutung.[1425]

Zwar wird bei nutzlosen, weil noch einmal zu erbringenden Aufwendungen häufig auch die Leistung für den Auftraggeber wertlos sein. Zwingend ist dies jedoch nicht.[1426]

II. Unveranlasste Kündigung

Veranlasst der Dienstverpflichtete die Beendigung des Vertragsverhältnisses durch sein Verhalten selbst oder löst er es ohne wichtigen Grund, so steht ihm ein Anspruch auf die Vergütung insoweit nicht zu, als seine bisherigen Leistungen infolge der Kündigung für den anderen Teil kein Interesse haben.[1427] Hat der Schiedsrichter also gekündigt, ohne durch treu- oder vertragswidriges Verhalten einer Partei, nicht notwendig beider Parteien, dazu veranlasst worden zu sein, so steht ihm nach § 628 Abs. 1 S. 1 BGB ein Anspruch auf Vergütung nicht zu, wenn seine bisherigen Leistungen für die Parteien ohne Interesse sind.[1428]

Dieser Untergang des Vergütungsanspruchs erfolgt *ipso iure*, also ohne dass es einer Aufrechnung des Auftraggebers mit Gegenforderungen bedarf.[1429]

1423 *Henssler/Deckenbrock*, NJW 2005, 1 (1f.); Staudinger/*Preis*, § 628 Rn. 2; Wieczorek/Schütze/*Schütze*, § 1035 Rn. 109ff.

1424 *Ackermann*, SchiedsVZ 2007, 104 (107); *Armbrüster*, SchiedsVZ 2016, 81 (82f.).

1425 *Armbrüster*, SchiedsVZ 2016, 81 (83).

1426 KG, NJW-RR 2002, 708 (708ff.).

1427 Staudinger/*Preis*, § 628 Rn. 13.

1428 *Schwab/Walter*, Kap. 13 Rn. 15.

1429 BGH NJW 1982, 437 (438).

So sind auch Fälle der Krankheit unveranlasst, wenn es um den Veranlassungsbegriff der Kündigung i.S.d. § 628 BGB geht. Das bedeutet, dass sich der Schiedsrichter bei Kündigung im Krankheitsfall keiner Schadensersatzforderung aussetzt, gleichwohl aber auch kündigt, ohne von den Parteien durch vertragswidriges Verhalten veranlasst worden zu sein und deswegen der Honoraranspruch nach dem Verwertbarkeitsinteresse der Schiedsparteien zu kürzen ist.

§ 628 Abs. 1 S. 2 BGB bildet den Ausnahmetatbestand, der sich allein auf die nach Satz 1 zu beanspruchende Teilvergütung bezieht. Bereits beendete Schiedsverfahren oder vollständig abgerechnete (Zwischen-)Vergütungen können daher nicht wegen Interessenwegfalls rückabgewickelt werden.[1430]

Erwähnenswert erscheint an dieser Stelle auch die Möglichkeit der Aufrechnung mit Schadensersatzforderungen wegen Vertragspflichtverletzung des Schiedsrichters bei unveranlasster *und* untauglich begründeter Kündigung.

III. Rückzahlung gezahlter Vorschussleistungen

Schiedsparteien leisten regelmäßig einen Kostenvorschuss für das Schiedsverfahren, der dazu dient, die Auslagen der Schiedsrichter zu decken und regelmäßig schon Teile des Schiedsrichterhonorars vergütet. Hat ein Schiedsrichter i.S.d. § 628 BGB keinen vollständigen Vergütungsanspruch, sondern kann allenfalls einen Teilvergütungsanspruch geltend machen, und hat er den Kündigungsumstand nicht zu vertreten, trifft den Schiedsrichter regelmäßig eine Rückgewährpflicht hinsichtlich des Vorschusses nach § 628 Abs. 1 S. 3 BGB. Diese Überzahlung muss hiernach nach § 812 Abs. 1 S. 2 Var. 1 BGB rückgewährt werden. Falls der „Vorschuss" noch auf einem Treuhandkonto liegt, können die Schiedsparteien gem. § 812 Abs. 1 S. 2 Var. 1 BGB verlangen, dass der Schiedsrichter in die Auszahlung des hinterlegten Betrages einwilligt.[1431] Es ist dabei an dem Schiedsrichter darzulegen, in welcher Höhe der bereits gezahlte Vorschuss verbraucht worden ist.[1432]

Anders liegt es, wenn der Schiedsrichter den Umstand seiner Kündigung vertreten muss. Die Rückabwicklung erfolgt in diesen Fällen nach dem für den Schiedsrichter weniger günstigen Maßstab des § 346 BGB.[1433] Hier kann sich nämlich der Rückgewährschuldner nicht auf eine mögliche (und im

1430 *Henssler/Deckenbrock*, NJW 2005, 1 (2).

1431 *Altenkirch*, SchiedsVZ 2014, 113 (119).

1432 *Joachim Strieder*, Rechtliche Einordnung und Behandlung des Schiedsrichtervertrages, S. 140.

1433 MüKoBGB/*Henssler*, § 628 Rn. 40.

Schiedsverfahren durchaus denkbare) Entreicherung nach § 818 Abs. 3 BGB berufen.[1434]

IV. Amerikanisches Recht

Im *common law* ist die Frage der *remuneration* bei vorzeitiger Vertragsbeendigung der Individualvereinbarung vorbehalten, ein Grundsatz in der Schiedsgerichtsbarkeit lässt sich deswegen schwerlich ausmachen.

Die Einrede des (teilweise) nicht erfüllten Vertrages, *exceptio non adimpleti contractus*, ist im *common law* ebenso bekannt wie im *civil law*,[1435] sie bildet die Grundlage bei der Beantwortung der Frage einer teilweisen Schiedsrichtervergütung. Hiernach sind die Vertragsparteien berechtigt, einen Teil der vereinbarten Vergütung als Vertragsgegenleistung nicht zu leisten, wenn der Vertragspartner den Vertrag nicht oder nur teilweise erfüllt. Neben dem Recht auf eventuellen Schadensersatz wegen Nichtleistung und der damit verbundenen Pflichtverletzung tritt damit auch im amerikanischen Recht die angemessene Kürzung des Schiedsrichterhonorars bei vorzeitiger Vertragsbeendigung.[1436]

Zwar hat dieser Grundsatz, anders als im englischen Arbitration Act,[1437] keinen ausdrücklichen Eingang in FAA und UAA (2000) gefunden, für eine irreguläre Abweichung der Anwendbarkeit der *exceptio non adimpleti contractus* ist jedoch ebenso kein Grund ersichtlich.[1438]

C. Kapitelzusammenfassung: Haftung des Schiedsrichters

Grundsätzlich haften Schiedsrichter in Deutschland nach allgemeinem Vertragsrecht, wobei ihnen eine spruchrichtergleiche Haftungsprivilegierung zugutekommt.[1439] Die Kündigung als Haftungsfall ist hiervon jedoch nicht umfasst, sie dient weder der Rechtsfindung noch der Streitbeilegung zwischen den Schiedsparteien und kann deswegen nicht privilegiert werden.

Liegt eine unrechtmäßige Kündigung durch den Schiedsrichter vor, bezieht sich das zurechenbare und für Schäden kausale Verhalten des Schiedsrichters nicht auf eine privilegierte, rechtsprechende Tätigkeit und der Schiedsrichter haftet für die Folgen der unberechtigten Kündigung. Im amerikanischen Recht

1434 MüKoBGB/*Henssler*, § 628 Rn. 40.

1435 *Fontanelli*, CJICL 2012, 119 (123ff.).

1436 *Born*, International Commercial Arbitration, S. 622.

1437 Merkin/Flannery, S. 93.

1438 *Born*, International Commercial Arbitration, S. 625.

1439 Ebenso: *Patrik Schöldström*, The Arbitrator's Mandate, S. 341f.

liegt es nicht anders. Legt der Schiedsrichter ohne tauglichen Grund sein Amt nieder, liegt ein Fall der *non-performance* vor, der nach amerikanischem Recht nicht von einer *immunity* privilegiert ist.[1440]

Ein Rückforderungsanspruch nach Kündigung des Schiedsrichtervertrages kann für den Schiedsrichter einschneidende finanzielle Folgen haben, insbesondere wenn die Rückzahlung eines Kostenvorschusses und ein Schadensersatzanspruch der Parteien zusammenkommen. Ein eventuell entstandener Anspruch auf Teilvergütung wird in aller Regel bei Weitem nicht ausreichen, diese finanzielle Folge abzufangen. Um dies zu verhindern, sollten Schiedsrichter in komplexen Schiedsverfahren § 628 BGB abbedingen und individuelle Regelungen mit den Schiedsparteien treffen.[1441]

1440 *Nolan/Abrams*, 11 Berkeley J. Emp. & Lab. L. (1989), 228 (253).
1441 *Altenkirch*, SchiedsVZ 2014, 113 (119).

§ 7. Abschließende Überlegungen und Bewertung

In the final chapter the thesis shows that over time arbitration has evolved from a less codified and „only-by-honor-regulated"-activity. The establishment and maintenance of arbitration institutions, the economization of procedures, some of which involve considerable claims, aptly describe this development and demonstrate the need for professionalization of arbitration in general. Consequently, questions regarding the termination of contract by arbitrators need consistent answers – following the general rules on contracts of (high) services helps with predictability and professionalization of arbitration. Knowing that there is a general possibility for termination an arbitrator's contract but the following question of liability is not generally answered in favor of the arbitrator because of a possible judicial immunity pays account to the unenforceable nature of the arbitrator's service.

Die Arbeit zeigt, dass sich die Schiedsgerichtsbarkeit im Laufe der Zeit von einer wenig kodifizierten und als „Ehrenaufgabe" begriffenen Tätigkeit entwickelt hat. Die Einrichtung und Unterhaltung von Schiedsinstitutionen, die Ökonomisierung von Verfahren mit teilweise beträchtlichen Streitwerten beschreiben diese Entwicklung treffend und zeigen den Bedarf einer Professionalisierung der Schiedsgerichtsbarkeit allgemein. Stellt man diese Entwicklung dar, fällt es schwer die Möglichkeit der Kündigung auszuschließen, etwas ungenau wird von vielen Autoren beschrieben, dass unter speziellen Voraussetzungen eine Kündigung möglich ist. Tatsächlich ist eine Kündigung des Schiedsrichters stets möglich, es stellt sich lediglich die Frage nach der Haftung des Kündigenden. Die historische Rückschau zeigt, dass bereits im römischen, das sonst sehr personenbezogenen, bindenden und höchstpersönlich mit Schiedsgerichtsbarkeit umging, eine haftungskonsequenzlose Amtsniederlegung möglich ist. Die Überprüfung des Vorliegens der sog. *exceptionis* entsprang schon damals der Notwendigkeit, dass Schiedsverfahren in zerfahrenen und persönlich streitbaren Situationen wenig erfolgsversprechend sind und deswegen beendeten werden können müssen. Ebendieser Gedanke muss umso mehr in einer modernen, professionellen und dienstleistenden Schiedsgerichtsbarkeit gelten.

Der Bedarf nach Rechtssicherheit, Professionalität und nationalen und internationalen Standards macht sich auch hinsichtlich der Diskussion um das Bestehen eines *arbitrator's contract* in den Vereinigten Staaten bemerkbar. Den Schiedsrichter vor diesem Hintergrund „über" die Rechtsordnung zu stellen und eine Vergleichbarkeit der materiellen Verpflichtungslage zu bereits existierenden, geregelten Schuldverhältnissen zu suchen, erscheint unpraktisch und nicht geboten. Handelt es sich nicht um rein formale Akte, die in keiner Weise der rechtsprechenden Tätigkeit des Schiedsrichters zuträglich sind, kann dieser aus ebendiesem Schuldverhältnis auch nicht zum Tätigwerden gezwungen werden, die Frage nach der Kündigung wird in letzter Konsequenz deswegen richtigerweise immer „nur" Frage nach der Haftung sein.

Es ist vor diesem Hintergrund angezeigt, den Schiedsrichter sowohl in seiner rechtsprechenden Funktion zu würdigen, indem man Haftungsprivilegierungen in Form der *immunity* und der spruchrichterprivilegierenden Vereinbarung zugesteht, als auch den Schiedsrichtervertrag als Vertrag über die Erbringung von Dienstleistungen höherer Art zu begreifen.

Über die spruchrichterprivilegierungsgleiche Vereinbarung und die *arbitral immunity* hinaus scheint es schwerlich begründbar, Schiedsrichter materiell besser als andere Dienstleister (höherer Art) zu behandeln. Es gibt auch keine Anhaltspunkte dafür, dass im Fall einer Haftung niemand mehr bereit wäre, ein Schiedsrichteramt zu übernehmen. Die Haftung ist Merkmal eines voll entwickelten Berufsstandes und muss besonders für das Schiedsverfahren gelten, da dort oft große Summen auf dem Spiel stehen und der Berufsstand eine vitale Funktion für den reibungslosen Ablauf des Welthandels und einer Streitbeilegung ausübt und als echte, ernstzunehmende Alternative zur ordentlichen Gerichtsbarkeit wahrgenommen werden will.[1442]

Nach der vorgenommenen Betrachtung drängt sich der Schluss auf, dass die Frage nach der (Möglichkeit der) Kündigung des Schiedsrichters konsequenterweise eine Frage nach der Haftung des Schiedsrichters nach Vertragsrecht. Die materielle Verpflichtungslage des Schiedsrichters steht der Kündigung als solcher nur aus haftungsrechtlicher Sicht entgegen, nicht aus tatsächlicher Sicht. Die untersuchten Kündigungsgründe und Einzelfallentscheidungen sind damit von besonderer Bedeutung – sie beantworten konkret und abstrakt die Frage nach der Haftung des Schiedsrichters im Falle der Kündigung des Schiedsrichtervertrages. Abstrakt haftet der Schiedsrichter dann, wenn ein Kündigungsgrund i.S.d. § 627 BGB nicht vorgebracht werden kann, bzw. wenn *termination of contract* ohne *good reason* erfolgt. Konkret sind es die Fälle des fünften Kapitels[1443] dieser Arbeit, die Auskunft über valide Kündigungsgründe geben.

Gleich welcher Meinung man hinsichtlich der Herleitung der schiedsrichterlichen Haftungsprivilegierung folgt, ob nun der hier vertretenen Auffassung der

---

1442 *Thorsten Häberlein*, Unwilligkeit im nationalen und internationalen Schiedsverfahren, S. 76f.

1443 § 5 Die Kündigung, A. Kündigungsgründe im Einzelnen.

vertraglichen (Mit-)Vereinbarung eines spruchrichterprivileggleichen Privilegs oder der Auffassung, dass § 839 BGB direkt oder analog aus Gründen der funktionalen Vergleichbarkeit und der Erforderlichkeit anzuwenden sei, die Kündigung des Schiedsrichters ohne entsprechenden Grund wird hierdurch nicht privilegiert.

Dieses erscheint begrüßenswert und konsequent, eine spruchrichtergleiche Privilegierung auch dann zu gewähren, wenn die Tätigkeit nicht richterlich ist. Im Falle der Kündigung, tritt der Schiedsrichter aus spruchrichterlichen Tätigkeit heraus, er gestaltet die eigene materielle Verpflichtungslage in seiner Position als Dienstleister höherer Art neu, dieses Verhalten kann ausdrücklich oder konkludent erfolgen, ist aber stets auf die Beendigung der eigenen materiellen Verpflichtungslage ausgerichtet, nicht auf richterliches Tätigwerden, insbesondere ist es nicht rechtsfindend oder -sprechend.

Schluss

Abschließend wird ein Vorschlag unterbreitet, wie die Kündigung des Schiedsrichtervertrages durch den Schiedsrichter Berücksichtigung in einem deutschen und in einem englischen Verfahrensregelwerk finden kann, um Rechtssicherheit herzustellen. Erwähnenswert scheint der Gedanke an eine Schiedsrichterversicherung.

§ 1. Schiedsrichterversicherung

Letztlich bleibt, sich der Überlegung einer möglichen Schiedsrichterversicherung, beispielsweise in Form einer Berufshaftpflichtversicherung, zuzuwenden. Für eine Haftungsprivilegierung des Schiedsrichters wird auch das Argument geführt, dass sich bei einer unprivilegierten Haftung des Schiedsrichters keine qualifizierte Person mehr für die schiedsrichterliche Tätigkeit finden ließe.[1444] Neben der Tatsache, dass andere Dienstleistungsberufe ebenfalls ähnlichen Haftungsrisiken ausgesetzt sind und in beinahe allen Bereichen bei der wirtschaftlichen Betätigung deswegen kein Mangel zu verzeichnen ist, könnte auch eine Schiedsrichterversicherung dieses Argument entkräften.

Ähnlich wie bei anderen Dienstleistungsberufen, zum Beispiel dem Rechtsanwaltsberuf, könnte eine Berufshaftpflichtversicherung das Haftungsrisiko für den einzelnen Schiedsrichter deckeln. Den hierfür zu zahlenden Versicherungsbeitrag könnten die Schiedsrichter durch Vertragsverhandlungen auf Schiedsparteien umlegen. Sie stünden insoweit in einem Konkurrenzverhältnis zu günstigeren, aber möglicherweise nicht versicherten – aber gleich angesehenen – Schiedsrichtern, wie auf dem freien Markt üblich. Schließlich könnten die Schiedsparteien, für den Fall, dass der Schiedsrichter ihrer Wahl die Kosten der Schiedsrichterversicherung auf sie umlegt, auch damit einverstanden sein.[1445]

Eine Versicherung würde fahrlässiges Verhalten,[1446] egal ob und in welcher Art und Weise es zum Haftungsfall führen würde, regulieren und fände damit eine praxisnahe Lösung für das Problem der „*encouraged carelessness*". Einige Gegner einer schiedsrichterlichen Haftungsbeschränkung führen an, dass eine, möglicherweise – aber nicht notwendigerweise – sehr weite Privilegierung des Schiedsrichters diesen zu wenig gewissenhaftem Arbeiten anhalten könnte.[1447]

Eine Versicherung würde seltene Schäden regulieren und dabei für die Beteiligten wirtschaftlich bleiben. Gleichzeitig fiele der Anreiz zur sorgfältigen Arbeit,

---

1444 *Christian Wolf*, Die institutionelle Handelsschiedsgerichtsbarkeit (1992), S. 263.

1445 Weiterführend zur ökonomischen Analyse einer Schiedsrichterhaftung und der damit verbundenen Mehrbelastung der Schiedsparteien: *Guzman*, 49 Duke L. J. 2000, 1279 (1326ff.).

1446 *Lew/Mistelis/Kröll*, Comparative International Commercial Arbitration, Kap. 12 Rn. 41.

1447 *Patrik Schöldström*, The Arbitrator's Mandate, S. 340; *Sponseller*, Hastings LJ 1993, 421 (437ff.); *Li*, Arb 1998, 51 (54f.).

wie die Haftungsprivilegierung von manchen bezeichnet wird, nicht weg.[1448] Der Anwendungsbereich einer Schiedsrichterversicherung würde sich in der Praxis mit dem einer Haftungsprivilegierung überschneiden, fahrlässiges Verhalten mit Rechtsprechungscharakter würde ohnehin privilegiert. Von einer Versicherung wären vielmehr administrative Fehler oder Honorarausfälle wegen unverschuldeter Kündigung, beispielsweise im Krankheitsfall, umfasst.

Will man nun die wirtschaftlichen Interessen der Parteien und Schiedsrichter in Ausgleich bringen, läge ein Blick in ein vergleichbares Rechtsgebiet bestechend nahe. Der Rechtsanwalt, einerseits durch das Mandat dem Mandanten und andererseits durch seine Stellung in der Rechtspflege der Objektivität verpflichtet, hat in seinem täglichen Geschäft ebenfalls ethische, wirtschaftliche, gesellschaftspolitische und eigene Interessen in Einklang zu bringen. Zumindest die wirtschaftliche Verantwortung, die er dabei für den Mandanten trägt, versichert der Rechtsanwalt im Rahmen seiner Berufshaftpflicht, vorgeschrieben durch den Gesetzgeber.[1449] Eine Parallele in den Verantwortlichkeiten von Schiedsrichter und Rechtsanwalt ist zu erkennen. Möchte man die derzeit gelebte Haftungsprivilegierung des Schiedsrichters moderneren, dienstleistungsorientierteren Grundsätzen anpassen, so lässt sich aus dem Berufsrecht der Rechtsanwälte sicher Erkenntnis gewinnen. Es erscheint vor dem Hintergrund der Entwicklung, Modernisierung und Dienstleistungsorientierung der Schiedsgerichtsbarkeit keineswegs fernliegend, dass in einer mittel- oder langfristigen Zukunft das Interesse von Schiedsparteien und Schiedsrichtern eine spruchrichtergleiche Privilegierung nicht mehr umfasst und der Schiedsrichter vollständig nach den Grundsätzen des (Dienst-)Vertragsrechts haften soll.

1448 *Franck*, 20 N.Y.L.Sch.J. Int'l & Comp. Law (2000), 1 (30); *Guzman*, 49 Duke L. J. 2000, 1279 (1327f.); *Lachmann*, Rn. 4364.

1449 Vgl. §§ 7 Nr. 14 Abs. 2 Nr. 9; 12 Abs. 2 Nr. 2, 51, 51a BRAO.

§ 2. Thesen

1. Der Schiedsrichtervertrag ist durch den Schiedsrichter nach § 627 Abs. 1 BGB jederzeit kündbar, eine Begründung der Kündigung ist nicht für deren Wirksamkeit, sondern für die Antwort auf die Frage der Haftung des Kündigenden maßgebend.
2. Ein Ermöglichen der Schiedsrichterkündigung nach § 627 Abs. 1 BGB gestattet einen wünschenswerten Gleichlauf von prozessualer und materieller Rechtslage, die im Einklang mit der Rechtsordnung steht.
3. Eine Ausnahme von der Anwendbarkeit des § 627 BGB ist nicht geboten. Die Vertragsparteien des Schiedsrichtervertrages sind durch die §§ 627 Abs. 2, 628 BGB ausreichend vor den Folgen einer unberechtigten Kündigung geschützt. Da ein – wie auch immer gearteter – Erfüllungszwang gegen einen Schiedsrichter ohnehin nicht durchsetzbar ist, ist der Schadensersatz wegen Pflichtverletzung im Zusammenhang mit der unbegründeten Kündigung das richtige Ausgleichsmittel.
4. Wichtige Gründe i.S.d. § 627 Abs. 2 BGB unterliegen in ihrer Würdigung dem Einzelfall. Ist die Durchführung eines neutralen und objektiven Verfahrens gefährdet, liegen diese regelmäßig vor und berechtigen zur haftungskonsequenzlosen Kündigung, hierbei spielt es nur eine untergeordnete Rolle, ob der jeweilige Grund in der Person des Schiedsrichters oder der Parteien begründet liegt.
5. Die Möglichkeit der Kündigung des Schiedsrichters steht nicht zwingend im Konflikt mit dem Unmittelbarkeitsgrundsatz, maßgeblich hängt dieses vom Zeitpunkt der Kündigung ab. Nach dem, auch für das Schiedsverfahren geltenden, Unmittelbarkeitsgrundsatz i.S.d. § 309 ZPO muss der entscheidende (Schieds-)Richter der zugrundeliegenden Verhandlung beigewohnt haben, ein Abweichen von diesem Grundsatz schlägt sich spätestens auf Vollstreckungsebene i.S.d. § 1059 Abs. 2 Nr. 1 lit. d ZPO nieder.
6. Die amerikanische Rechtslage teilt sich in Vertreter des *arbitrator's contract* oder des *status approach* hinsichtlich der Begründung von Rechten und Pflichten des Schiedsrichters, beide sehen eine begründete Kündigung des Schiedsrichters vor, wenngleich in unterschiedlicher Terminologie.
7. Die schiedsrichterliche Haftungsprivilegierung umfasst weder in ihrer deutschen noch in ihrer amerikanischen Herleitung Fälle der Kündigung.
8. Der rechtsprechenden Funktion des Schiedsgerichts wird durch die Annahme einer Vereinbarung einer spruchrichtergleichen Haftungsprivilegierung

ausreichend Rechnung getragen, auf materieller Ebene weitere Ausnahmen von einem Kündigungsrecht zu machen, sehen weder das deutsche, noch das amerikanische Recht vor.

9. Ansprüche auf Teilvergütung des kündigenden Schiedsrichters richten sich nach § 628 BGB, wenngleich eine Aufrechnung mit dem regelmäßig entstehenden Schadensersatzanspruch in mindestens gleicher Höhe stattfinden wird.

§ 3. Kodifizierungsvorschlag zur Kündigung: Deutsch

Will man die gewonnene Erkenntnis der Arbeit kodifizieren, so wäre die Verortung der Vorschrift im achten Titel des Bürgerlichen Gesetzbuches möglich, während im zehnten Buch der ZPO versucht wird, allein die prozessrechtliche Ebene der Schiedsgerichtsbarkeit zu regeln.

In jüngerer Vergangenheit ist mit den §§ 630a-h BGB ähnlich verfahren worden. Die dezidierte Regelung von Rechten und Pflichten im Ärzte-Patientenverhältnis im zweiten Untertitel der Dienstverträge zeigt, dass der Bedarf nach dezidierter Regelung und einhergehender Rechtssicherheit besonderer Dienstverträge besteht.[1450]

Bemerkenswert erscheint, dass die Vorschrift weitestgehend klarstellenden Charakter hätte, aber als eine Neuregelung angestoßen würde.

Kündigung des Schiedsrichtervertrages

(1) *Hat das Schiedsverfahren bereits begonnen, ist der Schiedsrichter nur unter besonderen Voraussetzungen zur Kündigung des Schiedsrichtervertrages berechtigt. Diese liegen vor, wenn ihm die Fortführung des Verfahrens nicht mehr zumutbar ist,*

(2) *insbesondere wenn,*

a) *das Vertrauensverhältnis zu anderen Verfahrensbeteiligten nachhaltig gestört ist, insbesondere aufgrund von*

Bedrohung durch einen anderen Verfahrensbeteiligten oder

ernstlicher Aufforderung zu rechtswidrigem Verhalten durch einen der Verfahrensbeteiligten oder

Kenntniserlangung von strafrechtlich relevantem Verhalten einer oder beider Schiedsparteien, das in Zusammenhang mit dem Schiedsverfahren steht.

b) *das Schiedsverfahren undurchführbar ist oder geworden ist, insbesondere aufgrund von*

Krieg, Bürgerkrieg oder Naturkatastrophen oder

ernstlichem und dauerhaftem Zerwürfnis mit dem Mehrpersonenschiedsgericht.

c) *es dem Schiedsrichter unmöglich geworden ist, das Verfahren fortzuführen, insbesondere auf Grund von Krankheit oder Gewahrwerden eines Interessenkonfliktes.*

1450 BT-Drucks. 17/10488, S. 1.

(3) *Der Schiedsrichter, der sich auf die Umstände beruft, die ihn zur Kündigung berechtigen, hat diese den Parteien darzulegen.*

(4) *Erklärt ein Schiedsrichter ohne das Vorliegen eines zur Kündigung berechtigenden Grundes die Kündigung, verletzt er eine Pflicht aus dem Schiedsrichtervertrag.*

(5) *Das Nichtvorliegen eines Kündigungsgrundes hat nicht die Unwirksamkeit der Kündigung selbst zur Folge.*

§ 4. Kodifizierungsvorschlag zur Kündigung: Englisch

Termination of the arbitrator's contract

(1) *After the commencement of the arbitration procedure the arbitrator is only entitled to terminate the arbitrator's contract with good cause.*
Viable reasons with regard to the termination of the arbitrator's contract make unbearable to continue with the proceeding,

(2) *especially because,*
   a) *the required amount of trust between the parties is severely damaged, especially because of*

      being threatened by one or both of the parties or

      the demand for illegal or highly unethical behavior or

      the notice of illegal behavior in connection to the arbitration proceedings.

   b) *the arbitration proceeding is inoperable, especially because of*

      war, civil war or natural disaster,

      serious and permanent disagreement within the arbitration panel

   c) *the arbitrator is not able to perform his or her service because of illness or the notice of a conflict of interest.*

(3) *The arbitrator pursuing the termination of the arbitrator's contract has to prove that there is good cause for the termination.*
(4) *Pursing the termination of the arbitrator's contract without good cause is a breach of the arbitration's contract itself.*
(5) *A termination of the arbitrator's contract, even without good cause, is possible at any time.*

Literaturverzeichnis

Ackermann, Herbert: LG Mönchengladbach: Übliche Vergütung von Schiedsrichtern in ad hoc-Verfahren, Zeitschrift für Schiedsverfahren (SchiedsVZ) 2007, Seiten 104 bis 108

Alessi, Dario: Enforcing Arbitrator's Obligations: Rethinking International Commercial Arbitrators' Liability, Journal of International Arbitration (J. Int'l Arb.) 2014, Volume 31 Issue 6, Seiten 735 bis 784

Altenkirch, Markus: Die Beendigung des Schiedsrichtervertrags durch den Schiedsrichter, Zeitschrift für Schiedsverfahren (SchiedsVZ) 2014, Seiten 113 bis 121

Anders, Monkika; Gehle, Burkhard: Das Recht der freien Dienste: Vertrag und Haftung: Arzt-, Geschäftsleiter-, Rechtsanwalts- und Steuerberatervertrag sowie rd. 100 weitere Dienstverträge in systematischer Darstellung, Berlin, New York 2001

Andrews, Neil: Arbitration and Contract Law: Common Law Perspectives Cham, Basel 2016

Armbrüster, Christian: Schiedsrichterhonorar bei vorzeitiger Verfahrensbeendigung, Zeitschrift für Schiedsverfahren (SchiedsVZ) 2016, Seiten 81 bis 89

Ascheid, Rainer (Hrsg.); Preis, Ulrich (Hrsg.); Schmidt, Ingrid (Hrsg.): Kündigungsrecht, Großkommentar zum gesamten Recht der Beendigung von Arbeitsverhältnissen, 7. Auflage 2017, zitiert als: APS/*Bearbeiter*

Averdieck, Otto: Die Haftung des Schiedsrichters für einen unrichtigen Schiedsspruch nach gemeinem Recht und nach Bürgerlichem Gesetzbuche, Leipzig 1904, zitiert als: Die Haftung des Schiedsrichters

Bachmann, Birgit (Hrsg.); Breidenbach, Stephan (Hrsg.); Coester-Waltjen, Dagmar (Hrsg.); Hess, Burkhard (Hrsg.); Nelle, Andreas (Hrsg.); Wolf, Christan (Hrsg.): Grenzüberschreitungen: Beiträge zum Internationalen Verfahrensrecht und zur Schiedsgerichtsbarkeit. Festschrift für Peter Schlosser zum 70. Geburtstag, Tübingen 2005, zitiert als: *Bearbeiter* in FS Schlosser

Berg, Albert Jan van den: The New York Arbitration Convention of 1985, Den Haag 1981

Berger, Bernhard: Jederzeitiges Kündigungsrecht des Schiedsrichters, ASA-Bulletin 2002, Volume 20 Issue 1, Seiten 5 bis 25

Berger, Klaus Peter: Internationale Wirtschaftsschiedsgerichtsbarkeit, Berlin, New York 1992

Binder, Peter: International Commercial Arbitration and Conciliation in UNCITRAL Model Law Jurisdictions, 3. Auflage 2009

Blackaby, Nigel; Partasides, Constantine; Redfern, Alan; Hunter, Martin: Redfern and Hunter on International Arbitration, 6. Auflage, London u.a. 2015, zitiert als: *Blackaby/Partasides/Redfern/Hunter,* International Arbitration

Block, J. Randolph: Stump v. Sparkman and the History of Judicial Immunity, Duke Law Journal (Duke L. J.) 1980, Volume 1980 Number 5, Seiten 879 bis 925

Böhm, Klaus Michael: Die strafrechtliche Abwesenheitsverhandlung im Berufungsverfahren, Zur jüngsten Umsetzung europarechtlicher Vorgaben im Strafverfahrens- und Rechtshilferecht, Neue Juristische Wochenschrift (NJW) 2015, Seiten 3132 bis 3136

Borges, Georg: Die Anerkennung und Vollstreckung von Schiedssprüchen nach dem neuen Schiedsverfahrensrecht, Zeitschrift für Zivilprozess (ZZP) 1998, ZZP 111 Seiten 487 bis 513

Bork, Reinhard: Einigungsgebühr für Schiedsrichter?, Neue Juristische Wochenschrift (NJW) 2008, Seiten 1918 bis 1921

Bornhak, Conrad: Schiedsvertrag und Schiedsgericht nach geschichtlicher Entwicklung und geltendem Rechte, Zeitschrift für Zivilprozess (ZZP) 1902, ZZP 30 Seiten 1 bis 46

Born, Gary B.: International Commercial Arbitration, 2. Auflage, Alphen aan den Rijn 2014

Born, Gary B.: International Arbitration: Law and Practice, 2. Auflage, Alphen aan den Rijn 2015

Brode, Patrick T.; Ontario, Windsor: The Arbitrator's Role: A Conservative View, Windsor Rev. Legal & Soc. Issues 1989, Volume 17 Issue 1, Seiten 17 bis 33

Brown, Jenny: The Expansion of Arbitral Immunity: Is Absolute Immunity a Foregone Conclusion, Journal of Dispute Resolution (J. Disp. Resol.) 2009, Volume 2009 Issue 1 Article 10, Seiten 225 bis 238

Brunet, Edward: Replacing Folklore Arbitration with a Contract Model of Arbitration, Tulane Law Review (Tul. L. Rev.) 1999, Volume 74 Issue 1, Seiten 39 bis 86

Bunaccorso, Salvatore U.: State Court Resistance to Federal Arbitration Law, Stanford Law Review (Stan. L. Rev.) 2015, Volume 67, Seiten 1145 bis 1172

Bucher, Eugen: Noch einmal das Rücktrittsrecht des, Schiedsrichters: Zurück zum receptum arbitri, und sodann Rezepte gegen die Untat böser Buben, ASA-Bulletin 2002, Volume 20 Issue 3, Seiten 413 bis 426

Buchwitz, Wolfram; Schütt, Philipp: Die Durchsetzung von Vorschussansprüchen in Schiedsverfahren, Zeitschrift für Schiedsverfahren (SchiedsVZ) 2015, Seiten 1 bis 10

Busch, Richard: Die Zuständigkeit zur Berichtigung des Hauptverhandlungsprotokolls, JuristenZeitung (JZ) 1964, Seiten 746 bis 750

Byrnes, Jaime Dodge; Pollmann, Elizabeth: Arbitration, consent and contractual theory, Harvard Negotiation Law Review (Harv. Negot. L. Rev.) 2003, Volume 8, Seiten 289 bis 312

Calavros, Constantin: Grundsätzliches zum Rechtsverhältnis zwischen Schiedsrichtern und Parteien nach griechischem Recht, Festschrift für Walther J. Habscheid, Bielefeld 1989

Carroll, Robert M.: Quasi-Judicial Immunity: The Arbitrator's Shield or Sword, Journal of Dispute Resolution (J. Disp. Resol.) 1991, Volume 1991 Issue 1, Seiten 137 bis 149

Ceffinato, Tobias; Schlüter, Maximilian: Strafbarkeitsrisiken von Schiedsrichtern, Zeitschrift für Schiedsverfahren (SchiedsVZ) 2016, Seiten 145 bis 150

Coe, Jack J. (Jr.): International Commercial Arbitration: American Principles and Practice in a Global Context, Irvington-on-Hudson 1997

Coing, Helmut: Aufgaben der Rechtsvergleichung unserer Zeit, Neue Juristische Wochenschrift (NJW) 1981, Seiten 2601 bis 2604

Cooley, John W.; Lubet, Steven: Arbitration Advocacy, 2. Auflage, Note Dame 2003

Derains, Yves: The Arbitrator's Deliberation, American University International Law Review (Am. U. Int'l L. Rev.) 2011/2012, Volume 27 Issue 4, Seiten 911 bis 923

Derains, Yves; Schwartz, Eric A.: A Guide to the ICC Rules of Arbitration, Den Haag 2005

Diedrich, Frank: Grundlagen der Schiedsgerichtsbarkeit, Juristische Schulung (JuS) 1998, Seiten 158 bis 166

Dietrich, Thomas (Begr.); Hanau, Peter (Begr.); Schaub, Günter (Begr.) Erfurter Kommentar zum Arbeitsrecht, 17. Auflage, München 2017, zitiert als: ErfK/*Bearbeiter*

Domke, Martin: On Commercial Arbitration: The Law and Practice of Commercial Arbitration, 3. Auflage Bd. 1 – Loseblatt, Deerfield u.a. 1984, zitiert als: On Commercial Arbitration

Domke, Martin: The Arbitrator's Immunity from Liability: A Comparative Survey, University of Toledo Law Review (U. Tol. L. Rev.) 1971, Volume 3 Issue 1, Seiten 99 bis 105

Eiseman, Neal M.; Farkas, Brian: Stiffing the Arbitrators: The Problem of Non-payment in Commercial Arbitration, Harvard Negotiation Law Review (Harv. Negot. L. Rev. Online) 2015, Seiten 1 bis 20, http://www.hnlr.org/wp-content/uploads/HNLR-Eiseman-and-Farkas-.pdf.

Elzer, Oliver: Fällung der Entscheidung und Richterwechsel, Arbeitsrecht Aktuell (ArbRAktuell) 2015, Seiten 500 bis 502

Eslami, Nassim: Die Nichtöffentlichkeit des Schiedsverfahrens, Tübingen 2016

Fischer, Thomas: Strafgesetzbuch: StGB mit Nebengesetzen Kommentar, 64. Auflage 2017

Fontanelli, Filippo: The Invocation of the Exception of Non-Performance, Cambridge Journal of International and Comparative Law (CJICL) 2012, Issue 1, Seiten 199 bis 136

Franck, Susan D.: The Liability of International Arbitrators: A Comparative Analysis and Proposal for Qualified Immunity, New York Law School Journal of International and Comparative Law (N.Y.L.Sch.J. Int'l & Comp. Law) 2000, 1 Volume 30 Issue 1, Seiten 1 bis 60

Gaillard, Emmanuel (Hrsg.); Savage, John (Hrsg.): Fouchard Gaillard Goldman on International Commercial Arbitration, 1999, zitiert als: Fouchard/Gaillard/Goldman

Gal, Jens: Die Haftung des Schiedsrichters in der internationalen Handelsschiedsgerichtsbarkeit, Tübingen 2009

Galanter, Marc; Lande, John: Private Courts and Public Authority, Studies in Law, Politics, & Society (Stud. in L. Pol. & Soc'y) 1992, Volume 12, Seiten 393 bis 407

Gerstenmaier, Klaus-A.: Beendigung des Schiedsverfahrens durch Beschluss nach § 1056 ZPO, Zeitschrift für Schiedsverfahren (SchiedsVZ) 2010, Seiten 281 bis 286

Ginsburg, Tom: The Arbitrator as Agent: Why Deferential Review Is Not Always Pro-arbitration, The University of Chicago Law Review (U. Chi. L. Rev.) 2010, Volume 77, Seiten 1013 bis 1026

Glossner, Ottoarndt; Bredow, Jens; Bühler, Michael: Das Schiedsgericht in der Praxis, 3. Auflage, Heidelberg 1990

Götz, Andreas: Der Schiedsrichter zwischen Dienstleistungserbringung und Richtertätigkeit – Zum sogenannten Spruchrichterprivileg im System der Schiedsrichterhaftung, Zeitschrift für Schiedsverfahren (SchiedsVZ) 2012, Seiten 311 bis 317

Greiner, Stefan; Nießen, Michael: Der Schiedsrichtervertrag im arbeitsrechtlichen Schiedsverfahren, Zeitschrift für Zivilprozeß (ZZP) 2013, ZZP 126 Seiten 447 bis 461

Gruchot, Julius Albert: Beiträge zur Lehre von der Entscheidung der Rechtsstreitigkeiten durch Schiedsrichter, Gruchots Beiträge zur Erläuterung des deutschen Rechts 16 (1872), Gruchots Beiträge 16 (1872), Seiten 1 bis 54

Gsell, Beate (Hrsg.); Krüger, Wolfgang (Hrsg.); Lorenz, Stephan (Hrsg.); Mayer, Jörg (Hrsg.); Henssler, Martin (Hrsg.): beck-online.GROSSKOMMENTAR, BeckOGK BGB, München 2018, zitiert als: BeckOGKBGB/*Bearbeiter*

Günther, Klaus: Einschränkungen der Erhebung von Dokumentenbeweisen aufgrund von Vertraulichkeit und Geschäftsgeheimnissen, Festschrift für Otto Sandrock, Heidelberg 2000, Seiten 341 bis 356

Guzman, Andrew T.: Arbitrator Liability: Reconciling Arbitration and Mandatory Rules, Duke Law Journal (Duke L. J.) 2000, Volume 49 Issue 5, Seiten 1279 bis 1334

Häberlein, Thorsten: Unwilligkeit im nationalen und internationalen Schiedsverfahren, Erlangen 2008

Habscheid, Walther J.: Das Problem der Unabhängigkeit der Schiedsgerichte, Neue Juristische Wochenschrift (NJW) 1962, Seiten 5 bis 12

Haller, Heiko A.: Vorlagepflicht von Schiedsrichterakten im staatlichen Überprüfungsverfahren, Zeitschrift für Schiedsverfahren (SchiedsVZ) 2011, Seiten 179 bis 183

Hantke, Dietmar: Die Bildung des Schiedsgerichts, Zeitschrift für Schiedsverfahren (SchiedsVZ) 2003, Seiten 269 bis 273

Hausmann, Rainer: Einheitliche Anknüpfung internationaler Gerichtsstands- und Schiedsvereinbarungen?, Festschrift für Werner Lorenz, Tübingen 1991, Seiten 359 bis 378

Hausmaninger, Christian: Civil Liability of Arbitrators: Comparative Analysis and Proposals for Reform, Journal of International Arbitration (J. Int'l Arb.) 1990, Volume 7 Issue 4, Seiten 7 bis 48

Hay, Peter: US-Amerikanisches Recht, 6. Auflage, München 2015

Hayford, Stephen L.: Law in Disarray: Judicial Standards for Vacatur of Commercial Arbitration Awards, Georgia Law Review (GA. L. REV) 1996, Volume 30 Issue 3, Seiten 731 bis 838

Hedemann, Justus Wilhelm: Der Dresdner Entwurf von 1866. Ein Schritt auf dem Wege zur deutschen Rechtseinheit, Berlin 1935, zitiert als: Der Dresdner Entwurf von 1866

Henckel, Wolfram: Prozessrecht und materielles Recht, Göttingen 1970

Henn, Günter: Schiedsverfahrensrecht: Handbuch für die Praxis, 3. Auflage, Heidelberg 2000

Henssler, Martin; Deckenbrock, Christian: Der (Teil-)Vergütungsanspruch des Rechtsanwalts im Falle vorzeitiger Mandatsbeendigung im Normgefüge des § 628 BGB, Neue Juristische Wochenschrift (NJW), 2005, Seiten 1 bis 6

Hermann, Milton M.: Reformation and Rescission – Remedies for the Unusual Situation, University of Illinois Law Forum (U. Ill. L. F.) 1960, Volume 1960 Issue 1, Seiten 1 bis 56

Hirdina, Ralph: Grundzüge des Arbeitsrechts, 4. Auflage, München 2014

Hobeck, Paul; Stubbe, Christian: Genese einer Schiedsklausel, Zeitschrift für Schiedsverfahren (SchiedsVZ) 2003, Seiten 15 bis 22

Hoffmann, Jürgen: In der Diskussion: Umsatzsteuerliche Behandlung von auf Schiedsrichteranderkonto gezahlten Honorarvorschüssen, Zeitschrift für Schiedsverfahren (SchiedsVZ) 2016, Seiten 242 bis 246

Holder, Daniel: Vertraulichkeit im Schiedsverfahren nach deutschem Recht Unter Berücksichtigung der Rechtslage in England, Australien, Schweden und Neuseeland, Frankfurt am Main 2009, zitiert als: Vertraulichkeit im Schiedsverfahren nach deutschem Recht

Holtzmann, Robert A.: What is an Arbitrator's Duty of Disclosure, Commercial Law Bulletin (Comm. L. Bull.) 2002, Volume 17 Issue 1, Seiten 14 bis 16

Holtzmann, Howard M.; Neuhaus, Joseph E.: A guide to the UNCITRAL Model Law on International Commercial Arbitration: Legislative History and Commentary, Deventer, Boston 1989

Honsell, Heinrich: Probleme der Haftung für Auskunft und Gutachten, Juristische Schulung (JuS) 1976, Seiten 621 bis 629

Horn, Norbert: Zwingendes Recht in der internationalen Schiedsgerichtsbarkeit, Zeitschrift für Schiedsverfahren (SchiedsVZ) 2008, Seiten 209 bis 222

Horvath, Günther J.: The Duty of the Tribunal to Render an Enforceable Award, Journal of International Arbitration (J. Int'l Arb.) 2001, Volume 18 Issue 2, Seiten 135 bis 158

Horvath, Günther J.; Wilske, Stephan: Guerrilla Tactics in International Arbitration, Alphen aan den Rijn 2013

Hunter, J. Martin: Ethics of the International Arbitrator, Arbitration (Arb.) 1987, Seiten 219 bis 223

Hwang, Michaal: The Arbitrator's Contract, Arbitration International (Arb. Int'l) 2015, Volume 31 Issue 4, Seiten 559 bis 566

Jakobs, Horst Heinrich v. (Hrsg.); Schubert, Werner (Hrsg.): Die Beratung des Bürgerlichen Gesetzbuches, In systematischer Zusammenstellung der unveröffentlichten Quellen, Band 2 - §§ 433–451, Berlin, New York 1980, zitiert als: Jakobs/Schubert, Die Beratungen des BGB – Bd. 2, S.

Jarvin, Sigvard: The sources and limits of the arbitrator's powers, Arbitration International (Arb. Int'l) 1986, Volume 2 Issue 2, Seiten 140 bis 163

Jauernig, Othmar (Begr.): Bürgerliches Gesetzbuch, Kommentar, 16. Auflage, München 2015

Kahlert, Heiner: Vertraulichkeit im Schiedsverfahren, Tübingen 2015

Karl, Roland: Die Gewährleistung der Unabhängigkeit und Unparteilichkeit des Schiedsrichters, Konstanz 2004

Kaser, Max; Hackl, Karl: Das römische Zivilprozessrecht, 2. Auflage, München 1996

Kaser, Max; Knütel, Rolf: Römisches Privatrecht, 20. Auflage, München 2014

Kates, Don B.: Immunity of State Judges under the Federal Civil Rights Acts: Pierson v. Ray Reconsidered, Northwestern University Law Review (Nw. U. L. Rev.) 1970, Volume 65, Seiten 615 bis 640

Kauffmann, Werner: Der Schiedsrichtervertrag: receptum arbitri nach geltendem Recht, Erlangen 1915

Kaufmann-Kohler, Gabriele: Soft Law in International Arbitration: Codification and Normativity, Journal of International Dispute Settlement (JIDS) 2010, Seiten 1 bis 17

Kersting, Christian: Die Beendigung einer Schiedsvereinbarung durch Anrufung staatlicher Gerichte, Zeitschrift für Schiedsverfahren (SchiedsVZ) 2013, Seiten 297 bis 307

Kisch, Wilhelm: Einige Bemerkungen zum Wesen des Schiedsvertrages, Zeitschrift für Zivilprozeß (ZZP) 1926, Seiten 321 bis 334

Kitzberger, Katharina: Die Bestellung und Ablehnung von Schiedsrichtern unter besonderer Berücksichtigung des SchiedsRÄG 2006, Wien 2011

Klinkhammer, Patrick: Kündigung im Zusammenhang mit strafbarem Verhalten des Arbeitnehmers, Arbeitsrecht Aktuell (ArbRAktuell) 2017, Seiten 320 bis 323

Koch, Harald; Magnus; Ulrich; Winkler Von Mohrenfels, Peter: IPR und Rechtsvergleichung, 4. Auflage, München 2010

Kohler, Klaus: Die moderne Praxis des Schiedsgerichtswesens in der Wirtschaft, Berlin 1967

Krause, Hermann: Die geschichtliche Entwicklung des Schiedsgerichtswesens in Deutschland, Berlin 1930

Kröll, Stephan Michael: Die Entwicklung des Rechts der Schiedsgerichtsbarkeit 2005/2006, Neue Juristische Wochenschrift (NJW) 2007, Seiten 743 bis 749

Kröll, Stephan Michael: Die Entwicklung des Schiedsrechts 2007–2008, Neue Juristische Wochenschrift (NJW) 2009, Seiten 1183 bis 1190

Kröll, Stephan Michael: Die schiedsrechtliche Rechtsprechung 2012, Zeitschrift für Schiedsverfahren (SchiedsVZ) 2013, Seiten 185 bis 193

Kröll, Stephan Michael: Die Entwicklung des Schiedsrechts 2016, Neue Juristische Wochenschrift (NJW) 2017, Seiten 864 bis 867

Kull, Andrew, Rescission and Restitution, Business Lawyer (ABA) (Bus. Law.) 2005/2006, Volume 61 Issue 2, Seiten 569 bis 588

Lachmann, Jens-Peter: Handbuch für die Schiedsgerichtspraxis, 3. Auflage 2008, zitiert als: Lachmann

Larenz, Karl; Canaris, Klaus-Wilhelm: Methodenlehre der Rechtswissenschaft, 3. Auflage 1995, zitiert als: Larenz/Canaris

Lehmann, Jens: Der Rechtsbeugungsvorsatz nach den neueren Entscheidungen des BGH, Neue Zeitschrift für Strafrecht (NStZ) 2006, Seiten 127 bis 131

Leisinger, Christian M.: Vertraulichkeit in internationalen Schiedsverfahren, Baden-Baden 2012

Leipold, Dieter: Das Haftungsprivileg des Spruchrichters, JuristenZeitung (JZ) 1967, Seiten 737 bis 741

Lent, Friedrich: Zur Unterscheidung von Lasten und Pflichten der Parteien im Zivilprozeß, Zeitschrift für Zivilprozeß (ZZP) 1954, ZZP 67 Seiten 344 bis 356

Leo, Carl: Anmerkungen zum Urteil des RG vom 29.03.1927 249/26 III, Juristische Wochenschrift (JW) 1927, Seite 2626

Lew, Julian M. D.; Mistelis, Loukas A.; Kröll, Stephan Michael: Comparative International Commercial Arbitration, London 2003

Mattera, Richard J.: Has the Expansion of Arbitral Immunity Reached its Limits after United States v. City of Hayward, Ohio State Journal on Dispute Resolution (Ohio St. J. on Disp. Resol) 1997, Volume 12 Issue 3, Seiten 779 bis 799

Maunz, Theodor; Dürig, Günter: Grundgesetz, Kommentar, I. Die Grundrechte (Art. 1 Abs. 1 bis Art. 19 Abs. 4), Lieferung 79, München, Dezember 2016; IX. Rechtsprechung (Art. 92 bis Art. 104) Lieferung 91, München September 2017

Merkin, Robert; Flannery, Louis: Arbitration Act 1996, 5. Auflage, Oxford, New York 2014

Moschel, Werner: Zum Problem der Haftung der Schiedsrichter, Konkurs-, Treuhand- und Schiedsgerichtswesen (KTS) 1957, Seiten 154 bis 156

Mustill, Michael J.; Boyd, Steward C.: The Law and Practice of Commercial Arbitration in England, 2. Auflage, London und Edinburgh 1989, zitiert als: The Law and Practice of Commercial Arbitration

Lionnet, Annette; Lionnet, Klaus: Handbuch der internationalen und nationalen Schiedsgerichtsbarkeit, 3. Auflage 2004, zitiert als: Lionnet/Lionnet

Lionnet, Klaus: The Arbitrator's Contract, Arbitration International (Arb. Int'l) 1999, Volume 15 Issue 2, Seiten 161 bis 170

Lorenz, Werner: Die Rechtsnatur von Schiedsvertrag und Schiedsspruch, Archiv für die civilistische Praxis (AcP) 1958, AcP 157 Seiten 265 bis 302

Lotmar, Philipp: Der Arbeitsvertrag nach dem Privatrecht des Deutschen Reiches, Band II, Leipzig 1908

Lüdtke, Egon: Der Schiedsrichtervertrag, Erlangen 1933

Lüke, Gerhard: Anmerkung zu Baumbach/Schwab, Schiedsgerichtsbarkeit, Archiv für die civilistische Praxis (AcP) 1963, AcP 162 Seiten 534 bis 538

Lukits, Rainer: Der Schiedsspruch des C. Helvidius Priscus, Salzburg 2013

Machens, Bernward: Der Schiedsrichtervertrag, Hildesheim 1920

Maniruzzaman, Munir: Sovereign Immunity and the Enforcement of Arbitral Awards against State Entities: Recent Trends in Practice, AAA Handbook on International Arbitration Practice 2010, Chapter 28, Seiten 335 bis 350, zitiert als: *Bearbeiter* in AAA Handbook

Mankowski, Peter: Die Ablehnung von Schiedsrichtern, Zeitschrift für Schiedsverfahren (SchiedsVZ) 2004, Seiten 304 bis 312

Martinek, Michael: Die Mitwirkungsverweigerung des Schiedsbeklagten Festschrift für Akira Ishikawa, Berlin, New York 2001, Seiten 269 bis 292

Mayer, Hans-Jochem (Hrsg.); Kroiss, Ludwig (Hrsg.): Rechtsanwaltsvergütungsgesetz, Handkommentar, 6. Auflage, 2013

Meyerson, Bruce; Townsend, John M.: Revised Code of Ethics for Commercial Arbitrators Explained, Dispute Resolution Journal (DisResJ) 2004, Volume 59 No. 1, Seiten 10 bis 17

Mullerat, Ramon; Blanch, Juliet: The Liability of Arbitrators: a Survey of Current Practice, Dispute Resolution International (Disp. Resol. Int'l) 2007, Volume 1, Seiten 99 bis 123

Müser, Gustav: Das „receptum arbitri" und die Haftung des Schiedsrichters, 1911

Musielak, Hans-Joachim: Der rechtskräftig entschiedene Lebenssachverhalt, Versuch einer Abgrenzung, Neue Juristische Wochenschrift (NJW) 2007, Seiten 3593 bis 3599

Musielak, Hans-Joachim (Hrsg.); Voit, Wolfgang (Hrsg.): Zivilprozessordnung mit Gerichtsverfassungsgesetz, 14. Auflage, München 2017, zitiert als: Musielak/Voit/*Bearbeiter*

Nacimiento, Patricia; Geimer, Gregor: Eins zu null für die Verbandsschiedsgerichtsbarkeit des Deutschen Fußballbundes, Zeitschrift für Schiedsverfahren (SchiedsVZ) 2003, Seiten 88 bis 92

Nedden, Jan Heiner; Büstgens, Johanna: Die Beratung des Schiedsgerichts – Konfliktpotential und Lösungswege, Zeitschrift für Schiedsverfahren (SchiedsVZ) 2015, Seiten 169 bis 178

Neutze, Otto; Die rechtliche Stellung des Schiedsrichters, Rostock 1909

Ng, James: When the Arbitrator Creates the Conflict: Understanding Arbitrator Ethics through the IBA Guidelines on Conflict of Interest and Published Challenges, McGill Journal of Dispute Resolution (McGill J. Disp. Resol.) 2015/2016, Volume 23 Issue 2, Seiten 23 bis 42

Niedermaier, Tilman: Schieds- und Schiedsverfahrensvereinbarungen in strukturellen Ungleichgewichtslagen, Tübingen 2013, Zitiert als: Schieds- und Schiedsverfahrensvereinbarungen

Nikisch, Arthur: Die Grundformen des Arbeitsvertrags und der Anstellungsvertrag, Berlin 1926, zitiert als: Die Grundformen des Arbeitsvertrags

Nolan, Dennis R.; Abrams, Roger I.: Arbitral Immunity, Berkeley Journal of Employment & Labor Law (Berkeley J. Emp. & Lab. L.) 1989, Volume 11 Issue 2, Seiten 228 bis 266

Ochmann, Richard: Das schiedsrichterliche Verfahren unter Berücksichtigung der gewerblichen Schutzrechte und seine Vor- und Nachteile gegenüber dem staatlichen Gerichtsverfahren, Gewerblicher Rechtsschutz und Urheberrecht (GRUR) 1993, Seiten 255 bis 260

Oehmke, Thomas: Commercial Arbitration, Rochester und San Francisco 1987

Oetmann, Paul: Schiedsrichter und staatliches Recht, Zeitschrift für Zivilprozeß (ZZP) 1916, ZZP 47, Seiten 105 bis 149

Okekeifere, Andrew I.: The UNCITRAL Model Law and the Problem of Delay in International Commercial Arbitration., Journal of International Arbitration (J. Int'l Arb.) 1997, Volume 14 Issue 1, Seiten 125 bis 139

Okekeifere, Andrew I.: Commercial Arbitration As the Most Effective Dispute Resolution Method: Still a Fact or Now a Myth?, Journal of International Arbitration (J. Int'l Arb.) 1998, Volume 15 Issue 4, Seiten 81 bis 106

Olsen, Elvi J.: Baar v. Tigerman: An Attack on Absolute Immunity for Arbitrators, California Western Law Review (Cal. W. L. Rev.) 1985, Volume 21 Issue 3, Seiten 564 bis 589

Onyema, Emilia: International Commercial Arbitration and the Arbitrator's Contract, London, New York 2010

Osterthun, Birte: Schadensfälle im Schiedsverfahren: Vermeidung oder schiedsrichterliche Haftung, Bargstedt 2002

Pfaff, Dieter: Zum Problem der Veröffentlichung von Schiedssprüchen der internationalen Handelsschiedsgerichtsbarkeit, Festschrift für Friedrich A. Freiherr von der Heydte, Berlin 1977, Seiten 1127 bis 1141

Platte, Martin: An Arbitrator's Duty to Render Enforceable Awards, Journal of International Arbitration (J. Int'l Arb.) 2003, Volume 20 Issue 3, Seiten 307 bis 313

Pohlmann, Petra: Zivilprozessrecht, 3. Auflage, München 2014

Puchta, Wolfgang Heinrich: Das Institut der Schiedsrichter, nach seinem heutigen Gebrauche und seiner Brauchbarkeit für die Abkürzung und Verminderung der Prozesse, Erlangen 1823, zitiert als: Institut der Schiedsrichter

Raeschke-Kessler, Hilmar; Berger, Klaus Peter: Recht und Praxis des Schiedsverfahrens, 3. Auflage, Köln 1999

Rauscher, Thomas (Hrsg.); Krüger, Wolfgang (Hrsg.): Münchener Kommentar zur Zivilprozessordnung, Band 1 – 5. Auflage 2016, Band 3 – 5. Auflage 2017, zitiert als: MüKoZPO/*Bearbeiter*

Ramm, Thilo: Schiedsgerichtsbarkeit, Schlichtung und Rechtsprechungslehre, Zeitschrift für Rechtspolitik (ZRP) 1989, Seiten 136 bis 144

Rasmussen, Matthew: Overextending Immunity: Arbitral Institutional Liability in the United States, England, and France, Fordham International Law Journal (Fordham Int'l LJ) 2002, Volume 26 Issue 6, Seiten 1824 bis 1875

Real, Gustav K.L.: Der Schiedsrichtervertrag: Inhalt und rechtliche Regelung im deutschen Recht mit rechtsvergleichenden Ausblicken, Köln u.a. 1983, zitiert als: Der Schiedsrichtervertrag

Reuben, Richard C.: Public Justice: Toward a State Action Theory of Alternative Dispute Resolution, California Law Review (Cal. L. R.) 1997, Volume 85 Issue 3, Seiten 577 bis 641

Resnik, Judith: Many Doors? Closing Doors? Alternative Dispute Resolution and Adjudication, The Ohio State Journal on Dispute Resolution (Ohio St. J. on Disp. Resol.) 1995, Volume 10 No. 2, Seiten 211 bis 265

Richardi, Reinhard: Der Arbeitsvertrag im Licht des neuen § 611a, Neue Zeitschrift für Arbeitsrecht (NZA) 2017, Seiten 36 bis 39

Rieder, Markus; Schönemann, Andreas: Korruptionsverdacht, Zivilprozess und Schiedsverfahren, Neue Juristische Wochenschrift (NJW) 2011, Seiten 1169 bis 1175

Risse, Jörg: Wehrt Euch endlich! Wider das Arbitration-Bashing, Zeitschrift für Schiedsverfahren (SchiedsVZ) 2014, Seiten 265 bis 274

Risse, Jörg; Kuhli, Annett: Schiedsrichtervergütung und Umsatzsteuer: Gebrauchsanleitung und Tipps für Fortgeschrittene, Zeitschrift für Schiedsverfahren (SchiedsVZ) 2016, Seiten 1 bis 7

Risse, Jörg; Reiser, Lisa: Die Haftung von Schiedsorganisationen, Neue Juristische Wochenschrift (NJW) 2015, NJW 2015 Seiten 2839 bis 2845

Ritz, Philipp: Die Geheimhaltung im Schiedsverfahren nach schweizerischem Recht, Tübingen 2007

Rockstroh, Sebastian; Gründer, Johannes: Die Kündbarkeit von Verträgen mit Online-Partnerschaftsvermittlern, Neue Juristische Wochenschrift (NJW) 2016, Seiten 3393 bis 3398

Rogers, Catherine A.; Regulating International Arbitrators: A Functional Approach to Developing Standards of Conduct, Stanford Journal of International Law (Stan. J. Int'l L.) 2005, Volume 41, Seiten 53 bis 121

Rossum, Ralph A.; Tarr, Alan G.: American Constitutional Law, Volume II: The Bill of Rights and Subsequent Amendments, 10. Auflage, Boulder 2017

Rümelin, Gustav: Dienstvertrag und Werkvertrag, Tübingen 1905

Rutledge, Peter B.: Toward a Contractual Approach for Arbitral Immunity, Georgia Law Review (Ga. L. Rev.) 2004, Volume 39 Issue 1, Seiten 151 bis 214

Sachs, Gunnar, Verhaltensstandards für Schiedsrichter, Köln u.a. 2008

Säcker, Franz Jürgen (Hrsg.); Rixecker, Roland, (Hrsg.); Oetker, Hartmut (Hrsg.); Limpberg, Bettina (Hrsg.): Münchener Kommentar zum Bürgerlichen Gesetzbuch, Band 2 – 7. Auflage 2016, Band 4 – 7. Auflage 2016, Band 6 – 7. Auflage 2017, Band 10 – 6. Auflage 2015, zitiert als: MüKoBGB/*Bearbeiter*

Saenger, Ingo (Hrsg.): Zivilprozessordnung, Handkommentar, 7. Auflage, Baden-Baden 2017, zitiert als: Hk-ZPO/*Bearbeiter*

Sassen-Abfalter, Andrea: Schiedsrichterhaftung, Wien 1996

Schaub, Günter (Begr.): Arbeitsrechts-Handbuch, Systematische Darstellung und Nachschlagewerk für die Praxis, 17. Auflage 2017, zitiert als: Schaub/*Bearbeiter*

Schaub, Günter: Die arbeitsrechtliche Abmahnung, Neue Juristische Wochenschrift (NJW) 1990, Seiten 872 bis 877

Scherpe, Jens M.: Außergerichtliche Streitbeilegung in Verbrauchersachen: Ein deutsch-dänischer Rechtsvergleich, Tübingen 2002

Schlachter, Monika: Fristlose Kündigung wegen Entwendung geringwertiger Sachen des Arbeitgebers, Neue Zeitschrift für Arbeitsecht (NZA) 2005, Seiten 433 bis 437

Schmidt, Burkhard, Richterwegfall und Richterwechsel im Zivilprozeß, 1993

Schmidt-Diemitz, Rolf: Internationale Schiedsgerichtsbarkeit – eine empirische Untersuchung, Der Betrieb (DB) 1999, Seiten 369 bis 372

Schäfer, Manuela: Die Verträge zur Durchführung des Schiedsverfahrens, Saarbrücken 2009

Schiedermair, Gerhard: Vereinbarungen im Zivilprozess, Bonn 1935

Schiedermair, Gerhard: Anmerkung zu Baumbach-Schwab, Schiedsgerichtsbarkeit, Zeitschrift für Zivilprozeß (ZZP) 1961, ZZP 74 Seiten 142 bis 144

Schima, Georg; Sesser, Barbara: Die von Parteivertretern in internationalen Schiedsverfahren zu beachtenden Ethikstandards, Zeitschrift für Schiedsverfahren (SchiedsVZ) 2016, Seiten 61 bis 71

Schlosser, Peter: Der Schiedsgerichtsobmann als Vertragspartner, Zeitschrift für Schiedsverfahren (SchiedsVZ) 2004, Seiten 21 bis 26

Schlosser, Peter: Erleichterte Kündigung von Direktunterrichtsverträgen?, Neue Juristische Wochenschrift (NJW) 1980, Seiten 273 bis 275

Schöldström, Patrik: The Arbitrator's Mandate: A comparative study of relationships in commercial arbitration under the laws of England, Germany, Sweden and Switzerland, 1998, zitiert als: The Arbitrator's Mandate

Schönke, Adolf (Begr.); Schröder, Horst (Fortgef.): Strafgesetzbuch, Kommentar, 29. Auflage 2014, zitiert als: Schönke/Schröder/*Bearbeiter*

Schuhmacher-Mohr, Marion: Die vorzeitige Beendbarkeit des Anstellungsverhältnisses eines AG-Vorstandsmitglieds gegen seinen Willen, Herbolzheim 2004, zitiert als: Die vorzeitige Beendbarkeit des Anstellungsverhältnisses

Schulze, Reiner: Bürgerliches Gesetzbuch, Handkommentar, 9. Auflage, Baden-Baden 2017

Schütze, Rolf A.; Tscherning, Dieter; Wais, Walter: Handbuch des Schiedsverfahrens, Berlin, New York 1990, zitiert als: Schütze/Tscherning/Wais

Schwab, Karl Heinz; Walter, Gerhard: Schiedsgerichtsbarkeit, 7. Auflage, München 2005

Spohnheimer, Frank: Gestaltungsfreiheit bei antizipiertem Legalanerkenntnis des Schiedsspruches, 2010, zitiert als: Gestaltungsfreiheit bei Legalanerkenntnis

Sponsler, Thomas H.: Civil Procedure and Evidence, Loyola Law Review (Loy. L. Rev.) 1974, Volume 20 Issue 3, Seiten 449 bis 478

Staff, Adolph Von: Das Schiedsgerichtsverfahren nach dem heutigen deutschen Recht, Ein Handbuch für Schiedsrichter und Schiedsparteien, Berlin 1926, zitiert als: Das Schiedsgerichtsverfahren

Staudinger, Julius Von (Begr.): Kommentar zum Bürgerlichen Gesetzbuch mit Einführungsgesetz und Nebengesetzen, 2. Buch, Recht der Schuldverhältnisse, Einleitung zum Schuldrecht; §§ 241–243 (Treu und Glauben) 2015, Vorbem. zu §§ 620 ff.; §§ 620–630 (Dienstvertragsrecht 3) 2016, §§ 839, 839a (Unerlaubte Handlungen 4 – Amtshaftungsrecht) 2013

Stein, Friedrich; Jonas, Martin: Kommentar zur Zivilprozessordnung, Band 10 §§ 1025–1066, 23. Auflage, Tübingen 2014, zitiert als: Stein/Jonas/*Bearbeiter*

Steinert, Karl-Friedrich; Theede, Kai-Uwe: Handbuch der Rechtspraxis, Band 1a Zivilprozess, 8. Auflage, München 2004

Stober, Rolf: Staatsgerichtsbarkeit und Schiedsgerichtsbarkeit, Neue Juristische Wochenschrift (NJW) 1979, Seiten 2001 bis 2008

Strieder, Joachim: Rechtliche Einordnung und Behandlung des Schiedsrichtervertrages, Köln, Berlin, Bonn, München 1984

Stürmer, Philipp Heinrich: Die Vereinbarung von Verfahren privater Streitbeilegung, Köln 2008

Thomas, Heinz (Begr.); Putzo, Hans (Begr.): Zivilprozessordnung, Kommentar, 37. Auflage, München 2016

Tochtermann, Peter: Die Unabhängigkeit und Unparteilichkeit des Mediators, Tübingen 2008

Pardo, Michael S.: Pleadings, Proof, and Judgment: A Unified Theory of Civil Litigation, Boston College Law Review (B. C. L. Rev.) 2010, Volume 51, Seiten 1451 bis 1509

Park, William W.: Arbitrator Integrity: The Transient and the Permanent, San Diego Law Review (San Diego L. Rev.) 2009, Volume 46, Seiten 629 bis 704

Paulsson, Jan (Hrsg.); Bosman, Lisa (Hrsg.): National Report for the United States of America (2013) in ICCA International Handbook on Commercial Arbitration 2013, zitiert als: Paulsson/Bosman/*Bearbeiter*

Prütting, Hanns: Schlichten statt Richten, Juristenzeitung (JZ) 1985, Seiten 261 bis 271

Prütting, Hanns: Die rechtliche Stellung des Schiedsrichters, Zeitschrift für Schiedsverfahren (SchiedsVZ) 2011, Seiten 233 bis 239

Prütting, Hanns: Die Rechtsstellung des Rechtsanwalts als Schiedsrichter, Anwaltsblatt (AnwBl) 2012, Seiten 28 bis 32

Prütting, Hanns (Hrsg.); Gehrlein, Markus (Hrsg.): Zivilprozessordnung, Kommentar, 9. Auflage 2017, zitiert als: Prütting/Gehrlein/*Bearbeiter*

Prütting, Hanns (Hrsg.); Wegen, Gerhard (Hrsg.); Weinreich, Gerd (Hrsg.): BGB Kommentar, 12. Auflage, Köln 2016, zitiert: PWW/*Bearbeiter*

Vladini, Daniel: Der Eintritt materiell-rechtlicher Nebenfolgen im Schiedsverfahren, Zeitschrift für Schiedsverfahren (SchiedsVZ) 2016, Seiten 76 bis 81

Vorwerk, Volkert (Hrsg.); Wolf, Christian (Hrsg.): Beck'scher Online-Kommentar ZPO, München 2017, zitiert als: BeckOKZPO/*Bearbeiter* § Rn.

Wagner, Gerhard: Prozeßverträge, Tübingen 1998

Waincymer, Jeffrey: Procedure and Evidence in International Arbitration, Alphen aan den Rijn 2012

Wallimann, Matthias: Der Unmittelbarkeitsgrundsatz im Zivilprozess, Tübingen 2016

Walter, Gerhard: Anmerkung zu BGH, Urteil vom 14. September 2000 – III ZR 33/00, Zeitschrift für Zivilprozess (ZZP) 2001, ZZP 114 Seiten 99 bis 103

Walter, Gerhard: Impecunious Parties and Arbitration Agreements, Zeitschrift für Schiedsverfahren (SchiedsVZ) 2003, Seiten 206 bis 218

Waltz, Jon R.: The New Federal Rules of Evidence: An Overview, Chicago-Kent Law Review (Chi.-Kent L. Rev.) 1975, Volume 52 Issue 2, Seiten 346 bis 367

Weigand, Frank-Bernd (Hrsg.): Practitioner's Handbook on International Commercial Arbitration, 2. Auflage, Oxford 2009, zitiert als: Weigand, International Arbitration, Rn.

Weth, Stephan: Der Grundsatz der Unmittelbarkeit in der Beweisaufnahme, Juristische Schulung (JuS) 1991, Seiten 34 bis 36

Weller, Matthias: Persönliche Leistungen, Tübingen 2012

Wieczorek, Bernhard (Begr.); Schütze, Rolf A. (Hrsg.): Zivilprozessordnung und Nebengesetze, Kommentar, 11. Band – 4 Auflage, Berlin 2014, zitiert als: Wieczorek/Schütze/*Bearbeiter*

Wilske, Stephan; Markert, Lars; Bräuninger, Laura: Entwicklungen in der internationalen Schiedsgerichtsbarkeit im Jahr 2014 und Ausblick auf 2015 Zeitschrift für Schiedsverfahren (SchiedsVZ) 2015, Seiten 49 bis 68

Wilske, Stephan; Markert, Lars; Bräuninger, Laura: Entwicklungen in der internationalen Schiedsgerichtsbarkeit im Jahr 2016 und Ausblick auf 2017, Zeitschrift für Schiedsverfahren (SchiedsVZ) 2017, Seiten 49 bis 72

Witt, Carl-Heinz: Aktive Wahrnehmung der Interessen des anderen Teils als Schuldnerpflicht, Neue Juristische Wochenschrift (NJW) 2012, Seiten 3130 bis 3132

Wittinghofer, Mathias: „No Risk, No Fun" – A Counsel's Remarks on Integrity, Zeitschrift für Schiedsverfahren (SchiedsVZ) 2017, Seiten 114 bis 119

Wolf, Christian: Die institutionelle Handelsschiedsgerichtsbarkeit, München 1992

Wolf, Christian: Zivilprozess versus außergerichtliche Konfliktlösung – Wandel der Streitkultur in Zahlen, Neue Juristische Wochenschrift (NJW) 2016, Seiten 1656 bis 1661

Wolf, Christian; Hasenstab, Sven: Hybride Verfahrensgestaltung internationaler Schiedsverfahren, Recht der internationalen Wirtschaft (RIW) 2011, Seiten 612 bis 619

Wolff, Reinmar: Empfiehlt sich eine Reform des Deutschen Schiedsverfahrensrechts?, Zeitschrift für Schiedsverfahren (SchiedsVZ) 2016, Seiten 293 bis 306

Wolff, Reinmar: Die Schiedsvereinbarung als unvollkommener Vertrag? Zum Rügeerfordernis des § 1032 Abs. 1 ZPO, Zeitschrift für Schiedsverfahren (SchiedsVZ) 2015, Seiten 280 bis 286

Wolff, Reinmar: Streitwertfestsetzung bei wertabhängiger Schiedsrichtervergütung - Schiedsrichter in eigener Sache?, Zeitschrift für Schiedsverfahren (SchiedsVZ) 2006, Seiten 131 bis 141

Wu, Mei: Die Reform des chinesischen Beweisrechts vor dem Hintergrund deutscher und US-amerikanischer Regelungsmodelle, Heidelberg 2010

Yu, Hong-Lin: Who is an arbitrator? A study into the issue of immunity, International Arbitration Law Review (Int. A.L.R.) 2009, Volume 12 Issue 2, Seiten 3 bis 10

Zantis, Christina: Das Richterspruchprivileg in nationaler und gemeinschaftsrechtlicher Hinischt, Bonn 2009

Ziegler, Karl-Heinz: Das private Schiedsgericht im antiken römischen Recht, München 1971

Zimmermann, Walter (Hrsg.): Zivilprozessordnung, Kommentar, 10. Auflage 2016

Zöller, Richard (Begr.): Zivilprozessordnung, Kommentar, 29. Auflage Köln 2012, zitiert als: Zöller/*Bearbeiter*

Zweigert, Konrad; Kötz, Hein: Einführung in die Rechtsvergleichung 3. Auflage, Tübingen 1996

Zumbansen, Peer: Lex mercatoria: Zum Geltungsanspruch transnationalen Rechts, Rabels Zeitschrift für ausländisches und internationales Privatrecht (2003), RabelsZ (67) Seiten 638 bis 680

Entscheidungsverzeichnis

Amerika, *chronologisch sortiert*

Shiver v. Ross, 3 S.C.L. (I Brev.) 293 (1803)
Kendall v. Stokes, 3 How. 87 (1845)
Wilkes v. Dinsman, 48 U.S. 89 (1849).
Burchell v. Marsh, 58 U.S. U.S. 344 (1855)
Randall v. Brigham, 74 U.S. 523 (1868)
Bradley v. Fisher, 80 U.S. 335 (1871)
Jones v. Brown, 54 Iowa 74, 6 N.W. 140 (1880)
Cunningham v. Macon & Brunswick R. Co., 109 U.S. 446 (1883)
Hoosac Tunnell Dock & Elevator Co. v. O'Brien, 137 Mass. 424 (1884)
Berlknap v. Schild, 161 U.S. 10 (1896)
Melady v. South St. Paul Live Stock Exch., 142 Minn. 194, 171 N.W. 806 (1919)
Wickard v. Filburn, 317 U.S. 111 (1942)
Picking v. Pennsylvania R. Co., 151 F.2d 240 (1945)
McShane v. Moldovan, 172 F.2d 1016 (1949)
Abdallah, Inc. v. Martin, 65 N.W.2d 641 (1954)
Babylon Milk & Ice Cream Co. v. Horvitz, 151 N.Y.S. 2d 221 (1956)
Boynton v. Virginia, 364 U.S. 454 (1960)
Burton v. Wilmington Parking Auth., 365 U.S. 715 (1961)
Cahn v. International Ladies' Garment Workers Union, 203 F. Supp. 191 (1962)
Peterson v. City of Greenville, 373 U.S. 244 (1963)
Heart of Atlanta Motel v. United States, 379 U.S. 241 (1964)
Thomas v. Mississippi, 380 U.S. 524 (1965)
Bauers v. Heisel, 361 F.2d 581 (1966)
Pierson v. Ray, 386 U.S. 547 (1967)
Commonwealth Coatings Corp. v. Cont'l Casualty Co., 393 U.S. 145 (1968)
O'Brien v. United States, 391, U.S. 367 (1968)
M /S Bremen v. Zapata Off-Shore Co., 407 U.S. 1 (1972)
Cia de Navegacion Omsil v. Hugo Neu Corp., 359 F.Supp. 898 (1973)
Scheuer v. Rhodes, 416 U.S. 232 (1974)
Scherk v. Alberto-Culver Co., 417 U.S. 506 (1974)
Carolina-Virginia Fashion Exhibitors Inc. v. Gunter, 230 S.E.2d 380 (1976)
DeVries v. Interstate Motor Freight Sys., 91 L.R.R.M. (BNA) 2764 (1976)
Imbler v. Pachtman, 424 U.S. 409 (1976)
E.C. Ernst, Inc. v. Manhattan Constr. Co. of Texas, 551 F.2d 1026 (1977)

Tamari v. Conrad, 552 F.2d 778 (1977)
Thompson v. Burke, 556 F.2d 231 (1977)
Andros Compania Maritima v. Marc Rich & Co., A.G., 579 F.2d 691 (1978)
Butz v. Economou, 438 U.S. 478 (1978)
Gonzales v. Interinsurance Exchange, 84 Cal. App. 3d 61 (1978)
Procunier v. Navarette, 434 U.S. 555 (1978)
Stump v. Sparkman, 435 U.S. 349 (1978)
DeVries v. International Bhd. of Teamsters, 620 F.2d 302 (1980)
Fowler v. Cross, 635 F.2d 476 (1981)
Blum v. Yaretsky, 457 U.S. 991 (1982)
Corey v. New York Stock Exch., 691 F.2d 1205 (1982)
Lugar v. Edmonson Oil Co., 457 U.S. 922 (1982)
Baar v. Tigerman, 140 Cal. App.3d 979 (1983)
Merit Ins. Co. v. Leatherby Ins. Co., 714 F.2d 673 (690) (1983)
Moses H. Cone Mem'l Hosp. v. Mercury Constr. Corp., 460 U.S. 1 (1983)
Florasynth v. Pickholz, 750 F.2d 171 (1984)
Morelite Constr. Corp. v. N.Y. City Dist. Council Carpenters Benefit Funds, 748 F.2d 79 (1984)
Dean Witter Reynolds, Inc. v. Byrd, 470 U.S. 213 (1985)
Mitsubishi Motors Corp. v. Soler Chrysler-Plymouth, Inc., 473 U.S. 614 (1985)
Grane v. Grane, 143, (Ill. App. 1986) 479 N.E.2d 1112 (1986)
Malley v. Briggs, 475 U.S. 335 (1986)
Sun Ship Inc. v. Matson Navigation, F.2d 785, 59 (1986)
Anderson v. Creighton, 483 U.S. 635 (1987)
Perry v. Thomas, 482 U.S. 483 (1987)
UHS-Qualicare, Inc. v. Gulf Coast Cmty. Hosp., Inc. 525 So. 2d 746, 756 (1987)
U.S. v. Panhandle Eastern Corp., 118 F.R.D. 346 (1987)
Bovard v. American Horse Enterprises, 201 Cal. App. 3d 832 (1988)
Buxton v. Lynaugh, 879 F.2d 140 (1989)
Gov't of India v. Cargrill Inc., 867 F.2d 130 (1989)
Volt Info. Scis., Inc. v. Bd. of Trs. of Leland Stanford Junior Univ., 489 U.S. 468 (1989)
Edmonson v. Leesville Concrete Co., 500 U.S. 614 (1991)
Gilmer v. Interstate/Johnson Lane Corp., 500 U.S. 20 (1991)
Trade & Transport, Inc. v. Natural Petroleum Charters Inc., 931 F.2d 191 (1991)
Chastain v. Robinson-Humphrey Co., 957 F.2d 851 (1992)
Georgia v. McCollum, 505 U.S. 42 (1992)
Products Export Corp. v. M.T. Globe Galaxy, 977 F.2d 66 (1992)
Antoine v. Byers & Anderson, Inc., 508 U.S. 429 (1993)

Classic Promotions, Inc. v. Shafer 846 S.W.2d 948 (1993)
Tanning Research Labs., Inc. v. Hawaiian Tropic Pty. Ltd., 617 So. 2d 1090 (1993)
Advanced Micro Devices, Inc. v. Intel Corp., 885 P.2d 994 (1994)
United States v. City of Hayward, 36 F.3d 832 (1994).
Tracer Research Corp. v. Nat'l Envtl. Servs. Co., 42 F.3d 1292 (1994)
Allied-Bruce Terminix Cos. v. Dobson, 513 U.S. 265 (1995)
ARW Exploration Corp. v. Aguirre, 45 F.3d 1455 (1995)
Davis v. Davis v. Prudential Securities Inc., 59 F. 3d 1186 (1995)
First Options of Chicago, Inc. v. Kaplan, 514 U.S. 938 (1995)
Mastrobuono v. Shearson Lehman Hutton, Inc., 514 U.S. 52 (1995)
Schlessinger v. Rosenfeld, Meyer & Susman, 47 Cal. Rptr. 2d 650 (1995)
Vimar Seguros y Reaseguros, S.A. v. M / V Sky Reefer, 515 U.S. 528 (1995)
Bush v. Vera, 517 U.S. 952 (1996)
Doctor's Assocs., Inc. v. Casarotto, 517 U.S. 681 (1996)
Prudential Securities, Inc. v. Dalton, 929 F. Supp. 1411 (1996)
Quackenbush v. Allstate Ins. Co., 517 U.S. 706 (1996)
Cremin v. Merril Lynch Pierce Fenner & Smith, Inc., 957 F. Supp. 1460 (1997)
Fleet Tire Serv. v. Oliver Rubber Co., 118 F.3d 619 (1997)
Harrison v. Nissan Motor Corp., 111 F.3d 343 (1997)
Richardson v. McKnight, 521 U.S. 399 (1997)
Tempo Shain Corp. v. Bertek, Inc., 120 F.3d 16 (1997)
S&R Co. of Kingston v. Latona Trucking, Inc., 159 F.3d 80 (1998)
Deiulemar Compagnia Di Navigazione S.P.A. v. M/V Allegra, 198 F.3d 473 (1999)
Neary v. Prudential Ins. Co. of America, 63 F.Supp. 2d 208 (1999)
Battaglia v. McKendry, 233 F.3d 720 (2000)
DiMercurio v. Sphere Drake Ins. PLC, 202 F.3d 71 (2000)
Kabia v. Koch, 713 N.Y.S. 2d 250 (2000)
Louis Dreyfus Negoce S.A. v. Blystad Shipping & Trading Inc., 252 F.3d 218 (2000)
P.T. v. Richard Hall Cmty. Mental Health Ctr., 364 N.J.Super. 546 (2000)
Smith v. Am. Arbitration Ass'n, Inc., 233 F.3d 502 (2000)
Association of Flight Attendants v. Aloha Airlines, 158 F. Supp. 2d 1200 (2001)
Bowen v. Amoco Pipeline Co., 254 F.3d 925 (2001)
EEOC v. Wafflehouse, Inc., 534 U.S. 279 (2002)
Perpetual Sec., Inc. V. Tang, 290 F.3d 132 (2002)
Sphere Drake Ins., Ltd. V. All Am. Life Ins. Co., 307 F.3d 617 (2002)
Sink v. Aden Enterprises Inc., 352 F. 3d 1197 (2003)
Stewart v. Favors, 590 S.E.2d 186 (2003)

Citizens Bank v. Alafabco, Inc., 539 U.S. 52 (58) (2003)
Geranghadr v. Entagh, 77 P.3d 323 (2003)
John B. Goodman Limited Partnership v. THF Construction, Inc., 321 F.3d 1094 (2003)
Hay Group, Inc. v. E.B.S. Acquisition Corp., 360 F.3d 404 (2004)
Mustang Pipeline Co. v. Driver Pipeline Co., 134 S.W.3d 195 (2004)
Brown v. Dillard's, Inc., 430 F.3d 1004 (2005)
Credit Suisse First Boston Corp v. Grunwald, 400 F.3d 1119 (2005)
Dominion Video Satellite, Inc. v. Echostar Satellite LLC, 430 F.3d 1269 (2005)
Gonzales v. Raich, 545 U.S. 1 (2005)
Stolt-Nielsen SA v. Celanese AG, 430 F.3d 567 (2005)
Rintin Corp., S.A. v. Domar, Ltd., 476 F.3d 1254 (2007)
Zeiler v. Deitsch, 500 F.3d 157 (2007)
Malik v. Ruttenberg, 942 A.2d 136 (2008)
Venture Props., Inc. v Parker, 195 P.3d 470 (2008)
Arthur Andersen LLP v. Carlisle, 556 U.S. 624 (2009)
Brazell, v. Windsor, 682 S.E.2d 824, 826 (2009)
Madden Phillips Constr. Inc. v. GGAT Dev. Corp., 315 S.W.3d 800 (2009)
Premier Golf Mo., LLC v. Staley Land Co. 282 S.W. 3d 866 (2009)
Insurance Co. of North America v. Public Service Mutual Insurance Co., 609 F.3d 157 (2010)
Rent-A-Center, W., Inc. v. Jackson, 130 S. Ct. 2772 (2010)
Stolt-Nielsen S.A. v. AnimalFeeds Int'l Corp., 130 S.Ct. 1758 (2010)
Vidalia Outdoor Prods., Inc. v. Higgins, 701 S.E.2d 217 (2010)
AT&T Mobility LLC v. Concepcion, 131 S. Ct. 1740 (2011)
Cent. Ark. Found. Homes, LLC v. Choate, 383 S.W.3d 418 (2011)
Karlseng v. Cooke, 346 S.W.3d 85 (2011)
Wiljeff, LLC, v. United Realty Mgmt. Corp., 920 N.Y.S. 2d 495, 497 (2011)
Nitro-Lift Techs., L.L.C. v. Howard, 133 S.Ct. 500 (2012)
Zurich American Ins. Co. v. Team Tankers A.S., 2014 WL 2945803 (S.D.N.Y. 2014)
Pre-Paid Legal Servs., Inc. v. Cahill, 786 F.3d 1287 (2015)
Tahisha Roach v. BM Motoring, LLC (077125) (A-69-15) (2017)

Deutschland

Bundesverfassungsgericht, *chronologisch sortiert*
BVerfG (1 BvR 612/52) Beschluss vom 18.09.1952 in BVerfGE 1, 418
BVerfG (1 BvR 328/52) Beschluss vom 29.04.1954 in BVerfGE 3, 377

BVerfG (1 BvL 13/52, 1 BvL 21/53) Beschluss vom 09.11.1955 in BVerfGE 4, 331
BVerfG (1 BvR 134/56) Urteil vom 16.01.1957 in BVerfGE 6, 45
BVerfG (2 BvR 96/60) Urteil vom 14.06.1960 in BVerfGE 11, 218
BVerfG (2 BvL 25/60) Beschluss vom 17.01.1961 in BVerfGE 12, 67
BVerfG (2 BvL 13/60) Beschluss vom 09.05.1962 in BVerfGE 14, 56
BVerfG (2 BvR 42, 83, 89/63) Beschluss vom 24.03.1964 in BVerfGE 17, 294
BVerfG (2 BvL 19/63) Beschluss vom 24.11.1964 in BVerfGE 18, 241
BVerfG (2 BvR 375, 53/60 und 18/65) Urteil vom 06.06.1967 in BVerfGE 22, 49
BVerfG (2 BvL 14/62, 2 BvL 3/64, 2 BvL 11/65, 2 BvL 15/66, 2 BvR 15/67) Urteil vom 12.12.1967 in BVerfGE 22, 387
BVerfG (2 BvR 38/74) Beschluss vom 27.03.1974 in BVerfGE 37, 57
BVerfG (2 BvR 215/81) Beschluss vom 26.05.1981 in BVerfGE 57, 250
BVerfG (2 BvH 1, 2/82, 2 BvR 233/82) Beschluss vom 24.03.1982 in BVerfGE 60, 175
BVerfG (1 BvR 1242/81) Beschluss vom 20.04.1982 in BVerfGE 60, 247
BVerfG (2 BvR 731/80) Beschluss vom 17.05.1983 in BVerfGE 64, 135 = NJW 1983, 2762
BVerfG (1 BvR 763/82) Urteil vom 20.03.1984 in BVerfGE 66, 260
BVerfG (1 BvR 876/84) Beschluss vom 30.01.1985 in BVerfGE 69, 145
BVerfG (1 BvL 2/83, 9, 10/84, 3/85, 11, 12, 13/89, 4/90 und 1 BvR 764/86) vom 30.05.1990 in BVerfGE 82, 126
BVerfG (2 BvR 2300/07) Beschluss vom 30.01.2008 in NJW 2008, 2243
BVerfG (1 BvR 1232/07) Beschluss vom 10.02.2009 in NJW 2009, 1585

Bundesgerichtshof, *chronologisch sortiert*
BGH (II ZR 23/52) Urteil vom 29.11.1952 in ZZP 66, 152 = VersR 1953, 51
BGH (II ZR 235/52) Urteil vom 01.04.1953 in BGHZ 9, 157
BGH (III ZR 272/51) Urteil vom 21.05.1953 in BGHZ 10, 55
BGH (V ZR 185/52) Urteil vom 26.06.1953 in BGHZ 10, 130
BGH (VI ZR 217/52) Urteil vom 28.10.1953 in BGHZ 11, 27
BGH (III ZR 6/53) Urteil vom 26.04.1954 in BGHZ 13, 142
BGH (II ZR 96/53) Urteil vom 12.06.1954 in NJW 1954, 1605
BGH (II ZR 149/53) Urteil vom 06.10.1954 in BGHZ 15, 12
BGH (I ZR 109/53) Beschluss vom 08.03.1955 in BGHZ 17, 1
BGH (V ZR 132/55) Urteil vom 23.01.1957 in BGHZ 23, 138
BGH (V ZR 80/55) Urteil vom 30.01.1957 in BGHZ 23, 198
BGH (IV ZR 217/57) Urteil vom 02.10.1957 in BGHZ 25, 275
BGH (IV ZR 100/59) Urteil vom 27.04.1960 in BGHZ 32, 233
BGH (III ZR 23/60) Urteil vom 19.02.1962 in BGHZ 36, 379

BGH (VII ZR 264/61) Urteil vom 22.11.1962 in BGHZ 38, 254
BGH (VII ZR 112/62) Urteil vom 28.11.1963 in BGHZ 40, 320
BGH (VII ZR 23/62) Urteil vom 12.12.1963 in NJW 1964, 593
BGH (VII ZR 5/63) Urteil vom 30.01.1964 in BGHZ 41, 104
BGH (VI ZR 25/63) Urteil vom 04.02.1964 in BGHZ 41, 123
BGH (VII ZR 8/63) Urteil vom 19.11.1964 in BGHZ 42, 313
BGH (VI ZR 288/64) Urteil vom 31.03.1967 in BGHZ 47, 303 = NJW 1967, 1416
BGH (III ZR 72/65) Urteil vom 11.03.1968 in BGHZ 50, 14
BGH (VII ZR 83/66) Urteil vom 19.12.1968 in BGHZ 51, 255
BGH (III ZR 35/68) Urteil vom 10.02.1969 in BGHZ 51, 326
BGH (III ZR 139/67) Urteil vom 17.02.1970 in BGHZ 53, 245
BGH (VII ZR 31/69) Urteil vom 05.11.1970 in BGHZ 54, 392
BGH (VII ZR 110/69) Urteil vom 22.02.1971 in BGHZ 55, 344
BGH (III ZR 181/69) Urteil vom 14.07.1971 in BGHZ 57, 33
BGH (IV ZB 88/71) Beschluss vom 02.02.1972 in VersR 1972, 490
BGH (VI ZR 211/70) Urteil vom 21.03.1972 in NJW 1972, 1202
BGH (VII ZR 86/73) Urteil vom 08.11.1973 in BGHZ 61, 369
BGH (1 StR 558/74) Urteil vom 25.02.1975 in BGHSt 26, 92
BGH (III ZR 43/73) Urteil vom 05.05.1975 in BGHZ 64, 347
BGH (III ZR 78/73) Urteil vom 03.07.1975 in BGHZ 65, 59
BGH (V ZR 127/74) Urteil vom 28.11.1975 in BGHZ 65, 300
BGH (VIII ZR 155/78) Urteil vom 05.12.1979 in DB 1980, 967
BGH (III ZR 47/79) Urteil vom 10.04.1980 in BGHZ 77, 65
BGH (V ZR 16/80) Urteil vom 05.12.1980 in NJW 1981, 1273
BGH (III ZR 190/79) Urteil vom 08.10.19881 in NJW 1982, 437
BGH (III ZR 169/81) Urteil vom 10.03.1983 in NJW 1983, 2813
BGH (IX ZR 144/83) Urteil vom 08.03.1984 in BGHZ 90, 280
BGH (3 StR 102/84) Urteil vom 23.05.1984 in BGHSt 32, 357
BGH (IX ZR 14/84) Urteil vom 18.10.1984 in NJW 1986, 373
BGH (III ZR 169/83) Urteil vom 07.03.1985 in BGHZ 94, 92
BGH (III ZR 33/84) Urteil vom 11.07.1985 in NJW 1986, 2765
BGH (III ZR 233/84) Urteil vom 05.05.1986 in BGHZ 98, 32 = NJW 1986, 3077
BGH (1 StR 330/86) Urteil vom 29.07.1986 in BGHSt 34, 146
BGH (IVb ZR 80/85) Urteil vom 03.12.1986 in BGHZ 99, 143
BGH (III ZR 29/87) Urteil vom 12.11.1987 in BGHZ 102, 199
BGH (IVa ZR 55/87) Urteil vom 13.07.1988 in BGHZ 105, 140
BGH (X ZR 23/87) Urteil vom 26.01.1989 in BGHZ 106, 336
BGH (IVa ZR 354/87) Urteil vom 01.02.1989 in BGHZ 106, 341
BGH (III ZR 269/88) Urteil vom 18.01.1990 in BGHZ 110, 104

BGH (XI ZR 162/89) Urteil vom 30.01.1990 in NJW 1991, 1302
BGH (VIII ZR 280/88) Urteil 31.01.1990 in BGHZ 110, 183
BGH (V ZR 223/89) Urteil vom 14.12.1990 in NJW 1991, 1180
BGH (IV ZR 74/90) Urteil vom 13.03.1991 in NJW 1991, 3284
BGH (V ZR 115/90) Urteil vom 05.07.1991 in NJW 1991, 3277
BGH (V ZR 55/90) Urteil vom 27.09.1991 in NJW 1992, 183
BGH (II ZR 58/91) Urteil vom 16.12.1991 in BGHZ 116, 359
BGH (VIII ZR 30/91) Urteil vom 18.03.1992 in NJW 1992, 1966
BGH (4 StR 353/92) Urteil vom 29.10.1992 in BGHSt 38, 381
BGH (II ZR 234/91) Urteil vom 09.11.1992 in NJW 1993, 463
BGH (V ZR 82/91) Urteil vom 20.11.1992 in BGHZ 120, 239
BGH (VIII ZR 112/92) Urteil vom 13.01.1993 in NJW-RR 1993, 505
BGH (III ZR 104/92) Urteil vom 03.06.1993 in BGHZ 123, 1
BGH (5 StR 76/93) Urteil vom 13.12.1993 in BGHSt 40,30
BGH (3 StR 528/93) Urteil vom 29.04.1994 in BGHSt 40, 125
BGH (VI ZR 233/94) Urteil vom 13.06.1995 in NJW 1995, 2856
BGH (5 StR 713/94) Urteil vom 15.09.1995 in BGHSt 41, 247
BGH (I ZR 265/95) Urteil vom 26.09.1996 in BGHZ 133, 316
BGH (VIII ZR 266/95) Urteil vom 09.10.1996 in BGHZ 133, 363
BGH (VI ZR 348/96) Urteil vom 04.11.1997 in NJW 1998, 377
BGH (XI ZR 160/96) Urteil vom 04.02.1997 in NJW 1997, 1586
BGH (1 StR 240/98) Urteil vom 03.12.1998 in BGHSt 44, 258
BGH (I ZR 106/96) Urteil vom 17.12.1998 in NJW 1999, 1177
BGH (II ZR 218/98) Urteil vom 14.02.2000 in NJW 2000, 1638
BGH (II ZR 373/98) Urteil vom 03.04.2000 in BGHZ 144, 146
BGH (X ZR 126/98) Urteil vom 11.07.2000 in NJW 2000, 3488
BGH (III ZR 33/00) Urteil vom 14.09.2000 in BGHZ 145, 116
BGH (I ZR 291/98) Urteil vom 17.05.2001 in BGHZ 148, 26
BGH (5 StR 92/01) Urteil vom 04.09.2001 in BGHSt 47, 105
BGH (V ZR 357/00) Urteil vom 01.02.2002 in NJW 2002, 1426
BGH (X ZR 166/99) Urteil vom 19.02.2002 in NJW 2002, 1870
BGH (I ZB 36/02) Urteil vom 10.04.2003 in NJW 2003, 2027
BGH (III ZR 326/02) Urteil vom 03.07.2003 in BGHZ 155, 306
BGH (III ZR 200/04) Urteil vom 09.12.2004 in BGHZ 161, 298
BGH (III ZR 437/04) Urteil vom 19.05.2005 in NJW 2005, 2543
BGH (II ZR 162/05) Urteil vom 23.10.2006 in BGHZ 169, 270
BGH (III ZR 164/06) Urteil vom 01.03.2007 in SchiedsVZ 2007, 163
BGH (III ZB 95/06) Beschluss vom 08.11.2007 in SchiedsVZ 2008, 40 = NJW-RR 2008, 659

BGH (II ZR 255/08) Urteil vom 06.04.2009 in BGHZ 180, 221
BGH (III ZR 93/09) Urteil vom 08.10.2009 in NJW 2010, 150
BGH (IX ZR 114/09) Urteil vom 11.02.2010 in NJW 2010, 1520
BGH (IV ZR 38/09) Beschluss vom 21.09.2011 in NJW 2012, 296
BGH (III ZR 95/11) Urteil vom 22.09.2011 in NJW 2011, 3575
BGH (III ZR 84/11) Urteil vom 01.03.2012 in NJW-RR 2012, 508
BGH (VIII ZR 220/11) Urteil vom 14.03.2012 in NJW 2012, 2184
BGH (III ZB 63/10) Urteil vom 28.03.2012 in BGHZ 193, 38
BGH (II ZR 391/12) Urteil vom 24.09.2013 in NJW 2013, 3572
BGH (IX ZR 147/12) Urteil vom 22.05.2014 in NJW 2014, 2715
BGH (IX ZR 25/14) Urteil vom 25.09.2014 in NJW 2014, 3568
BGH (III ZB 89/13) Beschluss vom 18.6.2014 in NJW 2014, 3655
BGH (VI ZR 34/15) Urteil vom 01.03.2016 in BGHZ 209, 139
BGH (I ZB 99/14) Beschluss vom 10.03.2016 in NJW-RR 2016, 892

Reichsgericht, *chronologisch sortiert*
RG (IV 162/85) Urteil vom 19.10.1885 in RGZ 14, 383
RG (I 193/86) Urteil vom 26.06.1886 in RGZ 16, 417
RG (II 413/86) Urteil vom 13.04.1887 in RGZ 18, 369
RG (II 183/92) Urteil vom 25.10.1892 in RGZ 30, 219
RG (IV 216/96) Urteil vom 18.01.1897 in RGZ 38, 338
RG (VI 350/97) Urteil vom 21.03.1989 in RGZ 41, 251
RG (VII 192/04) Urteil vom 29.11.1904 in RGZ 59, 247
RG (III 501/05) Urteil vom 06.02.1906 in RGZ 62, 367
RG (III 363/06) Urteil vom 08.02.1907 in RGZ 65, 175
RG (III 636/09) Urteil vom 04.11.1910 in RGZ 74, 321
RG (III 272/10) Urteil vom 13.06.1911 in RGZ 76, 367
RG (VII 74/15) Urteil vom 18.06.1915 in RGZ 87, 190
RG (III 127/16) Urteil vom 17.10.1916 in RGZ 89, 13
RG (III 65/17) Urteil vom 15.05.1917 in RGZ 90, 228
RG (III 333/18) Urteil vom 03.12.1918 in RGZ 94, 210
RG (VII 349/20) Urteil vom 01.03.1921 in RGZ 101, 392
RG (III 113/26) Urteil vom 08.02.1927 in RGZ 116, 90
RG (V 257/26) Urteil vom 13.06.1927 in WarnRspr 19, 256
RG (VII 235/29) Urteil vom 20.12.1929 in RGZ 126, 379
RG (IX 136/32) Urteil vom 19.10.1932 in JW 1933, 217
RG (III 111/34) Urteil vom 11.12.1934 in RGZ 146, 116
RG (III 78/41) Urteil vom 30.10.1942 in RGZ 170, 333

Bundesarbeitsgericht, *chronologisch sortiert*
BAG (1 AZR 478/54) Urteil vom 01.02.1957 in BAGE 3, 340
BAG (4 AZR 141/61) Urteil vom 28.02.1962 in BAGE 12, 303
BAG (2 AZR 510/62) Urteil vom 25.07.1963 in BAGE 14, 266
BAG (2 AZR 3/83) Urteil vom 17.05.1984 in NJW 1985, 284
BAG (2 AZR 386/05) Urteil vom 27.04.2006 in BAGE 118, 104
BAG (2 AZR 894/07) Urteil vom 12.03.2009 in NZA 2009, 840
BAG (2 AZR 103/08) Urteil vom 23.06.2009 in NZA 2009, 1198
BAG (2 AZR 541/09) Urteil vom 10.06.2010 in BAGE 134, 349
BAG (2 AZR 282/10) Urteil vom 24.03.2011 in NZA 2011, 1029
BAG (2 AZR 323/10) Urteil vom 09.06.2011 in NZA 2011, 1342
BAG (2 AZR 153/11) Urteil vom 21.06.2012 in BAGE 142, 176
BAG (2 AZR 495/11) Urteil vom 25.10.2012 in NJW 2013, 954
BAG (2 AZR 583/12) Urteil vom 20.06.2013 in NJW 2014, 244
BAG (2 AZR 638/13) Urteil vom 23.01.2014 in NZA 2014, 965
BAG (2 AZR 249/13) Urteil vom 08.05.2014 in NZA 2014, 1258
BAG (2 AZR 651/13) Urteil vom 20.11.2014 in NZA 2015, 294

Bundesverwaltungsgericht
BVerwG (2 C 32.04) Urteil vom 24.11.2005 in BVerwGE 124, 347

Nichthöchstrichterlich
Oberlandesgerichte
OLG Hamburg (IV 244/27) Urteil vom 07.12.1927 in ZZP(54) 1929, 124
HansOLG (2 U 48/50) Urteil vom 23.05.1950 in MDR 1950, 480
OLG Stuttgart (2 U 198/85) Urteil vom 21.03.1986 in NJW 1986, 2374
KG (15 U 6025/00) Urteil vom 12.10.2001 in NJW-RR 2002, 708
KG (13 U 129/01) Urteil vom 15.03.2002 in NJW-RR 2002, 802
KG (23 Sch 1/02) Urteil vom 06.05.2002 in SchiedsVZ 2003, 185
OLG Stuttgart (1 Sch 8/02, 1 Sch 8/2002) in SchiedsVZ 2003, 84
OLG Hamm (19 U 41/02) Urteil vom 05.11.2002 in NJW 2003, 760
OLG Köln (9 Sch 17/03) Beschluss vom 15.01.2004 in SchiedsVZ 2004, 269
OLG Oldenburg (14 U 106/03) Beschluss vom 12.04.2004 in der Entscheidungsdatenbank der DIS: http://www.dis-arb.de/de/47/datenbanken/rspr/olg-oldenburg-az-14-u-106-03-datum-2004-04-02-id359 (zuletzt besucht am 28.12.2017)
OLG Frankfurt a.M. (14 Sch 4/09) Beschluss vom 12.05.2009 in NJW-RR 2010, 788
KG (20 SchH 4/09) Beschluss vom 15.03.2010 in BeckRS 2010, 21520

OLG München (34 SchH 6/10) Beschluss vom 17.12.2010 in SchiedsVZ 2011, 107
KG (23 U 33/11) Beschluss vom 28.04.2011 in NJW 2011, 2978
OLG Frankfurt a.M. (26 SchH 15/11) Beschluss vom 13.02.2012 in BeckRS 2014, 12967
OLG München (34 SchH 6/11) Beschluss vom 29.02.2012 in SchiedsVZ 2012, 96
OLG München (34 Sch 12/12) Beschluss vom 25.02.2013 in SchiedsVZ 2013, 231

Landgerichte
LG Kassel (11 O 2778/91) Urteil vom 02.04.1992 in NJW 1992, 3107
LG Bielefeld (17 O 130/03) Urteil vom 21.10.2003 in der Entscheidungsdatenbank der DIS: http://www.disarb.org/de/47/datenbanken/rspr/lg-bielefeld-az-17-o-130-03-datum-2003-10-21-id256 (zuletzt besucht am 28.12.2017)
LAG Rheinland-Pfalz (3 Sa 387/16) vom 19.12.2016 in BeckRS 2016, 122996
LG Köln (29 O 159/12) Urteil vom 15.01.2013 in NJW-RR 2013, 1273

Amtsgerichte
AG Köln (113 C 549/92) Urteil vom 03.03.1993 in NJW-RR 1993, 1207

Weitere, *chronologisch sortiert*
EGMR (14810/02) Urteil vom 17.01.2008 in NJW 2009, 2873
Jivraj v. Hashwani [2011] UKSC 40 (U.K. S.Ct.) (England)

Register

A
Abmahnung 266
agency theory *siehe Stellvertretertheorie* 75
Amtsniederlegung 135
Amtstheorie 47, 59
Arbiter 142, 233
arbitration agreement
- konkludente Kündigung 232
- Nichtzahlung 230
- Pflichtverletzung 231
- Undurchführbarkeit 229
arbitrator's contract 73, 311
- provision of services theory 76
- sui generis 77
- termination 170
Aufrechnung 322

B
Befangenheit 217
best evidence rule 187
Beweisaufnahme 177
Beweiserhebung 101
- Kreuzverhör 101
Beweislastverteilung *siehe Kündigung, Beweislastverteilung* 272

C
compromissum 44, 62
conflict check 99
contract theory siehe auch arbitrator's contract 122

D
Delegationsansatz 70
Dienste höherer Art 154
Dienstleistungstheorie 76
Dienstverhältnis
- anerdauernd 153
- höherer Art *siehe Dienste höherer Art* 154
- mit festen Bezügen 153
due process 101
duty-to-comply 94

E
Ehrenaufgabe 234
Einredeerhebung 220
encouraged carelessness 335
exceptionis 141

F
forum shopping 232
fristlose Kündigung *siehe Kündigung, außerordentliche* 144

G
Geheimhaltungspflicht 91
- Pflichtverletzung 224
- US-amerikanisches Recht 102, 123
Gesamtschuldner 120, 218
Grundrechte 84

H
Haftung 275
Haftungsprivilegierung 277
- absolute immunity 308
- Baar v. Tigerman 320
- deutsches Recht 278
- funktionalen Theorie 305
- gewohnheitsrechtliche 292
- Malik v. Ruttenberg 313
- Stump v. Sparkman 307
- United States v. City of Hayward 313
- US-amerikanisches Recht 296
- vertragliche 286
hearsay rule 187

J

Justizgewährungsgrundsatz 84

K

Kostenvorschusspflicht *siehe Vorschuss* 107
Kündigung 239
- als Haftungsfall 318
- außerordentliche 144
- Begrifflichkeit 135
- Beweislastverteilung 272
- durch den Schiedsrichter 138
- durch die Schiedsparteien 137
- Möglichkeit 135
- ordentliche 143
- Rechtsprechung 157
- Verdachtskündigung 253

Kündigungsgründe
- andere Schiedsrichter 261
- Beleidigung 247
- Drohung 248
- entgegenstehende Rechtskraft 265
- fachliche Überforderung 244
- Improper Procedure 250
- Korruption 253
- Krankheit 255
- Nachschieben von 272
- Nebentätigkeitsgenehmigung 256
- Neutralitätsverlust 262
- persönlicher Mehraufwand 244
- Provokation 254
- strafbare Handlung 252
- Undurchführbarkeit 264
- vertragswidriges Verhalten 266
- Vorschusszahlung 242
- Wohnortwechsel 260

L

Leistungserbringung
- deutsches Recht 89
- römisches Recht 82

Lugar-Test 71

N

Neutralität
- deutsches Recht 87
- römisches Recht 81
- US-amerikanisches Recht 97

O

Offenbarungspflicht 88

P

Prozessvertrag 199

R

receptum arbitri 44
rechtliches Gehör 84, 101, 292
Rechtsnatur
- Schiedsrichtervertrag 56, 132
- Schiedsvertrag 199

Rechtsprechungscharakter 84
Rechtsstaatsprinzip *siehe Justizgewährungsgrundsatz* 85
resignation 169
Richterwechsel *siehe Unmittelbarkeitsgrundsatz* 179
Rücktritt 135

S

Sachverhaltserforschung 100
Schadensersatzpflicht *siehe Haftung* 275
Schiedsabrede *siehe Schiedsvertrag* 199
Schiedsklausel 199
Schiedsordnungen
- AAA 30, 67, 172
- ABA 67, 172
- FAA 30, 51, 231, 310
- UAA 52, 100, 102

Schiedsrichterversicherung 335

Schiedsrichtervertrag 43
- als Dienstvertrag 126
- als Vertrag sui generis 127
- als Werkvertrag 125
- Anweisungsrecht 128
- Durchsetzbarkeit 129
- materiell-rechtliche Theorie 62
- Nebenpflichten von Parteien 108
- Parteipflichten 104
- prozessrechtliche Theorie 62
- Rechtsnatur 56, 132
- Schiedsrichterpflichten 79

Schiedsvereinbarung *siehe Schiedsvertrag* 199

Schiedsvertrag 198
- als GbR 201
- beharrliche Hinderung 226
- Doppelnatur 201
- Einordnung 208
- Kündigungsgründe 221
- materiell-rechtlich 199
- Mitwirkungspflicht 212
- Nichtanrufen staatlicher Gerichtsbarkeit 219
- Pflichten 209
- Prozessförderungspflicht 211
- prozessrechtlich 201
- Rechtsnatur 199
- Undurchführbarkeit 227
- Verfahrensförderungspflicht 222
- Verletzungen der Wahrheitspflicht 227
- Vermögenslosigkeit 223
- Verschwiegenheitsverpflichtungen 224
- Vollständigkeitspflicht *siehe Wahrheitspflicht* 213
- Vorschusszahlungspflicht 216
- Wahrheitspflicht 213
- Wahrung der Vertraulichkeit 214

Spruchrichterprivileg 278
- für Berufsrichter 279
- für Kündigung 285
- für Schiedrichter 281

status approach 68, 72, 94, 318, 319

status school siehe status approach 68

Stellvertretertheorie 75

supremacy clause 53

T

Teilvergütung 322, 327

U

Unabhängigkeit *siehe Neutralität* 87

Unmittelbarkeitsgrundsatz 176
- Ausnahmen 183
- im Schiedsverfahren 184
- Richterwechsel 179

Unmittelbarkeitsprinzip *siehe Unmittelbarkeitsgrundsatz* 176

Unparteilichkeit *siehe Neutralität* 87

Unzeitigkeit 271

V

Verfahrensdurchführung 90

Verfahrensförderungspflicht
- deutsches Recht 115
- Herleitung 117
- römisches Recht 80
- Schiedsvertrag 222
- US-amerikanisches Recht 100, 122

Vergütung 107, 322

Vermögenslosigkeit *siehe Schiedsvertrag, Vermögenslosigkeit* 223

Vertrauen
- Übertragung aufgrund 156
- und Zusammenarbeit 129

– zwischen Parteien und Schiedsrichtern 165
Vertraulichkeit
– römisches Recht 83
Vorschuss 107
Vorschusszahlungspflicht *siehe Vorschuss* 107

W
Widerruf 135
withdrawal *siehe resignation* 169

Z
Zeugenvernehmung 177